EL LIBRO DE LA FILOSOFIA

EL LIBRO DE LA
FILOSOFIA

DK LONDRES

EDICIÓN DE ARTE
DE PROYECTOS
Anna Hall

EDICIÓN SÉNIOR
Sam Atkinson

EDICIÓN
Cecile Landau, Andrew Szudek
y Sarah Tomley

ASISTENTE DE EDICIÓN
Manisha Majithia

COORDINACIÓN DE ARTE
Karen Self

COORDINACIÓN EDITORIAL
Camilla Hallinan

DIRECCIÓN DE ARTE
Philip Ormerod

SUBDIRECCIÓN
DE PUBLICACIONES
Liz Wheeler

DIRECCIÓN DE PUBLICACIONES
Jonathan Metcalf

ILUSTRACIONES
James Graham

ICONOGRAFÍA
Ria Jones y Myriam Megharbi

PRODUCCIÓN EDITORIAL
Luca Frassinetti

COORDINACIÓN DE PRODUCCIÓN
Sophie Argyris

DK NUEVA DELHI

EDICIÓN DE ARTE DE PROYECTOS
Neerja Rawat

DIRECCIÓN DE ARTE
Shriya Parameswaran

ASISTENTES DE LA DIRECCIÓN DE ARTE
Showmik Chakraborty, Devan Das,
Niyati Gosain y Neha Sharma

COORDINACIÓN DE ARTE
Arunesh Talapatra

COORDINACIÓN DE PUBLICACIONES
Aparna Sharma

COORDINACIÓN DE PRODUCCIÓN
Pankaj Sharma

COORDINACIÓN DE MAQUETACIÓN
Balwant Singh

DISEÑO DE MAQUETA
Bimlesh Tiwary y Mohammad Usman

MAQUETACIÓN
Neeraj Bhatia

Estilismo de
STUDIO8 DESIGN

DE LA EDICIÓN EN ESPAÑOL

COORDINACIÓN EDITORIAL
Cristina Sánchez Bustamante

ASISTENCIA EDITORIAL Y PRODUCCIÓN
Eduard Sepúlveda

MIXTO
Papel | Apoyando la
selvicultura responsable
FSC™ C018179

Este libro se ha impreso con papel certificado por el Forest
Stewardship Council™ como parte del compromiso de DK
por un futuro sostenible. Para más información, visita
www.dk.com/our-green-pledge.

Publicado originalmente
en Gran Bretaña en 2011
por Dorling Kindersley Limited
DK, One Embassy Gardens, 8 Viaduct
Gardens, London, SW11 7BW

Parte de Penguin Random House

Título original: *The Philosophy Book*
Undécima reimpresión 2023

Copyright © 2011
Dorling Kindersley Limited

© Traducción en español
2011 Dorling Kindersley Limited

Servicios editoriales: deleatur, s.l.
Traducción: Montserrat Asensio
y Antón Corriente

ISBN: 978-1-4654-6015-8

Impreso en Malasia

Para mentes curiosas
www.dkespañol.com

COLABORADORES

WILL BUCKINGHAM

Filósofo, novelista y profesor, Will Buckingham ha investigado en profundidad la relación entre filosofía y narrativa. Actualmente imparte cursos en la Universidad De Montfort (Leicester, RU) y entre otros libros, ha publicado *Finding our Sea-Legs: Ethics, Experience and the Ocean of Stories*.

DOUGLAS BURNHAM

Profesor de filosofía en la Universidad de Staffordshire (RU), Douglas Burnham ha publicado diversos ensayos y artículos sobre filosofía europea y moderna.

CLIVE HILL

Profesor de teoría política e historia de Gran Bretaña, Clive Hill ha centrado sus investigaciones en el papel del intelectual en el mundo moderno.

PETER J. KING

Peter J. King, doctorado en filosofía y profesor en el Pembroke College de la Universidad de Oxford (RU) ha publicado recientemente su ensayo *One Hundred Philosophers: A Guide to the World's Greatest Thinkers*.

JOHN MARENBON

Profesor del Trinity College (Cambridge, RU), John Marenbon es un estudioso de la filosofía medieval, sobre la que ha escrito varias obras, entre ellas *Early Medieval Philosophy 480–1150: An Introduction*.

MARCUS WEEKS

Escritor y músico, Marcus Weeks estudió filosofía y ejerció de profesor antes de dedicarse por completo a su carrera como escritor. Ha colaborado en numerosos libros sobre las artes y la divulgación científica.

OTROS COLABORADORES

Los editores desean expresar su agradecimiento a Richard Osborne, profesor de filosofía y teoría crítica del Camberwell College of Arts (RU), por su entusiasmo y sus sugerencias en la concepción de esta obra, y a Stephanie Chilman por su colaboración en la sección de Biografías.

CONTENIDO

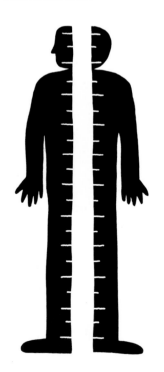

EL RENACIMIENTO Y LA EDAD DE LA RAZÓN
1500–1750

LA ERA DE LA REVOLUCIÓN
1750–1900

EL MUNDO MODERNO

1900–1950

FILOSOFÍA CONTEMPORÁNEA
1950–PRESENTE

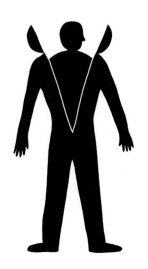

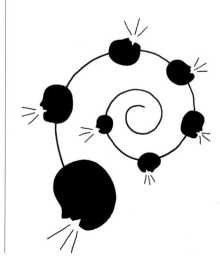

INTRODU

CCION

La filosofía no es un coto tan sólo reservado a pensadores extraordinarios y excéntricos, tal y como se suele suponer. Todos filosofamos cuando no estamos inmersos en nuestras tareas cotidianas y tenemos la oportunidad de hacernos preguntas sobre la vida y sobre el universo. Los seres humanos somos curiosos por naturaleza y no podemos evitar plantearnos interrogantes acerca del mundo que nos rodea y del lugar que ocupamos en él. También disponemos de una capacidad intelectual muy potente que permite que, además de plantearnos preguntas, podamos razonar sobre las mismas. Aunque no nos demos cuenta, siempre que razonamos pensamos filosóficamente.

La filosofía consiste más en el proceso de intentar encontrar respuestas a preguntas fundamentales mediante el razonamiento, sin aceptar las opiniones convencionales o la autoridad tradicional antes de cuestionarlas, que en el hecho propiamente dicho de encontrar esas respuestas. Los primeros filósofos de la historia, en la Grecia y la China antiguas, fueron pensadores a los que no satisfacían las explicaciones establecidas procedentes de la religión y de la costumbre, y que buscaron respuestas con una base racional. Del mismo modo que nosotros podemos compartir nuestras opiniones con amigos y colegas, ellos comentaban sus ideas entre ellos, e incluso fundaron «escuelas» en las que, además de enseñar las conclusiones a las que habían llegado, también presentaban el proceso de pensamiento que les había llevado hasta ellas. Animaban a sus alumnos a disentir y a criticar las ideas que les planteaban, para perfeccionarlas y pensar en otras distintas. La idea del filósofo solitario que llega a sus conclusiones en el aislamiento es muy habitual, pero también errónea, ya que en realidad esto sucede en muy raras ocasiones. Las ideas nuevas surgen del debate, del examen, del análisis y de la crítica de las ideas de los demás.

El asombro es el principal afecto del filósofo, pues el principio de la filosofía no es otro sino este.
Platón

Debatir y dialogar

En este sentido, Sócrates fue el filósofo arquetípico. No dejó nada por escrito, ni siquiera sus mayores ideas o conclusiones. De hecho, afirmaba ser el hombre más sabio del mundo al saber que no sabía nada. Su legado consiste en haber establecido el debate, la discusión y el cuestionamiento de las creencias de los demás como método para desvelar y entender verdades fundamentales. Platón fue discípulo de Sócrates y sus escritos aparecen, casi invariablemente, en forma de diálogos cuyo personaje principal es Sócrates. Muchos filósofos posteriores adoptaron también el diálogo como forma de presentación de sus ideas, pues les permitía exponer argumentos y contraargumentos, en lugar de limitarse a explicar sus razonamientos y conclusiones.

Cuando un filósofo presenta sus ideas, resulta más probable que se encuentre con comentarios que empiezan con un «Sí, pero…» o con un «¿Y si…?» que con una aceptación sin reservas. De hecho, los filósofos han entablado discusiones feroces sobre casi todos los aspectos de la filosofía. Por ejemplo, Platón y Aristóteles, su discípulo, mantuvieron visiones diametralmente opuestas respecto a cuestiones filosóficas fundamentales, y estas diferencias han dividido las opiniones de los filósofos desde

entonces. Esto, a su vez, ha llevado a un mayor debate y a una mayor generación de ideas.

Sin embargo, ¿cómo es posible que hoy se sigan debatiendo esas mismas cuestiones filosóficas? ¿Por qué no han encontrado los pensadores respuestas definitivas? ¿Cuáles son estas «preguntas fundamentales» a las que se han enfrentado los filósofos a lo largo de la historia?

Existencia y conocimiento
Cuando aparecieron los primeros filósofos, en la antigua Grecia, hace ya unos 2.500 años, el mundo que les rodeaba fue la inspiración de su asombro. Observaban la Tierra y la gran diversidad de formas de vida que la habitaban; también fenómenos naturales, como el clima, los terremotos y los eclipses, y el sol, la luna, los planetas y las estrellas. Buscaban explicaciones a todo esto, no en forma de mitos o leyendas sobre dioses sino de algo que satisficiera su curiosidad y su inteligencia. La primera pregunta que se plantearon éstos pioneros de la filosofía fue «de qué está hecho el universo?», que muy pronto se amplió hasta convertirse en la pregunta más general de «¿cuál es la naturaleza de todo lo que existe?».

Esta es la rama de la filosofía a la que hoy en día denominamos metafísica. Aunque la ciencia moderna ha permitido responder a gran parte de la pregunta original, hay cuestiones metafísicas relacionadas, como «¿por qué hay algo y no nada?», a las que no resulta tan fácil dar respuesta.

Dado que nosotros también formamos parte del universo, la metafísica abarca la naturaleza de la existencia humana y el significado de ser seres conscientes. ¿Cómo percibimos el mundo que nos rodea? ¿Las cosas existen independientemente de que las percibamos? ¿Cómo se relacionan la mente y el cuerpo? ¿Existe un alma inmortal? La ontología es el área de la metafísica que se ocupa de la existencia; su ámbito es enorme y constituye la base de casi toda la filosofía occidental.

Una vez que los filósofos comenzaron a cuestionarse racionalmente el conocimiento recibido, otra pregunta fundamental se hizo evidente: «¿cómo conocemos?». El estudio de la naturaleza y de los límites del conocimiento conforman una segunda rama de la filosofía: la epistemología.

Aquí, la cuestión más importante es cómo adquirimos el conocimiento, cómo llegamos a saber lo que sabemos; ¿el conocimiento es parcialmente (o incluso totalmente) innato o aprendemos todo con la experiencia? ¿Podemos llegar a conocer sólo mediante la razón? Estas preguntas son fundamentales para el pensamiento filosófico, pues necesitamos confiar en nuestro conocimiento para poder razonar correctamente. También tenemos que determinar el alcance y los límites del conocimiento para estar seguros de saber lo que creemos saber y de que nuestros sentidos no nos han «engañado».

Lógica y lenguaje
El razonamiento depende de que podamos determinar la veracidad de premisas que permitan desarrollar una cadena de pensamientos que nos lleven hasta una conclusión. Aunque ahora pueda parecer una obviedad, la idea de construir una argumentación racional es lo que distinguió a la filosofía de las explicaciones supersticiosas y religiosas que imperaban antes de los primeros filósofos. **»**

La superstición hace que el mundo estalle en llamas; la filosofía las apaga.
Voltaire

Estos pensadores tuvieron que idear la manera de garantizar la validez de sus ideas. Y el resultado fue la lógica, una técnica de razonamiento que se ha ido perfeccionando a lo largo del tiempo. En un principio sólo fue una herramienta útil para analizar la coherencia de un argumento, pero la lógica desarrolló normas y convenciones y acabó convirtiéndose en un campo de estudio de pleno derecho, en otra rama del creciente ámbito de la filosofía.

Al igual que gran parte de la filosofía, la lógica está muy vinculada a la ciencia, especialmente a las matemáticas. La estructura básica de un argumento lógico, que parte de una premisa y avanza mediante una serie de pasos hasta llegar a una conclusión, es la misma que la de una prueba matemática. Por tanto, no parece sorprendente que los filósofos hayan recurrido con frecuencia a las matemáticas para buscar ejemplos de verdades evidentes e incontestables, ni tampoco que muchos de los mayores pensadores, de Pitágoras a René Descartes o a Gottfried Leibniz, también fueran grandes matemáticos.

Pese a que la lógica pueda parecer la rama más exacta y «científica» de la filosofía, un campo en el que las cosas son o verdaderas o falsas, si se mira con más detenimiento, se hace evidente que el asunto no resulta tan sencillo. Los progresos matemáticos del siglo XIX pusieron en duda algunas de las normas lógicas que había establecido Aristóteles, pero ya en la antigüedad, las famosas paradojas de Zenón de Elea llegaban a conclusiones absurdas a partir de argumentos aparentemente correctos.

Gran parte del problema reside en que la lógica filosófica, a diferencia de las matemáticas, se expresa con palabras, no con números y símbolos, por lo que está sujeta a todas las ambigüedades y sutilezas inherentes al lenguaje. Construir un argumento lógico requiere una utilización cuidadosa y precisa del lenguaje, además de analizar las afirmaciones y los argumentos para asegurarnos de que significan lo que creemos que significan. Y cuando estudiamos los argumentos de otros, debemos analizar no sólo los pasos lógicos que han seguido, sino también el lenguaje que han utilizado, para ver si las conclusiones se sustentan o no. A partir de este proceso surgió aún otro campo de la filosofía que prosperó en el siglo XX: la filosofía del lenguaje, que estudia los términos y su significado.

Moralidad, arte y política

Como nuestro lenguaje es impreciso, los filósofos han intentado aclarar significados en su búsqueda de respuestas a las preguntas filosóficas. El tipo de preguntas que Sócrates planteaba a los ciudadanos atenienses trataba de llegar al fondo de lo que estos entendían por conceptos determinados. Formulaba preguntas aparentemente sencillas, como «¿qué es la justicia?» o «¿qué es la belleza?», con el objetivo de obtener significados, pero también para explorar los conceptos en sí mismos. Con este tipo de diálogos, Sócrates cuestionaba las creencias sobre cómo vivimos y sobre qué consideramos importante.

Examinar qué significa vivir una «buena» vida, qué significan verdaderamente conceptos como la justicia o la felicidad y de qué modo podemos alcanzarlos, o cómo deberíamos

¡Oh, filosofía, que nos guías! ¡Oh, filosofía, indagadora de la virtud y ahuyentadora de los vicios! ¿Qué seríamos y qué habrían sido todas las edades del hombre sin ti?
Cicerón

 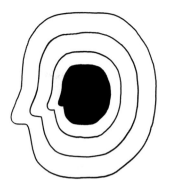 

comportarnos, es la base de la rama de la filosofía a la que conocemos como ética (o filosofía moral). La estética, por otra parte, es una rama relacionada que procede de la pregunta sobre qué son la belleza y el arte.

Tras plantearse cuestiones éticas acerca de la vida de las personas, el siguiente paso natural es empezar a reflexionar sobre la sociedad en que nos gustaría vivir: cómo debería gobernarse, los derechos y las responsabilidades de los ciudadanos, etc. La filosofía política, la última de las grandes ramas filosóficas, trata estos conceptos y los filósofos han aportado modelos de cómo creen que debería estar organizada la sociedad, desde la *República* de Platón hasta el *Manifiesto comunista* de Karl Marx.

Religión: Oriente y Occidente

Las diferentes ramas de la filosofía, además de estar interrelacionadas, se solapan de modo significativo, por lo que a veces cuesta decir a qué área compete una idea determinada. La filosofía también se introduce en ámbitos totalmente distintos, como la ciencia, la historia y el arte. Originada a partir de cuestionar los dogmas de la religión y de la superstición, analiza igualmente la religión en sí misma, planteando preguntas como «¿Dios existe?» y «¿tenemos un alma inmortal?». Estas preguntas hunden sus raíces en la metafísica, pero también tienen implicaciones éticas. Por ejemplo, algunos filósofos se han preguntado si la moralidad procede de Dios o si es un constructo puramente humano, lo que a su vez ha dado lugar a todo un debate sobre el libre albedrío (o no) de la humanidad.

En las filosofías orientales que se desarrollaron en China e India (sobre todo el taoísmo y el budismo), las líneas que separan filosofía y religión resultan más difusas, al menos según el modo de pensar occidental. Esta es una de las principales diferencias entre la filosofía occidental y la oriental. Aunque las filosofías orientales no son, en general, resultado de revelaciones divinas ni dogmas religiosos, suelen estar íntimamente relaciona-

No existe nada bueno ni malo; es el pensamiento humano el que lo hace parecer así.
William Shakespeare

das con lo que nosotros consideraríamos cuestiones de fe. A pesar de que el razonamiento filosófico se utiliza con frecuencia para justificar la fe en el mundo judeocristiano e islámico, la fe y las creencias son parte integral de la filosofía oriental de un modo que no sucede en Occidente. La filosofía oriental difiere también de la occidental en su punto de partida. Los filósofos griegos empezaron planteándose cuestiones metafísicas, mientras que los primeros filósofos chinos consideraron que la religión ya las respondía adecuadamente, por lo que se preocuparon de cuestiones relativas a la filosofía moral y a la política.

Seguir el razonamiento

La filosofía ha dado lugar a algunos de los razonamientos más importantes e influyentes de la historia. Este libro presenta una colección de ideas de los filósofos más conocidos, encapsuladas en citas célebres o en breves resúmenes. Es probable que la cita filosófica más conocida sea el «*cogito, ergo sum*» de Descartes (que se suele traducir del latín como «pienso, luego existo»). Esta es una de las ideas más importantes de toda la historia de la filosofía, y se la suele considerar como un punto de inflexión en el pensamiento occidental, que nos llevó a la era moderna. Sin embargo, esta frase no significa mucho por sí sola. **»**

Es la conclusión de una línea de argumentación sobre la naturaleza de la certidumbre, y únicamente cobra sentido al analizar el razonamiento que llevó hasta ella. Sólo entendiendo de dónde extrajo Descartes esa idea y las conclusiones a las que condujo, podemos comprender su importancia.

Muchas de las ideas que presenta este libro, a simple vista, pueden parecer desconcertantes. Otras pueden parecer obvias, paradójicas o de un sentido común aplastante. Quizás incluso parezcan demostrar la afirmación de Bertrand Russell, cuando dijo: «el objetivo de la filosofía es empezar con algo tan sencillo que casi no merece la pena ni mencionarlo y acabar con algo tan paradójico que resulte increíble». Entonces, ¿por qué son tan importantes esas ideas?

Sistemas de pensamiento

Algunas de las teorías que presenta este libro fueron las primeras de sus características en la historia del pensamiento. Por mucho que las conclusiones puedan parecer obvias ahora, en su época fueron increíblemente novedosas y, pese a su simplicidad, nos hacen volver a reflexionar sobre asuntos que ya damos por sentado. Las teorías que parecen paradójicas y contraintuitivas son las que cuestionan realmente las creencias sobre nosotros mismos y el mundo, y tam-

bién nos hacen pensar de otro modo cómo vemos las cosas. Muchas ideas presentan cuestiones sobre las que los filósofos siguen reflexionando. Algunas se relacionan con otros pensamientos y teorías en distintos campos de estudio del mismo filósofo, y otras proceden del análisis o de la crítica de la obra de otro filósofo. Estas últimas forman parte de una línea de razonamiento que puede extenderse a lo largo de diversas generaciones e incluso siglos, o ser el concepto central de una «escuela» filosófica concreta.

Muchos grandes filósofos formaron «sistemas» integrados de filosofía con ideas relacionadas. Por ejemplo, sus opiniones acerca de cómo adquirimos el conocimiento dieron lugar a una visión metafísica determinada del universo y del alma del hombre. A su vez, esto tiene implicaciones en el tipo de vida que el filósofo cree que deberíamos de vivir y en la sociedad que se supondría ideal. Así, este sistema de ideas pasa a ser el punto de partida para filósofos posteriores.

También es importante recordar que las ideas que se presentan nunca han estado del todo desfasadas. Aún tienen mucho que decirnos, incluso si filósofos y científicos han demostrado posteriormente que sus conclusiones eran erróneas. De hecho, muchas de las ideas descartadas durante siglos han pasado luego a ser sorprendente-

mente relevantes, como las teorías de los atomistas de la antigua Grecia. Es fundamental tener presente que los pensadores de los que aquí se trata establecieron los procesos filosóficos y los modos de pensar y de organizar nuestras ideas. Sin embargo, no hay que olvidar que las ideas que presentamos no son más que una pequeña parte del pensamiento del filósofo y suelen ser la conclusión de una línea de razonamiento mucho más larga.

Ciencia y sociedad

Las ideas que esta obra recoge han tenido una influencia que va más allá de la filosofía. Algunas han llegado a los movimientos científicos, políticos o artísticos dominantes. A menudo la relación entre la ciencia y la filosofía va en ambas direcciones, y las ideas oscilan de la una a la otra. De hecho,

El escepticismo es el primer paso hacia la verdad.
Denis Diderot

hay toda una rama filosófica que estudia el pensamiento subyacente a los métodos y prácticas científicas. El desarrollo del pensamiento lógico afectó a la evolución de las matemáticas y pasó a ser la base del método científico, que se sustenta en la observación sistemática para explicar el mundo. Las ideas sobre la naturaleza del ser y de la conciencia se convirtieron en la ciencia de la psicología.

Lo mismo puede decirse sobre la relación entre filosofía y sociedad. Éticas de todo tipo encontraron seguidores en líderes políticos a lo largo de la historia, modelando así la sociedad en que vivimos ahora e incluso dando lugar a revoluciones. En las decisiones éticas que se toman en todo tipo de profesiones participan, en mayor o menor medida, las ideas de los grandes pensadores de la filosofía.

Más allá de las ideas
Las ideas de este libro proceden de personas que vivieron en sociedades y en culturas que las modelaron a su vez. Al estudiarlas, podemos vislumbrar ciertas características regionales y nacionales, así como el espíritu del tiempo en que vivieron.

Los filósofos de esta obra aparecen como personalidades bien definidas: algunos son optimistas, otros pesimistas; algunos piensan a grandes trazos, otros son meticulosos y perfeccionistas; el lenguaje de algunos es claro y conciso, otros se expresan de un modo poético, y aún muchos más en un lenguaje denso y abstracto que cuesta descifrar. Si lee sus ideas en los textos originales, además de estar de acuerdo o no con lo que dicen y seguir la línea de pensamiento que llevó a sus conclusiones, podrá hacerse una idea de la persona que hay detrás. Por ejemplo, puede que el encantador Hume le caiga bien por su prosa maravillosamente clara, mientras que quizás se sienta incómodo con lo que dice; o que Schopenhauer le parezca persuasivo y su lectura placentera, pero que tenga la sensación de que no era un hombre demasiado agradable.

Ante todo, estos pensadores eran (y siguen siendo) interesantes y sugerentes. Los mejores también eran grandes escritores, y leer los textos originales puede resultar tan gratificante como leer literatura. En sus obras no sólo se aprecia su estilo literario, sino también cómo presentan sus argumentos y su estilo filosófico. Además de estimular la reflexión, pueden ser tan divertidos como un orador de sobremesa, tan elegantes como una prueba matemática y tan embriagadores como el más fino arte.

La filosofía no trata sólo de ideas, es un modo de pensar. A menudo no hay respuestas certeras o erróneas, y los distintos filósofos suelen llegar a conclusiones totalmente opuestas sobre cuestiones que la ciencia no puede explicar y la religión simplemente no explica.

Disfrutar de la filosofía
Si asombro y curiosidad son atributos humanos, también lo son la emoción de explorar y la alegría del descubrimiento. Podemos sentir con la filosofía la misma emoción que con una actividad física, y el mismo placer que mediante la contemplación del arte. Sobre todo, podemos obtener la satisfacción de llegar a creencias e ideas no por imposición de la sociedad, los profesores, la religión y ni siquiera los filósofos, sino por nuestro propio razonamiento individual. ■

El origen del pensamiento está en el desacuerdo, no sólo con los demás, sino con nosotros mismos.
Eric Hoffer

EL MUND ANTIGUO
700 A.C. — 250 D

Tales de Mileto, el primer filósofo griego conocido, da **respuestas racionales** a las preguntas sobre el mundo en que vivimos.

Fecha aceptada del nacimiento de **Kong Fuzi (Confucio)**, cuya filosofía se centra en **el respeto y la tradición**.

Muere **Siddharta Gautama, el Buda**, fundador de la religión y de la filosofía del **budismo**.

Empédocles presenta su teoría de los **cuatro elementos clásicos**. Fue el último filósofo griego que recogió sus ideas en **verso**.

624–546 A.C.   **551 A.C.**   **480 A.C.**   **c. 460 A.C.**

569 A.C.   **508 A.C.**   **469 A.C.**   **404 A.C.**

Nace **Pitágoras**, el pensador griego que combinó la filosofía y las matemáticas.

Atenas, la poderosa ciudad-estado griega, adopta una **constitución democrática**.

Nace **Sócrates**, cuyos **métodos de interrogación** en Atenas son la base de gran parte de la filosofía occidental posterior.

La derrota en la **guerra del Peloponeso** lleva al declive político de Atenas.

Desde el principio de la historia de la humanidad, las personas se han planteado preguntas sobre el mundo y el lugar que ocupan en él. Para las primeras sociedades, la respuesta a la mayoría de los interrogantes se hallaba en la religión: la conducta de los dioses explicaba el funcionamiento del universo y conformaba la estructura de las civilizaciones humanas.

Sin embargo, hubo personas que consideraron insuficientes las explicaciones de índole religiosa y empezaron a buscar respuestas basadas en la razón y no en las convenciones o en la religión. Este cambio marcó el nacimiento de la filosofía. El primero de los grandes pensadores que conocemos fue Tales, originario de Mileto, un asentamiento griego en la Turquía actual. Tales utilizó la razón para preguntarse sobre la naturaleza del universo y animó a otros a que hicieran lo mismo. El legado que dejó a sus seguidores no sólo fueron sus respuestas, sino todo el proceso de pensamiento racional, junto a la idea de qué tipo de explicaciones se podían considerar satisfactorias. Por este motivo, se considera que Tales de Mileto fue el primer filósofo.

La preocupación principal de los primeros filósofos giraba en torno a la pregunta básica formulada por Tales: «¿de qué está hecho el mundo?». Sus respuestas sentaron los cimientos del pensamiento científico y forjaron una relación entre ciencia y filosofía que aún sigue vigente. La obra de Pitágoras marcó un punto de inflexión, pues intentó explicar el mundo no en términos de alguna forma de materia primigenia, sino en términos matemáticos. Él y sus seguidores describieron la estructura del cosmos valiéndose de números, de proporciones y de la geometría. Aunque algunas de esas relaciones matemáticas adquirieron un significado místico para Pitágoras y sus seguidores, su explicación numérica del cosmos ejerció una profunda influencia sobre el inicio del pensamiento científico.

Filosofía de la Grecia clásica

A medida que las ciudades-estado griegas crecían, la filosofía se fue extendiendo por el mundo griego desde Jonia y especialmente hacia Atenas, que rápidamente se convirtió en la capital cultural de Grecia. Allí, la filosofía amplió su alcance para incluir preguntas nuevas: «¿cómo sabemos que sabemos?» y «¿cómo deberíamos vivir?». Fue un ateniense, Sócrates, quien dio paso al breve pero enormemente influyente período de la filosofía griega clásica. No dejó obra

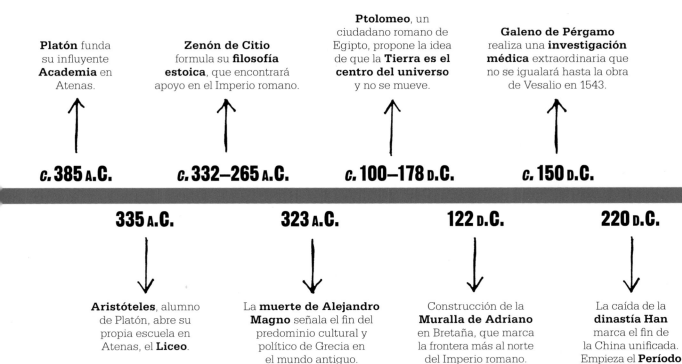

Platón funda su influyente **Academia** en Atenas.

Zenón de Citio formula su **filosofía estoica**, que encontrará apoyo en el Imperio romano.

Ptolomeo, un ciudadano romano de Egipto, propone la idea de que la **Tierra es el centro del universo** y no se mueve.

Galeno de Pérgamo realiza una **investigación médica** extraordinaria que no se igualará hasta la obra de Vesalio en 1543.

c. **385** A.C.

c. **332–265** A.C.

c. **100–178** D.C.

c. **150** D.C.

335 A.C.

323 A.C.

122 D.C.

220 D.C.

Aristóteles, alumno de Platón, abre su propia escuela en Atenas, el **Liceo**.

La **muerte de Alejandro Magno** señala el fin del predominio cultural y político de Grecia en el mundo antiguo.

Construcción de la **Muralla de Adriano** en Bretaña, que marca la frontera más al norte del Imperio romano.

La caída de la **dinastía Han** marca el fin de la China unificada. Empieza el **Período de desunión**.

escrita, pero sus ideas fueron tan importantes que determinaron el curso de la filosofía, hasta tal punto que a los filósofos que le precedieron se les conoce como presocráticos. Platón fue alumno suyo y fundó una escuela en Atenas, a la que llamó Academia (de donde procede el término «académico»), allí enseñó y desarrolló las ideas de su maestro, y las transmitió a alumnos como Aristóteles, que fue alumno y profesor allí durante veinte años. Las distintas ideas y métodos de estos grandes pensadores (Sócrates, Platón y Aristóteles) constituyen la base de la filosofía occidental tal y como la conocemos ahora, y sus diferencias de opinión han dividido a los filósofos a lo largo de toda la historia.

El período clásico griego finalizó a la muerte de Alejandro Magno en el año 323 a.C. Las ciudades-estado que con este gran líder fueron aliadas volvieron a ser rivales. Tras la muerte de Aristóteles, en el año 322 a.C., la filosofía también se dividió en escuelas de pensamiento muy distintas, y cínicos, escépticos, epicúreos y estoicos defendieron sus posturas.

Durante los dos siglos siguientes, la cultura griega se fue desvaneciendo a medida que el Imperio romano crecía. Los romanos no tenían tiempo para filosofar a la griega, exceptuando al estoicismo, pero las ideas griegas persistieron, sobre todo porque se conservaron en los manuscritos y las traducciones del mundo árabe. Volverían a aparecer más adelante, durante la Edad Media, con el auge de la cristiandad y del islam.

Filósofos orientales

También en Asia varios pensadores cuestionaron el saber convencional. La inestabilidad política en China entre los años 771 a.C. y 481 a.C. hizo surgir una serie de filosofías a las que no les interesaba tanto la naturaleza del universo como el mejor modo de organizar una sociedad justa y de proporcionar directrices morales a sus ciudadanos; por el camino, reflexionaban sobre qué era una vida «buena». En este período florecieron las Cien escuelas de pensamiento, entre las que el confucianismo y el taoísmo fueron las más importantes. Ambas dominaron la filosofía china hasta el siglo XX.

En el sur de China surgió otro filósofo igualmente influyente: Siddharta Gautama, al que luego se conocería como Buda. A partir de sus enseñanzas en el norte de India, sobre el año 500 a.C., su filosofía se extendió por todo el subcontinente y casi todo el sur de Asia, donde se sigue practicando de manera generalizada. ∎

TODO ES AGUA
TALES DE MILETO (*c.* 624–546 A.C.)

EN CONTEXTO

RAMA
Metafísica

ORIENTACIÓN
Monismo

ANTES
2500–900 A.C. La civilización minoica en Creta y la posterior civilización micénica en Grecia explican los fenómenos físicos mediante la religión.

C. 1100 A.C. La cosmogonía babilónica *Enûma Eliš* describe el estado primitivo del mundo como una masa acuosa.

C. 700 A.C. La *Teogonía* del poeta griego Hesíodo describe cómo los dioses crearon el universo.

DESPUÉS
Principios del siglo V A.C. Empédocles propone los cuatro elementos básicos del cosmos: tierra, agua, aire y fuego.

C. 400 A.C. Leucipo y Demócrito concluyen que el cosmos está compuesto únicamente de átomos y de espacio vacío.

A partir de la observación, Tales dedujo que las cosechas eran consecuencia de las condiciones climáticas, no de la intervención divina. Se dice que un año predijo una cosecha de olivas excelente y que compró todos los molinos de aceite de la zona, luego los alquiló y se benefició del aumento de la demanda.

Durante el período arcaico (de mediados del siglo VIII a.C. hasta el siglo VI a.C.), la población de la península griega se fue asentando en un grupo de ciudades-estado. En ellas se desarrolló un sistema de escritura alfabética, además dieron origen a lo que ahora se reconoce como filosofía occidental. Las civilizaciones anteriores habían recurrido a la religión para explicar los fenómenos del mundo que les rodeaba; ahora, aparecía una nueva clase de pensadores, dispuestos a buscar explicaciones naturales y racionales.

Tales de Mileto es el primero de estos pensadores científicos del que tenemos noticia. Aunque no nos ha llegado ninguno de sus escritos, sabemos que tenía buenos conocimientos de astronomía y geometría, y se le atribuye haber predicho el eclipse total de Sol del año 585 a.C. Esta manera de pensar práctica le llevó a creer que lo que sucedía en el mundo no se debía a la intervención divina, sino a causas naturales que la razón y la observación podían revelar.

Materia primordial
Tales necesitaba establecer un principio básico desde el que trabajar, por lo que se planteó la pregunta: «¿Cuál es el elemento básico del cosmos?». La idea de que todo en el universo puede reducirse a una única sustancia se conoce como monismo y Tales y sus seguidores fueron los primeros en proponerla en la filoso-

Véase también: Anaximandro 330 ▪ Anaxímenes de Mileto 330 ▪
Pitágoras 26–29 ▪ Empédocles 330 ▪ Demócrito y Leucipo 45 ▪ Aristóteles 56–63

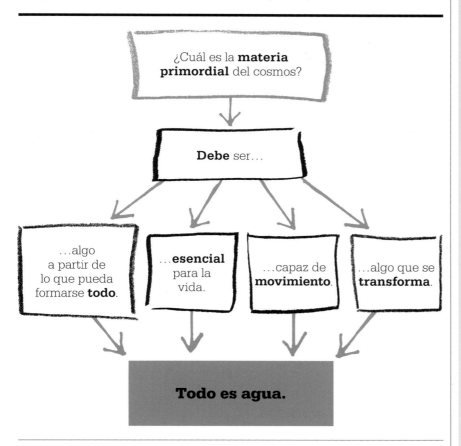

¿Cuál es la **materia primordial** del cosmos?

Debe ser…

…algo a partir de lo que pueda formarse **todo**.

…**esencial** para la vida.

…capaz de **movimiento**.

…algo que se **transforma**.

Todo es agua.

Tales de Mileto

Aparte de que nació y vivió en Mileto, en la costa de lo que hoy es Turquía, poco sabemos de la vida de Tales. No nos ha llegado ninguno de sus escritos, si es que dejó alguno. Pero su reputación como uno de los primeros filósofos griegos clave parece merecida, y tanto Aristóteles como Diógenes Laercio, el biógrafo que en el siglo III d.C. narró las vidas de los antiguos filósofos griegos, le mencionan con detalle.

Las pruebas anecdóticas sugieren que Tales participaba activamente en la vida política y que era un empresario de éxito. Se cree que viajó mucho por el Mediterráneo oriental y que cuando visitó Egipto aprendió la geometría práctica que luego se convertiría en la base de su razonamiento deductivo.

Sin embargo, Tales era, por encima de todo, un maestro, el primero de la conocida como escuela filosófica de Mileto. Posteriormente, Anaximandro, su alumno, amplió muchas de las teorías científicas de Tales y, a su vez, llegó a convertirse en mentor de Anaxímenes, de quien se cree que fue maestro de un joven matemático: Pitágoras.

fía occidental. Tales razona que la materia primordial del universo tenía que ser algo a partir de lo que se pudiera formar todo lo demás, además de ser esencial para la vida y capaz de movimiento, y, por lo tanto, de transformación. Observa que el agua es claramente necesaria para mantener todas las formas de vida y que se mueve y cambia, asumiendo formas distintas: del estado líquido al sólido del hielo y al gaseoso del vapor. Así, concluye que toda la materia, independientemente de sus propiedades evidentes, tiene que ser agua en algún estado de transformación.

Tales también observa que toda la masa terrestre parece acabar al borde del agua. De ahí deduce que toda la tierra debe estar flotando sobre un lecho de agua, del que ha emergido. Cuando sucede algo que causa ondas o temblores en el agua, lo percibimos como terremotos.

Sin embargo, por sugestivos que sean los detalles de las teorías de Tales, no son estos el motivo principal por el que se le considera una figura importante en la historia de la filosofía. Su verdadera importancia reside en el hecho de que fue el primer pensador conocido en buscar explicaciones naturalistas y racionales a preguntas fundamentales, en lugar de atribuir los objetos y los sucesos al capricho de los dioses. Con ello, él y los filósofos posteriores de la escuela de Mileto sentaron las bases del pensamiento científico y filosófico futuro en todo el mundo occidental. ▪

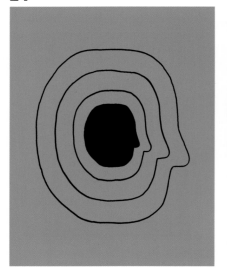

EL TAO QUE PUEDE NOMBRARSE NO ES EL TAO ETERNO
LAO TSÉ (*c.* SIGLO VI A.C.)

En el siglo VI a.C., China se vio sumida en un estado de guerras internas debido a la desintegración de la dinastía Zhou. Este cambio dio lugar a una nueva clase social de administrativos y de magistrados en las cortes, encargados de diseñar estrategias para gobernar con efectividad. El gran volumen de ideas generadas por estos funcionarios llegó a conocerse como las Cien escuelas de pensamiento.

Esto coincidió con la aparición de la filosofía en Grecia y compartía algunas de sus preocupaciones, como la búsqueda de la estabilidad en un mundo en cambio constante y de alternativas a lo que hasta entonces prescribía la religión. Sin embargo, la filosofía china había evolucionado

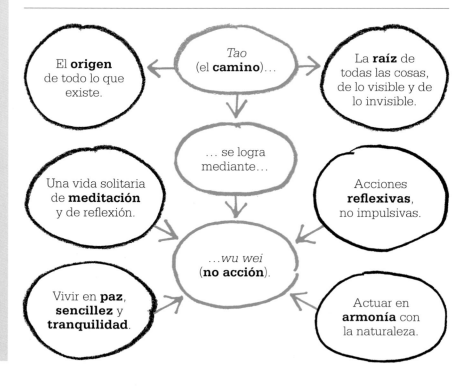

Tao (el **camino**)…

El **origen** de todo lo que existe.

La **raíz** de todas las cosas, de lo visible y de lo invisible.

… se logra mediante…

Una vida solitaria de **meditación** y de reflexión.

Acciones **reflexivas**, no impulsivas.

…*wu wei* (**no acción**).

Vivir en **paz**, **sencillez** y **tranquilidad**.

Actuar en **armonía** con la naturaleza.

Véase también: Siddharta Gautama 30–33 ▪ Confucio 34–39 ▪ Mo Tsé 44 ▪ Wang Bi 331 ▪ Hajime Tanabe 244–245

a partir de la política, por lo que se centró más en la moralidad y la ética que en la naturaleza del cosmos.

Una de las ideas más importantes que aparecen en esta época procede del *Tao Te Ching (El camino y su poder)*, atribuido a Lao Tsé. Fue uno de los primeros intentos de proponer una teoría de gobierno justo, basada en el *te* (virtud) y que era posible encontrar si seguía el *tao* (el

Vivir en armonía con la naturaleza es una de las vías prescritas por el *Tao Te Ching* para una vida equilibrada. Para este pescador, significaría el respeto al equilibrio del lago y no pescar en exceso.

camino), que sentó las bases de la filosofía conocida como taoísmo.

Ciclos de cambio

Para entender el concepto del *tao*, es necesario saber cómo veían los antiguos chinos el mundo en constante cambio. Para ellos, los cambios son cíclicos, pasando continuamente de un estado a otro, por ejemplo, del día a la noche, del verano al otoño, etc. Entendían que los distintos estados no son opuestos, sino que están relacionados entre sí y manan los unos de los otros. Estos estados poseen también propiedades complementarias que, unidas, forman un todo. El proceso de cambio se entiende como una expresión del *tao*, y lleva a las 10.000 manifestaciones que componen el mundo. Lao Tsé, en su obra *Tao Te Ching*, afirma que los seres humanos no son más que una de estas 10.000 manifestaciones y que no gozan de un estatus especial. Sin embargo, por medio del deseo y del libre albedrío podemos desviarnos del *tao* y alterar el equilibrio y la armonía del mundo. Vivir una vida virtuosa significa actuar según el *tao*.

Conocer al otro requiere inteligencia; conocerse a uno mismo, sabiduría.
Lao Tsé

Pero seguir el *tao* no es sencillo, tal y como el propio *Tao Te Ching* reconoce. Filosofar acerca del *tao* no tiene sentido, ya que está más allá de lo que pueda concebir el ser humano. Se caracteriza por el *wu* («no ser»), por lo que la única manera de seguir el camino del *tao* es *wu wei*, literalmente la «no acción». Con esto, Lao Tsé no llama al «no hacer», sino a actuar según la naturaleza, de manera espontánea e intuitiva, lo que, a su vez, significa actuar sin deseo ni ambición y sin recurrir a las convenciones sociales. ▪

Lao Tsé

Se sabe muy poco acerca del autor del *Tao Te Ching*, que tradicionalmente se atribuye a Lao Tsé. Este se ha convertido en una figura casi mística y se ha llegado a sugerir que el libro no es obra suya, sino una compilación de citas de diversos eruditos. Lo que sí sabemos es que, durante la dinastía Zhou, nació en el estado de Chu un erudito llamado Li Er o Lao Tan, que llegó a ser conocido como Lao Tsé (el Viejo Maestro). Varios textos indican que era archivero en la corte de Zhou y que Confucio le consultaba sobre ritos y ceremonias. La leyenda

afirma que Lao Tsé abandonó la corte durante el declive de la dinastía Zhou y que viajó hacia el oeste en busca de soledad. Cuando estaba a punto de cruzar la frontera, uno de los guardias le reconoció y le pidió que dejara plasmada su sabiduría. Lao Tsé escribió el *Tao Te Ching* para él y luego prosiguió su camino, después de lo cual nunca más se le volvió a ver.

Obras principales

***C.* siglo VI A.C.**
Tao Te Ching.

LOS NUMEROS GOBIERNAN LAS FORMAS Y LAS IDEAS

PITÁGORAS (c. 570–495 A.C.)

EN CONTEXTO

RAMA
Metafísica

ORIENTACIÓN
Pitagorismo

ANTES
Siglo VI A.C. Tales propone una explicación no religiosa del cosmos.

DESPUÉS
C. 535–c. 475 A.C. Heráclito rechaza el pitagorismo y afirma que el cosmos está gobernado por el cambio.

C. 428 A.C. Platón presenta su concepto de Forma perfecta, que se revela al intelecto y no a los sentidos.

C. 300 A.C. El matemático griego Euclides sienta los principios de la geometría.

1619 Johannes Kepler, matemático alemán, describe la relación entre la geometría y los fenómenos físicos.

L a filosofía occidental estaba en su primera infancia cuando nació Pitágoras. En Mileto (Grecia) un grupo de filósofos conocido como Escuela de Mileto había comenzado a buscar explicaciones racionales a los fenómenos naturales hacía tan sólo una generación, lo que marcó el inicio de la tradición filosófica occidental. Pitágoras pasó su infancia relativamente cerca de Mileto, por lo que es muy probable que los conociera y es posible que incluso estudiara en su academia. Se cree que Pitágoras, al igual que Tales, el fundador de la Escuela de Mileto, aprendió los rudimentos de la geometría durante un viaje a Egipto. Con estos orígenes, no es sorpren-

Véase también: Tales de Mileto 22–23 ▪ Siddharta Gautama 30–33 ▪ Heráclito 40 ▪ Platón 50–55 ▪ René Descartes 116–123

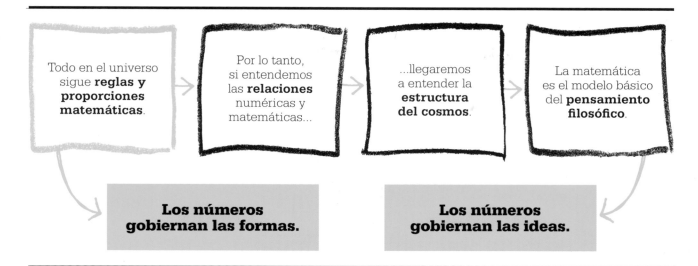

Todo en el universo sigue **reglas y proporciones matemáticas**.

Por lo tanto, si entendemos las **relaciones** numéricas y matemáticas...

...llegaremos a entender la **estructura del cosmos**.

La matemática es el modelo básico del **pensamiento filosófico**.

Los números gobiernan las formas.

Los números gobiernan las ideas.

dente que abordara el pensamiento filosófico desde un punto de vista científico y matemático.

La academia pitagórica

Sin embargo, Pitágoras era también profundamente religioso y supersticioso. Creía en la transmigración de las almas y en la reencarnación, y fundó un culto religioso del que él mismo era el Mesías virtual, en Crotona (sur de Italia). Sus discípulos vivían en una comuna y a su estudio de las teorías religiosas y filosóficas se sumaban unas estrictas normas de conducta y de alimentación. Se les conocía como pitagóricos y entendían las ideas de Pitágoras como revelaciones místicas, hasta el punto que algunos de los descubrimientos que se le atribuyen en forma de «revelaciones» quizás provinieran de otros miembros de la comunidad. Las ideas eran recogidas por los alumnos, entre los que se encontraba su esposa, Téano de Crotona, y sus hijas. Las dos facetas de las creencias de Pitágoras (la mística y la científica) parecen irreconciliables, pero Pitágoras no las creía contradictorias. Para él, el objetivo de la vida era poder liberarse del ciclo de reencarnaciones, lo que podía conseguirse mediante la adhesión a unas estrictas normas de conducta y a la contemplación, o lo que llamaríamos pensamiento científico objetivo. Encontró en la geometría y las matemáticas verdades que consideraba »

Pitágoras

Se sabe muy poco de la vida de Pitágoras. No dejó escritos y, por desgracia, tal y como narra Porfirio, el filósofo griego, en su *Vita Pithagorae*, «nadie sabe con certeza qué decía Pitágoras a sus alumnos, ya que observaban un silencio poco habitual». Sin embargo, hoy en día se cree que, probablemente, Pitágoras nació en la isla de Samos, frente a la costa de la actual Turquía. De joven viajó mucho, quizás estudió en la Escuela de Mileto y, posiblemente, visitó Egipto, que era un centro de aprendizaje. Hacia los 40 años de edad, fundó una comunidad de unas 300 personas en Crotona, en el sur de Italia, cuyos miembros estudiaban una mezcla de temas tanto místicos como académicos. Pese a la naturaleza colectiva de la comunidad, Pitágoras era claramente el líder de la misma. Se dice que se casó a los 60 años de edad con una joven, Theano de Crotona. La hostilidad creciente hacia el culto pitagórico acabó obligándole a abandonar Crotona y huyó a Metapontum, también en el sur de Italia, donde falleció poco después. Hacia finales del siglo IV a.C. su comunidad había desaparecido casi por completo.

El teorema de Pitágoras demostró que los principios que rigen las formas y las proporciones pueden descubrirse. Esto sugería que, con el tiempo, quizás sería posible descubrir la estructura de todo el cosmos.

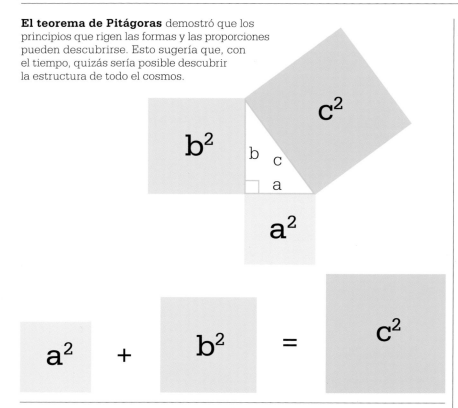

Hay geometría en la vibración de las cuerdas; hay música en las esferas.
Pitágoras

evidentes, casi divinas, y desarrolló pruebas matemáticas que tuvieron el impacto de revelaciones divinas.

Como estos descubrimientos matemáticos eran fruto del razonamiento puro, Pitágoras los creía más valiosos que las meras observaciones. Por ejemplo, los egipcios habían descubierto que todos los triángulos cuyos lados seguían una proporción de 3:4:5 tenían un ángulo recto, lo que era muy útil en la práctica, por ejemplo de la arquitectura. Sin embargo, Pitágoras reveló el principio subyacente a todos los triángulos rectángulos (el cuadrado de la hipotenusa es igual a la suma de los cuadrados de los catetos), lo que llevó a evidenciar que era una verdad universal. Fue un hallazgo tan extraordinario y con tal potencial que para los pitagóricos fue una revelación divina.

Pitágoras concluyó que todo el cosmos debía estar regido por reglas matemáticas. Afirmaba que el número (proporciones numéricas y axiomas matemáticos) podía utilizarse para explicar la estructura del cosmos. No descartaba totalmente la idea de Mileto de que el universo pudiera estar hecho de una materia primordial, pero pasó de estudiar la sustancia a estudiar la forma.

Esto supuso un cambio tan profundo en el modo de ver el mundo que deberíamos perdonar a Pitágoras y a sus discípulos su exaltación y misticismo con los números. Al explorar la relación entre los números y la geometría, descubrieron los números al cuadrado y al cubo de los que hablamos en la actualidad, pero también les atribuyeron cualidades. Los pares, por ejemplo, eran asociados a lo «bueno» y los impares a lo «malo». En algunos casos llegaron a ser muy específicos: el número cuatro era «justicia», etc. El número diez, en forma de tetractis (una forma triangular dibujada con hileras de pun-

tos), tenía un significado especial en el ritual pitagórico. Algo menos controvertida era su visión del número uno como un punto único, una unidad de la que podían derivarse otras cosas. El número dos, siguiendo esta lógica, era una línea; el tres, una superficie o un plano; y el cuatro, un sólido. La correspondencia con nuestra concepción moderna de las dimensiones es obvia.

La explicación pitagórica acerca de la creación del universo seguía una pauta matemática: Dios impuso un Límite a lo Ilimitado (el infinito que existía antes del universo) y así fue como todo lo que existe adquirió forma. De este modo, Dios creó una unidad *mensurable* a partir de la que se formó todo lo demás.

Armonía numérica
El descubrimiento más importante de Pitágoras fue el de las relaciones existentes entre los números: las ratios y las proporciones. Su investigación sobre la música y, especialmente, sobre las relaciones entre las notas musicales que sonaban bien juntas reforzó este descubrimiento. Se dice que la idea se le ocurrió mientras escuchaba trabajar a unos herreros. El yunque de uno medía la mitad que el del otro y el sonido que emitían al

ser golpeados con el martillo estaba separado exactamente por una octava (ocho notas). Quizás sea cierto, pero es más probable que Pitágoras determinara las proporciones entre los intervalos consonantes (el número de notas que hay entre otras dos determina si, al ser tocadas simultáneamente, sonarán bien o no) experimentando con la cuerda de un instrumento. Lo que descubrió fue que los intervalos eran armoniosos, porque la relación entre ellos era una proporción matemática sencilla y concreta. Estas series, que hoy conocemos como series armónicas, le confirmaron que la elegancia matemática que había descubierto en la geometría se hallaba también en la naturaleza.

Las estrellas y los elementos

Pitágoras no sólo había demostrado que la estructura del universo podía explicarse en términos matemáticos («los números rigen las formas»), sino también que la acústica era una ciencia exacta y que los números regían las proporciones armoniosas. Entonces, empezó a aplicar sus teorías a todo el cosmos para demostrar la relación armoniosa entre las estrellas, los planetas y los elementos. Más tarde, los astrónomos de la Edad Media y del Renacimiento adoptaron con fervor su idea de la relación armónica entre las estrellas y desarrollaron toda una serie de teorías en torno a la idea de la música de las esferas. La sugerencia de que los elementos estaban dispuestos en armonía volvió a plantearse más de 2.000 años después de su muerte. En 1865, el químico inglés John Newlands descubrió que, al ordenar los elementos

La arquitectura clásica sigue proporciones pitagóricas. Se aplican formas armoniosas y proporciones, a pequeña escala para los detalles y a gran escala para la estructura general.

químicos en función de su peso atómico, el octavo elemento a partir de cualquier otro tenía unas propiedades muy similares al primero, como sucede con las notas musicales. Este conocimiento se denominó ley de las Octavas y contribuyó a desarrollar la tabla periódica de los elementos que sigue utilizándose en la actualidad.

Pitágoras también fue quien determinó el principio del razonamiento deductivo, que es el proceso paso a paso de empezar por un axioma evidente (como «2 + 2 = 4»), para ir avanzando hasta una nueva conclusión o hecho. Posteriormente, Euclides definió el razonamiento deductivo, que pasó a ser la base del pensamiento matemático hasta la Edad Media e incluso después.

Una de las principales contribuciones de Pitágoras al desarrollo de la filosofía fue la idea de que el pensamiento abstracto es superior a la prueba de los sentidos. Platón recogió esta idea en su teoría de las Formas, y surgió de nuevo en el método filosófico de los racionalistas en el siglo XVII. El intento de Pitágoras de combinar lo racional con la ciencia

> La razón es inmortal, todo lo demás es perecedero.
> **Pitágoras**

fue la primera tentativa de resolver un problema que ha asediado a la filosofía y a la religión desde entonces.

Casi todo lo que sabemos de Pitágoras procede de otros; incluso los hechos más básicos de su vida son meras conjeturas. Sin embargo, ha alcanzado un estatus poco menos que legendario (que, al parecer, fomentaba) gracias a las ideas que se le atribuyen. Sea como fuere en realidad, lo importante es el gran impacto que ejercieron esas ideas sobre el pensamiento filosófico. ■

FELIZ AQUEL QUE HA SUPERADO SU EGO

SIDDHARTA GAUTAMA (c. 563–483 a.C.)

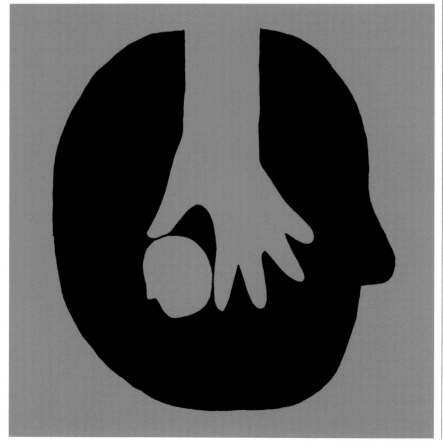

EN CONTEXTO

TRADICIÓN
Filosofía oriental

ORIENTACIÓN
Budismo

ANTES
***C.* 1500 a.C.** El vedismo
llega al subcontinente indio.

***C.* siglos X–V a.C.** El
brahmanismo sustituye
a las creencias védicas.

DESPUÉS
Siglo III a.C. El budismo
se extiende desde el Ganges
hacia el oeste y por toda India.

Siglo I a.C. Las enseñanzas
de Siddharta Gautama se
escriben por primera vez.

Siglo I d.C. El budismo
empieza a extenderse hacia
China y el Sudeste asiático.
Comienzan a desarrollarse
distintas escuelas de budismo
en áreas diferentes.

S iddharta Gautama, más tarde conocido como Buda («el iluminado»), vivió en India durante un período en el que las explicaciones religiosas y mitológicas empezaban a cuestionarse. En Grecia, pensadores como Pitágoras estudiaban el cosmos mediante la razón, mientras que en China, Lao Tsé y Confucio separaban la ética del dogma religioso. El brahmanismo, una religión que había evolucionado a partir del vedismo (antigua creencia basada en los Vedas, o textos sagrados), era la fe dominante en el subcontinente indio en el siglo VI a.C., y Siddharta Gautama fue el primero en cuestionar sus enseñanzas mediante el razonamiento filosófico.

Véase también: Lao Tsé 24–25 ▪ Pitágoras 26–29 ▪ Confucio 34–39 ▪
David Hume 148–153 ▪ Arthur Schopenhauer 186–188 ▪ Hajime Tanabe 244–245

Las cuatro nobles verdades

El sufrimiento es **inherente a la existencia** desde el nacimiento, en la enfermedad y la vejez, y en la muerte. → La verdad sobre el sufrimiento (**Dukkha**)

El **deseo** es la causa del sufrimiento: el deseo de los placeres sensuales y el apego al poder y a las posesiones materiales. → La verdad sobre el origen del sufrimiento (**Samudaya**)

Puede ponerse fin al sufrimiento mediante el **desapego** del deseo y del apego. → La verdad sobre el cese del sufrimiento (**Nirodha**)

El **Óctuple Sendero** es la manera de eliminar el deseo y superar el ego. → La verdad sobre el camino al cese del sufrimiento (**Magga**)

Siddharta Gautama

Casi todo lo que sabemos de la vida de Siddharta Gautama procede de las biografías escritas por sus seguidores siglos después de su muerte, las cuales difieren de manera significativa en numerosos detalles. Lo que sí es seguro es que nació en Lumbini, el Nepal actual, en torno al año 560 a.C. Su padre era funcionario y, posiblemente, líder de un clan, por lo que Siddharta tuvo una vida lujosa y privilegiada.

Insatisfecho, dejó a su hijo y a su mujer en busca de una senda espiritual y descubrió el «camino intermedio» entre la indulgencia de los sentidos y el ascetismo. Se iluminó mientras reflexionaba a la sombra de una higuera y dedicó el resto de su vida a viajar por toda India para predicar. Después de su muerte, sus enseñanzas se transmitieron oralmente durante unos 400 años, antes de ser transcritas al *Tipitaka (Los tres cestos)*, también llamado Canon Pali.

Obras principales

Siglo I D.C.
Tipitaka (recopilado por sus seguidores), que comprende: *Vinaya-pitaka, Sutta-pitaka* y *Abhidhamma-pitaka*.

Aunque los budistas reverenciaban su sabiduría, Siddharta Gautama no era un mesías ni un profeta y tampoco actuaba como intermediario entre Dios y los hombres. Sus ideas provenían del razonamiento, no de revelaciones divinas, y esto es lo que hace del budismo tanto una filosofía como una religión (si no más). Su búsqueda era filosófica, quería descubrir la verdad, y mantuvo que el poder de la razón ponía al alcance de todos las verdades que proponía. Al igual que a la mayoría de los filósofos orientales, no le interesaban las preguntas metafísicas sin respuesta que tanto preocupaban a los griegos. Como eran entidades más allá de nuestra experiencia, no eran más que especulaciones carentes de sentido. Por el contrario, se centró en la cuestión del objetivo de la vida, que, a su vez, implicaba analizar los conceptos de virtud, de felicidad y de «buena» vida.

El camino intermedio

Durante su juventud, Siddharta disfrutó de lujos y riquezas y, según se dice, de todos los placeres sensuales. Sin embargo, se percató de que esto no era suficiente para alcanzar la felicidad plena. Era muy consciente del sufrimiento en el mundo y vio que, en su mayoría, se debía a la enfermedad, a la vejez y a la muerte, así como al hecho de que las personas carecen de lo que necesitan. »

Buda cortó su pelo como parte de su renuncia al mundo material. Según las enseñanzas budistas, las tentaciones mundanas son el origen de todo el sufrimiento y han de resistirse.

También cayó en la cuenta de que los placeres sensuales a los que solemos recurrir para aliviar el sufrimiento casi nunca son satisfactorios y que, cuando lo son, su efecto es pasajero. La experiencia del ascetismo extremo (austeridad y abstinencia) también le resultó insatisfactoria y no le ayudó a entender cómo lograr la felicidad.

Gautama llegó a la conclusión de que tenía que existir un «camino intermedio» entre la autoindulgencia y la mortificación. Creía que este camino intermedio debía llevar a la felicidad plena, o «iluminación», y para encontrarlo aplicó la razón a sus propias experiencias.

También se dio cuenta de que el sufrimiento es universal, que forma parte integral de la existencia y que su causa última es la frustración de los deseos y las expectativas, a los que llama «apegos» y que incluyen no sólo el deseo sensual y la ambición material, sino nuestro instinto básico de supervivencia. Afirma que satisfacer dichos apegos puede ser gratificante a corto plazo, pero no

lleva a la felicidad entendida como complacencia y paz de espíritu.

El «no-yo»

El siguiente paso en el razonamiento de Gautama fue que, si se eliminaban los apegos, se impediría toda decepción y, por consiguiente, todo sufrimiento. Para lograrlo, apunta a lo que considera una de las causas primeras del apego: nuestro egoísmo. Por egoísmo aludía a la tendencia a buscar la gratificación. Para Gautama, el egoísmo era estar centrado y apegado a uno mismo, es lo que ahora denominaríamos «ego». Por lo tanto, para liberarnos de los apegos que nos causan dolor, no basta con renunciar a las cosas que deseamos, sino que debemos superar el apego a lo que desea, el «yo».

Pero, ¿cómo podemos llegar a conseguirlo? El deseo, la ambición y las expectativas forman parte de la naturaleza humana y son lo que nos impulsa a la mayoría de nosotros. Gautama responde que el mundo del ego es sólo una ilusión y lo demuestra, de nuevo, mediante un proceso de razonamiento. Argumenta que nada en el universo se ha causado a sí mismo y que todo es resultado de una acción previa, por lo que cada uno de nosotros no es más que una parte transitoria de este proceso eterno: somos seres perecederos y sin sustancia. Por lo tanto, en realidad, no hay ningún «yo» que no forme parte de un todo mayor, o del «no-yo», y el sufrimiento es resultado de no percatarnos de ello. Esto no significa que debamos negar nuestra existencia o nuestra identidad personal, sino que debemos asumirlas como lo que son: transitorias e insustanciales. La clave para soltar el apego y librarse del sufrimiento es entender el concepto de que formamos parte de un «no-yo» eterno, en lugar de aferrarnos a la idea de ser un «yo» único.

No creas en nada, sin importar dónde lo hayas leído ni quién lo haya dicho, a no ser que esté de acuerdo con tu propia razón.
Siddharta Gautama

El Óctuple Sendero

El razonamiento de Gautama, desde las causas del sufrimiento hasta el modo de lograr la felicidad, está registrado en las enseñanzas budistas de las Cuatro Nobles Verdades: el sufrimiento es universal; el deseo es la causa del sufrimiento; el sufrimiento puede evitarse si se elimina el deseo; seguir el Óctuple Sendero elimina el deseo. La última verdad alude a lo que es, en esencia, una guía práctica para el «camino intermedio» que Gautama dejó a sus seguidores con el fin de que pudieran alcanzar la iluminación.

El Óctuple Sendero (acción correcta; intención correcta; forma de vida correcta; esfuerzo correcto; con-

La paz procede de tu interior, no la busques fuera.
Siddharta Gautama

centración correcta; palabra correcta; comprensión correcta; contemplación correcta) es, en realidad, un código ético; son normas para vivir una vida buena y alcanzar la felicidad que Siddharta Gautama se propuso encontrar.

Nirvana

Para Gautama, el objetivo de la vida en la Tierra es detener el ciclo de sufrimiento (nacimiento, muerte y reencarnación) en el que nacemos. Si el hombre sigue el Óctuple Sendero, puede superar su ego y liberarse del sufrimiento, y mediante la iluminación puede evitar el dolor de reencarnarse en otra vida de sufrimiento. Se hace consciente de que su lugar es el «no-yo» y se convierte uno con lo eterno. Ha alcanzado el Nirvana, que se ha traducido como «no-apego», «no-ser» o, literalmente, «apagarse» (como una vela).

En el brahmanismo de la era de Gautama y en la religión hindú que le siguió, el Nirvana se entendía como volverse uno con dios, pero Gautama es muy cuidadoso a la hora de evitar cualquier mención a la deidad o a un propósito último en la vida. Se limita a describir el Nirvana como lo «no nacido, no originado, no creado y no formado», que trasciende toda experiencia sensorial. Es un estado eterno e inmutable de no estar y, por lo tanto, la libertad definitiva del sufrimiento de la existencia.

Tras su iluminación, Gautama viajó durante muchos años por toda India para predicar y enseñar. A lo largo de su vida encontró muchos seguidores y el budismo se convirtió en una religión importante, además de en una filosofía. Sus enseñanzas se transmitieron oralmente de generación en generación hasta el siglo I d.C., cuando se transcribieron por primera vez. A medida que el budismo se iba expandiendo por India, aparecieron distintas escuelas, que más tarde se extendieron también a China y al Sudeste asiático, donde rivalizó con el confucianismo y el taoísmo.

En el siglo III d.C., las enseñanzas de Gautama habían llegado hasta el Imperio helénico, pero ejercieron escasa influencia sobre la filosofía occidental. Sin embargo, existían similitudes entre la visión de la filosofía que tenía Gautama y la de los griegos, por ejemplo el énfasis en el razonamiento como manera de llegar a la felicidad y el uso que hacían sus discípulos de los diálogos filosóficos para elucidar sus enseñanzas. Los pensamientos de Gautama también encontraron eco en las ideas de filósofos occidentales posteriores, como en el concepto de yo de Hume o en la visión que tenía Schopenhauer de la condición humana. Mas no fue hasta el siglo XX cuando el budismo ejerció influencia directa sobre el pensamiento occidental. Desde entonces, cada vez más occidentales han recurrido a él como guía para la vida. ∎

La mente lo es todo.
Eres lo que piensas.
Siddharta Gautama

La rueda del Dharma, uno de los símbolos budistas más antiguos, representa el Óctuple Sendero hacia el Nirvana. En el budismo, la palabra «dharma» alude a las enseñanzas de Buda.

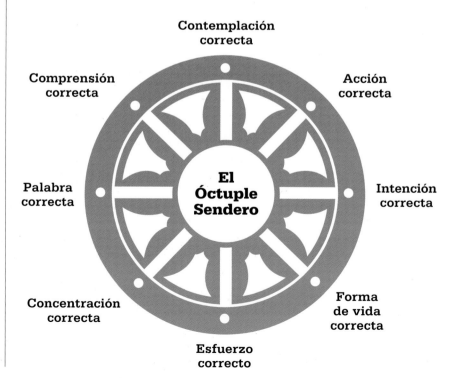

Contemplación correcta

Comprensión correcta

Acción correcta

Palabra correcta

El Óctuple Sendero

Intención correcta

Concentración correcta

Forma de vida correcta

Esfuerzo correcto

MANTEN
LA FIDELIDAD Y LA SINCERIDAD
COMO PRIMEROS
PRINCIPIOS

CONFUCIO (551–479 A.C.)

EN CONTEXTO

TRADICIÓN
Filosofía china

ORIENTACIÓN
Confucianismo

ANTES
Siglo VII a.C. Aparecen las Cien escuelas de pensamiento.

Siglo VI a.C. Lao Tsé propone actuar según el *tao* (el camino).

DESPUÉS
***C.*470–*c.*380 a.C.** El filósofo chino Mo Tsé rebate las ideas de Confucio.

372–289 a.C. El pensador chino Meng Zi recupera el confucianismo.

221–202 a.C. La dinastía Qin reprime el confucianismo.

136 a.C. La dinastía Han introduce exámenes para el funcionariado siguiendo como modelo los textos de Confucio.

Siglo IX d.C. El confucianismo renace como neoconfucianismo.

China vivió una época de gran desarrollo cultural entre los años 770 a.C y 220 a.C. Las filosofías que surgieron durante ese período se conocen como las Cien escuelas de pensamiento. En el siglo VI a.C., la dinastía Zhou había empezado a declinar y pasó de la estabilidad de los períodos de Primavera y de Otoño al que se conoce con el acertado nombre de Reinos combatientes. Fue en esta época cuando nació Confucio, el Maestro. Del mismo modo que otros filósofos de su tiempo, como Tales, Pitágoras o Heráclito, en Grecia, Confucio buscó constantes en un mundo de cambios; para él, significaba buscar valores morales que permitieran a los mandatarios gobernar con justicia.

Las «Analectas»

A diferencia de muchos de los primeros filósofos chinos, Confucio decidió recurrir al pasado en busca de inspiración. Era conservador por naturaleza y sentía un profundo respeto por los rituales y por el culto a los antepasados, dos aspectos que había mantenido la dinastía Zhou, cuyos dirigentes habían recibido la autoridad por el denominado Mandato del Cielo.

El hombre superior hace lo que corresponde a su posición; no desea ir más allá.
Confucio

En China regía una rígida jerarquía social en tiempos de Confucio, pero él perteneció a una nueva clase de académicos que ejercían de consejeros en la corte (una especie de funcionario público), quienes alcanzaban prestigio no por herencia sino a través de méritos propios. Confucio integró los ideales antiguos con esta incipiente meritocracia, lo que dio lugar a su nueva y única filosofía moral.

Las *Analectas* son una colección de fragmentos de escritos y de dichos de Confucio compilados por sus discípulos, y actualmente constituyen la principal fuente donde con-

Confucio

Según la tradición, Confucio nació el año 551 a.C. en Qufu, en el estado de Lu (China). Su nombre original era Kong Qiu, y sólo posteriormente se ganó el título de Kong Fuzi, o «Maestro Kong». Se sabe muy poco de su vida, excepto que nació en una familia acomodada y que de joven trabajó como criado para mantenerla tras el fallecimiento de su padre. No obstante, logró encontrar tiempo para estudiar y llegó a ser administrador en la corte de Lu, pero al ver que los gobernantes hacían caso omiso de sus consejos, abandonó el cargo para dedicarse a enseñar.

Como profesor, viajó por todo el imperio y, hacia el final de su vida, regresó a Qufu, donde murió en el año 479 a.C. Sus enseñanzas sobreviven en los fragmentos y los dichos que sus discípulos transmitieron oralmente y que posteriormente recogieron en las *Analectas* y en las antologías los estudiosos confucianos.

Obras principales

Siglo V a.C.
Analectas.
Doctrina de la medianía.
La gran ciencia.

Véase también: Tales de Mileto 22–23 ▪ Lao Tsé 24–25 ▪ Pitágoras 26–29 ▪ Siddharta Gautama 30–33 ▪ Heráclito 40 ▪ Hajime Tanabe 244–245

sultar sus enseñanzas. Se trata, fundamentalmente, de un tratado sobre política, compuesto por aforismos y anécdotas que, juntas, forman una especie de código de conducta para el buen gobierno. Sin embargo, el uso de la palabra *junzi* (literalmente, «caballero»), indica que sus preocupaciones eran tan sociales como políticas. De hecho, muchos de los pasajes de las *Analectas* son como un libro sobre etiqueta. De todos modos, entender las *Analectas* como un mero tratado político pasa por alto lo más importante: constituyen un sistema ético completo.

La vida virtuosa

Antes de que aparecieran las Cien escuelas de pensamiento, la mitología y la religión explicaban el mundo, y, por lo general, se aceptaba que el poder y la autoridad moral eran un don divino. Confucio no hace mención alguna a los dioses, pero sí al *tian*, o Cielo, como origen del orden moral. Según las *Analectas*, el Cielo ha escogido a los seres humanos para que lleven a cabo su voluntad y para que unifiquen el mundo mediante el orden moral, una idea que coincidía con el pensamiento tradicional chino. Sin embargo, rompe con la tradición al creer que la virtud *(te)* no es un don divino para las clases gobernantes, sino que es algo que todo el mundo puede cultivar. Él mismo había logrado ser ministro de la corte Zhou, por lo que creía que también la clase media, además de la gobernante, tenía el deber de actuar con virtud y con benevolencia *(ren)* para lograr una sociedad justa y estable.

Con el fin de reconciliar el hecho de que la sociedad era un rígido sistema de clases con su creencia de que todos los hombres pueden recibir la bendición del Mandato del Cielo, Confucio afirma que el hombre virtuoso no es aquel que se encuentra en la cima de la jerarquía social, sino el que sabe cuál es su sitio en esa jerarquía y lo asume plenamente. Para definir las distintas maneras en que se puede actuar con *te* (virtud), recurre a los valores tradicionales chinos: *zhong*, lealtad; *xiao*, piedad filial; *li*, respeto a los rituales; y *shu*, reciprocidad. Confucio denominaba *junzi* (caballero u hombre superior) a la persona que observaba sinceramente estos valores y era virtuosa, instruida y bien educada.

Aunque los valores *te* habían evolucionado en las clases gobernantes, en el mundo en desintegración de la dinastía Zhou, se habían convertido en poco más que en gestos vacíos. **»**

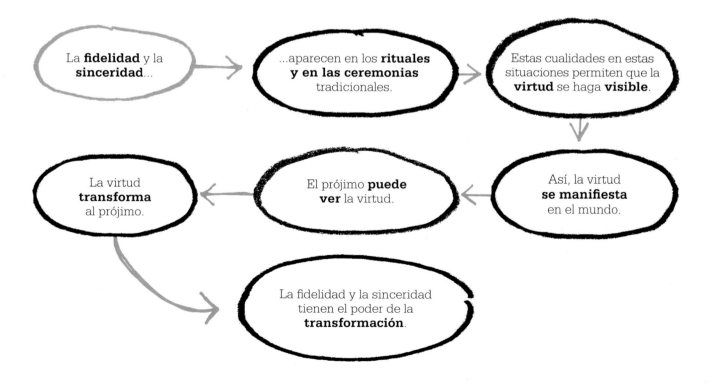

La **fidelidad** y la **sinceridad**...

...aparecen en los **rituales y en las ceremonias** tradicionales.

Estas cualidades en estas situaciones permiten que la **virtud** se haga **visible**.

Así, la virtud **se manifiesta** en el mundo.

El prójimo **puede ver** la virtud.

La virtud **transforma** al prójimo.

La fidelidad y la sinceridad tienen el poder de la **transformación**.

Las cinco relaciones constantes

Soberano – Súbdito
Los gobernantes han de ser benévolos; los súbditos, leales.

Padre – Hijo
El padre ha de ser afectuoso; el hijo, obediente.

Esposo – Esposa
El esposo ha de ser bueno y justo; la esposa, comprensiva.

Hermano mayor – Hermano menor
El hermano mayor ha de ser amable; el menor, respetuoso.

Amigo – Amigo
Los amigos mayores han de ser considerados; los jóvenes, respetuosos.

Confucio trató de persuadir a los gobernantes para que recuperaran esos ideales e instauraran de nuevo un gobierno justo; pero creía también en el poder de la benevolencia y pensaba que, si gobernaban mediante el ejemplo, en lugar de miedo, inspirarían al pueblo a seguir una vida igualmente virtuosa. Para él, las relaciones personales deberían regirse por el mismo principio.

La lealtad y el ritual

En su análisis de las relaciones, Confucio utiliza el *zhong* (la virtud de la lealtad) como principio guía. Comienza enfatizando la lealtad que el ministro debe a su soberano, luego demuestra la existencia de una relación parecida entre padre e hijo, esposo y esposa, hermano mayor y hermano menor, y amigos. El orden que sigue en las relaciones es significativo: empieza por la lealtad política, a la que le sigue la lealtad a la familia y al clan, y, finalmente, la lealtad a amigos y a desconocidos. Para Confucio, esta jerarquía refleja que cada persona debería saber qué lugar ocupa en la sociedad como conjunto, además de en la familia y en el clan.

Este aspecto de «saber cuál es el lugar que uno ocupa» está ejemplificado por el *xiao* (piedad filial), que, para Confucio, es mucho más que el respeto a los padres y a los mayores. De hecho, es lo más cerca que llega a las ideas religiosas en las *Analectas*, ya que el *xiao* está relacionado con la práctica tradicional del culto a los antepasados. Por encima de todo, el *xiao* refuerza la relación del inferior con su superior, un elemento central del pensamiento de Confucio.

Su faceta más conservadora aparece en su insistencia en el *li* (respeto a los rituales). No solamente alude a rituales como el de culto a los antepasados, sino también a las normas sociales que regían casi todos los aspectos de la vida en la China de la

Rituales y tradición son, según Confucio, fundamentales para que el individuo se integre en la sociedad. Si sabe cuál es su lugar, la persona puede llegar a ser *junzi*, o virtuosa.

época. Para Confucio el *li* abarcaba desde ceremonias como bodas, funerales y sacrificios, hasta normas de etiqueta a la hora de recibir invitados o dar regalos, así como sencillos gestos cotidianos, como la reverencia o el modo correcto de dirigirse a alguien. Según Confucio, las señales externas lo son también del *te* interno, pero sólo cuando se realizan con sinceridad, a la que considera el camino hacia el cielo. Al demostrar lealtad externa con sinceridad interior, el hombre superior puede transformar la sociedad.

Sinceridad

Confucio cree que se puede transformar la sociedad mediante el ejemplo. Escribe que «la sinceridad se hace evidente y manifiesta. Cuando es manifiesta, se vuelve brillante. Como es brillante, afecta a los demás. Como afecta a los demás, logra cambiarlos. Y como los cambia, se transforman. Sólo el que posee la sinceridad más absoluta que hay bajo el Cielo puede transformar al otro».

Aquí, Confucio no se muestra tan conservador y explica que el proceso de transformación puede ir en ambos sentidos. El concepto de *zhong* (fidelidad) también tiene la implicación

> Lo que se sabe, se sabe, y lo que no se sabe, no se sabe. En eso consiste la verdadera sabiduría.
> **Confucio**

de «consideración hacia el otro». Entiende que se puede aprender a ser un hombre superior si antes se acepta lo que se desconoce (una idea que un siglo después repetiría Sócrates, que afirmaba que su sabiduría residía en aceptar que no sabía nada) y, entonces, se observa a otros: si demuestran virtud, se intenta imitarles; si son inferiores, se les guía.

Reflexión

La idea del *zhong* como consideración hacia el otro se relaciona también con el último de los valores del *te*: *shu*, la reciprocidad o la reflexión que deberían guiar nuestras acciones hacia los demás. La llamada regla de Oro, «trata a los demás como deseas que te traten», aparece en el confucianismo como «no hagas a los demás lo que no desees para ti». La diferencia es sutil, pero importante: Confucio no dice qué hacer sino qué no hacer y, en lugar de la acción, enfatiza la contención. Esto implica modestia y humildad, dos valores muy valorados tradicionalmente en

La devoción de Confucio por la idea de alcanzar una sociedad humana le llevó a recorrer el Imperio chino durante doce años para enseñar las virtudes de la fidelidad y la sinceridad.

la sociedad china y que, en opinión de Confucio, expresan nuestra verdadera naturaleza. Fomentar estos valores es una forma de lealtad hacia uno mismo y otro tipo de sinceridad.

Confucianismo

Confucio no tuvo demasiado éxito a la hora de convencer a los gobernantes de su época para que adoptaran sus ideas de gobierno, por lo que centró toda su atención en la enseñanza. Sus discípulos, entre ellos Meng Zi (Mencio), siguieron compilando y ampliando sus escritos, que sobrevivieron a la represiva dinastía Qin e inspiraron el renacimiento del confucianismo en la dinastía Han, durante los primeros siglos de nuestra era. A partir de ese momento, las ideas de Confucio ejercieron un impacto muy profundo e influyeron en casi todos los aspectos de la sociedad china, desde la administración a la política y a la filosofía. El budismo y el taoísmo también se desarrollaron durante la época de Confucio, llegando a sustituir las creencias tradicionales. A pesar de que Confucio nunca expresó su opinión al respecto

y siempre se mantuvo en silencio en relación a la divinidad, influyó decisivamente en las dos nuevas fes.

En el siglo IX, una escuela neoconfuciana revitalizó este movimiento, que alcanzó su apogeo en el siglo XII, cuando su influencia se extendió por Corea, Japón y todo el Sudeste asiático. Aunque los misioneros jesuitas llevaron las ideas de Kong Fuzi a Europa en el siglo XVI (momento en que se latinizó su nombre a Confucio), el confucianismo resultaba extraño al pensamiento europeo y su influencia fue muy limitada hasta que empezaron a aparecer traducciones de su obra a finales del siglo XVII.

Pese a la caída del Imperio chino en 1911, las ideas de Confucio siguieron formando la base de muchas convenciones morales y sociales chinas, aunque oficialmente se rechazaran. En los últimos años, la República Popular China ha mostrado un interés renovado en Confucio, y ha integrado sus ideas tanto con el pensamiento chino moderno como con la filosofía occidental, lo que ha dado lugar a una filosofía híbrida conocida como «nuevo confucianismo». ∎

TODO FLUYE
HERÁCLITO (*c.* 535–475 A.C.)

Muchos de los primeros filósofos griegos buscaban una explicación científica para la naturaleza física del cosmos, pero Heráclito consideraba que estaba gobernado por un logos divino. Heráclito cree que este «logos», que en ocasiones ha sido interpretado como «razón» o «argumento», es una ley cósmica universal, por la que se originaría todo lo que existe y la cual mantendría en equilibrio todos los elementos materiales del universo.

Heráclito entiende que el equilibrio entre los opuestos, como el día y la noche, o el calor y el frío, explica la unidad del universo; esta idea de que todo forma parte de un único proceso fundamental, o sustancia, es el argumento central del monismo. Sin embargo, también afirma que los pares de opuestos están en tensión constante y que, por lo tanto, todo está en un estado constante de flujo o de transformación. Por ejemplo, el día se transforma en noche, que más tarde vuelve a transformarse en día.

Con el fin de ilustrar esta teoría, Heráclito se vale del ejemplo de un río: «no puedes bañarte dos veces en el mismo río». Con ello pretende decir que, a partir del mismo instante en que se entra en un río, el agua corriente que nos rodea es siempre distinta, pero el río siempre se describe como una unidad fija e inmutable.

La afirmación de Heráclito, por la que todo en el universo está en un estado de transformación constante, contradice el pensamiento de los filósofos de la escuela de Mileto, como Tales y Anaxímenes, los cuales definen todas las cosas sobre la base de una esencia inmutable. ∎

El camino de ida
y el de vuelta son
uno y el mismo.
Heráclito

TODO ES UNO E INMUTABLE

PARMÉNIDES (c. 515–445 a.C.)

L as ideas de Parménides mar-
can un punto de inflexión en
la filosofía griega. Bajo la influencia del pensamiento lógico pitagórico, Parménides emplea el pensamiento lógico deductivo a fin de
intentar descubrir la verdadera naturaleza del mundo, y sus investigaciones le llevan a adoptar la postura
opuesta a la de Heráclito.

A partir de la premisa de que algo
existe («es»), Parménides deduce que
no puede no existir simultáneamente («no es»), ya que sería una contradicción lógica. Por lo tanto, concluye
que un estado en el que nada existe
es imposible: no puede haber vacío.
Entonces, algo no puede proceder de
la nada, y debe haber existido siempre en alguna forma. Esta forma permanente no puede cambiar, puesto
que algo que es permanente no se
puede transformar en otra cosa sin
dejar de ser permanente. Por consiguiente, el cambio esencial resulta
imposible.

Parménides, siguiendo este pensamiento, concluye que todo lo real
debe ser siempre eterno e inmutable y que debe tener una unidad in-

Entender el cosmos es uno de los
objetivos más antiguos de la filosofía.
En el siglo xx, la física cuántica logró
aportar pruebas que sustentaron lo
que Parménides ya había deducido
mediante la razón.

divisible («todo es uno»). Aún más
importante para los filósofos posteriores es que, por medio de su proceso de razonamiento, Parménides
demuestra que nuestra percepción
del mundo es errónea y está llena de
contradicciones. Pese a que percibimos cambio, la razón nos dice que el
cambio es imposible. La única conclusión a la que podemos llegar, por
lo tanto, es que no podemos fiarnos
de la experiencia sensorial. ■

Véase también: Pitágoras 26–29 ▪ Heráclito 40 ▪ Demócrito y Leucipo 45 ▪
Zenón de Elea 331 ▪ Patón 50–55 ▪ Martin Heidegger 252–255

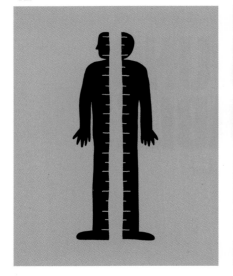

EL HOMBRE ES LA MEDIDA DE TODAS LAS COSAS

PROTÁGORAS (c. 490–420 a.C.)

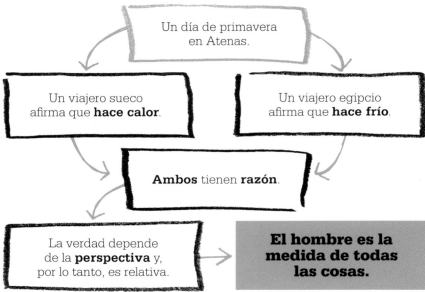

Un día de primavera en Atenas.

Un viajero sueco afirma que **hace calor**.

Un viajero egipcio afirma que **hace frío**.

Ambos tienen **razón**.

La verdad depende de la **perspectiva** y, por lo tanto, es relativa.

El hombre es la medida de todas las cosas.

EN CONTEXTO

RAMA
Ética

ORIENTACIÓN
Relativismo

ANTES
Principios del siglo V a.C.
Según Parménides, debemos fiarnos más de la razón que de los sentidos.

DESPUÉS
Principios del siglo IV a.C.
La teoría de las ideas de Platón mantiene que todo tiene un «absoluto», o forma ideal.

1580 En sus *Ensayos,* Michel de Montaigne defiende una forma de relativismo en su descripción de la conducta humana.

1967–1972 Jaques Derrida, con su técnica de deconstrucción, demuestra que en todo texto hay contradicciones irreconciliables.

2005 Benedicto XVI, en su primer discurso como Papa, advierte que «avanzamos hacia la dictadura del relativismo».

Durante el siglo v a.C., Atenas se convirtió en una ciudad-estado próspera e importante y, bajo el liderazgo de Pericles (445–429 a.C.), entró en una edad de oro de erudición y cultura. Esto atrajo a personas de toda Grecia, y quienes conocían la ley y pudieron interpretarla prosperaron. La ciudad se regía por amplios principios democráticos y por un sistema legal establecido. Si alguien era llamado a juicio, tenía que defenderse a sí mismo; no había abogados, pero pronto apareció una clase de asesores de prestigio, entre los que se encontraba Protágoras.

Todo es relativo

Protágoras enseñaba derecho y retórica a todo el que pudiera pagarle. Sus enseñanzas versaban fundamentalmente sobre cuestiones prácticas, sobre cómo argumentar para ganar un caso civil más que para demostrar una idea; sin embargo, entendía las implicaciones filosóficas de lo que

Véase también: Parménides 41 ▪ Sócrates 46–49 ▪ Platón 50–55 ▪ Michel de Montaigne 108–109 ▪ Jacques Derrida 308–313

> Muchas cosas entorpecen el conocimiento, incluyendo la oscuridad del problema y la brevedad de la vida humana.
> **Protágoras**

enseñaba. Para Protágoras, todos los argumentos tienen dos caras, que pueden ser igualmente válidas. Afirmaba que podía convertir un argumento perdedor en ganador, no gracias a la veracidad del mismo sino a la capacidad de persuasión de quien lo proponía. Con ello, reconoce que lo que uno cree es relativo y que es el hombre que mantiene una opinión o idea por el que se mide la valía de la misma. Este estilo de razonamiento, habitual en el derecho y en la políti-ca del momento, era nuevo en el ámbito filosófico. Ubicó al ser humano como eje central, por lo que prosiguió con la tradición de mantener lo religioso fuera del debate filosófico; además, alejó el objeto de la filosofía de la comprensión del universo y lo llevó al análisis de la conducta humana. A Protágoras le interesaban especialmente las cuestiones prácticas. Las especulaciones filosóficas acerca de la materia del cosmos o sobre la existencia de los dioses le parecían inútiles, pues las consideraba asuntos en último término incognoscibles.

La implicación principal de que el hombre sea «la medida de todas las cosas» es que lo que uno cree pasa a ser subjetivo y relativo. Esto lleva a Protágoras a rechazar la existencia de definiciones absolutas de justicia, de verdad o de virtud. Afirma que lo que resulta cierto para una persona puede ser falso para otra. Este relativismo también se aplica a los valores morales, como el bien y el mal. Para Protágoras, nada es inherentemente bueno o malo. Algo es ético, o correcto, sólo porque la persona o la sociedad lo considera así.

Protágoras fue el más influyente de un grupo de profesores itinerantes de derecho y política que recibieron el nombre de sofistas (del griego *sofia*, que significa conocimiento). Sócrates y Platón desdeñaban a los sofistas, pues los consideraban meros retóricos, pero Protágoras supuso un importante avance en la ética, hacia una visión en la que no hay absolutos y en la que todos los juicios, inclusive los morales, son subjetivos. ▪

Según Protágoras, cualquier «verdad» descubierta por estos dos filósofos dibujados en una vasija griega del siglo v a.C. dependería de su uso de la retórica y su habilidad para el debate.

Protágoras

Protágoras nació en Abdera, en el noreste de Grecia, pero viajó mucho como profesor itinerante. En algún momento se asentó en Atenas, donde fue consejero de Pericles, el dirigente de la ciudad-estado, quien le encargó que escribiera la constitución de la colonia de Thurii en el año 444 a.C. Protágoras era un defensor del agnosticismo y, según la leyenda, posteriormente fue juzgado por impío y sus libros se quemaron públicamente.

Pese a que sólo han sobrevivido fragmentos de sus escritos, Platón discute ampliamente las opiniones de Protágoras en sus diálogos.

Se cree que vivió hasta los 70 años y se desconoce el lugar de su muerte.

Obras principales

Siglo V a.C.
Sobre los dioses.
Verdad.
Sobre el ser.
El arte de la erística.
Sobre las matemáticas.
Sobre el Estado.
Sobre la ambición.
Sobre las virtudes.
Sobre el estado de las cosas en el principio.

SI ME DAS UN MELOCOTON, TE CORRESPONDERE CON UNA CIRUELA

MO TSÉ (*c.* 470–391 A.C.)

EN CONTEXTO

TRADICIÓN
Filosofía china

ORIENTACIÓN
Moísmo

ANTES
Siglo VI A.C. Lao Tsé afirma que vivir según el *tao* significa actuar intuitivamente y con respeto por la naturaleza.

Finales del siglo VI A.C. La filosofía moral de Confucio incide en la importancia de los vínculos familiares y de las tradiciones.

DESPUÉS
Mediados del siglo IV A.C. La filosofía confuciana de Mencio insiste en la bondad innata del hombre.

Mediados del siglo IV A.C. El filósofo taoísta Zhuangzi critica el confucianismo y el moísmo.

Siglo III A.C. Frente al moísmo, los Qin adoptan el legalismo, que aboga por una ley estricta para controlar la naturaleza humana, esencialmente malvada.

Mo Tsé nació hacia el año 470 a.C., poco después de la muerte de Confucio. Recibió una educación tradicional y basada en los textos clásicos, aunque posteriormente, tras mostrarse en desacuerdo con el énfasis del confucianismo sobre las relaciones de clan, inauguró su propia escuela de pensamiento y defendió el amor universal, o *jian ai*. Con el *jian ai*, Mo Tsé nos insta a preocuparnos de todo el mundo por igual, independientemente de su situación o de su relación con nosotros. Considera que esta filosofía, a la que se denominó moísmo y que «alimenta y nutre a todo ser vivo», es fundamentalmente benévola y respeta las normas divinas.

Mo Tsé cree que nuestras acciones siempre encuentran reciprocidad en los demás y que si tratamos a los otros como nos gustaría que nos trataran, recibiremos un tratamiento similar. Esto es lo que significa «si me das un melocotón, te corresponderé con una ciruela». Mo Tsé afirma que cuando los dirigentes aplican imparcialmente el principio de cuidar de todos, evitan el conflicto y la guerra;

Mao Zedong consideraba a Mo Tsé el verdadero filósofo del pueblo por su origen humilde. En la China moderna se ha fomentado la idea fundamental de Mo Tsé de que todo el mundo debería ser tratado igual.

si todos practican el mismo principio, la sociedad será más armoniosa y, por lo tanto, más productiva. Esta idea tiene un espíritu similar al del utilitarismo que propusieron los filósofos occidentales en el siglo XIX. ■

Véase también: Lao Tsé 24–25 ■ Siddharta Gautama 30–33 ■ Confucio 34–39 ■ Wang Bi 331 ■ Jeremy Bentham 174 ■ Hajime Tanabe 244–245

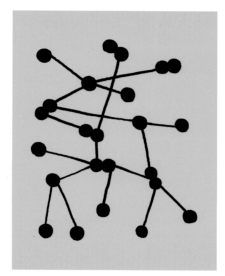

NADA EXISTE APARTE DE LOS ÁTOMOS Y EL VACIO
DEMÓCRITO (*c.* 460–371 A.C.)
Y LEUCIPO (PRINCIPIOS DEL SIGLO V A.C.)

EN CONTEXTO

RAMA
Metafísica

ORIENTACIÓN
Atomismo

ANTES
Principios del siglo VI A.C.
Tales defiende que el cosmos está hecho de una sustancia fundamental.

***C.* 500 A.C.** Heráclito declara que todo se encuentra en flujo, o transformación, constante.

DESPUÉS
***C.* 300 A.C.** Para los epicúreos, no hay nada después de la vida y, tras la muerte, los átomos del cuerpo se dispersan.

1805 El químico John Dalton sugiere que todas las sustancias puras contienen átomos de un único tipo que se combinan y forman compuestos.

1897 El físico británico J. J. Thomson descubre que los átomos pueden dividirse en partículas aún más pequeñas.

A partir del siglo VI a.C., los filósofos empezaron a preguntarse si el universo estaba constituido por una única materia fundamental. Posteriormente, durante el siglo V a.C., dos filósofos nacidos en Abdera (Grecia), Demócrito y Leucipo, sugirieron que todo estaba hecho de partículas diminutas, indivisibles e inmutables a las que llamaron átomos (del griego *atomos*, indivisible).

La primera teoría atómica
Demócrito y Leucipo también afirmaron que los átomos se encuentran separados por un vacío, el cual les permite moverse con absoluta libertad. Cuando se mueven, los átomos colisionan entre ellos y se reordenan, por lo que da la impresión de que los objetos del mundo cambian. Los dos pensadores consideran también que hay un número infinito de estos átomos eternos, pero que las diferentes combinaciones en que se pueden ordenar sí es finita. Esto explicaría la cantidad aparentemente fija de sustancias que existen en la naturaleza. Por ejemplo, los átomos que constituyen nuestros cuerpos no se descomponen y desaparecen cuando morimos, sino que se dispersan para reorganizarse.

Esta teoría de Demócrito y Leucipo, conocida como atomismo, fue la primera visión completamente mecanicista del universo, que no trataba de recurrir al concepto de uno o varios dioses. También identificaba propiedades fundamentales de la materia que han demostrado ser cruciales en el desarrollo de las ciencias físicas, especialmente a partir del siglo XVIII y hasta las teorías atómicas que revolucionaron la ciencia en el siglo XX. ■

El hombre es un microcosmos del universo.
Demócrito

Véase también: Tales de Mileto 22–23 ▪ Heráclito 40 ▪ Epicuro 64–65

UNA VIDA SIN EXAMEN NO MERECE SER VIVIDA

SÓCRATES (469–399 A.C.)

EN CONTEXTO

RAMA
Epistemología

ORIENTACIÓN
Dialéctica

ANTES
C. **600–450 A.C.** Los filósofos presocráticos de Jonia e Italia intentan explicar la naturaleza del cosmos.

Principios del siglo V A.C. Parménides afirma que la razón es la única manera de llegar a entender el universo.

C. **450 A.C.** Protágoras y los sofistas aplican la retórica a las cuestiones filosóficas.

DESPUÉS
C. **399–355 A.C.** Platón presenta el personaje de Sócrates en la *Apología* y en varios otros diálogos.

Siglo IV A.C. Aristóteles reconoce cuánto debe al diálogo socrático.

Aunque se suele citar a Sócrates como uno de los fundadores de la filosofía occidental, lo cierto es que no dejó ningún escrito, no fundó ninguna escuela y no mantuvo teorías propias concretas. Sin embargo, lo que sí hizo fue plantear con tenacidad las preguntas que le interesaban; con ello, desarrolló una nueva manera de pensar, o una manera de reflexionar acerca de lo que pensamos, que ha recibido el nombre de método socrático (o dialéctico, porque se basa en el diálogo entre dos opiniones opuestas), la cual le valió la enemistad de muchos en Atenas, donde residía. Fue acusado de sofismo (dialogar con el objeto de engañar) y se le condenó

Véase también: Tales de Mileto 22–23 ▪ Pitágoras 26–29 ▪ Heráclito 40 ▪
Parménides 41 ▪ Protágoras 42–43 ▪ Platón 50–55 ▪ Aristóteles 56–63

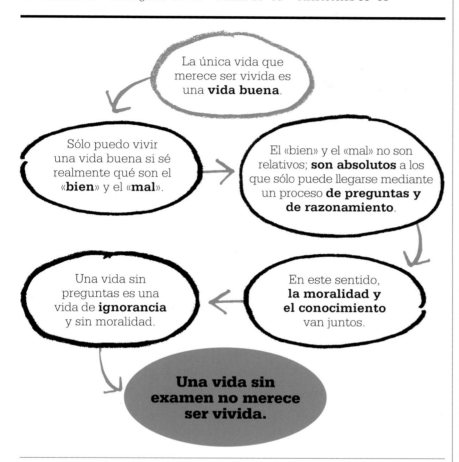

La única vida que merece ser vivida es una **vida buena**.

Sólo puedo vivir una vida buena si sé realmente qué son el «**bien**» y el «**mal**».

El «bien» y el «mal» no son relativos; **son absolutos** a los que sólo puede llegarse mediante un proceso **de preguntas y de razonamiento**.

En este sentido, **la moralidad y el conocimiento** van juntos.

Una vida sin preguntas es una vida de **ignorancia** y sin moralidad.

Una vida sin examen no merece ser vivida.

Sócrates

Nació en Atenas el año 469 a.C., hijo de un maestro cantero y de una comadrona. Es posible que se iniciara en la profesión de su padre y que tuviera la ocasión de estudiar filosofía antes de que le llamaran al servicio militar. Tras distinguirse en la guerra del Peloponeso, regresó a Atenas, donde se dedicó a la política. Sin embargo, después del fallecimiento de su padre heredó dinero suficiente para vivir con su esposa, Jantipa, sin necesidad de trabajar.

A partir de ese momento, Sócrates pasó a ser un hombre muy visible en Atenas, donde solía participar junto a otros ciudadanos en conversaciones filosóficas con las que logró reunir a numerosos alumnos jóvenes. Acabó siendo acusado de corromper las mentes de los jóvenes atenienses y fue condenado a muerte. Pese a que se le ofreció la opción de exiliarse, aceptó el veredicto de culpabilidad y se suicidó con cicuta el año 399 a.C.

Obras principales

Siglos IV–III A.C.
Platón registra la vida de Sócrates y su modo de pensar en la *Apología de Sócrates* y en numerosos diálogos.

a muerte acusado de corromper a la juventud con unas ideas que atentaban contra la tradición. Sin embargo, también contaba con muchos seguidores, entre los que se encontraba Platón, que transcribió las ideas de Sócrates en una serie de obras escritas, los diálogos, donde Sócrates analiza varias ideas. Sobre todo gracias a estos diálogos, que incluyen *Apología de Sócrates*, *Fedón* y el *Banquete*, los pensamientos de Sócrates lograron sobrevivir y guiar el curso de la filosofía occidental.

El propósito de la vida

Sócrates vivió en Atenas durante la segunda mitad del siglo v a.C. Se cree que, en su juventud, se intere-só por la filosofía natural y reflexionó sobre diversas explicaciones de la naturaleza del universo, pero entonces decidió implicarse en la vida política de la ciudad-estado y pasó a preocuparse de cuestiones éticas y más mundanas, como la naturaleza de la justicia. Sin embargo, no le interesaba debatir para ganar dinero ni para salir vencedor, algo de lo que sí se acusaba a muchos de sus contemporáneos. Tampoco buscaba respuestas, sino que se limitaba a analizar las bases que sustentan los conceptos que nos aplicamos a nosotros mismos (como «bueno», «malo» o «justo»), ya que creía que la primera labor de la filosofía era ayudarnos a entender lo que somos. **»**

> Soy ciudadano del mundo.
> **Sócrates**

Lo que más interesaba a Sócrates, por tanto, era el análisis de la vida, y el hecho de que cuestionara con tanto tesón las creencias más íntimas de las personas (sobre todo acerca de sí mismas) fue lo que le granjeó tantas enemistades; sin embargo, mantuvo hasta el final el compromiso con su tarea. Según la narración de Platón sobre el juicio contra Sócrates y su defensa, este prefirió morir a enfrentarse a una vida de ignorancia: «La vida sin examen no merece ser vivida».

Pero, ¿qué significa examinar la vida? Para Sócrates, consistía en un proceso en el que se cuestionaba el significado de conceptos básicos de la vida cotidiana, pero sobre los que nunca reflexionamos; así se revelaba su verdadero significado y nuestro propio conocimiento o ignorancia, según el caso. Sócrates fue uno de los primeros filósofos en reflexionar sobre lo que constituía una vida «buena», que para él suponía alcanzar la paz de espíritu como resultado de hacer lo correcto, en lugar de vivir según los códigos morales de la sociedad. Y «lo correcto» sólo puede determinarse mediante un análisis riguroso.

Sócrates rechazaba la idea de que conceptos como el de virtud fueran relativos, e insistía en que eran absolutos que podían aplicarse no sólo a los ciudadanos atenienses, o a los griegos, sino a todos los habitantes del mundo. Creía que la virtud (*areté* en griego, y que en aquella época significaba excelencia y plenitud) era «la más valiosa de las posesiones» y que, en realidad, nadie desea hacer el mal. Quienquiera que haga el mal, actúa en contra de su conciencia y, por tanto, siente malestar; como todos deseamos alcanzar la paz de espíritu, no es algo que haríamos voluntariamente. El mal, creía Sócrates, era consecuencia de la falta de sabiduría y de conocimiento. A partir de aquí, concluía que «sólo hay un bien: el conocimiento, y un mal: la ignorancia». El conocimiento está unido a la moralidad de manera inextricable (es el «único bien»), motivo por el que debemos «examinar» nuestras vidas incesantemente.

El cuidado del alma

Para Sócrates, el conocimiento también tiene una función después de la muerte. En la *Apología*, el Sócrates de Platón presenta su famosa cita acerca de la vida sin examen diciendo: «Te digo que no dejar pasar un día sin hablar de la bondad y del resto de temas

El diálogo socrático era una manera sencilla de plantear preguntas que, a menudo, lograban poner de manifiesto la falsedad de premisas sobre las que se sustentaban afirmaciones concretas.

P. Entonces, ¿piensas que los dioses son omniscientes?

R. Sí, porque son dioses.

P. ¿Los dioses están en desacuerdo los unos con los otros?

R. Sí, por supuesto. Siempre discuten.

P. Entonces, ¿los dioses no están de acuerdo sobre lo que es verdadero y correcto?

R. Supongo que no.

P. Entonces, ¿es posible que algunos dioses se equivoquen alguna vez?

R. Sí, supongo que sí.

Por lo tanto, ¡los dioses no pueden ser omniscientes!

sobre los que me escuchas conversar, y sin examinarme a mí mismo y a los demás es, verdaderamente, lo mejor que puede hacer un hombre». Adquirir conocimiento, en lugar de dinero y de prestigio, es el objetivo último en la vida. No es cuestión de entretenimiento o de curiosidad: es la razón de nuestra existencia. Aún es más, todo el conocimiento, en última instancia, es conocimiento sobre uno mismo, porque crea a la persona que uno es en este mundo y fomenta el cuidado del alma inmortal.

En *Fedón*, Sócrates afirma que una vida sin examen lleva a la «confusión y al aturdimiento del alma, como si estuviéramos borrachos», mientras que el alma del sabio alcanza la estabilidad y deja de deambular sin rumbo.

Dialéctica

Sócrates pronto pasó a ser un personaje muy popular en Atenas, gracias a la reputación de su mente inquisitiva. Se dice que un amigo suyo preguntó a la sacerdotisa de Apolo, en Delfos, quién era el hombre más sabio del mundo: la respuesta del oráculo fue que no había nadie más sabio que Sócrates. Cuando Sócrates tuvo conocimiento de esto, quedó asombrado y acudió a las personas más sabias que pudo encontrar para demostrar que el oráculo estaba equivocado. Lo que descubrió fue que esas personas sólo creían saber mucho; puesta a examen, su sabiduría resultaba ser o limitada o falsa.

Sin embargo, lo más importante fue el método que usó para cuestionar su conocimiento. Asumió la perspectiva de alguien que no sabía nada y se limitaba a formular preguntas, para exponer los argumentos contradictorios y los vacíos en el conocimiento y

Sócrates fue condenado a muerte el año 399 a.C., acusado de cuestionar las bases de la moralidad ateniense. Aquí se le ve aceptando con gesto desafiante la cicuta que le matará.

así ir llegando a conclusiones. Relacionaba este proceso con la profesión de su madre, que era comadrona, y decía que asistía al nacimiento de ideas.

A través de estos diálogos, Sócrates se dio cuenta de que el oráculo de Delfos tenía razón: era el hombre más sabio de Atenas, pero no por lo que sabía, sino porque afirmaba no saber nada. También se percató de que la inscripción en la entrada del tempo del Delfos, *gnothi seauton* («conócete a ti mismo»), era igualmente importante. Para poder conocer el mundo y conocerse a uno mismo, es necesario darse cuenta de los límites de la propia ignorancia y eliminar todas las ideas preconcebidas. Sólo entonces podemos esperar llegar a la verdad.

Sócrates se dedicó a implicar a la población de Atenas en debates sobre temas como la naturaleza del amor, la justicia o la lealtad. Su misión, que en la época fue confundida con una forma peligrosa de sofismo, no era la de instruir a la población ni tampoco conocer lo que sabían, sino explorar las ideas que mantenían. Era la propia conversación, con la guía de Sócrates, lo que aportaba el conocimiento. Mediante una serie de preguntas, revelaba las ideas y preconcepciones de su oponente, y, entonces, exponía las contradicciones de modo que llevaran a alcanzar conclusiones nuevas.

Sólo sé
que no sé nada.
Sócrates

Este método, por el que se estudiaba un argumento mediante el diálogo racional desde una postura de total ignorancia, marcó un cambio radical en el razonamiento filosófico. Supuso la primera utilización conocida del pensamiento inductivo, en el que se parte de una serie de premisas basadas en la experiencia que se asumen como ciertas, con el objetivo de llegar a una conclusión que pueda ser una verdad universal. Este sistema de argumentación tan potente fue desarrollado por Aristóteles y posteriormente por Francis Bacon, que lo utilizó como punto de partida del método científico. Por lo tanto, no se convirtió únicamente en la base de la filosofía occidental, sino también en la de todas las ciencias empíricas. ∎

EL CONOCIMIENTO TERRENAL NO ES MAS QUE UNA SOMBRA

PLATÓN (c. 427–347 a.C.)

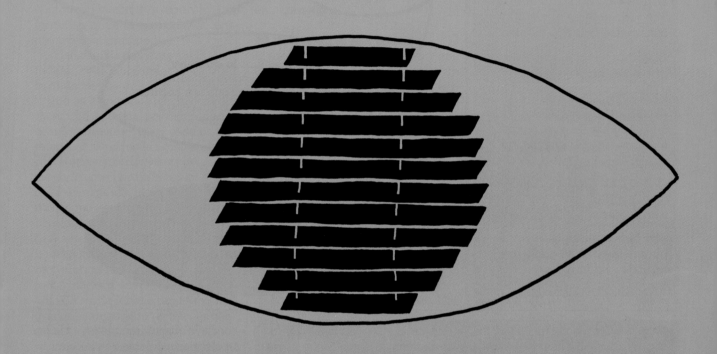

LA VERDAD ESTA EN EL MUNDO QUE NOS RODEA

ARISTÓTELES (384–322 A.C.)

Aristóteles contaba diecisiete años cuando llegó a Atenas para estudiar en la Academia del gran filósofo Platón, que entonces tenía sesenta años y ya había presentado su célebre teoría de las ideas. Según dicha teoría, todos los fenómenos terrenales, como la justicia o el color verde, eran sombras de contrapartidas ideales, llamadas formas, que prestaban a sus modelos terrenos sus identidades concretas.

Aunque Aristóteles era muy estudioso y, sin duda, aprendió mucho de su preceptor, también poseía un temperamento muy distinto. Platón era brillante e intuitivo, mientras que Aristóteles era erudito y metódico. Sin embargo, el respeto que sentían el uno por el otro era evidente y Aristóteles permaneció en la Academia, primero como alumno y luego como profesor, hasta que Platón falleció, veinte años después. Sorprendentemente, no fue elegido como sucesor de Platón, así que se fue de Atenas y emprendió lo que iba a ser un viaje muy provechoso a Jonia.

La teoría de Platón puesta en duda

Al dejar de impartir clases, Aristóteles tuvo la oportunidad de dedicarse a su pasión por el estudio de la naturaleza, lo que no hizo más que intensificar su sensación de que Platón se había equivocado con su teoría de las ideas. Resulta tentador imaginar que los argumentos de Aristóteles ya habían hecho mella en Platón, quien en sus últimos diálogos admite ciertos errores en sus primeras teorías, pero es imposible saberlo con certeza. Sin embargo, sí sabemos que Platón conocía el argumento del Tercer Hombre, que Aristóteles utilizó para refutar su teoría de las ideas. El argumento es así: si en el reino de las formas existe una forma perfecta de hombre a partir del cual el hombre ha sido modelado en la tierra, esa forma, para tener cualquier contenido concebible, tendría que haberse basado en una forma de la forma del hombre, que también debería haberse basado, a su vez, en una forma superior en la que se basaría la forma de la forma; y así *ad infinitum*.

El argumento posterior de Aristóteles contra la teoría de las ideas es más sencillo y está más directamente relacionado con sus estudios del mundo natural. Se dio cuenta de que, sencillamente, era innecesario asumir la existencia de un hipotético reino de formas, cuando la reali-

Vemos **distintos ejemplos** de «perro» en el mundo que nos rodea.

Con los sentidos y la razón, entendemos qué es un perro.

Reconocemos las características **comunes** a todos los perros del mundo.

Descubrimos la verdad observando el mundo que nos rodea.

Véase también: Sócrates 46–49 ▪ Platón 50–55 ▪ Avicena 76–79 ▪ Averroes 82–83 ▪ René Descartes 116–123 ▪
John Locke 130–133 ▪ Gottfried Leibniz 134–137 ▪ George Berkeley 138–141 ▪ David Hume 148–153 ▪ Immanuel Kant 164–171

Platón y Aristóteles diferían en su opinión sobre la naturaleza de las cualidades universales. Para Platón, estas residen en el reino más elevado de las formas, mientras que para Aristóteles, residen en la Tierra.

tiene una idea de la «canicidad», o «forma», en palabras de Aristóteles. Así, a partir de nuestra experiencia del mundo, aprendemos las características comunes que hacen que las cosas sean lo que son: la única manera de experimentar el mundo es a través de los sentidos.

La forma esencial de las cosas

Al igual que Platón, Aristóteles también desea encontrar algún tipo de elemento eterno e inmutable en un mundo caracterizado por el cambio, aunque concluye que no es necesario buscar este ancla en un mundo de formas que tan sólo puede percibir el alma. La prueba se halla en el mundo que nos rodea y la podemos percibir por medio de los sentidos. Aristóteles cree que el mundo material no es una copia imperfecta de una forma ideal de sí mismo, sino que la esencia de algo es inherente a cada uno de los »

Todo lo que depende de la acción de la naturaleza es, por naturaleza, tan bueno como puede ser.
Aristóteles

dad de las cosas ya se puede ver en la Tierra como algo inherente a ellas.

Quizás porque su padre había sido médico, los intereses científicos de Aristóteles se centraban en lo que ahora llamamos biología, mientras que la formación de Platón se había basado firmemente en las matemáticas. Esta diferencia podría explicar por qué sus enfoques fueron tan diferentes. Las matemáticas, especialmente la geometría, tratan con conceptos abstractos muy alejados de la vida cotidiana, mientras que la biología se ocupa, básicamente, del mundo que nos rodea y depende casi exclusivamente de la observación. Platón buscó confirmar la existencia del mundo de las formas a partir de conceptos como el círculo perfecto (que no puede existir en la naturaleza), pero Aristóteles concluyó que el análisis del mundo natural también descubre ciertas constantes.

Confiar en los sentidos

La propuesta desarrollada por Aristóteles era contraria a la de Platón. En lugar de desconfiar de los sentidos, Aristóteles confiaba en ellos a la hora de buscar pruebas con las que sustentar sus teorías. Lo que aprendió estudiando el mundo natural fue que, al observar las características de cada planta concreta o de animal específico con que se encontrara, podía elaborar una imagen completa de lo que lo distinguía otras plantas o animales, y deducir qué le hacía ser lo que era. Sus propios estudios le confirmaron lo que ya creía: no nacemos con la capacidad innata de reconocer formas, tal y como afirmaba Platón.

Por ejemplo, cada vez que un niño se encuentra con un perro, percibe todo lo que tiene en común con otros perros, por lo que al final puede reconocer las características que hacen que algo sea un perro. Ahora el niño

El deseo de aprender está en la naturaleza del hombre.
Aristóteles

Aristóteles clasificó muchas de las ramas de conocimiento y de aprendizaje que conocemos hoy, como la física, la lógica, la metafísica, la poesía, la ética, la política y la biología.

ejemplos de ese algo. Por ejemplo, la «canicidad» no es solamente una característica compartida por todos los perros, sino que es algo inherente a todos y cada uno de los perros. Por lo tanto, si estudiamos las cosas concretas, podemos llegar a conocer su naturaleza universal e inmutable.

Aristóteles argumenta que lo que es cierto para los ejemplos del mundo natural, también lo es para los conceptos relativos a los seres humanos. Ideas como «virtud», «justicia», «belleza» o «bondad» pueden estudiarse exactamente de la misma manera. Opina que, cuando nacemos, nuestras mentes son «pizarras en blanco» y todas las ideas que llegamos a adquirir las recibimos mediante los sentidos. Al nacer, carecemos de ideas innatas, por lo que no distinguimos el bien del mal. Sin embargo, a medida que encontramos ejemplos de justicia a lo largo de nuestras vidas, aprendemos a reconocer las cualidades que tienen en común todos esos ejemplos y, poco a poco, construimos y refinamos nuestra comprensión de lo que es la justicia. En otras palabras, el único modo en que llegamos a conocer el concepto eterno e inmu-

table de justicia es por medio de la observación de cómo se manifiesta a nuestro alrededor.

Aristóteles, pues, se distancia de Platón no porque niegue la existencia de cualidades universales, sino porque cuestiona tanto su naturaleza como la manera en que llegamos a conocerlas (en esto último consiste la epistemología, o teoría del conocimiento). Esta diferencia de opinión acerca de cómo llegamos a las verdades universales fue lo que posteriormente dividió a los filósofos en dos grupos: los racionalistas (como René Descartes, Immanuel Kant y Gottfried Leibniz), que apuestan por un conocimiento innato, o a priori; y los empiristas (como John Locke, George Berkeley o David Hume), que defienden que todo el conocimiento procede de la experiencia.

Clasificación biológica
El modo en que Platón y Aristóteles llegan a sus teorías nos dice mucho sobre sus temperamentos. La teoría de las ideas de Platón es grandiosa y sobrenatural, hecho que se refleja en cómo la presenta, con unos diálogos muy ingeniosos protagonizados por

Sócrates y sus contemporáneos. Por el contrario, la teoría de Aristóteles es mucho más llana y está presentada en un lenguaje mucho más prosaico y académico. Es más, Aristóteles estaba tan convencido de que la verdad del mundo se encuentra en la Tierra, y no en alguna otra dimensión más elevada, que dedicó su vida a recoger muestras de flora y fauna, y a clasificarlas en función de sus características.

Para llevar a cabo dicha clasificación biológica, Aristóteles elaboró un sistema jerárquico que fue el primero de su clase, y tan exquisito que hoy sigue constituyendo la base de la taxonomía actual. Primero, divide el mundo natural en seres vivos e inertes. Luego, atendiendo a la clasificación de los seres vivos, los divide en animales y plantas, lo que implica el mismo tipo de pensamiento que sustenta su teoría de las cualidades universales: podemos diferenciar una planta de un animal casi sin pensarlo, pero, ¿cómo aprendemos a hacer esa diferencia? Para Aristóteles, la respuesta se encuentra en las características que comparten sendas categorías. Todos los animales comparten la forma «animal», y todas las plantas comparten la forma «planta». Una vez entendemos la naturaleza de esas formas, las reconocemos en todas y cada una de sus manifestaciones.

Esto se hace todavía más evidente a medida que Aristóteles subdivide el mundo natural. Por ejemplo, para clasificar un espécimen de pez, antes debemos reconocer qué es lo que hace que un pez sea tal, lo que, de nuevo, puede llegar a saberse mediante la experiencia y no requiere conocimiento innato alguno. A medida que Aristóteles construye una clasificación completa de todos los seres vivos, desde los seres más sencillos hasta los seres humanos, esto se confirma una y otra vez.

Explicación teleológica

Otra cosa que se hizo evidente para Aristóteles durante el proceso de clasificación del mundo natural fue que la «forma» de una criatura no atañe únicamente a sus características físicas, como la piel, el pelaje, las plumas o las escamas, sino también de lo que hace y de la conducta que presenta, lo que, para Aristóteles, tiene implicaciones éticas.

Para comprender la relación con la ética, antes debemos saber que para Aristóteles todo lo que hay en el mundo puede explicarse mediante cuatro causas que dan cuenta plenamente de la existencia de cualquier objeto. Estas cuatro causas son: la causa material, o de qué está hecha una cosa; la causa formal, o la disposición o forma de una cosa; la causa eficiente, o cómo llega a existir una cosa; y la causa final, o la función u objeto de una cosa. Es esta última causa, la «causa final», la que se relaciona con la ética, un tema que, para Aristóte-les, no es ajeno a la ciencia, sino una extensión lógica de la biología.

Aristóteles utiliza el ejemplo de un ojo: la causa final del ojo, su cometido, es ver. Esta función es el objetivo, o *telos*, del ojo (*telos* es la raíz griega de «teleología», o el estudio de las finalidades en la naturaleza). Por lo tanto, la explicación teleológica de una cosa es una explicación de su finalidad, y conocer la finalidad de una cosa es también saber qué constituye una «buena» o «mala» versión de la misma; por ejemplo, un buen ojo es aquel que ve bien.

En el caso del ser humano, una vida «buena» es la que nos permite alcanzar nuestra finalidad, o utilizar plenamente todas las características que nos hacen humanos. Podemos considerar que una persona es «buena» si utiliza las características con las que nació, y sólo puede ser feliz si emplea todas sus capacidades en la búsqueda de la virtud, cuya forma más elevada es la sabiduría, según Aristóteles. Esto cierra el círculo y nos lleva de nuevo a la pregunta de cómo podemos reconocer aquello a lo que llamamos virtud; una vez más, para Aristóteles la observación es la respuesta. Sabemos lo que es una «vida buena» observando a las personas que nos rodean. **»**

La clasificación aristotélica de los seres vivos fue el primer análisis detallado del mundo natural. Se basa en las observaciones generales de las características que comparten todos los animales, a los que luego subdivide en categorías cada vez más precisas.

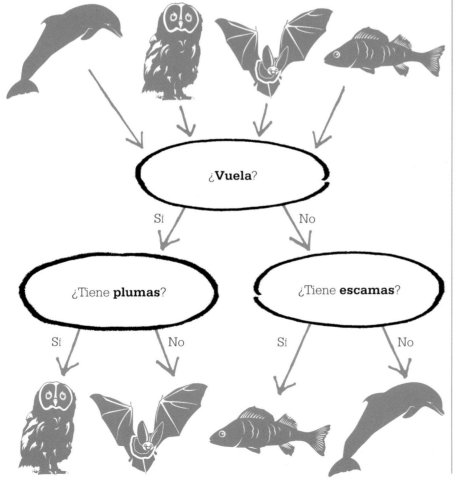

¿**Vuela**?

Sí — No

¿Tiene **plumas**?

Sí — No

¿Tiene **escamas**?

Sí — No

> Linneo y Cuvier han sido mis dos dioses, en diversa medida, claro está; ambos, empero, se me representan como dos simples colegiales al lado del viejo Aristóteles.
> **Charles Darwin**

«Sócrates es mortal» es la conclusión innegable del silogismo más famoso de la historia. El silogismo aristotélico, una sencilla deducción a partir de dos premisas de una conclusión, fue el primer sistema formal de la lógica.

> Todas las acciones se deben a una de estas siete causas: casualidad, naturaleza, compulsión, costumbre, razonamiento, ira o apetito.
> **Aristóteles**

El silogismo

En el proceso de clasificación, Aristóteles formula un modo sistemático de lógica que aplica a todo espécimen a fin de determinar si pertenece o no a una categoría concreta. Por ejemplo, una de las características que comparten todos los reptiles es que son de sangre fría; por lo tanto, si un espécimen concreto es de sangre caliente, no puede tratarse de un reptil. De la misma manera, todos los mamíferos comparten la característica de que amamantan a sus crías; por lo tanto, si un espécimen es un mamífero, amamantará a sus crías. Aristóteles detecta una pauta en este modo de pensamiento, en el que dos premisas dan lugar a una conclusión; por ejemplo en la forma: si todo A es X, y B es A, entonces B es X. El «silogismo», como se conoce a esta forma de razonamiento, es el primer sistema lógico formal diseñado y fue el modelo lógico básico hasta el siglo XIX.

Sin embargo, el silogismo es más que un producto derivado de la clasificación sistemática que Aristóteles hizo del mundo natural. Al utilizar el razonamiento analítico en forma de lógica, Aristóteles cayó en la cuenta de que la potencia de la razón no dependía de los sentidos y que, por lo tanto, debía ser una característica innata que definía parte de lo que es un ser humano. Aunque carecemos de ideas inherentes a nosotros mismos, sí poseemos esta capacidad innata, necesaria para aprender de la experiencia. Al aplicar esto a su sistema jerárquico, Aristóteles se percató de que el poder ingénito del razonamiento es lo que nos distingue del resto de seres vivos, por lo que nos colocó en la cima de la jerarquía.

Declive de la Grecia clásica

El extraordinario alcance de las ideas de Aristóteles y el modo revolucionario en que invalida la teoría de las ideas de Platón deberían haber garantizado para su filosofía un impacto mucho mayor del que tuvo durante su vida. Esto no significa que su obra fuera perfecta: su astronomía y su geografía tenían defectos; su ética defendía la esclavitud y consideraba que la mujer era inferior al hombre; y su lógica no era completa, según los criterios actuales. Sin embargo, sus aciertos supusieron una revolución en la filosofía y en las ciencias.

Pero Aristóteles vivió al final de una era. Alejandro Magno, que había sido su alumno, falleció poco antes que él, dando inicio al período hele-

nístico de la historia griega, que presenció el declive de la influencia ateniense. El Imperio romano empezaba a convertirse en la fuerza dominante en el Mediterráneo, y la filosofía que adoptó de Grecia fue la de los estoicos. Las escuelas rivales de Platón y de Aristóteles (la Academia de Platón y el Liceo de Aristóteles en Atenas) seguían abiertas, pero habían perdido su importancia anterior.

Como resultado, muchos de los escritos de Aristóteles se perdieron. Se cree que escribió varios cientos de tratados y de diálogos donde explicaba sus teorías; no obstante, todo lo que nos ha llegado son fragmentos de sus obras, sobre todo en forma de clases y de notas. Afortunadamente para la posteridad, sus seguidores conservaron estos documentos, que contienen la información suficiente para ofrecer una imagen de toda su obra.

El legado de Aristóteles

El auge del islam en el siglo VII d.C. posibilitó la traducción al árabe de la obra de Aristóteles y su difusión por todo el mundo islámico, hasta convertirse en una lectura esencial para muchos estudiosos de Oriente Medio, como Avicena o Averroes. Por el contrario, en la Europa occidental, la

La gran influencia de Aristóteles sobre la historia del pensamiento puede apreciarse en la gran cadena de seres, una representación medieval de la vida como una jerarquía, presidida por Dios.

traducción que Boecio hizo al latín del tratado de Aristóteles sobre la lógica, en el siglo VI d.C., fue la única obra disponible hasta el siglo IX, cuando todas las demás empezaron a traducirse del árabe al latín. En esta misma época fue cuando sus ideas se recogieron en los libros que actualmente conocemos, como *Física*, el *Órganon* y la *Ética a Nicómaco*. Ya en el siglo XIII, santo Tomás de Aquino desafió la prohibición de la obra de Aristóteles y la integró en la filosofía cristiana, del mismo modo que san Agustín había adoptado a Platón. Así, Platón y Aristóteles volvieron a enfrentarse.

Los apuntes de Aristóteles sobre lógica (recogidos en el *Órganon*) continuaron siendo el texto básico sobre el tema hasta la aparición de la lógica matemática en el siglo XIX. Del mismo modo, su clasificación de los seres vivos dominó el pensamiento occidental durante toda la Edad Media y se convirtió en la *scala naturae* (escala de la naturaleza) cristiana, o gran cadena de seres, que representaba toda la creación dominada por el hombre, sólo superado por Dios. Durante el Renacimiento, siguió imperando el método de investigación empírica de Aristóteles.

El siglo XVII presenció el cénit del debate entre empiristas y racionalistas, cuando René Descartes publicó su *Discurso del método*. Descartes, y Leibniz y Kant después de él, escogieron la ruta racionalista; en respuesta, Locke, Berkeley y Hume se unieron a la oposición empirista.

No hay nada en la mente que no haya estado antes en los sentidos.
John Locke

Una vez más, las diferencias entre unos y otros eran cuestión tanto de temperamento como de sustancia: lo continental contra lo inglés; lo poético contra lo académico; platónicos contra aristotélicos. A pesar de que este debate se apagó durante todo el siglo XIX, en los últimos tiempos se ha reavivado el interés por Aristóteles y su obra, que ha vuelto a cobrar importancia. Los filósofos modernos se han sentido especialmente atraídos hacia su ética, ya que han vislumbrado en su definición funcional del «bien» una clave para poder entender de qué manera empleamos el lenguaje ético. ∎

Aristóteles

Nació en Estagira (península Calcídica), en la zona noreste de la Grecia actual. Su padre fue médico de la familia real de Macedonia, y se le educó como miembro de la aristocracia. A los diecisiete años le enviaron a la Academia de Platón, en la cual pasó casi veinte años de su vida como alumno y profesor. Cuando Platón falleció, Aristóteles se marchó de Atenas y se dirigió a Jonia, donde pasó varios años estudiando la vida natural de la zona. Entonces le nombraron tutor en la corte macedonia, en la que enseñó al joven Alejandro Magno mientras proseguía sus estudios.

En el año 335 a.C., alentado por Alejandro, regresó a Atenas, donde abrió el Liceo, una escuela que rivalizó con la de Platón. Allí formalizó sus ideas y elaboró la mayoría de sus escritos. Tras la muerte de Alejandro Magno el año 323 a.C., un movimiento antimacedonio recorrió Atenas y Aristóteles huyó a Calcis, en la isla de Eubea, donde falleció un año más tarde.

Obras principales

Órganon, *Física* (compilados en forma de libro en el siglo IX).

LA MUERTE NO ES NADA PARA NOSOTROS

EPICURO (341–270 A.C.)

picuro nació cuando la filosofía de la antigua Grecia ya había alcanzado su punto álgido con las ideas de Platón y Aristóteles. El foco principal del pensamiento filosófico se estaba desplazando de la metafísica a la ética, pero también de la ética política a la personal. Sin embargo, Epicuro encontró las semillas de una nueva escuela de pensamiento en el trabajo de los primeros filósofos, como en el análisis que hizo Sócrates sobre la verdad de conceptos y valores humanos básicos.

Imágenes terroríficas del despiadado dios de la muerte Tánatos describían el dolor y el tormento que podían sufrir los antiguos griegos por sus pecados, tanto al morir como al pasar al otro mundo.

La base de la filosofía desarrollada por Epicuro reside en defender que el objetivo de la vida es la paz de espíritu, o tranquilidad. Argumenta que tanto el placer como el dolor son el origen del bien y del mal, y que cualidades como la virtud y la justicia proceden de esas mismas raíces, ya que «es imposible vivir una vida placentera sin sabiduría, sin honor y sin justicia, y es imposible vivir con sabiduría, con honor y con justicia sin una vida placentera». Se suele interpretar, erróneamente, que el pensamiento epicúreo consiste, sencillamente, en la búsqueda de los placeres sensuales. Para Epicuro, el mayor de los placeres solamente se puede alcanzar por medio del conocimiento, de la amistad y de una vida moderada, carente de miedo y de dolor.

El miedo a la muerte

Según Epicuro, uno de los principales obstáculos a la hora de alcanzar la tranquilidad de espíritu es el miedo a la muerte, y ese miedo se acrecienta con la creencia religiosa de que si se incurre en la ira divina, el castigo durante la otra vida será muy severo. Epicuro, en lugar de proponer un estado alternativo de inmortalidad, trata de explicar la naturaleza de la

Véase también: Demócrito y Leucipo 45 ▪ Sócrates 46–49 ▪ Platón 50–55 ▪ Aristóteles 56–63 ▪ Jeremy Bentham 174 ▪ John Stuart Mill 190–193

El objetivo de la vida es la **felicidad**.

La muerte es el fin de las sensaciones, por lo que **no puede causar daño físico**.

La muerte es el fin de la conciencia, por lo que **no puede causar daño emocional**.

La infelicidad es consecuencia del miedo, y **la muerte es nuestro mayor miedo**.

No debemos temer a la muerte.

Si **superamos el miedo a la muerte**, podremos ser felices.

Epicuro

Nació en la isla de Samos (mar Egeo). De padres atenienses, Epicuro empezó a estudiar filosofía con un alumno de Platón. El año 323 a.C. falleció Alejandro Magno, lo que dio lugar a conflictos políticos que obligaron a su familia a huir a Colofón (ahora en Turquía). Allí prosiguió sus estudios con Nausífanes, seguidor de Demócrito.

Enseñó brevemente en Mitilene, en la isla de Lesbos, y en Lámpsaco, en la península griega, antes de trasladarse a Atenas el año 306 a.C. Fundó una escuela, conocida como El jardín, que consistía en un grupo de amigos y seguidores. Fue allí donde desarrolló con enorme detalle la filosofía que posteriormente se conocería como epicureísmo.

Pese a que tenía muy mala salud y sufría grandes dolores, vivió hasta los 72 años de edad. Gracias a sus férreas creencias, Epicuro describió el último día de su vida como un día verdaderamente feliz.

Obras principales

Pricipios del siglo III A.C.
Sobre la naturaleza.
Máximas capitales.
Gnomologio Vaticano.

muerte. Primero, propone que, cuando morimos, no somos conscientes de nuestra muerte, porque nuestra conciencia (o alma) deja de existir en ese momento. Para explicarlo, Epicuro parte de la idea de que el universo consiste o bien en átomos o bien en espacio vacío, tal y como afirmaban los filósofos atomistas, como Demócrito y Leucipo. Epicuro razona que, como el alma no puede ser espacio vacío, porque opera de forma dinámica con el cuerpo, ha de estar compuesta por átomos. Describe los átomos del alma distribuidos por el cuerpo, aunque tan frágiles que se disuelven en el momento de nuestra muerte, por lo que ya no somos capaces de percibir nada. Si no se puede percibir nada, ni mental ni físicamente, cuando morimos, es absurdo dejar que el miedo a la muerte nos cause dolor cuando todavía estamos vivos.

Aunque muy devotos, Epicuro no atrajo a muchos seguidores durante su vida, y como se consideraba que atentaba contra la religión, fue bastante impopular. La corriente filosófica principal no le prestó demasiada atención durante siglos, pero volvió a cobrar importancia en el siglo XVIII, con las ideas de Jeremy Bentham y de John Stuart Mill. En la política revolucionaria, los alegatos de Epicuro se reflejan en la declaración de independencia de EE UU: «Vida, libertad y búsqueda de la felicidad». ∎

TIENE MAS EL QUE SE CONTENTA CON POCO

DIÓGENES DE SÍNOPE (c. 404–323 A.C.)

EN CONTEXTO

RAMA
Ética

ORIENTACIÓN
Cinismo

ANTES
Finales del siglo V A.C.
Sócrates enseña que la vida ideal consiste en la búsqueda de la verdad.

Principios del siglo IV A.C.
Antístenes, pupilo de Sócrates, defiende la vida ascética, en armonía con la naturaleza.

DESPUÉS
C. 301 A.C. Influido por Diógenes, Zenón de Citio funda la escuela estoica.

Siglo IV D.C. San Agustín de Hipona denuncia la vergonzosa conducta de los cínicos quienes, a pesar de ello, se convierten en el modelo de varias órdenes cristianas ascéticas.

1882 Friedrich Nietzsche cita a Diógenes y sus ideas en *La gaya ciencia*.

En una ocasión, Platón describió a Diógenes como «un Sócrates enajenado». Pese a que lo dijo como un insulto, no estaba muy lejos de la verdad. Diógenes compartía con Sócrates la pasión por la virtud y el rechazo por las comodidades materiales, pero llevó al extremo esas ideas. Defendía que, para llevar una vida buena, una que merezca ser vivida, es necesario liberarse de las restricciones externas que impone la sociedad y del descontento interno que causan el deseo, la emoción y el miedo. Creía que era posible lograr este estado si uno se contentaba con vivir una vida sencilla, regida por la razón y por los impulsos naturales, si rechazaba las convenciones sin sentir vergüenza y si renunciaba al deseo de posesiones materiales y de comodidad.

Diógenes fue el primero de un grupo de pensadores que recibieron el nombre de cínicos, término derivado del griego *kunikos*, «como un perro», el cual transmite la determinación con que los cínicos desdeñaban todas las formas de costumbres sociales y de etiqueta, y escogían vivir de la forma

Diógenes rechazaba los valores materiales y decidió vivir en la calle. Desdeñaba todas las convenciones, se alimentaba de sobras y se vestía (cuando tenía a bien hacerlo) con harapos.

más natural posible. Afirmaban que cuanto más se lograra aproximarse a esto, tal y como hizo Diógenes, que vivió una vida de pobreza con el único cobijo de una tinaja abandonada, más cerca se estaba de la vida ideal.

La persona más feliz, aquella que en palabras de Diógenes «tiene más», es, por lo tanto, la que vive en consonancia con el ritmo del mundo natural, libre de las ataduras de las convenciones y de los valores de la sociedad civilizada, y «se contenta con poco». ∎

Véase también: Sócrates 46–49 ▪ Platón 50–55 ▪ Zenón de Citio 67 ▪ San Agustín de Hipona 72–73 ▪ Friedrich Nietzsche 214–221

EL OBJETIVO DE LA VIDA ES LA ARMONIA CON LA NATURALEZA

ZENÓN DE CITIO (*c.* 332–265 A.C.)

EN CONTEXTO

RAMA
Ética

ORIENTACIÓN
Estoicismo

ANTES
***C.* 380 A.C.** Platón presenta sus ideas sobre la ética y la ciudad-estado en la *República*.

Siglo IV A.C. Diógenes de Sínope vive en la pobreza extrema para demostrar sus principios cínicos.

DESPUÉS
***C.* 40–45 D.C.** En sus *Diálogos*, el filósofo y político romano Séneca el Joven continúa la tradición estoica.

***C.* 150–180** El emperador Marco Aurelio escribe *Meditaciones*, una obra de doce volúmenes sobre la filosofía estoica.

1584 Justo Lipsio, humanista flamenco, escribe *De Constantia*, donde combina el estoicismo con el cristianismo, y funda la escuela del neoestoicismo.

Tras la muerte de Aristóteles, aparecieron dos grandes escuelas de pensamiento filosófico. Una fue la ética hedonista y atea de Epicuro, que ejerció un atractivo limitado, y la otra el estoicismo de Zenón de Citio, mucho más popular y duradero.

Zenón se formó con un discípulo de Diógenes de Sínope, el Cínico, con quien compartía una visión sencilla de la vida. Las especulaciones metafísicas le impacientaban y llegó a creer que el cosmos estaba gobernado por leyes naturales, ordenadas por un legislador supremo. Defiende que el hombre es absolutamente incapaz de cambiar esa realidad, por lo que, además de disfrutar de sus muchas ventajas, también ha de aceptar su crueldad e injusticia.

Libre albedrío
Sin embargo, Zenón también declara que el ser humano está dotado de un alma racional con la que puede ejercer el libre albedrío. Nadie está obligado a vivir una vida «buena». Es cuestión de cada uno decidir si desea dejar a un lado las cosas sobre las que ejerce escaso o nulo control y ser ajeno al dolor y al placer, a la pobreza y a la riqueza. No obstante, Zenón cree que cuando una persona decide hacerlo, podrá vivir una vida en armonía con la naturaleza en todos los aspectos, tanto buenos como malos, y según las reglas del legislador supremo.

El estoicismo encontró seguidores en la mayor parte de la Grecia helenística, pero aún reunió más en el creciente Imperio romano, donde floreció como base para la ética política y social, hasta ser sustituido por el cristianismo en el siglo VI. ∎

La felicidad consiste en el buen fluir de la vida.
Zenón de Citio

Véase también: Platón 50–55 ∎ Aristóteles 56–63 ∎ Epicuro 64–65 ∎ Diógenes de Sínope 66

EL MUND
MEDIEVA
250–1500

Plotino funda el **neoplatonismo**, una escuela de filosofía mística basada en la obra de Platón.

Una gran crisis debida a causas externas e internas lleva a la **división del Imperio romano** en Oriente y Occidente. El Imperio occidental caerá en menos de un siglo.

Boecio empieza a traducir los escritos de Aristóteles sobre lógica.

El profeta Mahoma completa la **Hégira**, su viaje de la Meca a Medina, lo que marca el inicio de la era musulmana.

c. **260**

395

c. **510**

622

313

397–398

618

711

Constantino I proclama la libertad de religión en el Imperio romano mediante el **Edicto de Milán**.

San Agustín de Hipona escribe las *Confesiones*.

Inicio de la **dinastía Tang** en China, que trae consigo una **edad de oro** de desarrollo cultural.

Invasores **musulmanes conquistan la Iberia cristiana**.

L a filosofía no tuvo un papel muy importante dentro de la cultura romana, a excepción del estoicismo, del que los romanos admiraban su énfasis en la conducta virtuosa y en el deber. De ahí que la amplia tradición filosófica que se había instaurado durante la Grecia clásica quedara al margen durante el Imperio romano. En Atenas se siguió enseñando filosofía, pero su influencia fue muy escasa y no aparecieron filósofos importantes hasta Plotino, quien en el siglo III d.C. fundó una importante escuela neoplatónica.

A lo largo del primer milenio de nuestra era, la influencia de Roma también se fue desvaneciendo, tanto política como culturalmente. El cristianismo fue asimilado por la cultura romana y, tras la caída del imperio en el siglo V, la Iglesia se convirtió en la autoridad dominante en Europa occidental, poder que conservó durante casi mil años. Los griegos habían entendido la filosofía como un análisis racional e independiente de la doctrina religiosa, algo que no encajaba con el cristianismo en auge. Se consideraba que las preguntas acerca de la naturaleza del universo y sobre qué se entendía por vida virtuosa ya hallaban su respuesta en las Sagradas Escrituras, por lo que ya no se consideraban temas abiertos a la discusión filosófica.

Los primeros filósofos cristianos, como san Agustín de Hipona, intentaron integrar la filosofía griega y la religión cristiana. Esta fue la principal tarea de la escolástica, una orientación filosófica que apareció en las escuelas monásticas y era conocida por su riguroso razonamiento dialéctico. Las obras de los filósofos escolásticos, como san Agustín, no fue tanto una exploración de preguntas como «¿hay un Dios?» o «¿tiene el hombre un alma inmortal?» como una búsqueda de explicaciones racionales que justificaran el creer en Dios y en el alma inmortal.

La Edad Oscura

El Imperio romano se fue reduciendo hasta caer y Europa se hundió en lo que se ha conocido como «Edad Oscura», durante la que desapareció la mayoría de la cultura heredada de Grecia y de Roma. La Iglesia ostentaba el monopolio del aprendizaje y la única filosofía genuina que logró sobrevivir fue una forma de platonismo considerada compatible con el cristianismo y una traducción de la *Lógica* de Aristóteles, elaborada por Boecio.

Sin embargo, la cultura estaba floreciendo en el resto del mundo. En concreto, China y Japón vivieron una

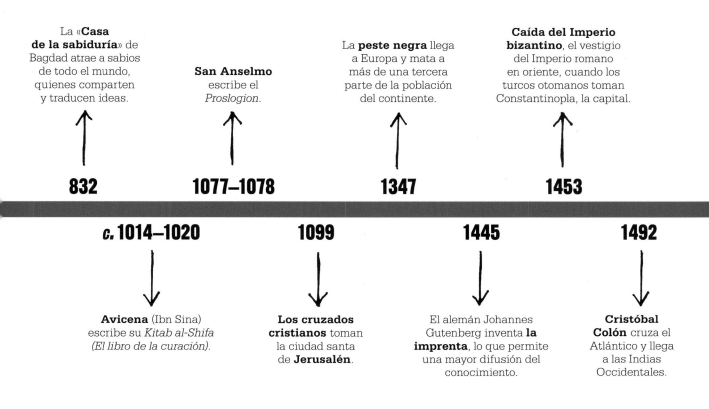

La «**Casa de la sabiduría**» de Bagdad atrae a sabios de todo el mundo, quienes comparten y traducen ideas.

832

San Anselmo escribe el *Proslogion*.

1077–1078

La **peste negra** llega a Europa y mata a más de una tercera parte de la población del continente.

1347

Caída del Imperio bizantino, el vestigio del Imperio romano en oriente, cuando los turcos otomanos toman Constantinopla, la capital.

1453

c. **1014–1020**

Avicena (Ibn Sina) escribe su *Kitab al-Shifa (El libro de la curación)*.

1099

Los cruzados cristianos toman la ciudad santa de **Jerusalén**.

1445

El alemán Johannes Gutenberg inventa **la imprenta**, lo que permite una mayor difusión del conocimiento.

1492

Cristóbal Colón cruza el Atlántico y llega a las Indias Occidentales.

edad dorada de la poesía y del arte, en la que las filosofías orientales tradicionales coexistieron pacíficamente con las religiones; en el territorio que había formado parte del imperio de Alejandro Magno se respetaba más el legado de Grecia que en el resto de Europa; y los académicos árabes y persas tradujeron y preservaron la obra de los filósofos griegos clásicos e incorporaron sus ideas a la cultura islámica a partir del siglo VI.

A medida que el islam se extendía hacia el este, por Asia, el norte de África y España, su influencia empezó a hacerse sentir en Europa. En el siglo XII, las ideas y las innovaciones del mundo islámico llegaban ya hasta Bretaña y los académicos europeos redescubrieron las matemáticas y la filosofía griegas a través del islam. La obra de Aristóteles, concretamente, se recibió casi como una revelación e impulsó la reaparición del pensamiento filosófico en la iglesia cristiana medieval. Sin embargo, las autoridades eclesiásticas recibieron con suspicacia a Aristóteles, a diferencia de a Platón, cuya filosofía había sido más fácil asimilar por el pensamiento cristiano ya que proporcionaba una explicación racional para creer en Dios y en el alma inmortal. De todos modos, filósofos cristianos como Roger Bacon, santo Tomás de Aquino, Juan Duns Scoto o Guillermo de Ockham, abrazaron con entusiasmo el nuevo aristotelismo y consiguieron convencer a la Iglesia de su compatibilidad con la fe cristiana.

Un nuevo racionalismo

Además de la filosofía que revitalizó la Iglesia, el mundo islámico también introdujo una gran cantidad de conocimiento tecnológico y científico en la Europa medieval. En Persia, se refinó el método científico de Aristóteles hasta que alcanzó un gran nivel de sofisticación, y los avances en física, medicina y, especialmente, astronomía, socavaron la autoridad de la Iglesia una vez llegaron a Europa.

La reintroducción del pensamiento griego y las nuevas ideas que condujeron al Renacimiento en Europa a finales del siglo XV impulsaron un cambio de orientación que provocó que las personas acudieran antes a la razón que a la fe para encontrar respuestas. Hubo diferencias incluso en el seno de la Iglesia, y humanistas como Erasmo forzaron la Reforma. Los propios filósofos dejaron de preguntarse acerca del alma inmortal y de Dios, y pasaron a reflexionar sobre los problemas que planteaban la ciencia y el mundo natural. ∎

DIOS NO ES LA CAUSA DEL MAL

SAN AGUSTÍN DE HIPONA (354–430)

EN CONTEXTO

RAMA
Ética

ORIENTACIÓN
Platonismo cristiano

ANTES
C. 400 A.C. En *Gorgias*, Platón argumenta que el mal no es algo, sino la ausencia de algo.

Siglo III D.C. Plotino recupera la visión del bien y del mal de Platón.

DESPUÉS
C. 520 Boecio aplica la teoría agustiniana del mal en su obra *La consolación de la filosofía*.

C. 1130 Pedro Abelardo rechaza la idea de que no hay cosas malas.

1525 Martín Lutero, el fraile y teólogo alemán que inspiró la Reforma protestante, publica *Sobre el cautiverio del albedrío*, donde niega el libre albedrío del ser humano.

Los seres humanos son **seres racionales**.

↓

Para poder ser racionales, necesitan **libre albedrío**.

↓

Esto significa que deben poder **escoger** entre **el bien y el mal**.

↓

Por lo tanto, pueden actuar bien o mal.

↓

Dios no es la causa del mal.

A san Agustín le interesaba especialmente el problema del mal. Si Dios es completamente bueno y todopoderoso, ¿por qué hay mal en el mundo? Para los cristianos como san Agustín, además de para los fieles del judaísmo y del islam, esta era, y sigue siendo, una cuestión fundamental, porque convierte un hecho obvio en el mundo (la existencia del mal) en un argumento contra la existencia de Dios.

San Agustín responde con facilidad a una parte del problema. Cree que, aunque Dios creó todo lo que existe, no creó el mal, pues el mal no es una cosa sino la ausencia o deficiencia de algo. Por ejemplo, el mal del ciego es que no tiene vista; y el de un ladrón es que carece de honestidad. San Agustín toma esta manera de pensar de Platón y sus seguidores.

Una libertad esencial
Sin embargo, san Agustín aún debe explicar por qué Dios ha creado un mundo en el que son posibles estos males, o deficiencias, naturales. Su respuesta gira en torno a la idea de que los seres humanos son racionales. Argumenta que, para poder crear criaturas racionales, como el ser humano, Dios tuvo que concederles libertad de albedrío. El libre albedrío

significa poder elegir, lo que incluye escoger entre el bien y el mal. Por este motivo, Dios tuvo que dejar abierta la posibilidad de que el primer hombre, Adán, escogiera el mal en lugar del bien. Según la Biblia, esto es exactamente lo que sucedió, ya que Adán incumplió la orden divina de no comer fruta del árbol del conocimiento.

De hecho, el discurso elaborado por san Agustín no necesita la Biblia para sostenerse. La racionalidad consiste en la capacidad de evaluar opciones por medio del razonamiento. El proceso sólo es posible cuando hay libertad para escoger, lo que incluye la libertad de escoger el mal.

Finalmente, San Agustín sugiere una tercera solución al problema, y nos pide que observemos el mundo como algo bello. Afirma que, aunque el mal exista, este contribuye a un bien general mayor que la ausencia del mismo, así como las disonancias musicales pueden hacer más hermosa una melodía o las zonas oscuras aumentar la belleza de un cuadro.

Explicación de los males de la naturaleza

Desde la época de san Agustín de Hipona, la mayoría de filósofos cristianos han abordado el problema del mal basándose en alguno de los tres enfoques que él propuso; por el contrario, sus oponentes, como el filósofo David Hume, han afirmado que se trata de unos argumentos muy poco sólidos y los han utilizado en contra del cristianismo. Por ejemplo, decir que la enfermedad es la ausencia de salud parece un juego de palabras: sí, es cierto que la enfermedad puede deberse a la ausencia de algo, pero el sufrimiento del enfermo es absolutamente real. Además, ¿cómo se explican los males de la naturaleza, como las plagas y los terremotos?

Para los no creyentes, la existencia del mal en nuestro mundo puede seguir siendo una prueba de que no hay un dios todopoderoso y bueno; pero para los que creen en Dios, los argumentos de san Agustín pueden ser una buena explicación. ■

Lo mismo que hacía a Adán capaz de obedecer a Dios le hizo capaz de pecar.
San Agustín de Hipona

En un mundo sin mal, según san Agustín, los seres racionales no seríamos libres de decidir nuestras conductas. Al igual que Adán y Eva, las elecciones morales permiten la existencia del mal.

San Agustín de Hipona

Aurelio Agustín nació el año 354 d.C. en Tagaste, una pequeña ciudad de provincias en el norte de África, hijo de madre cristiana y de padre pagano. Se le educó en el arte de la retórica, que enseñó en su ciudad natal, en Cartago, en Roma y en Milán, donde ocupó un cargo prestigioso.

Durante un tiempo profesó el maniqueísmo, religión que entiende el bien y el mal como fuerzas duales que rigen el universo, pero la influencia del arzobispo Ambrosio de Milán hizo que se sintiera atraído por el cristianismo. El año 386, tras sufrir una crisis espiritual, se convirtió. Abandonó entonces su carrera y se dedicó a escribir obras cristianas, casi todas de elevada naturaleza filosófica. En el año 395 fue nombrado obispo de Hipona, en el norte de África, cargo que ocupó hasta su muerte, a los 75 años de edad, durante el asedio y el saqueo a que los vándalos sometieron dicha ciudad.

Obras principales

C. **388–395** *Sobre el libre albedrío.*
C. **397–401** *Confesiones.*
C. **413–427** *Sobre la ciudad de Dios.*

DIOS PREVE NUESTROS PENSAMIENTOS Y NUESTRAS ACCIONES
BOECIO (*c.* 480–525)

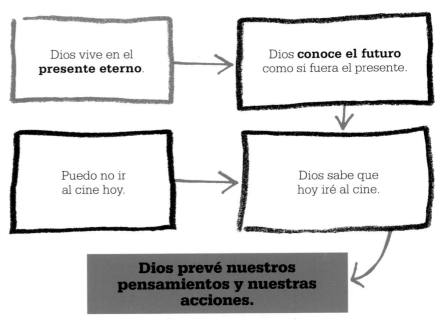

Dios vive en el **presente eterno**.

Dios **conoce el futuro** como si fuera el presente.

Puedo no ir al cine hoy.

Dios sabe que hoy iré al cine.

Dios prevé nuestros pensamientos y nuestras acciones.

Boecio fue un filósofo romano formado en la tradición platónica de la filosofía que también era cristiano. Es famoso por haber resuelto el dilema que había abrumado a Aristóteles: si Dios ya sabe qué vamos a hacer en el futuro, ¿cómo podemos decir que existe el libre albedrío?

La mejor manera de comprender dicho dilema es imaginar una situación cualquiera de la vida cotidiana.

Por ejemplo, esta tarde puedo ir al cine o puedo quedarme en casa escribiendo. Al final, voy al cine. Si es así, es cierto ahora (antes de que suceda) que iré al cine esta tarde. Sin embargo, si ahora ya es cierto, parece que, en realidad, no tengo la opción de quedarme en casa escribiendo. Aristóteles fue el primero en plantear el problema, pero no lo respondió con claridad; parece pensar que una frase como «iré al cine esta

Véase también: Aristóteles 56–63 ▪ Santo Tomás de Aquino 88–95 ▪ Juan Duns Scoto 333 ▪ Benito Spinoza 126–129 ▪ Immanuel Kant 164–171

tarde» no es ni verdadera ni falsa, o al menos no en la misma medida que «fui al cine ayer».

Un Dios más allá del tiempo

Boecio se enfrenta a una interpretación mucho más complicada del mismo problema. Pensaba que Dios lo sabía todo, no tan sólo el pasado y el presente, sino también el futuro. Así que, si voy a ir al cine esta tarde, Dios ya lo sabe ahora. Por lo tanto, parecería que, en realidad, no soy libre de escoger entre ir al cine o

> Todo se conoce,
> no por sí mismo, sino
> por la capacidad de
> quien conoce.
> **Boecio**

escribir, porque eso entraría en conflicto con lo que Dios ya sabe.

Para resolver el problema, Boecio afirma que una misma cosa puede conocerse de distintas maneras en función de la naturaleza del que conoce. Mi perro, por ejemplo, conoce el sol sólo como algo con unas cualidades que puede percibir mediante la vista y la piel. Una persona, en cambio, también puede razonar sobre qué tipo de cosa es el sol, y quizás sepa qué elementos lo componen, a qué distancia está de la Tierra, etc.

Boecio entiende el tiempo de una manera parecida. Como vivimos en un flujo temporal, sólo podemos conocer los hechos como pasados (si ya han sucedido), presentes (si están sucediendo) o futuros (si han de pasar). No podemos conocer el resultado de lo que no es seguro que suceda en el futuro. Por el contrario, Dios no existe en un flujo temporal: vive en un presente eterno, y conoce lo que para nosotros es pasado, presente y futuro del mismo modo en que nosotros conocemos el presente. Y así como el hecho de que yo sepa que usted está sentado no interfiere con su libertad

La Filosofía y Boecio hablan del libre albedrío, del determinismo y de la visión divina del presente eterno en su influyente obra *La consolación de la filosofía*.

para levantarse, el conocimiento de Dios de nuestras acciones futuras, como si fueran presentes, no nos impide ser libres.

Algunos pensadores actuales argumentarían que, como no he decidido aún si iré al cine esta tarde, no hay nada que conocer al respecto, por lo que incluso un Dios omnisciente no sabe, ni puede saber, si iré o no. ▪

Boecio

Anicio Boecio era un aristócrata romano cristiano que nació cuando el Imperio romano ya se estaba desintegrando y los ostrogodos dominaban Italia. Quedó huérfano a los siete años de edad y se crió con una familia aristocrática en Roma. Recibió una extraordinaria educación y hablaba con fluidez el griego, además de contar con un vasto conocimiento de la literatura y la filosofía griega y latina. Dedicó su vida a traducir y a comentar textos griegos, sobre todo las obras de Aristóteles sobre lógica, hasta que fue nombrado asesor principal del rey ostrogodo Teodorico. Unos

cinco años después, Boecio fue víctima de intrigas cortesanas; se le acusó falsamente de traición y fue condenado a muerte. Escribió *La consolación de la filosofía*, su obra más conocida, mientras estaba en prisión esperando a ser ejecutado.

Obras principales

C. 510 *Comentarios a las «Categorías» de Aristóteles.*
C. 513–516 *Comentarios a «Sobre la interpretación» de Aristóteles.*
C. 523–526 *La consolación de la filosofía.*

EL ALMA Y EL CUERPO SON DISTINTOS

AVICENA (980–1037)

EN CONTEXTO

RAMA
Metafísica

ORIENTACIÓN
Aristotelismo árabe

ANTES
C. 400 A.C. Platón afirma que las sustancias del cuerpo y de la mente son distintas.

Siglo IV A.C. Aristóteles afirma que la mente es la «forma» del cuerpo.

C. 800–950 D.C. La obra de Aristóteles se traduce al árabe por primera vez.

DESPUÉS
1259–1273 Tomás de Aquino adapta la explicación aristotélica de la mente y del cuerpo.

1640 René Descartes defiende el dualismo en sus *Meditaciones*.

1949 El dualismo es para Gilbert Ryle, en *El concepto de lo mental*, un «error de categorización».

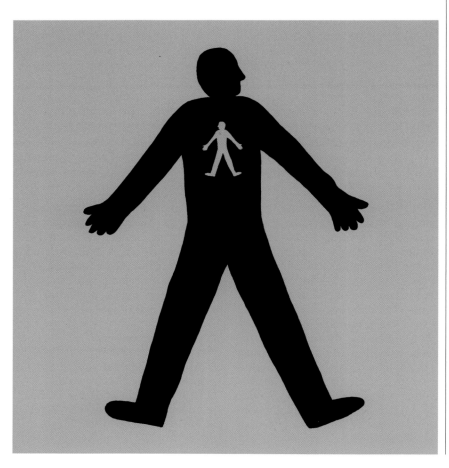

vicena, también conocido como Ibn Sina, es sin duda el filósofo más importante de la tradición árabe y uno de los mayores pensadores del mundo. Al igual que sus predecesores, Al-Kindi y Al-Farabi, y también que su sucesor, Averroes, Avicena se autoproclamó conscientemente como filósofo, no como teólogo del islam, ya que escogió seguir la manera de pensar griega y la vía del razonamiento y de la demostración. En concreto, se consideraba seguidor de Aristóteles y sus principales obras son enciclopedias de filosofía aristotélica.

Sin embargo, estas obras transmiten la filosofía de Aristóteles pasada por el tamiz del pensamiento de

Véase también: Platón 50–55 ▪ Aristóteles 56–63 ▪ Al-Kindi 332 ▪ Al-Farabi 332 ▪ Santo Tomás de Aquino 88–95 ▪ René Descartes 116–123 ▪ Gilbert Ryle 337

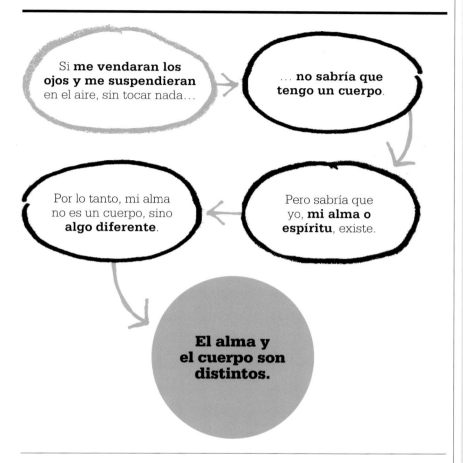

Si **me vendaran los ojos y me suspendieran** en el aire, sin tocar nada…

… **no sabría que tengo un cuerpo**.

Pero sabría que yo, **mi alma o espíritu**, existe.

Por lo tanto, mi alma no es un cuerpo, sino **algo diferente**.

El alma y el cuerpo son distintos.

Avicena

Ibn Sina, o Avicena, nombre con que se le conoce en la tradición occidental, nació el año 980 en un pueblo cerca de Bujará, hoy en Uzbequistán. Aunque escribió fundamentalmente en árabe, el lenguaje del saber en el mundo islámico, su lengua nativa era el persa. Fue un niño prodigio que pronto superó a sus maestros en lógica, filosofía y en medicina. Siendo todavía adolescente, su prestigio como médico llegó a oídos del emir samánida Nuh ibn Mansur, que le abrió las puertas de su magnífica biblioteca.

Pasó su vida al servicio de varios príncipes, como médico y consejero político. Comenzó a escribir a los 21 años y firmó más de 200 textos, sobre temas tan diversos como mecánica de los sólidos, metafísica, fisiología animal o sintaxis árabe. Falleció durante una campaña con Ala al-Dawla, su patrón, cuando sus remedios para el cólico fueron manipulados, posiblemente con mala intención.

Obras principales

C. **1014–1020** *Libro de la curación.*
C. **1015** *Canon de medicina.*
C. **1030** *Indicaciones y recordatorios.*

Avicena, que las sintetiza. En algunas doctrinas, como la idea de que el universo ha existido siempre, Avicena sigue la opinión de Aristóteles, a pesar de que chocaba con la ortodoxia islámica; pero en otros aspectos difiere radicalmente de la perspectiva aristotélica. Un ejemplo manifiesto de ello es su explicación de la relación entre mente (o alma) y cuerpo.

La mente y el cuerpo son distintos

Aristóteles defiende que el cuerpo y la mente de los seres humanos (y de otros animales) no son dos cosas (o «sustancias») diferentes, sino una única unidad, y que la mente es la «forma» del cuerpo humano. Como tal, es responsable de todas las actividades que puede llevar a cabo el ser humano, incluso del pensamiento. Por ello, Aristóteles no cree posible que nada pueda sobrevivir a la muerte del cuerpo.

Por el contrario, Avicena, uno de los «dualistas» más famosos en la historia de la filosofía, opina que el cuerpo y la mente son dos sustancias distintas. Su mayor predecesor en este aspecto fue Platón, que entendía la mente como una sustancia independiente y atrapada en el cuerpo. Platón creía que, al morir la persona, la mente se libera de su prisión y puede reencarnarse en otro cuerpo.

En su intento por demostrar la naturaleza separada de la mente y » el cuerpo, Avicena proyectó un experimento teórico conocido como el «hombre volador». Este aparece en forma de tratado en *Sobre el alma*, en el *Libro de la curación*, y tiene el objetivo de deshacerse de todo conocimiento que pudiera falsarse y dejarnos únicamente con verdades absolutas. Anticipa de manera extraordinaria la muy posterior obra de Descartes, el famoso dualista del siglo XVII, que también tomó la decisión de no creer en nada excepto en lo que pudiera saber con seguridad. Tanto Avicena como Descartes quisieron demostrar que la mente, o el alma, existe porque sabe que existe; y eso la diferencia del cuerpo.

El hombre volador

Con el experimento del hombre volador, Avicena intenta averiguar qué podemos saber si se nos priva de todos nuestros sentidos y no podemos recurrir a ellos en busca de información. Nos pide que imaginemos que acabamos de nacer, pero que ya contamos con toda nuestra inteligencia.

También nos pide imaginar que tenemos los ojos vendados y estamos suspendidos en el aire y con las extremidades alejadas del cuerpo, por lo que no podemos tocar nada. Supongamos ahora que no tenemos ninguna sensación. Sin embargo, sabemos que existimos. Entonces, ¿qué somos? No puede ser ninguna parte del cuerpo, porque no sabemos que las tenemos. El yo cuya existencia afirmamos no tiene ni anchura, ni longitud ni profundidad. No tiene extensión ni entidad física. Y, si pudiéramos imaginar, por ejemplo, una mano, no pensaríamos que pertenece a ese yo que ya sabemos que existe.

Por tanto, el alma, lo que soy, es diferente del cuerpo o de cualquier cosa física. Avicena defiende que el experimento del hombre volador nos permite ser conscientes y recordar que la mente existe como algo distinto y separado del cuerpo.

Avicena encuentra otras maneras de demostrar que la mente no puede ser algo material. Casi todas se basan en el hecho de que el tipo de co-

> La conversación secreta es un encuentro directo entre Dios y el alma, abstraída de toda limitación material.
> **Avicena**

nocimiento intelectual que alcanza la mente no puede contenerse en nada material. Es fácil ver cómo las partes de objetos físicos y con forma encajan con la forma de los órganos sensoriales: la imagen de la pared que veo se extiende sobre la retina de mi ojo, y cada parte de la pared corresponde a una parte de la retina. Pero la mente no es un órgano sensorial; lo que conoce son definiciones, del tipo «el hombre es un animal mortal y racional». Las partes de esta frase deben asimilarse de una vez, juntas. Por lo tanto, la mente no puede ser en absoluto parte del cuerpo, ni similar a él.

El alma inmortal

Avicena llega a la conclusión de que la mente no se destruye al morir el cuerpo y de que es inmortal. Esto no contribuyó a que su modo de pensar fuera aceptable para la ortodoxia musulmana, que cree que toda la persona, cuerpo y mente, resucita y disfruta de una vida más allá de la muerte. Por ello, por abandonar la idea central islámica de la resurrección tras

El conocimiento médico de Avicena era tan dilatado que le hizo obtener el patrocinio real. Su *Canon de medicina* influyó en las facultades de medicina europeas hasta mediados del siglo XVII.

> Pero
> ¿qué soy?
> Un ser pensante.
> **René Descartes**

la muerte, el gran teólogo islámico del siglo XII Al-Ghazali le atacó y le declaró hereje. Sin embargo, ese mismo siglo la obra de Avicena se tradujo al latín y su dualismo se hizo popular entre los filósofos y los teólogos cristianos, a quienes gustó su interpretación de los textos de Aristóteles, ya que los hacía muy compatibles con la idea de un alma inmortal.

El yo incuestionable

Unos 200 años después, santo Tomás de Aquino defendió una interpretación más fiel del pensamiento aristotélico, en que mente y cuerpo están mucho más unidos. Esta opinión fue ampliamente aceptada por los teólogos de los siglos XVI y XVII. No obstante, en 1640, René Descartes recuperó un dualismo más próximo a Platón que a Aristóteles y con una argumentación muy similar a la de Avicena.

Descartes imagina que hay un demonio que intenta confundirle sobre todo lo que es susceptible de ser confundido. Se da cuenta de que lo

Luces del norte, de Philip Pullman, recoge la idea de la antigua Grecia según la cual el alma de la persona, o *daimon*, está separada del cuerpo, y la presenta en forma de animal independiente, como puede ser un gato.

único sobre lo que no puede confundirle es sobre su propia existencia. Este yo es exactamente el mismo del que tan seguro está el hombre volador de Avicena. Y, como Avicena, Descartes concluye que el «Yo», o el alma, es completamente distinto al cuerpo y que ha de ser inmortal.

El fantasma en la máquina

Una de las mayores refutaciones al dualismo de Avicena y de Descartes es el argumento que empleó santo Tomás de Aquino. Él afirma que el yo que piensa es el mismo que percibe las sensaciones del cuerpo. Por ejemplo, no observo el dolor en una pierna del mismo modo que un marinero observa un agujero en el casco de su nave. El dolor me pertenece, del mismo modo que mis pensamientos sobre la filosofía o sobre lo que quiero para cenar.

Hoy en día, casi todos los filósofos rechazan el dualismo mente-cuerpo, sobre todo por el conocimiento cada vez mayor que tenemos del cerebro. A Avicena y a Descartes les interesaba mucho la fisiología y presentaron explicaciones científicas de actividades como el movimiento y la sensación. No obstante, en aquel momento el proceso del pensamiento racional era inexplicable con las herramientas

científicas de que disponían. Ahora podemos explicar con bastante precisión los procesos cognitivos en distintas partes del cerebro; lo que no está tan claro es si eso significa que podemos explicar el pensamiento sin recurrir a un yo. Gilbert Ryle, influyente filósofo británico del siglo XX, caricaturizó el yo de los dualistas como «un fantasma en la máquina», y trató de demostrar que podemos explicar cómo percibimos y funcionamos los seres humanos sin recurrir a ese «fantasma» que es el yo.

Hoy los filósofos están divididos entre un pequeño grupo de dualistas; un grupo más numeroso de pensadores para los que la mente no es más que el cerebro; y una mayoría que coincide en que el pensamiento es resultado de la actividad física del cerebro, pero que insiste en que hay una diferencia entre la materia física del cerebro (la materia gris, las neuronas, etc.) y el pensamiento que resulta de ella.

Muchos filósofos, especialmente los del continente europeo, siguen aceptando los resultados del experimento de Avicena en cuanto a una cuestión fundamental. Afirman que demuestra que todos tenemos un yo con una perspectiva del mundo en primera persona, que las teorías científicas no consiguen explicar. ■

LA RAZON BASTA PARA DEMOSTRAR LA EXISTENCIA DE DIOS
SAN ANSELMO (1033–1109)

EN CONTEXTO

RAMA
Filosofía de la religión

ORIENTACIÓN
Platonismo-aristotelismo

ANTES
***C.* 400 D.C.** Agustín de Hipona defiende la existencia de Dios en base a nuestra comprensión de verdades inmutables.

1075 En su *Monologion*, san Anselmo desarrolla la prueba de la existencia de Dios de san Agustín de Hipona.

DESPUÉS
Década de 1260 Santo Tomás de Aquino rechaza el argumento de san Anselmo.

1640 René Descartes utiliza el argumento de san Anselmo en sus *Meditaciones*.

1979 Alvin Plantinga, filósofo estadounidense, reformula el argumento de san Anselmo mediante una forma de lógica modal, con el fin de determinar su veracidad.

Entre los pensadores cristianos, la existencia de Dios es cuestión de fe, pero durante la Edad Media manifestaron un gran interés en encontrar un argumento ontológico que demostrara la existencia de Dios. San Anselmo, un filósofo del siglo XI cuyo pensamiento se basaba en la lógica aristotélica, en el platonismo y en su propia genialidad, desarrolló el argumento ontológico posiblemente más conocido de todos.

San Anselmo imagina que habla con un ignorante que niega la existencia de Dios (véase p. 81). Su argumento se basa en la aceptación de dos premisas: la primera es que Dios «es algo tan grande que nada mayor

Creemos que el Señor es algo tan grande que nada mayor puede ser concebido.
San Anselmo

puede ser concebido»; y la segunda es que la existencia es superior a la no existencia. Al finalizar su argumentación, el ignorante se ve obligado o bien a adoptar una postura con la que se contradice a sí mismo, o bien a admitir la existencia de Dios.

El argumento fue aceptado por un gran número de destacados filósofos, como René Descartes y Benedictus de Spinoza, pero muchos otros tomaron partido por el ignorante. Gaunilo de Marmoutiers, coetáneo de san Anselmo, declaró que ese mismo argumento se podía utilizar para demostrar que existe una isla maravillosa, mayor que cualquier otra imaginable. En el siglo XVIII, Immanuel Kant objetó que el argumento trataba la existencia como si fuera un atributo, por lo que se podría describir una chaqueta diciendo: «es verde, de lana y existe». Existir no es lo mismo que ser verde: si la chaqueta no existiera, no se la podría calificar de verde o hecha de lana.

Kant sostiene que san Anselmo se equivoca también al afirmar que lo que existe en la realidad además de en la mente es superior a lo que existe sólo en la mente, pero hay filósofos que discrepan. ¿Acaso no es sensato decir que un cuadro real es superior al concepto mental que de él tenía el pintor antes de empezar a trabajar? ∎

Véase también: Platón 50–55 ▪ San Agustín de Hipona 72–73 ▪ Santo Tomás de Aquino 88–95 ▪ René Descartes 116–123 ▪ Benedictus de Spinoza 126–129

San Anselmo

El ignorante

¿Aceptas que, si Dios existe, ha de ser «tan grande que nada mayor pueda ser concebido»?

Sí.

¿Aceptas que aquello «tan grande que nada mayor puede ser concebido» existe en tu mente?

Sí, en mi mente. Pero no en la realidad.

Pero, aceptas que si algo existe en la realidad, además de en la mente, es superior a algo que sólo existe en la mente.

Sí, supongo. Un helado en la mano es mejor que un helado en la imaginación.

Por lo tanto, si aquello «tan grande que nada mayor puede ser concebido» existe sólo en tu mente, no es tan grande como si existiera también en la realidad.

Sí, es cierto. Lo que existe realmente sería mayor.

Por lo tanto, ¿dices ahora que hay algo mayor que aquello «tan grande que nada mayor puede ser concebido»?

Eso no tiene sentido alguno.

Exactamente. Y el único modo de resolver la contradicción es aceptando la existencia de Dios (aquello «tan grande que nada mayor puede ser concebido»), tanto en el pensamiento como en la realidad.

El argumento ontológico de san Anselmo fue escrito entre 1077 y 1078, pero fue Immanuel Kant quien lo llamó así en 1781.

San Anselmo

San Anselmo de Canterbury nació en Aosta (Italia) en 1033. Hacia los veinte años de edad, ingresó en el monasterio de Bec (Francia) para estudiar con Lanfranco, el eminente lógico, gramático y comentarista de la Biblia. En 1060, Anselmo se convirtió en monje en Bec, a continuación fue nombrado prior y, finalmente, abad en el año 1078. Viajó a Inglaterra y en 1093 fue nombrado arzobispo de Canterbury, a pesar de sus alegaciones de mala salud y de escasa habilidad política. Su defensa de la libertad de la Iglesia ante el poder real le hizo entrar en conflicto con los reyes anglonormandos Guillermo II y Enrique I. Estas disputas le forzaron a sufrir dos períodos de exilio, durante los que visitó al papa para presentar la situación de la iglesia inglesa y para pedir que se le liberara del cargo. Al final, se reconcilió con Enrique I y falleció en Canterbury a los 76 años de edad.

Obras principales

1075–1076 *Monologion.*
1077–1078 *Proslogion.*
1080–1086 *De casu diaboli (La caída del diablo).*
1095–1098 *Cur Deus Homo (Por qué Dios se hizo hombre).*

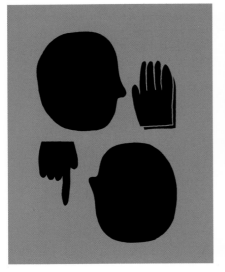

LA FILOSOFIA Y LA RELIGION NO SON INCOMPATIBLES
AVERROES (1126–1198)

EN CONTEXTO

RAMA
Filosofía de la religión

ORIENTACIÓN
Aristotelismo árabe

ANTES
Década de 1090 Al-Ghazali (Algazael) lanza un ataque contra los filósofos aristotélicos islámicos.

Década de 1120 Avempace instaura la filosofía aristotélica en al-Ándalus.

DESPUÉS
1270 Santo Tomás de Aquino reprueba a los averroístas por aceptar verdades contradictorias de la filosofía aristotélica y del cristianismo.

Década de 1340 Moisés de Narbona publica comentarios sobre la obra de Averroes.

1852 El filósofo francés Ernest Renan publica un estudio sobre Averroes que ejerce una gran influencia sobre el pensamiento político islámico actual.

Averroes era un estudioso del derecho y ejerció como cadí (juez musulmán) durante la dinastía almohade, uno de los regímenes musulmanes más estrictos de la Edad Media. Sin embargo, dedicaba las noches a comentar la obra de un antiguo filósofo pagano, Aristóteles. Uno de los lectores más ávidos de estos comentarios no era otro que el califa almohade Abu Yaqub Yusuf.

Averroes reconcilia la religión con la filosofía por medio de una teoría jerárquica de la sociedad. Piensa que tan sólo la élite educada es capaz de pensar filosóficamente, por lo que todos los demás tienen la obligación de aceptar literalmente las enseñanzas coránicas. Averroes no cree que el Corán presente una explicación precisa del universo si se entiende literalmente, pero afirma que es una aproximación poética a la verdad y que eso es lo más que pueden llegar a entender los no educados.

Sin embargo, Averroes cree que las personas educadas tienen la obligación religiosa de utilizar el razonamiento filosófico. Defiende que, si el razonamiento demuestra que el sentido literal del Corán es falso, el texto ha de «interpretarse»; es decir, se ha de

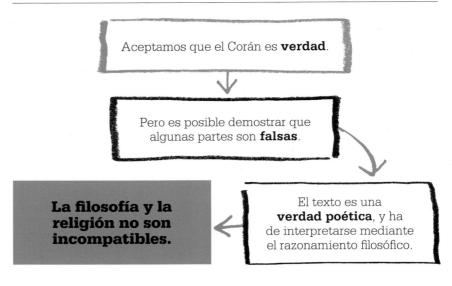

Aceptamos que el Corán es **verdad**.

Pero es posible demostrar que algunas partes son **falsas**.

El texto es una **verdad poética**, y ha de interpretarse mediante el razonamiento filosófico.

La filosofía y la religión no son incompatibles.

Véase también: Platón 50–55 ■ Aristóteles 56–63 ■ Al-Ghazali 332 ■ Avempace 333 ■ Santo Tomás de Aquino 88–95 ■ Moisés de Narbona 334

Los filósofos creen que las leyes religiosas son un arte político necesario.
Averroes

descartar el sentido obvio de las palabras y, en su lugar, aceptar la teoría científica demostrada por Aristóteles.

El intelecto inmortal

Averroes está dispuesto a sacrificar algunas de las doctrinas islámicas ampliamente aceptadas a cambio de mantener la compatibilidad entre filosofía y religión. Por ejemplo, casi todos los musulmanes creen que el universo tuvo un principio, pero Averroes coincide con Aristóteles en la idea de que siempre ha existido, y afirma que no hay nada en el Corán que contradiga esta postura. Sin embargo, le cuesta más integrar en un universo aristotélico la resurrección de los muertos, un precepto islámico básico. Averroes acepta que debemos creer en la inmortalidad personal y que quienquiera que la niegue es un hereje que merece la muerte. No obstante, adopta una postura distinta a la de sus predecesores y afirma que el tratado de Aristóteles *Sobre el alma* no dice que el alma del ser humano sea inmortal. Según la interpretación de Averroes, Aristóteles afirma que la humanidad es inmortal sólo gracias a un intelecto común. Averroes parece decir que hay verdades que el hombre puede alcanzar y que son válidas para siempre, pero que las personas, como individuos, perecen cuando el cuerpo muere.

Averroístas posteriores

Los musulmanes coetáneos de Averroes desdeñaron su defensa de la filosofía aristotélica (aunque sólo fuera para una élite), pero su obra, traducida al hebreo y al latín, ejerció una tremenda influencia durante los siglos XIII y XIV. Los estudiosos que defendían las posturas de Aristóteles y de Averroes recibieron el nombre de averroístas; entre ellos se contaban eruditos judíos, como Moisés de Narbona, y latinos, como Boecio de Dacia o Sigerio de Brabante. Los averroístas latinos aceptaban la interpretación de Averroes de la obra de Aristóteles como la verdad según la razón, pese a que también afirmaban toda una serie de «verdades» cristianas aparentemente contradictorias. Se ha dicho de ellos que defendían una «doble verdad», pero su postura es más bien que la verdad es relativa al contexto del estudio. ■

Algunos musulmanes, en el siglo XII, consideraban que la filosofía no era un objeto de estudio legítimo, pero Averroes afirmó que era fundamental para entender la religión de manera crítica y filosófica.

Averroes

Averroes nació en 1126 en Córdoba, que en aquel momento formaba parte del territorio de al-Ándalus. Descendiente de una familia de distinguidos estudiosos de las leyes, estudió derecho, ciencia y filosofía. Su amistad con otro médico y filósofo, Ibn Tufail, le llevó a conocer al califa Abu Yaqub Yusuf, quien nombró a Averroes cadí y, posteriormente, médico de la corte. Abu Yaqub compartía con Averroes el interés por Aristóteles y le encargó que escribiera una serie de comentarios sobre su obra, pero destinados a no especialistas, como él. A pesar de que la postura de los almohades cada vez era más liberal, la población empezó a desaprobar la heterodoxa filosofía de Averroes y la presión llevó a la prohibición de su obra y a su exilio en 1195. Finalmente, dos años después se le perdonó y regresó a Córdoba, pero falleció al año siguiente.

Obras principales

1178 *Tratado decisivo.*
1180–1184 *Refutación de la refutación.*
***C.* 1186** *Comentario mayor al libro «Sobre el alma» de Aristóteles.*

DIOS NO TIENE ATRIBUTOS
MOISÉS MAIMÓNIDES (1135–1204)

EN CONTEXTO

RAMA
Filosofía de la religión

ORIENTACIÓN
Aristotelismo judío

ANTES
C. 400 D.C. El filósofo Pseudo Dionisio funda la tradición de la teología negativa cristiana, que afirma que Dios es no ser, pero más que ser.

Década de 860 Juan Escoto Erígena sugiere que Dios crea el universo a partir de la nada que es él mismo.

DESPUÉS
Década de 1260 Santo Tomás de Aquino modera la teología negativa de Maimónides en su *Summa Theologica*.

Principios del siglo XIV El Maestro Eckhart desarrolla su teología negativa.

1840–1850 Søren Kierkegaard manifiesta que es imposible presentar cualquier forma de descripción externa de Dios.

Maimónides escribió sobre temas talmúdicos (en hebreo) y acerca del pensamiento de Aristóteles (en árabe). En ambas áreas, una de sus preocupaciones principales fue la de evitar la concepción antropomórfica de Dios, es decir, que no se viera a Dios como si fuera un ser humano. Para Maimónides, el peor de los errores es entender la Torá (la primera parte de la Biblia judía) como una verdad literal y pensar que Dios es algo material.

Defiende que quien lo piense ha de ser excluido de la comunidad judía. Sin embargo, en la *Guía de perplejos* Maimónides lleva esta idea al extremo y da lugar a una forma de pensamiento conocido como «teología negativa», que ya existía en la teología cristiana y que se centra en describir a Dios solamente en términos de lo que no es.

Dios, según Maimónides, no posee atributos y no podemos decir verdaderamente que sea «bueno» o

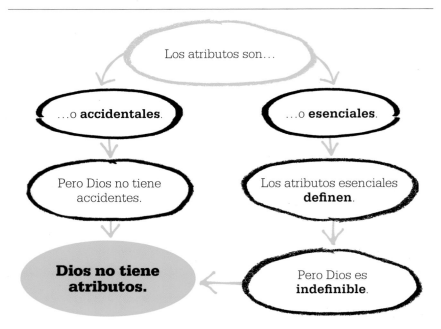

Véase también: Juan Escoto Erígena 332 ▪ Santo Tomás de Aquino 88–95 ▪ Maestro Eckhart 333 ▪ Søren Kierkegaard 194–195

«poderoso». Esto es así porque un atributo es o bien accidental (capaz de cambio) o bien esencial. Uno de mis atributos accidentales es, por ejemplo, que estoy sentado; otros, que tengo canas y una nariz larga. Sin embargo, continuaría siendo en esencia lo que soy aunque estuviera en pie, fuera pelirrojo y mi nariz fuera chata. Ser humano, es decir, ser un animal racional y mortal, es mi atributo esencial: define lo que soy. Por lo general, acepta que Dios no tiene atributos accidentales porque es inmutable. Además, afirma Maimónides, tampoco puede tener atributos esenciales, pues serían definitorios y Dios es indefinible. Por tanto, Dios no tiene atributos.

Hablar de Dios

Maimónides defiende que podemos decir cosas acerca de Dios, pero que deben entenderse como explicaciones de sus acciones, más que de lo que es. La mayoría de discusiones de la Torá deberían entenderse así.

> Cuando el intelecto contempla la esencia de Dios, la aprensión se torna en incapacidad.
> **Maimónides**

Por lo tanto, cuando nos dicen que «Dios es un creador», debemos entender que lo que se afirma es aquello que Dios hace, no qué es. Si pensamos en la frase «Juan es un escritor», normalmente entenderíamos que esa es la profesión de Juan. Sin embargo, Maimónides nos pide que pensemos sólo en lo que ya se ha hecho: en este caso, Juan ha escrito palabras, pero lo que ha escrito no nos dice nada sobre él.

Maimónides también acepta que las afirmaciones que parecen atribuir cualidades a Dios pueden entenderse si se toman como dobles negaciones. «Dios es poderoso» debería entenderse como que Dios no es impotente. Imaginemos un juego en el que yo piense en una cosa y le digo qué no es (no es grande, no es rojo…) hasta que usted adivina de qué se trata. La diferencia, en el caso de Dios, es que sólo disponemos de las negaciones como guía: no podemos decir qué es Dios. ∎

El *Mishné Torá* fue una compilación completa de la Ley Hebrea Oral escrita por Maimónides en hebreo llano para que «jóvenes y mayores» pudieran conocer y entender todas las prácticas judías.

Moisés Maimónides

Moisés Maimónides (también conocido como Rambam) nació en Córdoba en 1135 en el seno de una familia judía. Tuvo una infancia muy rica en influencias multiculturales: se educó en hebreo y árabe y su padre, un juez rabínico, le enseñó la ley judía en el contexto musulmán de al-Ándalus. Su familia tuvo que huir de al-Ándalus cuando la dinastía bereber almohade asumió el poder en 1148 y vivió de forma nómada hasta que se asentó, primero en Fez (ahora en Marruecos) y luego en El Cairo. Los apuros económicos de su familia condujeron a Maimónides a formarse como médico. Gracias a su habilidad, logró ser nombrado médico real en tan sólo unos años. También ejerció de juez rabínico, aunque consideraba que no era correcto aceptar ningún pago por esta actividad. Se le reconoció como cabeza de la comunidad judía de El Cairo en 1191 y, tras su muerte, su tumba se convirtió en un lugar de peregrinación para los judíos.

Obras principales

1168 *Comentario sobre la Mishná*.
1168–1178 *Mishné Torá*.
1190 *Guía de perplejos*.

NO LLORES. TODO LO QUE PIERDAS REGRESARA DE OTRA FORMA

YALAL AD-DIN MUHHAMAD RUMI (1207–1273)

EN CONTEXTO

RAMA
Filosofía musulmana

ORIENTACIÓN
Sufismo

ANTES
610 El profeta Mahoma funda el islam.

644 Alí ibn Abi Talib, primo y sucesor de Mahoma, es nombrado califa.

Siglo X La interpretación mística que Alí hace del Corán pasa a ser la base del sufismo.

DESPUÉS
1273 Los seguidores de Rumi fundan la orden sufí mevleví.

1925 Tras la instauración de una república turca secular, la orden mevleví se prohíbe. Continua siendo ilegal hasta 1954, año en que finalmente se le concede el derecho de actuar en determinadas ocasiones.

Actualidad La obra de Rumi sigue traduciéndose a diversos idiomas en todo el mundo.

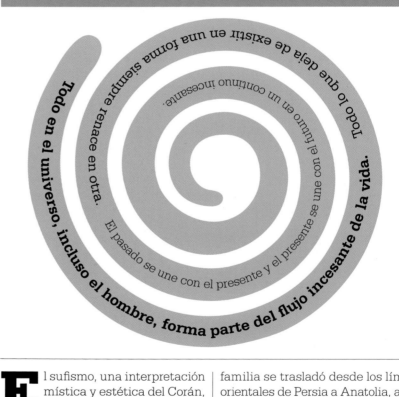

Todo en el universo, incluso el hombre, forma parte del flujo incesante de la vida.

Todo lo que deja de existir en una forma siempre renace en otra.

Todo lo que deja de existir en el futuro en un continuo incesante.

El pasado se une con el presente y el presente se une con el futuro en un continuo incesante.

El sufismo, una interpretación mística y estética del Corán, había formado parte del islam desde su fundación en el siglo VII, aunque no siempre había sido aceptado por los estudiosos musulmanes tradicionales. Yalal ad-Din Muhammad Rumi, más conocido sencillamente como Rumi, creció en la ortodoxia musulmana y estableció contacto con el sufismo por primera vez cuando su familia se trasladó desde los límites orientales de Persia a Anatolia, a mediados del siglo XIII. El concepto sufí de la unión con Dios a través del amor cautivó su imaginación y, a partir de ahí, desarrolló una versión del sufismo que pretendía explicar la relación del hombre con lo divino.

Rumi se convirtió en profesor de una orden sufí y, como tal, creía que era mediador entre Dios y el hombre.

Véase también: Siddharta Gautama 30–33 ▪ Avicena 76–79 ▪ Averroes 82–83 ▪ Hajime Tanabe 244–245 ▪ Arne Naess 282–283

Los derviches giróvagos danzan como parte de la ceremonia sufí Sema. La danza representa el viaje espiritual del hombre que gracias al amor va de la ignorancia a la perfección.

Contrariamente a la práctica musulmana general, dio más énfasis al *dhikr* (oración o letanía ritual) que al análisis racional del Corán para obtener orientación divina, y llegó a ser conocido por sus revelaciones en éxtasis. Creía que su labor consistía en transmitir las visiones que experimentaba, así que las escribió en forma de poesías. Una de las bases de su filosofía visionaria es la idea de que el universo, y todo lo que hay en él, es un flujo de vida eterno en el que Dios es una presencia también eterna. El hombre, como parte del universo, forma parte del continuo y el objetivo de Rumi es explicar el lugar que ocupamos en él.

Rumi cree que el hombre es un nexo entre el pasado y el futuro en el proceso continuo de vida, muerte y renacimiento, visto tal proceso no como un ciclo, sino como progresión de una forma a otra hasta la eternidad. La muerte y el deterioro son una parte inevitable del flujo continuo de la vida, pero cuando algo deja de existir en una forma, renace en otra. Por tanto, no debemos temer a la muerte y tampoco llorar las pérdidas. Sin embargo, para poder asegurarnos de crecer en nuestro paso de una forma a otra, debemos hacer un esfuerzo por desarrollarnos espiritualmente y entender la relación entre el hombre y Dios. Rumi cree que esta comprensión procede de la emoción, no de la razón; de una emoción intensificada por la música, las canciones y el baile.

El legado de Rumi

Los elementos místicos de las ideas de Rumi supusieron una inspiración para el sufismo e influyeron además en el islamismo tradicional. Resultaron igualmente cruciales a la hora de convertir a gran parte de Turquía del cristianismo ortodoxo al islam. Sin embargo, este aspecto de su pensamiento no tuvo mucha aceptación en Europa, donde imperaba el racionalismo. No obstante, en el siglo XX sus ideas alcanzaron gran popularidad en Occidente, sobre todo porque su mensaje de amor coincidió con los valores de la Nueva Era durante la década de 1960. Seguramente, su mayor admirador en el siglo XX fuera el poeta y político Muhammed Iqbal, asesor de Muhammad Alí Jinnah, que defendió un estado islámico en Paquistán durante la década de 1930. ▪

Morí como mineral y me convertí en una planta; morí como planta y ascendí a animal; morí como animal y fui hombre.
Yalal ad-Din Rumi

Yalal ad-Din Muhammad Rumi

El erudito Yalal ad-Din Rumi, también conocido bajo el nombre de Mavlana (Nuestro Guía) o sencillamente Rumi, nació en Balj, una provincia persa. Cuando las invasiones mongolas amenazaron dicha región, su familia se asentó en Anatolia (Turquía), donde Rumi conoció a los poetas persas Attar y Shams al-Din Tabrizi. Decidió dedicarse al sufismo y escribió miles de versos de poesía árabe y persa.

En 1244 se convirtió en el *shaij* (maestro) de una orden sufí y enseñó su interpretación místico-emocional del Corán, así como la importancia de la música y de la danza en las ceremonias religiosas. Tras su muerte, los seguidores de Rumi fundaron la orden sufista mevleví, también llamada de los derviches giróvagos, que llevan a cabo una danza característica en la ceremonia de la Sema, una forma de *dhikr* única de esta secta.

Obras principales

Mediados del siglo XIII
Coplas espirituales.
La obra de Shams de Tabriz.
En lo que hay en ello.
Siete sesiones.

EL UNIVERSO NO HA EXISTIDO SIEMPRE

SANTO TOMÁS DE AQUINO (*c.* 1225–1274)

EN CONTEXTO

RAMA
Metafísica

ORIENTACIÓN
Aristotelismo cristiano

ANTES
C. 340 A.C. Aristóteles dice que el universo es eterno.

C. 540 D.C. Juan Filópono sostiene que el universo tiene que haber tenido un principio.

Décadas de 1250 y 1260 Teólogos franceses adoptan el argumento de Filópono.

DESPUÉS
Década de 1290 Enrique de Gante, filósofo francés, afirma que el universo no puede haber existido siempre.

1781 Immanuel Kant dice poder demostrar tanto que el universo ha existido siempre como que no.

1931 Para explicar el origen del universo, el científico y sacerdote belga Georges Lemaître propone la teoría del big bang.

En la actualidad continúa la división de opiniones entre aquellos que sostienen que el universo tuvo un principio y quienes opinan que siempre ha existido. Hoy tendemos a recurrir a la astronomía y a la física en busca de respuestas, pero, en el pasado, era una pregunta que ocupaba tanto a filósofos como a teólogos. La respuesta que aportó el filósofo y fraile católico Tomás de Aquino, el más famoso de todos los filósofos cristianos medievales, resulta especialmente interesante. Aún es una manera plausible de pensar sobre el problema y también nos dice mucho de cómo este filósofo combinó la fe y el razonamiento filosófico, a pesar de las aparentes contradicciones entre ambos.

La influencia de Aristóteles

La figura central dentro del pensamiento de santo Tomás de Aquino es Aristóteles, el antiguo filósofo griego cuya obra fue intensamente estudiada por los pensadores medievales. Aristóteles estaba seguro de que el universo siempre había existido y de que siempre había albergado distintos elementos, desde objetos inanimados, como las rocas, hasta especies vivas como los seres humanos, los perros o los caballos. Proclamaba que el universo cambia y se mueve, y eso sólo puede ser consecuencia del cambio y del movimiento. Por lo tanto, no es posible que hubiera un primer cambio o movimiento: el universo ha tenido que estar cambiando y moviéndose siempre.

Los grandes filósofos árabes Avicena y Averroes se mostraron dispuestos a aceptar la postura de Aristóteles, a pesar de que contradecía la ortodoxia musulmana. Sin embargo, los pensadores medievales judíos y cristianos tuvieron más dificultades para aceptar esta idea, pues sostenían que, según la Biblia, el universo tenía un principio, por lo que Aristóteles tenía que estar equivocado: el universo no había existido siempre. Sin embargo, ¿era algo que se debía aceptar como cuestión de fe o podía refutarse mediante el razonamiento?

Juan Filópono, un escritor cristiano griego del siglo VI, creía haber encontrado un argumento que demostraba que Aristóteles se equivocaba y que el universo no había existido siempre. Varios pensadores copiaron y desarrollaron su razonamiento en el siglo XIII porque necesitaban hallar algún error en el razonamiento aristotélico para poder proteger las

---

Santo Tomás de Aquino

Santo Tomás de Aquino nació en 1225 en Roccasecca (Italia). Se formó en la Universidad de Nápoles y luego tomó el hábito dominico (una nueva orden de frailes muy intelectual), en contra de los deseos de su familia. Como novicio, estudió en París y también en Colonia, junto al gran teólogo aristotélico alemán Alberto el Grande. Regresó a París, donde se convirtió en profesor de teología antes de partir para enseñar por toda Italia durante diez años. Se le ofreció entonces un segundo período como maestro en París, algo muy poco habitual.

En 1273 experimentó lo que se ha considerado tanto una especie de visión como un posible ictus, tras lo que dijo que lo que había hecho hasta entonces «no era más que paja» y ya no volvió a escribir más. Falleció a la edad de 49 años y la iglesia católica le canonizó en 1323.

Obras principales

1256–1259 *Cuestión disputada sobre la verdad.*
C. 1265–1274 *Summa Theologica.*
1271 *Sobre la eternidad del universo.*

Véase también: Aristóteles 56–63 ▪ Avicena 76–79 ▪ Averroes 82–83 ▪ Juan Filópono 332 ▪ Juan Duns Escoto 333 ▪ Pedro Abelardo 333 ▪ Guillermo de Ockham 334 ▪ Immanuel Kant 164–171

Santo Tomás de Aquino aparece flanqueado por Aristóteles y Platón en *El triunfo de Santo Tomás de Aquino.* Se consideraba que su comprensión de la filosofía antigua era superior a la de Averroes, que yace a sus pies.

Aristóteles dice que el universo **ha existido siempre**.

La Biblia dice que el universo **no ha existido siempre**.

El mundo tuvo un principio, pero Dios pudo haberlo creado de tal modo que **que existiera eternamente**.

enseñanzas de la Iglesia. Su línea de argumentación era particularmente aguda puesto que, aunque partía de la idea sobre el infinito que tenía el propio Aristóteles, luego la utilizaban en contra de su concepción del universo como algo eterno.

Una infinidad de humanos
Según la concepción de Aristóteles, el infinito es aquello que no tiene límites. Por ejemplo, la secuencia numérica es infinita porque por cada número, hay otro que le sigue. Del mismo modo, el universo ha existido durante un tiempo infinito, porque por cada día, siempre hay uno anterior. Sin embargo, en opinión de Aristóteles, es una infinidad «en potencia», pues esos días no coexisten al mismo tiempo; un infinito «real», en el que un número infinito de cosas existe al mismo tiempo, es imposible.

Por el contrario, Filópono y sus seguidores en el siglo XIII piensan que este argumento presenta problemas que Aristóteles no había detectado. Señalan que creía que todos los seres vivos que hay en el universo han existido siempre. Si esto fuera cierto, dicen, significaría que ya había un número infinito de seres humanos cuando nació Sócrates, porque si siempre han existido, ya existían entonces. Sin embargo, desde la época de Sócrates han nacido muchos seres humanos, por lo que el número de seres humanos nacidos hasta ahora ha de ser mayor que el infinito. Pero nada puede ser mayor que el infinito.

Además, añaden estos escritores, los pensadores cristianos creen que el alma es inmortal. Si esto es así y ya ha existido un número infinito de seres humanos, tiene que haber un número infinito de almas en la actualidad. Por lo tanto, hay un infinito real de almas, no un infinito en potencia; y Aristóteles defendió que el infinito real es imposible.

Gracias a estos dos argumentos, que parten de los principios del pro-

pio Aristóteles, Filópono y sus seguidores estaban seguros de haber demostrado que el universo no puede haber existido siempre. Aristóteles, pues, se equivocaba: el universo no es eterno, y eso encaja perfectamente con la doctrina cristiana según la cual Dios creó el mundo.

Santo Tomás de Aquino desoye este razonamiento. Señala que, aunque el universo puede haber existido desde siempre, especies como el ser humano y otros animales pueden haber tenido un principio, por lo que »

Nunca ha habido una era en que no hubiera movimiento. **Aristóteles**

Dios pudo haber
creado el universo sin
seres humanos, y luego
crearlos a ellos.
Santo Tomás de Aquino

las distintas objeciones presentadas por Filópono y sus seguidores pueden salvarse. A pesar de su defensa del razonamiento aristotélico, Aquino rechaza la afirmación de Aristóteles de que el universo es eterno, ya que la fe cristiana dice lo contrario; sin embargo, no piensa que la postura de Aristóteles sea ilógica. Al igual que Filópono y sus seguidores, desea demostrar que el universo tuvo un principio, pero también que el razonamiento aristotélico no tiene fallos. Afirma que sus contemporáneos cristianos han confundido dos cuestiones muy distintas: una cosa es que Dios creara el universo y otra que el universo tuviera un principio. Santo Tomás de Aquino demuestra que, de hecho, la postura de Aristóteles según la cual el universo siempre ha existido, *podría* ser cierta incluso si también es cierto que Dios creó el universo.

Crear lo eterno

Santo Tomás de Aquino se aleja de Filópono y de sus seguidores e insiste en que aunque el universo tuvo un principio, tal y como dice la Biblia, no es una verdad necesaria (innegable) según la lógica. Todos aceptan que Dios creó el universo con un principio, pero podría haber creado uno eterno. Si algo es creado por Dios, ese algo le debe a él toda su existencia, pero eso no significa que hubiera necesariamente un tiempo en que no existiera en absoluto. Por lo tanto, es posible creer en un universo eterno creado por Dios.

Santo Tomás de Aquino lo ilustra con un ejemplo. Supongamos que un pie deja una huella en la arena y que esta ha estado ahí desde siempre. Aunque nunca hubiera habido un momento en que la huella no estuviera ahí, aún reconoceríamos el pie como la causa de la huella: si no fuera por el pie, no habría huella.

Santo Tomás y la síntesis

Los historiadores dicen, a veces, que santo Tomás de Aquino «sintetizó» el cristianismo y la filosofía aristotélica como si hubiera adoptado los fragmentos que más le convenían de cada uno y los hubiera mezclado. En realidad, para santo Tomás de Aquino, como para la mayoría de cristianos, se deben aceptar todos los preceptos de la Iglesia, sin excepción ni enmienda. Sin embargo, fue un pensador excepcional porque creía que, entendido correctamente, Aristóteles no contradecía las enseñanzas cristianas. La cuestión de si el universo ha existido siempre o no es la excepción que confirma la regla. En este caso concreto, opina que Aristóteles se equivocaba, pero no en su razonamiento ni en sus principios. Es posible que el universo hubiera existido realmente desde siempre,

Santo Tomás creía en la creación como cuestión de fe, aunque afirmaba que ciertos elementos del cristianismo podían demostrarse racionalmente y que la Biblia y la razón no tenían por qué ser contradictorias.

Aristóteles creía que el universo era infinito, ya que a cada hora y día le sucede otro. Santo Tomás no estaba de acuerdo porque creía que el universo tuvo un principio, pero su respeto por la filosofía aristotélica le llevó a argumentar que Aristóteles pudo haber tenido razón.

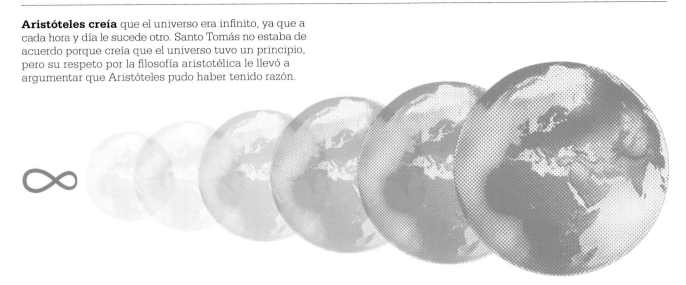

por lo que sabían los antiguos filósofos. Lo que sucede es que Aristóteles no pudo acceder a la revelación cristiana, por lo que no tenía modo de saber que no había sido así. Santo Tomás de Aquino cree que hay varias de las doctrinas cristianas fundamentales que los antiguos filósofos no conocieron y no podían haber conocido, como la creencia de que Dios es una trinidad y que uno de los elementos de la misma, el Hijo, se hizo hombre. No obstante, en su opinión, si los hombres razonan correctamente no pueden llegar a ninguna conclusión que contradiga la doctrina cristiana. Esto es porque la razón humana y las enseñanzas cristianas tienen el mismo origen, Dios, por lo que nunca pueden contradecirse.

Santo Tomás de Aquino enseñó en conventos y en universidades en Francia e Italia, y la idea de que la razón humana no podía entrar nunca en conflicto con la doctrina cristiana le enfrentó intensamente con sus contemporáneos, especialmente con aquellos especializados en ciencias, que en aquel momento procedían de la obra de Aristóteles. Santo Tomás de Aquino acusaba a sus colegas de aceptar ciertas posturas como cues-

tión de fe, por ejemplo que todos tenemos un alma inmortal, pero mantener al mismo tiempo que la razón era capaz de demostrar la falsedad de las mismas.

Cómo adquirimos conocimiento

Santo Tomás de Aquino mantiene estos principios a lo largo de toda su obra, pero se hacen especialmente evidentes en dos áreas principales de su pensamiento: su explicación acerca de cómo adquirimos el conocimiento y su tratamiento de la relación entre el cuerpo y el alma. Para él, el ser humano adquiere conocimiento mediante los sentidos: vista, oído, olfato, tacto y gusto. Por ejemplo, desde donde Juan está sentado, tiene una impresión visual de un objeto con forma de árbol, verde y marrón. Yo, por otro lado, estoy junto al árbol y puedo notar la rugosidad del tronco y percibir el aroma del bosque. Si Juan y yo fuéramos perros, el árbol se limitaría a estas impresiones sensoriales. Sin embargo, en tanto que seres humanos, somos capaces de entender de manera racional qué es un árbol, definirlo y diferenciarlo de otros tipos de plantas

y de seres vivos. Santo Tomás llama a esto «conocimiento intelectual», porque lo obtenemos utilizando el poder innato del intelecto para aprehender, en base a las impresiones sensoriales, la realidad que hay detrás de las mismas. Los seres humanos somos los únicos animales que tenemos esa capacidad, por lo que el conocimiento del resto no puede ir más allá de los sentidos. Toda nuestra comprensión científica del mundo está basada en este conocimiento intelectual. Esta teoría le debe mucho a Aristóteles, aunque santo Tomás la aclara y elabora el pensamiento de este. »

Deberíamos examinar si hay una contradicción entre que algo sea creación divina y que haya existido siempre.
Santo Tomás de Aquino

Como pensador cristiano, para santo Tomás los seres humanos no somos los únicos seres capaces de conocer intelectualmente: las almas separadas del cuerpo después de la muerte, los ángeles y el propio Dios también están capacitados. Estos otros seres que conocen no necesitan los sentidos para adquirir conocimiento, pueden entender directamente las definiciones de las cosas. Esta faceta de la teoría de santo Tomás no encuentra paralelo en Aristóteles, pero es un desarrollo coherente de los principios aristotélicos. De nuevo, santo Tomás puede mantener las creencias cristianas no contradiciendo a Aristóteles, sino yendo más allá.

El alma humana

Según Aristóteles, el intelecto es el principio vital o «alma» del ser humano. Cree que todos los seres vivos tienen un alma, lo que explica su capacidad para llevar a cabo distintos niveles de lo que él denomina «actividad vital», como crecer y reproducirse, en el caso de las plantas; moverse, sentir, buscar y evitar, en el de los animales; y pensar, en el de los seres humanos.

Aristóteles opina que la «forma» es lo que convierte la materia en lo que es. En el caso del cuerpo humano, esa forma es el alma, que convierte al cuerpo en el ser vivo que es otorgándole unas actividades vitales concretas. Por lo tanto, el alma se halla ligada al cuerpo y Aristóteles cree que, incluso si hablamos de los seres humanos, esta sólo vive mientras anima al cuerpo y que, a su muerte, perece también.

Santo Tomás de Aquino acepta las enseñanzas de Aristóteles sobre los seres vivos e insiste en que el ser humano tan sólo tiene una forma: la de su intelecto. Aunque otros pensadores de los siglos XIII y XIV adoptaron también las líneas generales de la postura aristotélica, suprimen la relación que esta hace entre el intelecto y el cuerpo para no contradecir la enseñanza cristiana de que el alma humana sobrevive a la muerte. Por el contrario, santo Tomás se niega a alterar la postura de Aristóteles, hecho que le complicó defender (como defendió) la inmortalidad del alma humana, otro ejemplo de su determinación de ser buen aristotélico y buen filósofo además de cristiano fiel.

Después de santo Tomás de Aquino

Desde la Edad Media se ha considerado a santo Tomás de Aquino como el filósofo ortodoxo oficial de la iglesia católica. En su época, mientras los eruditos árabes traducían y comentaban la filosofía griega, fue uno de los pensadores más deseosos de seguir el razonamiento filosófico elaborado por Aristóteles, incluso cuando no encajaba del todo con la doctrina cristiana. Aunque permaneció siempre fiel a las enseñanzas de la Iglesia, eso no impidió que sus ideas

Las leyes de causa y efecto nos llevan a buscar la causa de todo, incluso del principio del universo. Aristóteles supuso que Dios otorgó movimiento al universo y santo Tomás coincidía con él, pero añadió que «la causa primigenia» (Dios) no podía tener causa.

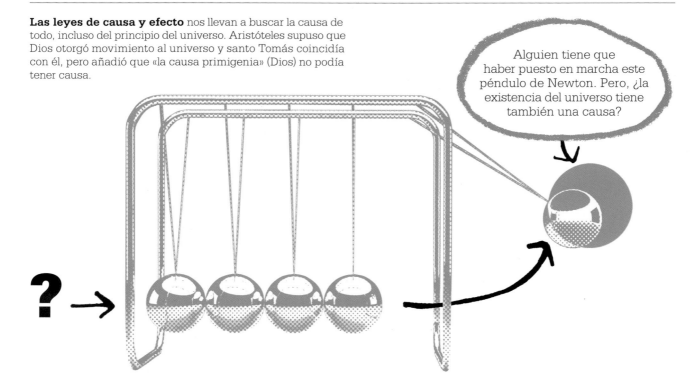

Alguien tiene que haber puesto en marcha este péndulo de Newton. Pero, ¿la existencia del universo tiene también una causa?

La radiación cósmica de fondo aporta pruebas del big bang que originó el universo, pero aún podemos plantear, como hizo santo Tomás, que no es el único modo en que este pudo haber llegado a existir.

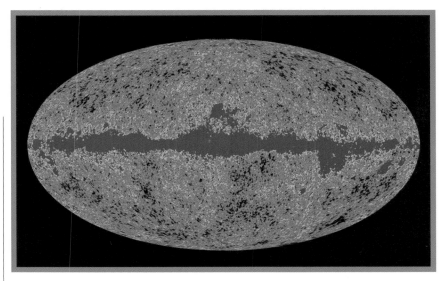

se condenaran como heréticas poco después de su muerte. Los grandes pensadores y profesores del siguiente siglo, como el filósofo secular Enrique de Gante y los franciscanos Juan Duns Escoto y Guillermo de Ockham, se mostraron mucho más dispuestos a defender que el razonamiento meramente filosófico, cuyo mejor exponente eran los argumentos de Aristóteles, suele estar equivocado.

Escoto pensaba que la perspectiva aristotélica que mantuvo santo Tomás de Aquino era inadecuada y Ockham rechazó casi completamente la explicación aristotélica acerca del conocimiento. Por su parte, Enrique de Gante criticó explícitamente a santo Tomás por afirmar que Dios pudo haber creado un universo que existía desde siempre. Si ha existido siempre, afirmaba, no es posible que no haya existido, y por lo tanto Dios no habría tenido libertad para crearlo o no. La seguridad suprema de santo Tomás de Aquino en el poder de la razón le aproximaba más al mayor filósofo del siglo anterior, el teólogo francés Pedro Abelardo, que a sus contemporáneos y sucesores.

Creencias coherentes

Tanto la postura general de santo Tomás de Aquino con respecto a la relación entre la filosofía y la doctrina cristiana, como su tratamiento especial de la eternidad del universo continúan siendo relevantes en el siglo XXI. En la actualidad, pocos filósofos creen que las posturas religiosas, como la existencia de Dios o la inmortalidad del alma, puedan demostrarse mediante razonamientos filosóficos. Sin embargo, algunos

afirman que la filosofía es capaz de demostrar que aunque algunos creyentes sostengan ciertas doctrinas como cuestiones de fe, sus opiniones generales no son menos racionales ni coherentes que las de los agnósticos o las de los ateos. Esta postura es una extensión y un desarrollo del esfuerzo constante de santo Tomás de desarrollar un sistema de pensamiento filosófico coherente que no entrara en conflicto con sus creencias cristianas. La obra de santo Tomás es, en definitiva, toda una lección de tolerancia, tanto para los cristianos como para los que no lo son.

La función de la filosofía

Hoy en día ya no pretendemos que la filosofía nos confirme si el universo ha existido siempre o no, y la mayoría de nosotros tampoco buscamos la respuesta en la Biblia, como hicieron santo Tomás y otros pensadores medievales. Hoy recurrimos a la física y, en concreto, a la teoría del big bang, propuesta por científicos modernos como el físico y cosmólogo Stephen Hawking. Dicha teoría afirma que el universo se expandió en un momento concreto desde un estado de temperaturas y de densidad extremadamente elevadas.

Aunque hoy la mayoría de nosotros acudimos a la ciencia para que nos explique el principio del universo, los argumentos de santo Tomás demuestran que la filosofía sigue siendo relevante a la hora de pensar sobre el tema, pues dejan claro que la filosofía puede aportar las herramientas necesarias para un examen inteligente, lo que nos permite no sólo investigar qué es posible e imposible, sino plantear preguntas inteligentes. ¿Es o no es coherente creer que el universo tuvo un principio? Esta es todavía una pregunta para los filósofos, y no hay física teórica que pueda responderla. ∎

Se podría decir
que el tiempo empezó
con el big bang, en el sentido
de que el tiempo anterior al
mismo no estaría definido.
Stephen Hawking

DIOS ES EL NO-OTRO
NICOLÁS DE CUSA (1401–1464)

EN CONTEXTO

RAMA
Filosofía de la religión

ORIENTACIÓN
Platonismo cristiano

ANTES
380–360 A.C. Platón escribe sobre «el Bien» o «el Uno» como la fuente última de la razón, del conocimiento y de todo lo que existe.

Finales del siglo V D.C. Pseudo Dionisio, teólogo y filósofo griego, describe a Dios como «por encima del ser».

***C.* 860** Juan Escoto Erígena divulga las ideas del Pseudo Dionisio.

DESPUÉS
1492 La obra *Sobre el ser y el Uno*, de Giovanni Pico della Mirandola, marca un punto de inflexión en el pensamiento renacentista sobre Dios.

1991 El filósofo francés Jean-Luc Marion explora el tema de Dios como el no ser.

Nicolás de Cusa pertenece a la larga tradición de filósofos medievales que han intentado describir la naturaleza de Dios, haciendo énfasis en lo distinto que es a cualquier otra cosa que la mente humana pueda comprender. A partir de la idea de que aprendemos utilizando la razón para definir cosas, De Cusa deduce que, para poder conocer a Dios, debemos intentar definir su naturaleza básica.

Según Platón, «el Bien» o «el Uno» es la fuente definitiva de todas las formas y de todo el conocimiento, y algunos de los primeros teólogos cristianos hablan de Dios como «por encima del ser». Nicolás de Cusa, que escribe en torno a 1440, va más allá al afirmar que Dios existe antes que cualquier otra cosa, antes incluso de la posibilidad de que nada existiera. Sin embargo, la razón nos dice que la posibilidad de que un fenómeno exista debe preceder a su existencia real. Es imposible que algo llegue a existir si antes no ha existido la posibilidad de esa misma existencia. En consecuencia, Nicolás de Cusa concluye que una cosa de la que se dice esto ha de describirse como «no-otro».

Más allá de la comprensión
No obstante, el empleo de la palabra «cosa» en la línea de razonamiento adoptada por Nicolás de Cusa es engañoso, porque el «no-otro» no tiene sustancia. Afirma que está «más allá de nuestra comprensión» y que es antes de todas las cosas de tal modo que «estas no existen después de él, sino a través de él». Por este motivo, Nicolás de Cusa cree que «no-otro» se acerca más a la definición de Dios que cualquier otro término. ∎

Lo que sé no es Dios y lo que pueda concebir no se parece a Dios.
Nicolás de Cusa

Véase también: Platón 50–55 ▪ Juan Escoto Erígena 332 ▪ Maestro Eckhart 333 ▪ Giovanni Picco della Mirandola 334

LA FELICIDAD CONSISTE EN NO SABER NADA
ERASMO DE ROTTERDAM (1466–1536)

El tratado *Elogio de la locura*, escrito en 1509 por Erasmo de Rotterdam, es un reflejo de las ideas humanistas que empezaban a inundar Europa en los primeros años del Renacimiento y que desempeñarían un papel crucial en la Reforma. Es una sátira aguda de la corrupción y de las discusiones doctrinales en el seno de la iglesia católica. Sin embargo, también transmite un mensaje serio y afirma que la locura (la ignorancia, según Erasmo) es una parte esencial del ser humano y es lo que, en definitiva, nos trae la mayor felicidad y satisfacción; el conocimiento, por el contrario, puede ser una carga que entorpezca y complique nuestras vidas.

La fe y la locura

La religión también es una forma de locura, según Erasmo, puesto que la creencia sincera sólo puede basarse en la fe, nunca en la razón. Erasmo se niega a combinar el racionalismo de la antigua Grecia y la teología cristiana como lo habían hecho filósofos medievales como san Agustín de Hipona o santo Tomás de Aquino, pues lo entiende como una intelectualización teológica y la causa principal de la corrupción de la fe religiosa. Lo que Erasmo defiende es un regreso a las creencias sencillas y sinceras, en que cada uno establece un vínculo personal con Dios, en lugar de seguir aquellas que prescribe la doctrina católica.

Erasmo aconseja que aceptemos lo que él entiende como el verdadero espíritu de las Escrituras: sencillez, inocencia y humildad. Para él, estos son los rasgos humanos fundamentales que llevan a una vida feliz. ■

La persona
logra la felicidad
cuando está dispuesta
a ser lo que es.
Erasmo de Rotterdam

Véase también: San Agustín de Hipona 72–73 ▪ Santo Tomás de Aquino 88–95 ▪ René Descartes 116–123 ▪ John Locke 130–133

EL RENAC
Y LA EDA
RAZON
1500–1750

MIENTO
D DE LA

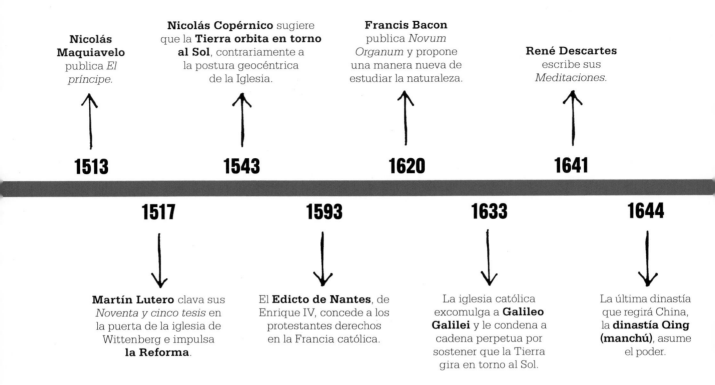

Nicolás Maquiavelo publica *El príncipe*.

Nicolás Copérnico sugiere que la **Tierra orbita en torno al Sol**, contrariamente a la postura geocéntrica de la Iglesia.

Francis Bacon publica *Novum Organum* y propone una manera nueva de estudiar la naturaleza.

René Descartes escribe sus *Meditaciones*.

1513

1543

1620

1641

1517

1593

1633

1644

Martín Lutero clava sus *Noventa y cinco tesis* en la puerta de la iglesia de Wittenberg e impulsa **la Reforma**.

El **Edicto de Nantes**, de Enrique IV, concede a los protestantes derechos en la Francia católica.

La iglesia católica excomulga a **Galileo Galilei** y le condena a cadena perpetua por sostener que la Tierra gira en torno al Sol.

La última dinastía que regirá China, la **dinastía Qing (manchú)**, asume el poder.

E l Renacimiento, una época de asombrosa creatividad en Europa, empezó en Florencia en el siglo XIV; de allí se extendió por toda Europa y se prolongó hasta el siglo XVII. Actualmente se considera que es el puente entre la Edad Media y la Era Moderna. El Renacimiento se caracterizó por un renovado interés en la cultura clásica griega y romana que iba mucho más allá de los textos filosóficos y matemáticos asimilados por la escolástica medieval. Era un movimiento que colocaba al ser humano, y no a Dios, en el centro. Este nuevo humanismo se vio reflejado primero en el arte y luego en la estructura social y política de la sociedad italiana; repúblicas como Florencia y Venecia abandonaron pronto el feudalismo medieval en favor de plutocracias donde florecían el comercio y la innovación científica.

A finales del siglo XV, las ideas renacentistas ya se habían extendido por toda Europa y habían eclipsado virtualmente el monopolio eclesiástico sobre el aprendizaje. Aunque intelectuales cristianos como Erasmo de Rotterdam y Tomás Moro habían contribuido a debates en el seno de la Iglesia que dieron lugar a la Reforma, aún debía aparecer una filosofía puramente secular. No es sorprendente que el primer filósofo realmente renacentista fuera un florentino, Nicolás Maquiavelo, cuya filosofía marcó un alejamiento definitivo de lo teológico y un acercamiento hacia lo político.

La Edad de la razón

La ciencia fue la encargada de fijar el último clavo en el ataúd de la autoridad eclesiástica. Primero Nicolás Copérnico, luego Johannes Kepler y finalmente Galileo Galilei demostraron que el modelo geocéntrico del universo ideado por Ptolomeo era erróneo, y sus comprobaciones acabaron con siglos de enseñanzas cristianas. La Iglesia se resistió y encarceló a Galileo por hereje, pero a los avances en astronomía les siguieron otros en el resto de las ciencias, los cuales proporcionaron explicaciones alternativas del funcionamiento del universo y sentaron las bases de un nuevo tipo de filosofía.

El predominio de la investigación racional y científica sobre el dogma cristiano ejemplifica el pensamiento del siglo XVII. Los filósofos británicos, especialmente Francis Bacon y Thomas Hobbes, lideraron la integración del pensamiento científico con el filosófico. Fue el principio de un período que se conocería como la Edad de la razón, el cual produjo los primeros grandes filósofos «modernos» y recu-

La ejecución del rey Carlos I pone fin a la **guerra civil inglesa**.

↑

1649

Isaac Newton empieza a compilar notas en *Algunas cuestiones filosóficas*.

↑

1664

John Locke publica *Ensayo sobre el entendimiento humano*.

↑

1690

George Berkeley publica su obra *Tratado sobre los principios del conocimiento humano*.

↑

1710

1651

↓

Thomas Hobbes publica su gran obra política *Leviatán*.

1670

↓

Publicación póstuma de *Pensamientos*, de **Blaise Pascal**.

1704

↓

Gottfried Leibniz publica *Nuevos ensayos sobre el entendimiento humano*.

1721

↓

Se abre la primera fábrica en Gran Bretaña, lo que acelera la **revolución industrial**.

peró la relación entre la filosofía y la ciencia, especialmente las matemáticas, que se remontaba a la Grecia presocrática.

Aparición del racionalismo

En el siglo XVII, muchos de los filósofos más importantes de Europa también eran grandes matemáticos. En Francia, René Descartes y Blaise Pascal hicieron importantes aportaciones a esta ciencia, al igual que Gottfried Leibniz en Alemania. Para ellos, el proceso de razonamiento matemático era el mejor modelo de cómo adquirimos todo el conocimiento sobre el mundo. El examen que hizo Descartes de la pregunta «¿qué puedo saber?» le llevó a una postura racionalista (la creencia de que el conocimiento procede únicamente de la razón), que pasaría a ser la dominante en la Europa continental du-

rante todo el siguiente siglo. Al mismo tiempo, aparecía en Gran Bretaña una tradición filosófica muy distinta. Siguiendo el razonamiento científico de Francis Bacon, John Locke llegó a la conclusión de que nuestro conocimiento sobre el mundo procede de la experiencia, y no de la razón. Esta postura, denominada empirismo, caracterizó la filosofía británica durante los siglos XVII y XVIII.

Pese a las desavenencias entre el racionalismo continental y el empirismo británico (la misma que antes había separado a las filosofías de Platón y de Aristóteles), ambas corrientes coincidían en considerar al ser humano como su centro: es el ser cuya razón o experiencia lleva al conocimiento. Los filósofos de ambos lados del canal habían dejado de preguntarse sobre la naturaleza del universo, cuestión a la que respondieron

científicos como Isaac Newton, para comenzar a estudiar cómo podemos saber que sabemos, lo que les llevó a investigar acerca de la naturaleza de la mente y del cuerpo humanos. Por otro lado, estas nuevas tendencias filosóficas tenían implicaciones morales y políticas. Del mismo modo que las ideas renacentistas habían socavado la autoridad de la Iglesia, las aristocracias y las monarquías se vieron amenazadas por las nuevas ideas de la Ilustración, como se conoce a este período. Si se eliminaba a los antiguos dirigentes, ¿qué tipo de sociedad les sustituiría?

En Gran Bretaña, Hobbes y Locke sentaron las bases del pensamiento democrático durante el turbulento siglo XVII, aunque fueron necesarios otros cien años para que en el resto del mundo se comenzara a cuestionar de verdad el statu quo. ■

EL FIN JUSTIFICA LOS MEDIOS

NICOLÁS MAQUIAVELO (1469–1527)

EN CONTEXTO

RAMA
Filosofía política

ORIENTACIÓN
Realismo

ANTES
Siglo IV a.C. En la *República*, Platón afirma que el Estado debe ser gobernado por un filósofo-rey.

Siglo I a.C. El escritor y filósofo romano Cicerón defiende que la república romana es la mejor forma de gobierno.

DESPUÉS
Siglo XVI Los contemporáneos de Maquiavelo empiezan a usar el término «maquiavélico» para describir aquellos actos de una astucia enrevesada.

1762 Jean-Jacques Rousseau afirma que el pueblo tiene que aferrarse a la libertad y resistirse al gobierno de los príncipes.

1928 El dictador italiano Benito Mussolini describe *El príncipe* como «la guía suprema para el gobernante».

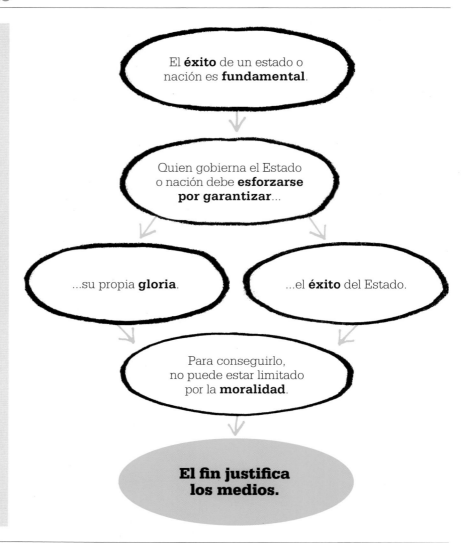

El **éxito** de un estado o nación es **fundamental**.

Quien gobierna el Estado o nación debe **esforzarse por garantizar**...

...su propia **gloria**.

...el **éxito** del Estado.

Para conseguirlo, no puede estar limitado por la **moralidad**.

El fin justifica los medios.

Para lograr comprender plenamente la postura de Maquiavelo respecto al poder, es necesario conocer los antecedentes de sus preocupaciones políticas. Maquiavelo nació en Florencia (Italia) en una época de agitación casi permanente. La familia Médici ostentaba el poder, de manera abierta pero oficiosa, sobre la ciudad-estado desde hacía unos 35 años. El año en que nació Maquiavelo fue el mismo en que Lorenzo de Médici (Lorenzo el Magnífico) sucedió a su padre como mandatario e inició un período de extraordinaria actividad artística en Florencia. En 1492, Lorenzo fue sucedido por su hijo Piero (conocido como el Infortunado), cuyo reinado fue muy breve. El rey francés Carlos VIII invadió Italia con fuerza considerable en 1494 y Piero, tras rendirse, huyó de la ciudad cuando los ciudadanos se rebelaron contra él. Florencia se declaró república ese mismo año.

El prior dominico del monasterio de San Marco, Girolamo Savonarola, pasó a dominar la vida política de la ciudad-estado. Bajo su mandato, Florencia entró en un período democrático; pero Savonarola acusó al papa de corrupción, lo que le valió ser juzgado y quemado en la hoguera por hereje. Esto llevó a Maquiavelo a implicarse por primera vez en la política florentina, y en 1498 se convirtió en secretario de la Segunda Cancillería.

Carrera e influencia
La invasión de Carlos VIII en 1494 dio inicio a un período turbulento en la historia de Italia, que entonces se dividía en cinco poderes: el papado, Nápoles, Venecia, Milán y Florencia. Varias potencias extranjeras, sobre todo Francia, España y el Sacro Imperio Romano, se disputaban el país. Florencia era militarmente inferior a

Véase también: Platón 50–55 ■ Francis Bacon 110–111 ■ Jean-Jacques Rousseau 154–159 ■ Karl Marx 196–203

Lorenzo el Magnífico (1449–1492) dirigió eficazmente Florencia desde la muerte de su padre en 1469 hasta la suya. A pesar de que era un déspota, la república floreció bajo su mandato.

estos ejércitos, lo que llevó a Maquiavelo a pasar catorce años viajando en misión diplomática a varias ciudades en un intento por mantener a flote a la atribulada república.

En el transcurso de sus actividades diplomáticas, Maquiavelo conoció a César Borgia, hijo ilegítimo del papa Alejandro VI. El papa era una figura importante en el norte de Italia y suponía una amenaza importante para Florencia. Aunque César era enemigo de Florencia y Maquiavelo defensor de una postura republicana, este último quedó impresionado por la fortaleza, inteligencia y capacidad del primero. En este personaje vemos una de las fuentes para la conocida obra de Maquiavelo, *El príncipe*.

Alejandro VI falleció en 1503, y su sucesor, el papa Julio II, fue otro hombre fuerte y exitoso que impresionó a Maquiavelo, tanto por su capacidad militar como por su astucia. Sin embargo, la tensión entre Francia y el papado llevó a Florencia a aliarse con los franceses en contra del papa y sus aliados españoles. Los franceses perdieron, y Florencia con ellos. En 1512, España disolvió el gobierno de la ciudad-estado y los Médici regresaron e instalaron lo que fue una tiranía de facto bajo el cardenal Médici. Maquiavelo fue relevado de su cargo político y se exilió a su granja de Florencia. Su carrera política podría haber resurgido con los Médici, pero se le implicó falsamente en un complot contra la familia, por lo que fue torturado, multado y encarcelado. Fue liberado al cabo de un mes, pero las posibilidades de que volvieran a

emplearle eran muy escasas y sus intentos por encontrar un nuevo cargo político fueron infructuosos. Decidió entonces agasajar a Giuliano, cabeza de la familia Médici en Florencia, con un libro. Cuando lo terminó, Giuliano ya había muerto, por lo que Maquiavelo cambió la dedicatoria a su sucesor, Lorenzo. La temática del libro era muy habitual en la época: consejos a un príncipe.

«El príncipe»

El príncipe era un libro ingenioso y cínico, y demostraba una profunda comprensión de Italia en general y de Florencia en particular. En él, Maquiavelo arguye que los objetivos de un gobernante justifican los medios que emplea para alcanzarlos. *El príncipe* era muy distinto a otros libros de su clase porque se alejaba decididamente de la moralidad cristiana. Maquiavelo ofrece consejos despiadadamente prácticos a un príncipe, así que, tal y como había aprendido »

¡Cuán difícil es para un pueblo acostumbrado a un príncipe preservar su libertad!
Nicolás Maquiavelo

durante su experiencia con papas y cardenales de éxito excepcional, los valores cristianos debían dejarse a un lado si se interponían en el camino.

La postura de Maquiavelo se centra en la idea de *virtù*, pero no se trata del concepto moderno de virtud moral. Se acerca más al concepto medieval de las virtudes concebidas como las capacidades o funciones de las cosas, como el poder sanador de minerales y plantas. Maquiavelo escribe sobre las virtudes de los príncipes, que eran los poderes y funciones que tenían que ver con el gobierno. La raíz latina de *virtù* también se asocia a la hombría (como en «viril»), y eso entronca con lo que Maquiavelo afirma en relación al príncipe y al Estado, en el que en ciertos casos *virtù* se utiliza como sinónimo de «éxito» y define un Estado que debe ser admirado e imitado.

Parte de la argumentación de Maquiavelo se centra en que un gobernante no puede verse limitado por la moralidad, sino que debe hacer todo lo necesario para garantizar su propia gloria y el éxito del Estado que gobierna, una postura que luego se conocería como realismo. Sin embargo, según Maquiavelo, el fin no justifica los medios en todos los casos. Hay algunos medios que el príncipe sabio debe evitar, pues aunque le puedan ayudar a obtener sus fines, también pueden conducirle a futuros peligros.

Los medios que han de evitarse son aquellos que pueden hacer que el pueblo odie a su príncipe. Pueden amarle o temerle, o, preferiblemente, ambas cosas, afirma Maquiavelo, aunque es más importante que el príncipe sea temido que amado. Pero el pueblo no debe odiarle, porque es muy probable que ese odio conduzca a una rebelión. Además, un príncipe que maltrata innecesariamente a su pueblo es merecedor de desprecio: ha de tener reputación de ser compasivo, no cruel. Esto puede implicar que, en ocasiones, se castigue duramente a unos pocos para lograr un orden social general que beneficie a más personas a largo plazo.

En los casos en que Maquiavelo afirma que el fin justifica los medios, esta norma sólo es aplicable a los príncipes. La conducta adecuada para los ciudadanos del Estado nunca es la misma que para el príncipe. Sin embargo, incluso en el caso de ciudadanos normales, Maquiavelo desdeña la moralidad cristiana convencional, a la que considera débil e inadecuada para una ciudad fuerte.

Príncipe o república

Existen motivos para sospechar que *El príncipe* no recoge la opinión personal de Maquiavelo. Quizás la disparidad más importante es la que se encuentra entre las ideas que contiene este texto y las que manifiesta en su otra obra fundamental, *Discursos sobre la primera década de Tito Livio*. En los *Discursos*, Maquiavelo afirma que la república es el régimen ideal y que debería instituirse

El gobernante debe saber actuar como una bestia, afirma Maquiavelo en *El príncipe*, y debe imitar las cualidades del zorro y del león.

El gobernante ha de ser **feroz como un león** para asustar a quienes quieran deponerle.

El gobernante ha de ser **astuto como un zorro** para reconocer las trampas y los señuelos.

Debe entenderse que un príncipe no puede observar todo aquello que se considera bueno en los hombres.
Nicolás Maquiavelo

siempre que exista, o pueda establecerse, un grado razonable de igualdad. El principado sólo es adecuado cuando no existe igualdad ni puede ser instaurada en un Estado. Sin embargo, puede también argumentarse que *El príncipe* presenta las verdaderas ideas de Maquiavelo respecto a cómo se debe gobernar en ese caso; si el principado es, en ocasiones, un mal necesario, debe gobernarse de la mejor manera posible. Además, Maquiavelo creía que Florencia estaba inmersa en tal agitación política que necesitaba de un gobernante fuerte para llevarla a buen puerto.

Agradar a los lectores

Otro motivo por el que debemos tratar el contenido de *El príncipe* con cautela es que Maquiavelo lo escribió para congraciarse con los Médici. No obstante, también dedicó los *Discursos* a varios miembros del gobierno republicano de Florencia. Podría argumentarse, pues, que Maquiavelo escribía lo que las personas a quienes dedicaba su obra querían leer.

Sin embargo, *El príncipe* contiene gran parte de lo que se cree eran las verdaderas creencias de Maquiavelo, como la necesidad de una milicia ciudadana para no depender de

La dureza ha sido una virtud de los líderes a lo largo de la historia. El dictador fascista Benito Mussolini, en el siglo XX, utilizó una mezcla de amor y miedo para mantenerse en el poder en Italia.

El mundo ha llegado a parecerse mucho al de Maquiavelo.
Bertrand Russell

mercenarios. El problema reside en saber discernir qué partes reflejan sus creencias y cuáles no. Resulta tentador separarlas en función de lo bien que encajan con la ideología del lector objetivo, pero es poco probable que el resultado fuera acertado.

También se ha sugerido que Maquiavelo pretendía escribir una sátira y que su verdadero público objetivo eran los republicanos, no la élite en el poder. Esta idea se basa en que Maquiavelo no lo escribió en latín, la

lengua de la élite, sino en italiano, la lengua del pueblo. Ciertamente, en ocasiones *El príncipe* se lee como una sátira, como si se esperara que el lector llegara a la conclusión de que «si es así como debe comportarse un príncipe, hay que evitar a toda costa ser gobernado por uno». Si Maquiavelo satirizaba también la idea de que «el fin justifica los medios», el objetivo de esta breve y engañosamente sencilla obra es mucho más enigmático de lo que cabría pensar en un principio. ∎

Nicolás Maquiavelo

Maquiavelo nació en Florencia en 1469. Se conoce muy poco de sus primeros 28 años de vida; aparte de algunas menciones poco definidas en el diario de su padre, la primera prueba directa es una carta escrita en 1497. Sin embargo, a partir de sus escritos se hace evidente que recibió una buena educación, quizás en la Universidad de Florencia.

En 1498, Maquiavelo se había convertido en político y diplomático de la república de Florencia. Tras su retiro forzoso en 1512, al regreso de los Médici a Florencia, se dedicó a diversas actividades literarias, además de a intentar regresar a

la escena política. Finalmente logró recuperar la confianza de la familia Médici, y el cardenal Giulio de Médici le encargó que escribiera la historia de Florencia. Acabó el libro en 1525, después de que el cardenal se convirtiera en el papa Clemente VII. Nicolás Maquiavelo falleció en 1527, sin haber conseguido su ambición de volver a la vida pública.

Obras principales

1513 *El príncipe.*
1517 *Discursos sobre la primera década de Tito Livio.*

LA FAMA Y LA TRANQUILIDAD NO SON BUENAS COMPAÑERAS

MICHEL DE MONTAIGNE (1533–1592)

La **tranquilidad** depende
del **desinterés** por la
opinión de los demás.

↓

Si buscamos la fama, que
es la **gloria a ojos de los
demás**, debemos buscar
su **buena opinión**.

↓

Si buscamos la fama,
**no podemos lograr
el desinterés**.

↓

**La fama y la
tranquilidad
no son buenas
compañeras.**

En el ensayo titulado «De la
soledad» (en el primer volumen de sus *Ensayos*), Michel de Montaigne aborda un tema
popular desde la antigüedad: los distintos peligros morales e intelectuales de vivir con los demás, y el valor
de la soledad. Montaigne no enfatiza
la importancia de la soledad física,
sino la de desarrollar la capacidad de
resistir la tentación de adoptar sin
pensar las opiniones y las conductas de la multitud. Compara nuestro
deseo de aprobación por parte de
los demás con el apego a los bienes
y a las riquezas materiales. Ambas
pasiones nos empequeñecen, proclama Montaigne, aunque tampoco
concluye que debamos abandonar-
las, sino que deberíamos cultivar el
desapego hacia ellas. De ese modo
podríamos disfrutarlas, e incluso be-
neficiarnos de ellas, sin acabar emo-
cionalmente esclavizados ni destro-
zados si las perdemos.

«De la soledad» pasa a considerar que nuestro deseo de aprobación
está asociado a la búsqueda de gloria y de fama. Contrariamente a otros
pensadores como Nicolás Maquiavelo, para quienes la gloria es un objetivo válido, Montaigne cree que la búsqueda constante de fama es el mayor
impedimento a la hora de conseguir

Véase también: Aristóteles 56–63 ▪ Nicolás Maquiavelo 102–107 ▪ Friedrich Nietzsche 214–221

la paz de espíritu y la tranquilidad. Afirma que aquellos que presentan la gloria como un objetivo deseable «sólo han sacado los brazos y las piernas de la multitud; su alma y su voluntad están más enredados en ella que nunca».

A Montaigne no le preocupa si alcanzamos o no la gloria. Defiende que deberíamos desprendernos del deseo de obtener la gloria a ojos de los demás y que no deberíamos pensar siempre en la aprobación o la admiración de terceros como algo valioso. Recomienda que en lugar de buscar la aprobación de quienes nos rodean, deberíamos tratar de imaginar que constantemente nos acompaña un ser verdaderamente grande y noble, capaz de observar nuestros pensamientos más íntimos y en cuya presencia incluso los locos esconderían sus fallos. Así aprenderíamos a pensar con claridad y objetividad, y también a comportarnos de manera más reflexiva y racional. Montaigne

declara que preocuparse demasiado por la opinión de quienes nos rodean nos corrompe, bien porque acabamos imitando a quienes hacen el mal, bien porque el odio hacia ellos nos consume hasta hacernos perder la razón.

Los peligros de la gloria

Michel de Montaigne vuelve a atacar la búsqueda de gloria en escritos posteriores y señala que conseguirla es tan a menudo una cuestión de suerte que no tiene sentido sentir tal reverencia por ella. «Muchas veces he visto a la fortuna alejarse del mérito, con frecuencia, a gran distancia», escribe. También subraya que alentar a los líderes políticos y a los estadistas a valorar la gloria por encima de todo, tal y como decía Maquiavelo, les enseña a no intentar nada a no ser que haya una audiencia aprobadora cerca dispuesta a ser testigo de la extraordinaria naturaleza de sus poderes y logros. ▪

El contagio de la multitud es muy peligroso. Uno debe o bien imitar o bien odiar el ejemplo de los malvados.
Michel de Montaigne

Montaigne presenció los resultados de la violencia ciega de la multitud durante la guerra de religiones francesa (1562–1598), como las atrocidades de la Masacre de san Bartolomé en 1572.

Michel de Montaigne

Michel Eyquem de Montaigne nació y creció en el castillo de su acomodada familia cerca de Burdeos. Sin embargo, le enviaron a vivir junto a una familia pobre de campesinos hasta los tres años de edad para que conociera la vida de los trabajadores normales. Recibió toda su educación en casa y hasta los seis años sólo se le permitió hablar en latín. El francés fue, en realidad, su segunda lengua.

A partir de 1557, Montaigne fue, durante 13 años, miembro del parlamento local, pero en 1571 decidió dimitir, cuando heredó el patrimonio familiar. En el año 1580 Montaigne publicó su primer volumen de *Ensayos*, y aún escribió dos más antes de su muerte, en 1592. En 1580 inició un extenso viaje por Europa, en parte para buscar una cura para sus piedras en el riñón. Regresó a la política en 1581 al ser elegido alcalde de Burdeos, cargo que ocupó hasta 1585.

Obras principales

1569 *Apología de Raimundo Sabunde*.
1580–1581 *Diario de viaje*.
1580, 1588 y 1595 *Ensayos* (tres volúmenes).

EL CONOCIMIENTO ES PODER

FRANCIS BACON (1561–1626)

S e suele considerar a Bacon el primero de una tradición de pensamiento conocida como empirismo británico, que se caracteriza por la opinión de que todo el conocimiento ha de proceder de la experiencia sensorial. Bacon nació en un momento en que se pasaba de la preocupación renacentista por los logros redescubiertos de la antigüedad a un enfoque más científico del conocimiento. Los científicos renacentistas ya habían logrado una serie de avances innovadores, como el anatomista Andrés Vesalio o el astrónomo Nicolás Copérnico, pero este nuevo período, a veces llamado de la revolución científica, dio lugar a una asombrosa cantidad de pensadores científicos, como Galileo Galilei, William Harvey, Robert Boyle, Robert Hooke o Isaac Newton.

Aunque durante el período medieval la Iglesia ya había aceptado la ciencia en general, esta se vio seriamente entorpecida a causa de la oposición de la autoridad vaticana en el Renacimiento. Varios reformistas religiosos, como Martín Lutero, se habían quejado de que la Iglesia había sido demasiado laxa a la hora de contrarrestar el cuestionamiento científico de las explicaciones del mundo basadas en la Biblia. En respuesta, la iglesia católica, que ya había perdido a numerosos seguidores en favor

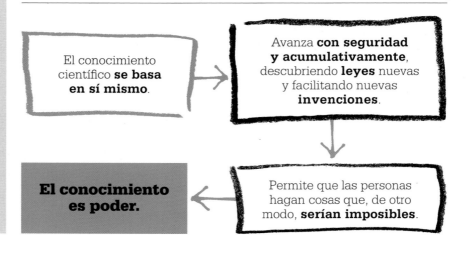

El conocimiento científico **se basa en sí mismo**.

Avanza **con seguridad y acumulativamente**, descubriendo **leyes** nuevas y facilitando nuevas **invenciones**.

Permite que las personas hagan cosas que, de otro modo, **serían imposibles**.

El conocimiento es poder.

Véase también: Aristóteles 56–63 ▪ Robert Grosseteste 333 ▪ David Hume 148–153 ▪ John Stuart Mill 190–193 ▪ Karl Popper 262–265

La ciencia, y no la religión, a partir del siglo XVI, se vio cada vez más como la vía hacia el conocimiento. Esta imagen representa el observatorio del astrónomo danés Tycho Brahe (1546–1601).

de la nueva forma de cristianismo de Lutero, cambió de postura y se volvió en contra de los avances científicos. Esta oposición por parte de ambas posturas religiosas, dificultó el desarrollo de la ciencia.

Bacon afirma que acepta las enseñanzas de la iglesia cristiana, pero al mismo tiempo asegura que la ciencia y la religión deben separarse para que la adquisición del conocimiento sea más fácil y rápida y pueda mejorar la calidad de vida de las personas. Enfatiza la capacidad transformadora de la ciencia y se lamenta de que anteriormente se hubiera rechazado esa facultad para mejorar la existencia humana en aras de la gloria académica y personal.

Bacon presenta una lista de las diferentes barreras psicológicas a la adquisición de conocimiento, a las que llama colectivamente «ídolos de la mente». Estos son: los «ídolos de la tribu», o la tendencia de los seres humanos como especie (o «tribu») a generalizar; los «ídolos de la caverna», o la tendencia del ser humano a imponer sus ideas preconcebidas acerca

de la naturaleza en lugar de observar lo que hay realmente; los «ídolos del mercado», o nuestra tendencia a permitir que las convenciones sociales distorsionen nuestra experiencia; y los «ídolos del teatro», o la influencia distorsionadora de las doctrinas científicas y filosóficas imperantes. Según Francis Bacon, el buen científico debe combatir contra todos ellos para llegar a conocer el mundo.

El método científico

Bacon proclama que el progreso en la ciencia está subordinado a que se puedan formular leyes cada vez más generales y propone un nuevo método científico que incluye una variación de este enfoque. En lugar de realizar una serie de observaciones, por ejemplo de metales que con el calor se expanden, y luego concluir que el calor hace que todos los metales se expandan, enfatiza la necesidad de probar una nueva teoría que busque ejemplos negativos, es decir, metales que no se expandan cuando se calientan.

La influencia de Bacon provocó que la ciencia se centrara en la experimentación práctica. Sin embargo, se le criticó por rechazar la importancia de la imaginación a la hora de impulsar los avances científicos. ∎

La experiencia es la demostración más decisiva.
Francis Bacon

Francis Bacon

Nació en Londres y recibió una educación privada antes de que le enviaran al Trinity College de Cambridge a los 12 años de edad. Tras graduarse, empezó a formarse como abogado, pero abandonó sus estudios para ocupar un cargo diplomático en Francia. La muerte de su padre en 1579 le sumió en la pobreza, viéndose obligado a retomar la profesión legal.

En 1584, Bacon fue elegido al parlamento, pero su amistad con el traidor duque de Essex truncó su carrera política hasta el acceso al trono de Jacobo I en 1603. En 1618 le nombraron canciller de Inglaterra, pero dos años después perdió el cargo, acusado de aceptar sobornos.

Dedicó el resto de su vida a los estudios científicos y la escritura. Murió a consecuencia de una neumonía, que contrajo al rellenar un pollo con nieve, como parte de un experimento sobre la conservación de los alimentos.

Obras principales

1597 *Ensayos.*
1605 *El avance del conocimiento.*
1620 *Novum Organum.*
1624 *Nueva Atlántida.*

EL HOMBRE ES UNA MAQUINA

THOMAS HOBBES (1588–1679)

EN CONTEXTO

RAMA
Metafísica

ORIENTACIÓN
Fisicalismo

ANTES
Siglo IV A.C. Aristóteles disputa la teoría dualista de Platón y afirma que el alma es una forma, o función, del cuerpo.

1641 En la obra *Meditaciones metafísicas,* René Descartes argumenta que mente y cuerpo son entidades completamente distintas e independientes.

DESPUÉS
1748 Bajo el título *El hombre máquina,* Julien Offray de la Mettrie presenta una visión mecanicista del ser humano.

1949 Gilbert Ryle afirma que la idea cartesiana de que la mente y el cuerpo son dos «sustancias» distintas es un «error categorial».

Aunque es sobre todo conocido por su filosofía política, Thomas Hobbes escribió acerca de una gran cantidad de temas. Muchas de sus opiniones son controvertidas, como su defensa del fisicalismo, teoría según la cual la naturaleza de todo lo que existe en el mundo es exclusivamente física y que no deja espacio a la existencia de otras entidades naturales, como la mente, ni sobrenaturales. Según Hobbes, todos los animales, inclusive los humanos, no son más que máquinas de carne y hueso.

A mediados del siglo XVII, época en la que Hobbes escribía, el tipo de teoría metafísica que este defendía cada vez gozaba de una mayor acep-

Véase también: Aristóteles 56–63 ■ Francis Bacon 110–111 ■ René Descartes 116–123 ■ Julien Offray de la Mettrie 335 ■ Gilbert Ryle 337

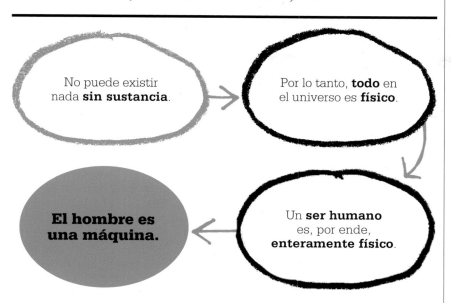

No puede existir nada **sin sustancia**.

Por lo tanto, **todo** en el universo es **físico**.

El hombre es una máquina.

Un **ser humano** es, por ende, **enteramente físico**.

Thomas Hobbes

De niño, Thomas Hobbes quedó huérfano; por fortuna, uno de sus tíos, que era rico, lo tomó a su cargo y le proporcionó una buena educación. Se licenció en la Universidad de Oxford, lo que le permitió ser tutor de los hijos del conde de Devonshire. Este empleo le ofreció la oportunidad de viajar por toda Europa y, a su vez, de conocer a importantes científicos y pensadores, como el astrónomo italiano Galileo Galilei, o filósofos franceses como Marin Mersenne, Pierre Gassendi o René Descartes.

En 1640 huyó de la guerra civil inglesa, y se refugió en Francia, donde vivió durante once años. Su primer libro, *Del ciudadano (De Cive)*, se publicó por primera vez en París en 1642. Sin embargo, fueron sus ideas sobre moral, política y las funciones de la sociedad y del Estado, plasmadas en *Leviatán*, las que le hicieron famoso.

También fue muy respetado como traductor y matemático, y siguió escribiendo hasta su muerte a la edad de 91 años.

Obras principales

1642 *Del ciudadano.*
1651 *Leviatán.*
1656 *De Corpore.*
1658 *De Homine.*

tación. El conocimiento de las ciencias físicas aumentaba a gran velocidad y aportaba explicaciones cada vez más claras sobre fenómenos que antes eran confusos o malinterpretados. Hobbes había conocido al astrónomo italiano Galileo, a quien suele considerarse como «padre de la ciencia moderna», y estaba muy vinculado a Francis Bacon, cuyo pensamiento había contribuido a revolucionar la práctica científica.

En el campo de las ciencias y de las matemáticas, Hobbes vio la contrapartida perfecta para la filosofía escolástica medieval, que había tratado de reconciliar las aparentes contradicciones entre la ciencia y la fe. Al igual que muchos pensadores de la época, creía que la ciencia no tenía límites y que gracias a ella cualquier fenómeno de la naturaleza del mundo podía recibir una explicación formulada científicamente.

La teoría de Hobbes

En *Leviatán*, su principal obra política, Thomas Hobbes afirma que «el universo, es decir, toda la masa de las cosas que son, es corpóreo, es decir, tiene un cuerpo». A continuación defiende la idea de que cada uno de estos cuerpos posee «longitud, anchura y profundidad», y que «aquello que no tiene cuerpo, no forma parte del universo». Aunque Hobbes afirma que la naturaleza de todo es puramente física, no dice que el hombre pueda percibir ese todo físico. Declara que algunos cuerpos y objetos, a los que llama «espíritus», son imperceptibles aunque ocupen espacio y tengan dimensiones físicas. Algunos de ellos son «espíritus animales» **»**

La vida no es más que el movimiento de las extremidades.
Thomas Hobbes

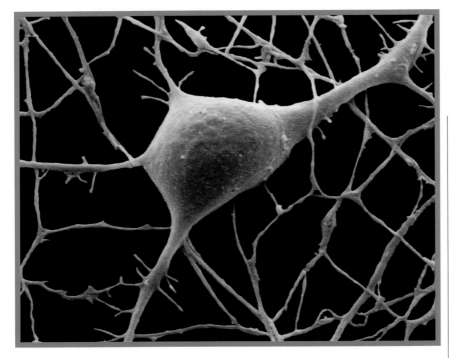

(muy en línea con una postura habitual en la época) y son responsables de la mayoría de la actividad animal, especialmente de la humana. Estos espíritus animales se mueven alrededor del cuerpo y transmiten información, de un modo muy parecido a como entendemos el sistema nervioso en la actualidad.

Hay ocasiones en las que parece que Thomas Hobbes intenta aplicar a Dios y a otras entidades religiosas, como los ángeles, el concepto de espíritu animal. Sin embargo, defiende que únicamente Dios, y ningún otro espíritu físico, se puede determinar como «incorpóreo». Según Hobbes, la naturaleza divina de los atributos de Dios no es algo que el intelecto humano pueda llegar a comprender íntegramente, por lo que el término «incorpóreo» es el único capaz de reconocer y honrar la sustancia incognoscible de Dios. De todas formas, deja claro que cree que la existencia y la naturaleza de todas las entidades religiosas son una cuestión de fe, no de ciencia, y que Dios, en concreto, seguirá estando siempre más allá de nuestra comprensión. Todo lo que el ser humano puede saber de Dios es que existe y que es la causa primera, o creador, de todo lo que hay en el universo.

¿Qué es la conciencia?

Dado que Hobbes defiende el concepto de que los seres humanos son puramente físicos y que, por consiguiente, no son más que máquinas biológicas, tiene que enfrentarse al problema de cómo interpretar nuestra naturaleza mental. Sin hacer intento alguno por esclarecer qué es la mente, se limita a presentar una visión general y bastante esquemática de lo que pensaba que la ciencia acabaría revelando. Incluso así, tan sólo consigue cubrir ciertas actividades mentales como el apetito, la aversión y la motricidad voluntaria, todos ellos fenómenos que se pueden explicar desde un punto de vista mecanicista. Hobbes, además, no tiene nada que manifestar acerca de lo que David Chalmers, un filósofo australiano actual, ha denominado «el gran problema de la conciencia». Chalmers señala que algunas funciones de la conciencia, como el uso del lenguaje y el procesamiento de la información, pueden ser explicados con relativa facilidad en términos de los mecanismos que llevan a cabo dichas funciones, y que los filósofos fisicalistas han aportado variantes de estas explicaciones desde hace siglos. Sin embargo, siguen sin dar una explicación al gran problema de la naturaleza de lo subjetivo, de la conciencia de la experiencia en primera persona. Parece haber un desfase intrínseco entre los objetos de las ciencias físicas, por un lado, y los objetos de la experiencia consciente, por el otro, algo de lo que Hobbes no parece percatarse.

La explicación que Hobbes propone acerca de sus creencias ofrece una base muy pobre a su convicción de que todo en el mundo, inclusive los seres humanos, es enteramente

¿Qué es en realidad el corazón sino un resorte; y qué los nervios sino diversas fibras; y qué las articulaciones sino ruedas que dan movimiento a todo el cuerpo?
Thomas Hobbes

físico. Parece no darse cuenta de que su argumentación sobre la existencia de espíritus materiales imperceptibles podría ser igualmente válida a la hora de defender la creencia en sustancias no materiales. Para la mayoría de las personas, algo imperceptible se corresponde más con un concepto mental que con uno físico. Además, dado que los espíritus materiales de Hobbes únicamente pueden poseer las mismas propiedades que otros tipos de objetos físicos, no contribuyen a explicar la naturaleza mental del ser humano.

Dualismo cartesiano

Hobbes también se enfrentó con la concepción tan distinta de la mente y el cuerpo que, en 1641, el filósofo francés René Descartes presentó en su obra *Meditaciones*. Descartes defiende una «distinción real» entre la mente y el cuerpo, que para él son dos sustancias completamente diferentes. Entre las distintas objeciones que Hobbes plantea al análisis de Descartes en la época, no aparece mención alguna a dicha distinción. Sin embargo, catorce años después, aborda de nuevo esta problemática bajo el título *De Corpore*, obra donde presenta y critica lo que parece ser una forma confusa de parte del argumento cartesiano. Impugna la conclusión a la que llega Descartes de que la mente y el cuerpo son dos sustancias distintas, basándose en que su utilización de la expresión «sustancia incorpórea» es un claro ejemplo de lenguaje insignificante o vacío. Hobbes lo entiende como «cuerpo sin cuerpo», lo que parece no tener sentido. Sin embargo, se trata de una definición fundamentada en su propia

Mientras Hobbes formulaba sus ideas mecanicistas, científicos como el médico William Harvey empleaban técnicas empíricas para estudiar el funcionamiento del cuerpo humano.

opinión de que todas las sustancias son cuerpos; por lo tanto, lo que para Hobbes es un argumento que apoya su postura de que no puede haber mentes incorpóreas, en realidad depende de su presunción equivocada de que la única forma de sustancia es el cuerpo, y que no es posible que exista nada incorpóreo.

Poco más que un prejuicio

En la definición que Hobbes ofrece de los espíritus, no queda muy claro qué entendía por «físico» o «corpóreo». Si era sencillamente todo aquello que tuviera tres dimensiones espaciales, excluiría a una gran parte de lo que nosotros, a principios del siglo XXI, consideramos «físico». Por ejemplo, sus teorías sobre el mundo natural no dejan lugar a la ciencia de la física subatómica.

En ausencia de una noción realmente clara de lo que significa este término clave, la insistencia de Thomas Hobbes en que todo lo que se halla en el mundo puede explicarse en términos físicos, empieza a parecerse cada vez menos a un principio científico y más a un prejuicio acien-

> Aparte de los sentidos, de los pensamientos y de la razón, la mente humana no tiene más movimiento.
> **Thomas Hobbes**

tífico y afilosófico contra lo mental. Sin embargo, sus conjeturas mecanicistas acerca de la naturaleza del mundo sintonizaban a la perfección con el espíritu de una era que desafió prácticamente todas las posturas predominantes sobre la naturaleza humana y el orden social, además de las relacionadas con la sustancia y el funcionamiento del universo que habitamos. Esta revolución del pensamiento sentó las bases del mundo moderno. ■

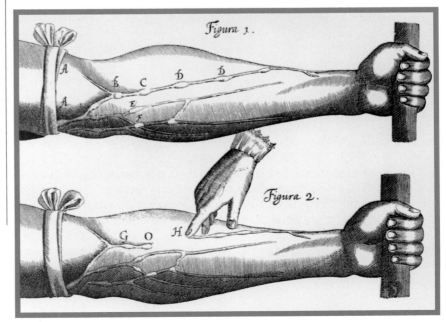

PIENSO
LUEGO EXISTO
RENÉ DESCARTES (1596–1650)

Un demonio maligno, capaz de engañar a la humanidad sobre todo, no conseguiría hacerme dudar de mi existencia; si lo intentara y me obligara a cuestionarla, en realidad no haría más que confirmarla.

podría habernos creado de tal modo que tengamos una tendencia a equivocarnos al razonar. O, quizás, Dios no existe, lo que aumentaría las probabilidades de que fuéramos seres imperfectos (en tanto que fruto de la casualidad) y susceptibles de estar equivocados continuamente.

Una vez llegado a un estado en el que se diría que no hay nada de lo que pueda estar seguro, Descartes idea una herramienta ingeniosa que le permite evitar recaer en una opinión preconcebida: imagina que hay un potente demonio maligno capaz de engañarle acerca de todo. Cuan-

do pondera una creencia, se pregunta: «¿Es posible que el demonio me haga creer esto aunque sea falso?». Si la respuesta es que sí, rechaza la creencia como abierta a la duda.

En este punto, parece que Descartes se ha colocado en una posición imposible: aparentemente nada está más allá de toda duda, por lo que carece de un argumento sólido al que aferrarse. Se describe sintiéndose indefenso y sumido en un torbellino de duda universal, incapaz de encontrar asidero. Parece que el escepticismo no le ha permitido emprender siquiera el camino hacia el conocimiento y la verdad.

La primera certeza
Es en ese momento cuando Descartes se da cuenta de que existe algo de lo que no puede dudar en absoluto: su propia existencia. Todos po-

demos pensar o decir «soy, existo» y mientras lo pensamos o lo decimos, no podemos equivocarnos al respecto. Cuando Descartes intenta aplicar la prueba del demonio a esta creencia, se da cuenta de que sólo podría hacerle creer que existe si, efectivamente, existe: ¿cómo podría dudar de su existencia a no ser que exista para poder dudar?

Este axioma, «soy, existo», es la primera certeza cartesiana. Si bien en su obra anterior, el *Discurso del método*, lo había presentado como «pienso, luego existo», decidió abandonar dicha formulación cuando escribió las *Meditaciones*, puesto que la inclusión de «luego» hace que la frase se asemeje a una premisa y a una conclusión. Descartes pretende que el lector, el «yo» que reflexiona, se percate de que, en el mismo momento en que piensa sobre su existencia, sabe que es verdad. Es una verdad instantánea; no se trata de la conclusión de un argumento sino de una intuición directa.

A pesar de que Descartes modificó la expresión a fin de esclarecerla, la formulación anterior era tan pegadiza que permaneció en la memoria de las personas y, aún ahora, la primera certeza se suele conocer como «el *cogito*», del latín *cogito ergo sum*,

> La proposición «pienso, existo» es necesariamente cierta cuando la formulo yo o la concibe mi mente.
> **René Descartes**

que quiere decir «pienso, luego existo». San Agustín de Hipona ya había empleado un argumento muy parecido en *La ciudad de Dios* al afirmar: «porque si yerro, existo», con lo que quería decir que si no existiera, no se podría equivocar. Sin embargo, san Agustín no usó demasiado este argumento en su obra y, ciertamente, no lo desarrolló del modo en que lo hizo Descartes.

Pero, ¿de qué sirve una única certeza? El argumento lógico más sencillo es el silogismo, en el que partiendo de dos premisas se llega a una conclusión, por ejemplo: todos los pájaros tienen alas; el petirrojo es un pájaro; por tanto, todos los petirrojos tienen alas. Ciertamente, no podemos llegar a ningún sitio partiendo tan solo de una certidumbre. Sin embargo, Descartes no pretendía llegar a este tipo de conclusiones partiendo de la primera certeza. Tal y como explicó: «Arquímedes solía exigir un único punto de apoyo sólido e inamovible para poder mover la Tierra». Para Descartes, la certeza de su propia existencia es lo mismo: le salva del torbellino de dudas, le da un punto de apoyo sólido, lo que le permite iniciar el camino desde el escepticismo hacia el conocimiento. Esta idea es crucial en su proyecto de investigación, pero no es la base de su epistemología.

¿Qué es este «yo»?
A pesar de que la función principal de la primera certeza es la de ofrecer un punto de apoyo al conocimiento, Descartes se da cuenta de que también podemos adquirir conocimiento a partir de ella. Esto es así porque el conocimiento que estoy pensando se encuentra ligado al conocimiento de mi propia existencia. Por consiguiente, «pensar» es algo de lo que no puedo dudar racionalmente, puesto que la duda es un tipo de pensamiento: dudar que pienso ya es pensar en sí mismo. René Descartes sabe ahora que existe y que piensa, por lo que él, y cualquier otro que piense, también sabe que es un ser pensante.

Sin embargo, Descartes deja muy claro que esto es lo más que puede razonar a partir de la primera certeza. Está convencido de que no puede decir que tan sólo es un ser pensante (una mente), ya que no tiene manera de saber qué más puede ser. Puede ser algo físico que posee la capacidad de pensar, o puede ser algo distinto, algo que aún no ha concebido siquiera. La cuestión es que, en esta fase de sus meditaciones, sólo sabe que es un ser pensante; tal y como **»**

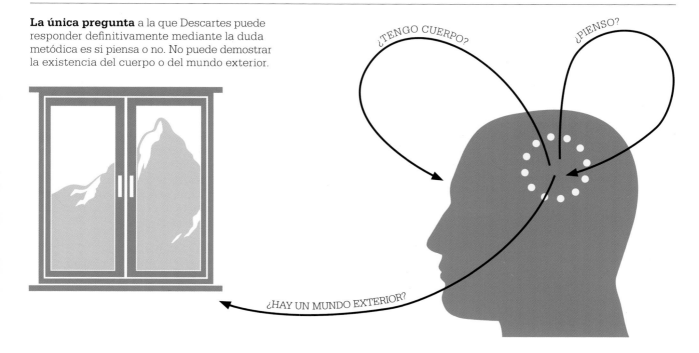

La única pregunta a la que Descartes puede responder definitivamente mediante la duda metódica es si piensa o no. No puede demostrar la existencia del cuerpo o del mundo exterior.

¿TENGO CUERPO?

¿PIENSO?

¿HAY UN MUNDO EXTERIOR?

Cuando alguien dice «pienso, luego existo», reconoce que es algo autoevidente mediante la simple intuición mental.
René Descartes

lo argumenta, sólo sabe que es un ser pensante «únicamente en el sentido estricto». Posteriormente, en el sexto libro de las *Meditaciones*, presenta el argumento de que la mente y el cuerpo son dos cosas distintas (sustancias diferentes), pero en este punto todavía no está en posición de afirmarlo.

Descartes y la duda

La primera certeza ha sido objeto de críticas por parte de un gran número de pensadores que sostienen que la aproximación de Descartes al escepticismo es errónea ya desde un comienzo. Uno de los principales argumentos en contra parte de la utilización de la primera persona en el axioma «pienso, existo». A pesar de que Descartes no puede equivocarse al decir que el pensamiento ocurre, ¿cómo sabe que hay un «pensador», una única conciencia unitaria que piensa? ¿Qué le da derecho a afirmar la existencia de nada más allá de los propios pensamientos? Por otro lado, ¿tiene sentido la idea de pensamientos flotantes sin pensador alguno?

No resulta fácil imaginar pensamientos coherentes y sin pensador, y Descartes defiende la imposibilidad de concebir tal estado de cosas. Sin embargo, si pretendiéramos estar en desacuerdo y creer en la posibilidad de un mundo lleno de pensamientos sin pensadores, Descartes no podría afirmar creer en su propia existencia, por lo que nunca podría llegar a la primera certeza. La existencia de pensamientos no le daría el punto de apoyo que necesitaba.

El dilema con el concepto de los pensamientos flotantes y sin pensador es que de ser así el razonamiento sería imposible. Para poder razonar, es preciso poder relacionar las ideas de una determinada manera. Si, por ejemplo, Pablo tiene el pensamiento «todos los hombres son mortales» y Patricia piensa que «Sócrates es un hombre», ninguno de ellos puede llegar a una conclusión. Sin embargo, si Paula tiene ambos pensamientos, podrá concluir que «Sócrates es mortal». Que los pensamientos «todos los hombres son mortales» y «Sócrates es un hombre» sean flotantes, equivale a que los pensaran dos personas distintas; para que la razón sea posible, los pensamientos deben relacionarse entre ellos y de la manera apropiada. Que los pensamientos se relacionen con cualquier otra cosa que no sea un pensador (por ejemplo, un lugar o un tiempo) no es suficiente. Y como el razonamiento sí es posible, Descartes puede concluir que es un pensador.

Algunos filósofos modernos han negado que la certeza de Descartes acerca de su propia existencia tenga la utilidad que él le otorga. Afirman que «existo» carece de todo contenido y que, sencillamente, alude a un sujeto, pero no aporta nada significativo ni importante al respecto, simplemente, lo señala. Así pues, nada puede deducirse de ello y el proyecto de Descartes falla ya desde un principio. Sin embargo, esta crítica pare-

René Descartes

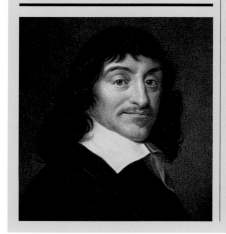

René Descartes nació cerca de Tours (Francia), y se educó en el centro jesuita Collège Royal de La Flèche. Debido a su mala salud, se le permitía permanecer en cama hasta tarde por la mañana, y así adquirió la costumbre de meditar. A partir de los dieciséis años, se concentró en el estudio de las matemáticas, pero interrumpió su formación durante cuatro años para presentarse como voluntario en la guerra de los Treinta Años. En este período, sintió la llamada de la filosofía y, tras abandonar el ejército, se instaló primero en París y luego en los Países Bajos, donde pasó casi toda su vida. En 1649, la reina Cristina le invitó a Suecia para hablar de filosofía; se esperaba que madrugara mucho, a lo que no estaba acostumbrado en absoluto. Descartes creyó que este nuevo régimen, además del duro clima sueco, le hizo contraer neumonía, de la que falleció sólo un año después.

Obras principales

1637 *Discurso del método.*
1641 *Meditaciones metafísicas.*
1644 *Principios de filosofía.*
1662 *De Homine Figuris.*

ce omitir el razonamiento de Descartes, pues, tal y como ya hemos visto, este no hace uso de la primera certeza como una premisa a partir de la cual derivar más conocimiento; únicamente necesita que haya un yo al que señalar. Por lo tanto, que «existo» apunte a quien medita es todo lo que requiere para poder escapar del torbellino de dudas.

Un pensador irreal

Para quienes han malinterpretado a Descartes, creyendo que este intenta hacer de su pensamiento un argumento que demuestre su existencia, señalaremos que la primera certeza es una intuición directa, no un argumento lógico. Sin embargo, ¿por qué sería un problema que Descartes lo utilizara como argumento?

Lo que sucede es que a la aparente inferencia «pienso, luego existo», le falta una premisa muy importante, como «algo que piensa, existe», para poder funcionar. Hay ocasiones en que, si una premisa resulta obvia, no se explicita en el argumento y, entonces, recibe el nombre de premisa suprimida. Sin embargo, algunos de los críticos de Descartes se quejan de que esta premisa suprimida no es obvia en absoluto. Hamlet, en la obra

> Debemos investigar qué tipo de conocimiento puede alcanzar la mente humana antes de intentar adquirir conocimiento de las cosas en particular.
> **René Descartes**

de William Shakespeare, piensa muchísimo, aunque es evidente que no existió; por lo tanto, no es cierto que todo lo que piensa, existe.

Podríamos considerar que, como Hamlet pensaba en el mundo ficticio de una obra de teatro, existía en ese mundo de ficción; si no existía, no existía en el mundo real. Su «realidad» y su pensamiento tienen que ver con el mismo mundo de ficción. Los críticos a la máxima de Descartes podrían responder que esa es precisamente la cuestión: saber que alguien llamado Hamlet pensaba (sin saber nada más) no es una garantía de que ese alguien exista en el mundo real; para ello, tendríamos que saber si piensa en el mundo real. Saber que algo o alguien, como Descartes, piensa, no es suficiente para demostrar su realidad en este mundo.

La respuesta a este problema se halla en el estilo en primera persona de las *Meditaciones*, y es aquí donde queda claro el motivo que empuja a René Descartes a utilizar el «yo». Por mucho que nunca consiga tener la certeza de si Hamlet pensaba o no, y por lo tanto de si existía o no, en un mundo de ficción o en el real, no puedo dudar de mí mismo.

Filosofía moderna

En el «Prefacio al lector» de las *Meditaciones*, Descartes predice muy certeramente que muchos lectores abordarían su tratado de tal forma que «no se molestarán en entender el orden correcto de mis argumentos ni la relación entre ellos, sino que se limitarán a criticar frases sueltas, como suele hacerse». Por otro lado, también escribió que «no espero la aprobación popular, ni tampoco un público amplio», pero en este punto sí que se equivocó, pues es común que se le defina como el padre de la filosofía moderna. Con su obra, Descartes quiso otorgar a la filosofía la certidumbre de las matemáticas sin

recurrir a ningún dogma o autoridad y establecer una base firme y racional para alcanzar el conocimiento. También se le conoce por haber propuesto que la mente y el cuerpo son dos sustancias diferentes (una material, el cuerpo, y otra inmaterial, la mente) que interactúan. Su conocida distinción, tratada en la *Sexta meditación*, ha pasado a conocerse como dualismo cartesiano.

Sin embargo, es probable que el legado más importante de Descartes sea el rigor de su pensamiento y su negativa a depender de la autoridad. Los siglos que siguieron a su muerte estuvieron dominados por filósofos que, o bien consagraron su trabajo a desarrollar las ideas de Descartes, o bien se dedicaron a refutarlas, como Thomas Hobbes, Benedictus de Spinoza o Gottfried Leibniz. ∎

La separación de mente y cuerpo que plantea Descartes deja abierta una duda: si todo lo que podemos ver de nosotros mismos es el cuerpo, ¿cómo demostramos que un robot no tiene conciencia?

DIOS ES LA CAUSA DE TODAS LAS COSAS, QUE ESTÁN EN EL

BENEDICTUS DE SPINOZA (1632–1677)

EN CONTEXTO

RAMA
Metafísica

ORIENTACIÓN
Monismo sustancial

ANTES
***C.* 1190** Moisés Maimónides, filósofo judío, traza una versión desmitificada de la religión que posteriormente influirá en Spinoza.

Siglo XVI El científico italiano Giordano Bruno desarrolla una forma de panteísmo.

1641 El francés René Descartes publica sus *Meditaciones*, que serán otra de las influencias de Spinoza.

DESPUÉS
Finales del siglo XX Stuart Hampshire, Donald Davidson y Thomas Nagel desarrollan enfoques sobre la filosofía de la mente similares al pensamiento monista de Spinoza.

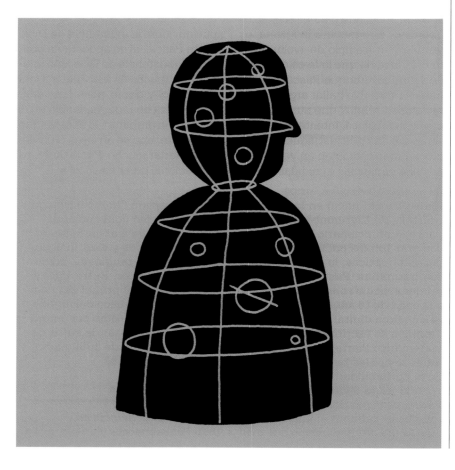

Al igual que la gran mayoría de las filosofías del siglo XVII, el sistema filosófico de Spinoza está basado en el concepto de «sustancia», que se remonta a Aristóteles, quien se preguntaba: «¿Qué hay en el objeto que permanezca inmutable cuando el objeto cambia?». Por ejemplo, la cera puede fundirse y su forma, tamaño, color, olor y textura cambiarán, pero seguirá siendo cera. Esto nos lleva a plantear otra pregunta: ¿a qué nos referimos cuando hablamos de «cera»? Como es capaz de cambiar de todas las maneras en que podemos percibirla, la cera debe ser algo que trasciende sus propiedades perceptibles y que, para Aristóteles, es la «sustancia» de la cera. Más en

Véase también: Aristóteles 56–63 ▪ Moisés Maimónides 84–85 ▪ René Descartes 116–123 ▪ Donald Davidson 338

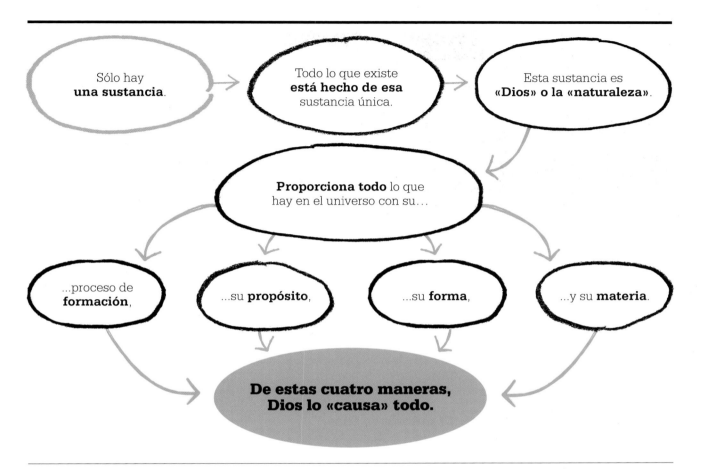

general, la sustancia es todo lo que tiene propiedades, o lo que subyace al mundo de la apariencia.

Spinoza utiliza el término «sustancia» de una manera parecida, y lo define como aquello que se explica a sí mismo, o que puede ser entendendido si se conoce su naturaleza, en contraposición con otras cosas. Por ejemplo, el concepto «carro» tan sólo puede entenderse en relación a otros conceptos, como «movimiento», «transporte», etc. Además, para Spinoza sólo puede haber una sustancia de ese tipo, puesto que si hubiera dos, comprender una implicaría entender su relación con la otra, lo que contradice la definición de sustancia. Lo que es más, afirma que,

como únicamente existe una sustancia así, no puede haber nada *excepto* ella, por lo que todo lo demás es, en cierto sentido, parte de esa misma sustancia. La postura de Spinoza se denomina «monismo sustancial», según el cual todas las cosas son, en última instancia, distintas facetas de una única cosa, en oposición al «dualismo sustancial», que defiende que hay dos tipos de cosas en el universo, que suelen definirse como «mente» y «materia».

La sustancia es Dios o la naturaleza
Para Spinoza, pues, la sustancia subyace a nuestra experiencia, aunque también puede conocerse mediante

sus distintos atributos. Aunque no llega a especificar cuántos atributos puede tener la sustancia, argumenta que los seres humanos pueden concebir al menos dos: la extensión (fisicalidad) y el pensamiento (mentalidad); por ello, también suele decirse que Spinoza defiende el «dualismo de atributos». Además, afirma que estos dos atributos no pueden explicarse mutuamente y que se deben incluir en toda explicación del mundo que quiera ser completa. En cuanto a la sustancia, Spinoza dice que es correcto llamarla «Dios» o «naturaleza» *(Deus sive natura)*, eso que se define a sí mismo y que, en la forma humana, se observa bajo los atributos del cuerpo y la mente. **»**

Todos los cambios, desde el cambio de estado de ánimo hasta el cambio de la forma de una vela, son, para Spinoza, alteraciones que ocurren a una única sustancia que tiene atributos tanto mentales como físicos.

En cuanto a las cosas individuales, como los seres humanos, el dualismo de atributos de Spinoza intenta explicar en parte de qué modo se relacionan cuerpo y mente. Las cosas que experimentamos como cuerpos o mentes individuales son, de hecho, modificaciones de la sustancia única concebida bajo uno de los atributos. Cada modificación es a la vez una cosa física (en tanto que concebida bajo el atributo de la extensión) y una cosa mental (en tanto que concebida bajo el atributo del pensamiento). En concreto, la mente humana es una modificación de la sustancia concebida bajo el atributo del pensamiento, y el cerebro es esa misma modificación de la sustancia, concebida bajo el atributo de la extensión. Así, Spinoza evita cualquier pregunta sobre la interacción entre la mente y el cuerpo: no existe interacción alguna, sólo una correspondencia uno a uno.

Sin embargo, la teoría de Spinoza le compromete con la postura de que no sólo los seres humanos son mentes además de cuerpos, sino que todo lo demás también lo es. Las mesas, las rocas, los árboles… son modificaciones de la sustancia única bajo los atributos del pensamiento y de la extensión. Por consiguiente, son tanto físicos como mentales, pese a que su mentalidad es muy simple y no son lo que deberíamos llamar mentes. Este aspecto de la teoría de Spinoza resulta muy difícil de aceptar o de entender para muchas personas.

El mundo es Dios

La teoría de Spinoza, que en su *Ética* desglosa con gran detalle, acostumbra a describirse como una forma de panteísmo, o la creencia de que Dios

La mente y el cuerpo son uno.
Benedictus de Spinoza

es el mundo y el mundo es Dios. El panteísmo suele ser objeto de crítica para los teístas (personas que creen en Dios), porque sostienen que es lo mismo que el ateísmo, con otro nombre. Sin embargo, la teoría de Spinoza es mucho más próxima al panenteísmo, la postura de que aunque el mundo es Dios, Dios es mucho más que el mundo. En el sistema de Spinoza, el mundo no es sólo una masa de cosas materiales y mentales, sino que el mundo de las cosas materiales es una forma de Dios concebida bajo el atributo de extensión, y el mundo de las cosas mentales es esa misma forma de Dios concebida bajo el atributo del pensamiento. Por lo tanto, la

Benedictus de Spinoza

Benedictus (o Baruch) de Spinoza nació en 1632, en Ámsterdam (Países Bajos). A los 23 años, fue excomulgado por la sinagoga de judíos portugueses de Ámsterdam que, muy probablemente, querían distanciarse de sus enseñanzas. El *Tratado teológico-político* de Spinoza fue más tarde duramente atacado por teólogos cristianos y se prohibió en 1674, destino que con anterioridad ya había sufrido la obra del filósofo francés René Descartes. El escándalo le llevó a retener la publicación de su obra principal, la *Ética*, hasta después de su muerte.

Spinoza fue un hombre muy modesto e intensamente moral que rechazó lucrativas ofertas como docente para preservar su libertad intelectual. Escogió vivir una vida frugal en distintos puntos de los Países Bajos y se ganó la vida impartiendo clases privadas de filosofía y tallando lentes. Falleció de tuberculosis en 1677.

Obras principales

1670 *Tratado teológico-político*.
1677 *Ética demostrada según el orden geométrico*.

> La mente humana
> es parte del intelecto
> infinito de Dios.
> **Benedictus de Spinoza**

sustancia única, o Dios, es más que el mundo, pero el mundo sí es enteramente sustancia, o Dios.

Sin embargo, el Dios dibujado por Spinoza es completamente distinto al Dios de la teología judeocristiana tradicional. No sólo no es una persona, sino que tampoco puede ser considerado como el creador del mundo en el sentido del Libro del Génesis. El Dios de Benedictus de Spinoza no existe sólo antes de la Creación, para a continuación traerla a la existencia.

Dios como la causa

Entonces, ¿qué quiere decir Spinoza al enunciar que Dios es la sustancia de todo? La sustancia única es «Dios o naturaleza», por lo que incluso si Dios es algo más que esas modificaciones de la sustancia que compone el mundo, ¿cómo puede ser causal la relación entre Dios y la naturaleza?

En primer lugar, debemos entender que Spinoza, al igual que la mayoría de filósofos anteriores a él, emplea la palabra «causa» en un sentido mucho más amplio del que le damos ahora, un significado cuyo origen se halla en la definición aristotélica de los cuatro tipos de causa. Estos son (tomando el ejemplo de una estatua): una causa formal, o la relación entre las partes de un elemento (la forma); una causa material, o de lo que está hecha la cosa (mármol, bronce, etc.);

Según Spinoza, todos los objetos, ya sean animales, vegetales o minerales, tienen mentalidad. Tanto sus cuerpos como sus mentalidades son parte de Dios, que es mayor que todos los atributos físicos y mentales del mundo. Para él, Dios es la «sustancia» que subyace a la realidad.

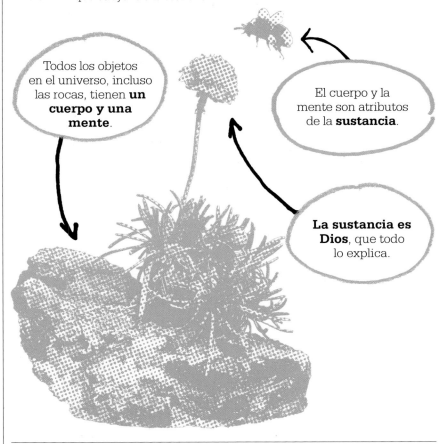

Todos los objetos en el universo, incluso las rocas, tienen **un cuerpo y una mente**.

El cuerpo y la mente son atributos de la **sustancia**.

La sustancia es Dios, que todo lo explica.

una causa eficiente, o qué es lo que conduce a la existencia de esa cosa (el proceso de escultura); y una causa final, o el propósito de su existencia (la creación de una obra artística, el deseo de dinero, etc.).

Para Aristóteles y Spinoza, todo esto junto define «causa» y proporciona una explicación completa del objeto, a diferencia de la utilización actual, que tiende a aludir únicamente a las causas finales y eficientes. Por consiguiente, cuando Spinoza habla de Dios o de la sustancia como «autocausados» quiere decir que se definen a sí mismos, no que se generan a sí mismos. Y, cuando habla de Dios

como causa de todas las cosas, quiere decir que todas las cosas encuentran en Dios su explicación.

En consecuencia, Dios no es lo que Spinoza denomina causa «transitiva», algo externo que ha creado el mundo. Por el contrario, Dios es la causa «inmanente» del mundo. Esto quiere decir que Dios es en el mundo, que el mundo es en Dios y que la existencia y la esencia del mundo se explican por la existencia y la esencia de Dios. Para Spinoza, el apreciar esto plenamente supone alcanzar el estado más elevado de libertad y de salvación posible, un estado al que denomina «santidad». ∎

EL CONOCIMIENTO DEL HOMBRE NO PUEDE IR MAS ALLA DE SU EXPERIENCIA

JOHN LOCKE (1632–1704)

EN CONTEXTO

RAMA
Epistemología

ORIENTACIÓN
Empirismo

ANTES
C. **380 A.C.** Platón, en el diálogo *Menón*, afirma que recordamos conocimiento de otras vidas.

Mediados del siglo XIII Santo Tomás de Aquino defiende que «lo que está en nuestro intelecto tiene que haber estado antes en nuestros sentidos».

DESPUÉS
Finales del siglo XVII Según Gottfried Leibniz, pese a que la mente pueda parecer una *tabula rasa* (tabla rasa) al nacer, cuenta con un conocimiento innato que la experiencia descubre gradualmente.

1966 Noam Chomsky presenta su teoría de la gramática innata en *Lingüística cartesiana*.

Tradicionalmente, se incluye a John Locke dentro del grupo de los empiristas británicos, junto a dos filósofos posteriores, George Berkeley y David Hume. Por lo general, se entiende que los empiristas mantienen que la totalidad del conocimiento humano tiene que proceder, de una manera directa o indirecta, de la experiencia del mundo que únicamente adquirimos a través de los sentidos. Este argumento contrasta con el razonamiento de los filósofos racionalistas, como René Descartes, Benedictus de Spinoza o Gottfried Leibniz, que afirman que, al menos en principio, es posible adquirir conocimiento exclusivamente por medio de la razón.

Si examinamos atentamente a un recién nacido, tendremos pocos motivos para pensar que trae muchas ideas al mundo con él.
John Locke

humano, Locke rebate ampliamente la teoría que proponen los racionalistas para explicar cómo se puede acceder al conocimiento sin la experiencia: la teoría de las ideas innatas.

La opinión de que los seres humanos nacemos con una serie de ideas innatas que permiten que conozcamos el mundo que nos rodea, independientemente de cuál sea nuestra experiencia, se remonta a los principios de la filosofía. Platón ya desarrolló un juicio según el cual tenemos en nuestro interior todo el conocimiento genuino, pero cuando morimos el alma se reencarna en otro cuerpo y el trauma del nacimiento hace que lo olvidemos todo. Por consiguiente, la educación no consiste en adquirir información nueva, sino en recordar, y el educador es más una comadrona que un maestro.

No obstante, un gran número de pensadores posteriores rebatieron la teoría de Platón y propusieron que no todo el conocimiento puede ser innato y que únicamente existe una cantidad limitada de conceptos que pueden serlo, por ejemplo el concepto de Dios y de una figura geométrica »

En realidad, la división existente entre ambos grupos no es tan clara como acostumbra a darse por sentado; por ejemplo, todos los racionalistas aceptan que, en la práctica, nuestro conocimiento del mundo procede de la experiencia, y sobre todo de la investigación científica. Locke llega a sus opiniones características sobre la naturaleza del mundo aplicando a los datos obtenidos por medio de la experiencia sensorial un proceso de razonamiento que posteriormente se denominó abducción (inferir la mejor explicación partiendo del conjunto de pruebas disponibles). Locke, por ejemplo, se propone demostrar que la mejor explicación del mundo que experimentamos es la teoría corpuscular, según la cual todo está compuesto por partículas submicroscópicas, o corpúsculos, que no podemos conocer directamente, pero cuya existencia explica fenómenos que de otro modo resultaría muy difícil, si no imposible, explicar. La teoría corpuscular fue ampliamente aceptada por el pensamiento científico del siglo XVII y es fundamental en la explicación del mundo físico que ofrece Locke.

Ideas innatas

Atribuir a Locke la afirmación de que el ser humano no es capaz de conocer nada más allá de su experiencia puede, por lo tanto, parecer erróneo o, al menos, exagerado. Sin embargo, en su *Ensayo sobre el entendimiento*

perfecta, como el triángulo equilátero. En su opinión, este tipo de conocimiento puede adquirirse sin experiencias sensoriales directas, en el sentido de que podemos idear una fórmula matemática utilizando únicamente el poder de la razón y de la lógica. René Descartes, por ejemplo, declara que, aunque cree que todos poseemos una idea de Dios grabada en nosotros, como la marca del artesano en una vasija de arcilla, el conocimiento de la existencia de Dios sólo puede llegar a nuestra mente consciente a través de la razón.

Las objeciones de Locke

Locke estaba en desacuerdo con la creencia de que el ser humano posea ningún tipo de conocimiento innato. Parte de la idea de que, cuando nacemos, nuestra mente es una *tabula rasa*, una pizarra o una hoja de papel en blanco sobre la que se escribe la experiencia, de la misma forma que la luz crea imágenes sobre una película fotográfica. Según Locke, el ser humano no aporta nada a este proceso, a excepción de la capacidad humana básica de aplicar la razón a la información que obtenemos a través de los sentidos. Sostiene que no hay la menor prueba empírica capaz de demostrar que la mente de un recién nacido no esté totalmente en blanco, y añade que lo mismo puede decirse acerca de los discapacitados mentales, de los que cree que «no tienen la menor comprensión ni pensamiento». De ahí que declare que toda doctrina que apoye la existencia de ideas innatas es necesariamente falsa.

Locke también rebate el concepto mismo de idea innata, que, en su opinión, es incoherente. Afirma que, para que algo pueda ser considerado una idea, primero debe haber estado en la mente de una persona en algún momento. Sin embargo, subraya, cualquier idea verdaderamente innata debería preceder a toda forma de experiencia humana. Locke acepta que, tal y como sostiene Gottfried Leibniz, una idea puede existir en la memoria a tal profundidad que acceder a ella durante un tiempo pueda ser difícil o, incluso, imposible, por lo que la mente consciente no es capaz de llegar hasta ella. Por otro lado, se cree que las ideas innatas existen de

Me parece
casi una contradicción
decir que hay verdades
grabadas en el alma, que
carece de percepción y
de entendimiento.
John Locke

algún modo y en algún lugar, con anterioridad a cualquier tipo de mecanismo capaz de concebirlas y de llevarlas a la conciencia.

Quienes defienden la existencia de las ideas innatas suelen afirmar también que, como están presentes en todos los seres humanos cuando nacen, deben ser universales por naturaleza, lo que significa que se encuentran en todas las sociedades humanas y en todos los momentos de la historia. Platón, por ejemplo, proclama que, potencialmente, todo el mundo tiene acceso al mismo cuerpo de conocimiento, por lo que niega cualquier diferencia entre hombres y mujeres o entre esclavos y hombres libres. Del mismo modo, en tiempos de Locke, solía plantearse la teoría de que como las ideas innatas tan sólo pueden llegar a nosotros a través de Dios, tienen que ser universales, porque Dios no sería tan injusto de ofrecérselas únicamente a una élite.

Locke refuta el argumento de las ideas universales haciéndonos notar, una vez más, que una simple observación del mundo que nos rodea nos muestra que tales ideas no existen. Defiende que, incluso si hubiera conceptos, o ideas, comunes a todos los seres humanos, tampoco podríamos

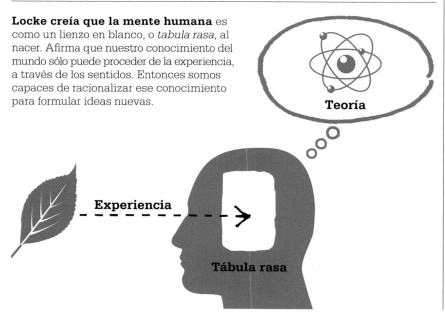

Locke creía que la mente humana es como un lienzo en blanco, o *tabula rasa*, al nacer. Afirma que nuestro conocimiento del mundo sólo puede proceder de la experiencia, a través de los sentidos. Entonces somos capaces de racionalizar ese conocimiento para formular ideas nuevas.

Teoría

Experiencia

Tábula rasa

> Supongamos
> que la mente fuera un
> papel en blanco, vacío
> de inscripciones,
> vacío de ideas; ¿cómo
> llega a tenerlas?
> **John Locke**

concluir categóricamente que, además de universales, son innatas. Declara que siempre podríamos hallar otras explicaciones a su universalidad, como, por ejemplo, que se derivan de la forma más básica en que el hombre experimenta el mundo que le rodea, algo que todos los seres humanos debemos compartir.

En 1704, Gottfried Leibniz atacó la argumentación empírica de John Locke en *Nuevos ensayos sobre el entendimiento humano*. Leibniz sostiene allí que las ideas innatas son el único modo claro de adquirir conoci-

miento no basado en la experiencia, y que Locke se equivoca al afirmar su imposibilidad. El debate sobre si el ser humano puede llegar a conocer nada más allá de lo que percibe con los cinco sentidos aún continúa.

El lenguaje como capacidad innata

Aunque Locke se opone a la existencia de las ideas innatas, no rechaza el concepto de que el ser humano detente capacidades innatas. Es más, la existencia de ciertas capacidades como la percepción y el razonamiento son fundamentales en su explicación del mecanismo del conocimiento y del entendimiento humano. A finales del siglo XX, el filósofo estadounidense Noam Chomsky llevó aún más lejos esta idea al defender que toda mente humana cuenta con un proceso de pensamiento innato capaz de generar una «estructura profunda» y universal del lenguaje. Chomsky cree que, al margen de las diferencias estructurales aparentes, todos los idiomas humanos surgen de una única base común.

Locke desempeñó un papel fundamental en el debate sobre de qué manera logra adquirir conocimiento el ser humano, en un momento en que

Como la mente es una pizarra en blanco, o *tabula rasa*, John Locke cree que una buena educación, una que fomente el pensamiento racional y el talento personal, puede transformar a cualquier persona.

el conocimiento que este poseía sobre el mundo se expandía a un ritmo sin precedentes. Filósofos anteriores, principalmente algunos pensadores escolásticos medievales como santo Tomás de Aquino, habían concluido que algunos aspectos de la realidad superaban el alcance de la mente humana. Sin embargo, Locke llevó esa postura todavía más lejos y quiso determinar los límites exactos de lo que es cognoscible mediante un análisis detallado de las facultades mentales del ser humano. ∎

John Locke

John Locke nació en 1632, hijo de un abogado inglés de provincias. Contó con patronos acomodados, hecho que le permitió recibir una buena educación, primero en la Westminster School de Londres y luego en Oxford. Impresionado con la orientación empírica de la ciencia que había adoptado el pionero de la química Robert Boyle, le ayudó en sus trabajos experimentales y contribuyó a difundir sus ideas.

Aunque las ideas empíricas de Locke son importantes, lo que le hizo famoso fue su obra política. Propuso una teoría del contrato social para legitimar al gobierno

y la idea del derecho natural a la propiedad privada. Locke huyó de Inglaterra en dos ocasiones como exiliado político, pero regresó en 1688, tras el acceso al trono de Guillermo y María. Permaneció en Inglaterra, donde escribió y ocupó varios cargos gubernamentales, hasta que falleció en 1704.

Obras principales

1689 *Ensayo sobre la tolerancia.*
1690 *Ensayo sobre el entendimiento humano.*
1690 *Tratados sobre el gobierno civil.*

HAY DOS CLASES DE VERDADES: VERDADES DE RAZON Y VERDADES DE HECHO

GOTTFRIED LEIBNIZ (1646–1716)

EN CONTEXTO

RAMA
Epistemología

ORIENTACIÓN
Racionalismo

ANTES
1340 Nicolás de Autrecourt afirma que no hay verdades necesarias sobre el mundo, sólo hay verdades contingentes.

Década de 1600 Según René Descartes, las ideas llegan a nosotros de tres maneras: la experiencia, la razón o el conocimiento innato (que Dios graba en nuestra mente).

DESPUÉS
1748 David Hume explora la diferencia entre verdades necesarias y contingentes.

1927 El filósofo Alfred North Whitehead postula «entidades reales», que se asemejan a las mónadas de Leibniz y que son un reflejo de todo el universo.

El inicio de la filosofía moderna acostumbra a presentarse como una escisión entre dos escuelas: la racionalista (que incluye a René Descartes, Benedictus de Spinoza e Immanuel Kant) y la empirista (donde destacan John Locke, George Berkeley y David Hume). Sin embargo, ningún filósofo pertenecía claramente a un grupo en particular, ya que las diferencias y las similitudes entre todos ellos eran muy complejas. De todos modos, la diferencia fundamental entre ambas escuelas tenía un carácter epistemológico, es decir, mantenían posturas muy diferentes acerca de lo que podemos conocer y sobre cómo llegamos a conocer lo que conocemos. Para decir-

Véase también: Nicolás de Autrecourt 334 ▪ René Descartes 116–123 ▪ David Hume 148–153 ▪ Immanuel Kant 164–171 ▪ Alfred North Whitehead 336

Todo en el mundo tiene una **noción diferenciada**.

Esa noción contiene **todas las verdades sobre el objeto**, incluyendo sus relaciones con otros.

Podemos analizar estas relaciones mediante la **reflexión racional**.

Cuando el **análisis es finito**, podemos alcanzar la verdad final.

Cuando el **análisis es infinito**, no podemos alcanzar la verdad final mediante el razonamiento, sino sólo a través de la experiencia.

Estas son las verdades de razón.

Estas son las verdades de hecho.

Gottfried Leibniz

Filósofo y matemático alemán, Gottfried Wilhelm Leibniz nació en Leipzig. Después de la universidad, trabajó para el elector de Maguncia durante cinco años, época en la que escribió principalmente sobre temas políticos. Tras viajar un tiempo, fue bibliotecario del duque de Brunswick, en Hanover, donde vivió hasta su muerte. En este período desarrolló la mayor parte de su sistema filosófico único.

Su fama en matemáticas viene por haber inventado el cálculo infinitesimal y por las disputas que siguieron a este, ya que tanto él como Newton se atribuían el descubrimiento. Aunque parece claro que, de hecho, ambos llegaron al mismo punto de modo independiente, el sistema de notación ideado por Leibniz era mucho más práctico, y es el que se sigue utilizando en la actualidad.

Obras principales

1673 *La profesión de fe del filósofo.*
1685 *Discurso de metafísica.*
1695 *Nuevo sistema de la naturaleza y comunicación de las sustancias.*
1710 *Teodicea.*
1714 *Monadología.*

lo de una manera sencilla, los empiristas opinaban que el conocimiento procede de la experiencia, mientras que los racionalistas afirmaban que se podía adquirir conocimiento únicamente mediante la razón.

Leibniz era racionalista, y su diferenciación entre verdades de razón y verdades de hecho, marca un cambio interesante en el debate entre el racionalismo y el empirismo. En su obra más conocida, la *Monadología*, afirma que, en principio, la razón permite acceder a todo el conocimiento. Sin embargo, sostiene, nuestras facultades racionales son limitadas, **»**

Apenas conocemos nada suficientemente, pocas cosas a priori, y la mayoría gracias a la experiencia.
Gottfried Wilhelm Leibniz

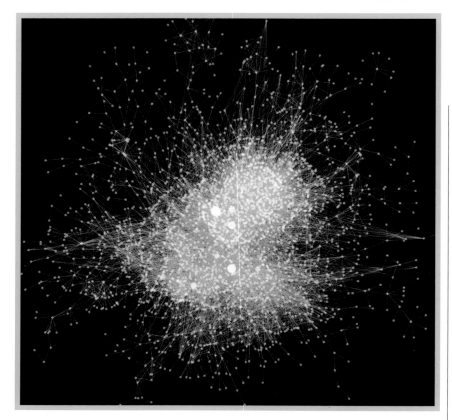

Leibniz defiende que cada mente humana es una mónada y, en consecuencia, contiene en sí una representación de todo el universo. Entonces, en principio, parece posible conocer todo acerca del mundo y más allá solamente con explorar nuestras mentes. Por ejemplo, tan sólo con analizar mi noción sobre la estrella Betelgeuse, al final sería capaz de determinar la temperatura real de su superficie. No obstante, en la práctica, el análisis necesario para poder llegar a esa información es de una complejidad imposible («infinita», en palabras de Leibniz) y, como no lo puedo completar, la única manera en que podría conocer la temperatura de Betelgeuse sería midiéndola empíricamente con instrumentos astronómicos.

¿Es la temperatura de Betelgeuse una verdad de razón o una verdad de hecho? Aunque sea cierto que necesite métodos empíricos para conocer la respuesta, si mi capacidad racional hubiera sido mejor podría haber llegado hasta ella por medio de la reflexión. Por lo tanto, que sea una verdad de hecho o una verdad de razón,

por lo que necesitamos acudir también a la experiencia a fin de poder adquirirlo.

El universo en la mente

Para lograr comprender cómo llega Gottfried Leibniz a esta conclusión, hemos de conocer parte de su metafísica, o su concepción del universo. Leibniz sostiene que toda parte del mundo, todo objeto individual, tiene un concepto diferenciado, o «noción», asociado a él y que contiene todo lo que es cierto de sí mismo, incluyendo sus correlaciones con otras cosas. Como todo en el universo se halla conectado, afirma, toda noción está relacionada con cualquier otra noción, por lo que es posible, al menos en principio, seguir estas relaciones y descubrir verdades sobre el universo sólo a través de la reflexión racional. Esta reflexión conduce a lo que Leibniz llama «verdades de razón».

Sin embargo, la mente humana sólo puede concebir una pequeña parte de esas verdades (como las matemáticas), por lo que debe recurrir a la experiencia, que nos conduce a «verdades de hecho».

Entonces, ¿cómo se puede pasar de conocer que nieva, por ejemplo, a saber lo que va a suceder mañana en cualquier otro lugar del mundo? Para Leibniz, la respuesta reside en que el universo está compuesto por sustancias simples e individuales a las que denomina «mónadas». Las mónadas están aisladas las unas de las otras, y cada una de ellas cuenta con una representación completa del universo en su estado pasado, presente y futuro. Dicha representación es sincrónica en todas las mónadas, por lo que todas tienen el mismo contenido. Según Leibniz, es así como Dios creó las cosas, en un estado de «armonía preestablecida».

Cada sustancia singular expresa todo el universo a su manera.
Gottfried Wilhelm Leibniz

depende, al parecer, de cómo llego a la respuesta; pero, ¿es eso lo que afirma Leibniz?

Verdades necesarias

El problema de Leibniz es que sostiene que las verdades de razón son verdades «necesarias», es decir, que resulta totalmente imposible rechazarlas; mientras que las verdades de hecho son verdades «contingentes», que pueden negarse sin entrar en contradicciones lógicas. Una verdad matemática es una verdad necesaria, puesto que negar sus conclusiones contradice el significado de sus propios términos. En cambio, la proposición «está lloviendo en Grecia» es de naturaleza contingente, pues negarla no implica una contradicción de sus términos aunque pueda ser incorrecta.

La distinción que Leibniz hace entre verdades de razón y verdades de hecho es, además de epistemológica (determina los límites del conocimiento humano), también metafísica (explica la naturaleza del mundo), pero no queda claro si sus argumentos sustentan el elemento metafísico. La teoría de las mónadas de Leibniz parece sugerir que todas las verdades son verdades de razón, a las que podríamos acceder si fuésemos capaces de completar el análisis racio-

> Dios entiende todo mediante la verdad eterna puesto que no necesita de la experiencia.
> **Gottfried Wilhelm Leibniz**

nal. No obstante, si las verdades de razón son verdades necesarias, ¿por qué es imposible que la temperatura de Betelgeuse sea de 2.401 grados Kelvin y no de 2.400? Ciertamente, no es imposible en el mismo sentido que la proposición 2 + 2 = 5, ya que esta última simplemente es una contradicción lógica.

Del mismo modo, si seguimos la conjetura de Leibniz y establecemos una distinción entre verdades necesarias y verdades contingentes, acabamos con el siguiente problema: se puede descubrir el teorema de Pitágoras reflexionando sobre el concepto de triángulo, por lo que el teorema de Pitágoras ha de ser una verdad de razón. Sin embargo, la temperatura de Betelgeuse y el teorema de Pitágoras son verdades igualmente ciertas y ambas forman parte de la mónada que es mi mente, así que, ¿por qué debo considerar que una es contingente y la otra necesaria?

Además, Leibniz menciona que, aunque nadie puede llegar al final del análisis infinito, Dios puede concebir todo el universo a la vez, por lo que, para él, todas las verdades son necesarias. Por consiguiente, la diferencia entre las verdades de razón y las de hecho parece residir en cómo se llega hasta ellas, y si es así, cuesta ver por qué las primeras han de ser necesariamente verdad mientras que las segundas no.

Un futuro incierto

Al afirmar que un Dios omnisciente y omnipotente ha creado todo el universo, Leibniz se enfrenta, forzosamente, a la problemática del libre albedrío. ¿Cómo puedo decidir actuar de una manera determinada si Dios ya sabe qué voy a hacer? De hecho, el problema es aún más profundo, porque parece que no deja margen alguno a la verdadera contingencia. La teoría de Gottfried Leibniz solamente permite una distinción entre

La calculadora mecánica fue uno de los numerosos inventos de Leibniz. Su creación es testimonio de su interés por las matemáticas y la lógica, ámbitos en los que fue un gran innovador.

verdades cuya necesidad somos capaces de descubrir y verdades cuya necesidad tan sólo conoce Dios. Sabemos (si acatamos la tesis de Leibniz) que el futuro del mundo está determinado por un dios omnisciente y benevolente, que, por tanto, ha creado el mejor mundo posible. Sin embargo, decimos que el futuro es contingente, o indeterminado, pues, en tanto que seres humanos, no alcanzamos a ver todo su contenido.

El legado de Leibniz

A pesar de las dificultades inherentes a la teoría de Leibniz, sus ideas ejercieron una gran influencia sobre la obra de numerosos filósofos, como David Hume o Immanuel Kant. Kant perfeccionó las verdades de razón y de hecho de Leibniz, y las diferenció en afirmaciones «analíticas» y «sintéticas», una distinción que ha sido fundamental en la filosofía europea desde entonces.

Sin embargo, su teoría de las mónadas no corrió la misma suerte y fue duramente criticada por su extravagancia metafísica. A pesar de esto, en el siglo xx algunos científicos recuperaron su idea, intrigados por la concepción del espacio y el tiempo como un sistema de relaciones, en vez de como los absolutos de la física newtoniana tradicional. ∎

EXISTIR ES SER PERCIBIDO

GEORGE BERKELEY (1685–1753)

EN CONTEXTO

RAMA
Metafísica

ORIENTACIÓN
Idealismo

ANTES
***C.* 380 A.C.** En la *República*, Platón presenta su teoría de las formas, que afirma que el mundo de nuestra experiencia es una forma imperfecta de la realidad.

DESPUÉS
1781 El filósofo Immanuel Kant transforma la teoría de Berkeley en un «idealismo trascendental», según el cual todo lo que experimentamos no es más que apariencia.

1807 Georg Hegel sustituye el idealismo de Kant por un «idealismo absoluto», en que la realidad absoluta es espíritu.

1982 El filósofo británico John Foster defiende una versión del idealismo de Berkeley en su libro *The Case for Idealism*.

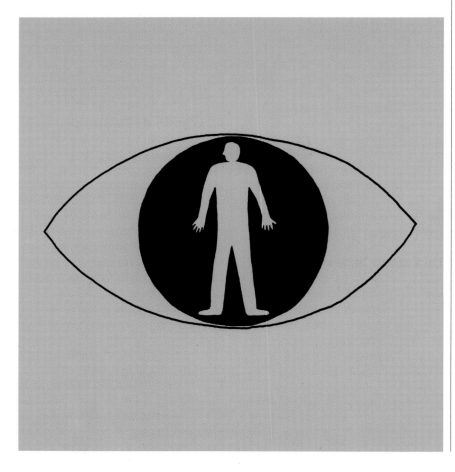

George Berkeley, al igual que John Locke antes que él, fue un empirista, es decir, pensaba que la experiencia era la principal fuente de conocimiento. Dicha postura, que se remonta a Aristóteles, contrasta con la visión racionalista, para la que, en principio, es la razón la que permite acceder a todo el conocimiento. Berkeley partió de los mismos presupuestos que Locke, pero llegó a conclusiones muy distintas. Según Berkeley, el empirismo de Locke era moderado, pues admitía la posibilidad de que existiera un mundo independiente de los sentidos y, además, compartía la visión dua-

Véase también: Platón 50–55 ▪ Aristóteles 56–63 ▪ René Descartes 116–123 ▪ John Locke 130–133 ▪ Immanuel Kant 164–171 ▪ Georg Hegel 178–185

Todo el conocimiento procede de la **percepción**.

Lo que percibimos son **ideas**, no cosas en sí mismas.

Una cosa, en sí misma, ha de estar **fuera de la experiencia**.

Por lo tanto, **el mundo consiste únicamente en ideas**...

...y **en las mentes que conciben dichas ideas**.

Una cosa sólo existe en tanto que percibe o es percibida.

George Berkeley

George Berkeley nació y creció en Dysart Castle, cerca de la ciudad de Kilkenny (Irlanda). Estudió primero en el Kilkenny College y posteriormente en el Trinity College de Dublín. En 1707 fue designado profesor y se ordenó como sacerdote anglicano. En 1714, cuando ya había escrito su principal obra filosófica, dejó su tierra natal para viajar por Europa, aunque pasó la mayor parte del tiempo en Londres.

Cuando regresó a Irlanda le nombraron decano de Derry, pero el objetivo principal de Berkeley era un proyecto para construir un seminario en las Islas Bermudas. En 1728 viajó a Newport, en Rhode Island, con su esposa, Anne Foster, y dedicó tres años a recaudar fondos para el seminario. En 1731, cuando se hizo evidente que no conseguiría reunir el dinero, volvió a Londres. Tres años después, le nombraron obispo de Cloyne (Dublín); allí vivió el resto de su vida.

Obras principales

1710 *Tratado sobre los principios del entendimiento humano.*
1713 *Tres diálogos entre Hylas y Philonus.*

lista de René Descartes, para quien el ser humano tiene dos sustancias distintas, la mente y el cuerpo.

Por el contrario, el empirismo de Berkeley era mucho más radical y le condujo hasta una postura conocida como «idealismo subjetivo». Esto significa que era monista y creía que en el universo hay un único tipo de sustancia; como era idealista, creía que esa sustancia única era la mente, o el pensamiento, no la materia.

La postura de Berkeley suele resumirse en la frase en latín *esse est percipi* («existir es ser percibido»), pero, quizás, sería más exacto decir *esse est aut perciperi aut percipi* »

La sustancia material de que hablan los filósofos, no existe.
George Berkeley

> Si hubiera
> cuerpos externos,
> sería imposible que
> pudiéramos llegar
> a conocerlos.
> **George Berkeley**

> Una idea no puede parecerse a
> nada que no sea otra idea; un
> color o una figura no pueden
> parecerse a nada que no sea
> otro color u otra figura.
> **George Berkeley**

(«existir es percibir o ser percibido»). Según Berkeley, el mundo está compuesto únicamente por mentes que perciben y por sus ideas. Dicha afirmación no significa que rechace la existencia del mundo externo, ni defienda que este es distinto de lo que percibimos. Lo que Berkeley trata de exponer es que todo el conocimiento se origina necesariamente en la experiencia y que todo lo que podemos llegar a concebir son nuestras propias percepciones. Y, como estas percepciones son «ideas» (o representaciones mentales), no hay base para creer que exista ninguna otra cosa que no sean esas ideas y quienes las perciben.

Causación y volición

Berkeley tenía en su punto de mira la perspectiva cartesiana elaborada por John Locke y el científico Robert Boyle, la cual establece que el mundo está compuesto por un gran número de partículas físicas, o «corpúsculos», cuya naturaleza e interacciones dan lugar al mundo tal y como lo entendemos. Para George Berkeley, lo más discutible de dicha perspectiva es que también mantiene que el mundo causa las ideas perceptuales que tenemos de él mediante su interacción con los sentidos.

Berkeley manifiesta dos objeciones fundamentales a esto. En primer lugar, afirma que nuestra comprensión de la causalidad (el hecho de que a una causa le suceda un efecto) se basa íntegramente en la experiencia que tenemos de nuestras voliciones (cómo, con la voluntad, hacemos que sucedan cosas). No dice que proyectar nuestra experiencia de acciones volitivas sobre el mundo sea erróneo, que es lo que hacemos al decir que el mundo nos hace tener ideas acerca de él. Lo que dice es que no existen «causas físicas», debido a que no existe un mundo físico más allá del mundo de las ideas que pueda ser la causa de estas ideas. Según Berkeley, el único tipo de causa que hay en el mundo es, precisamente, el tipo volitivo de causa que supone el ejercicio de la voluntad.

La segunda objeción que presenta es que, como las ideas son entidades mentales, no se pueden parecer a las entidades físicas, debido a que las propiedades de ambas son completamente diferentes. Una fotografía o un cuadro se pueden asemejar a un objeto físico dado que son entidades físicas, pero pensar que una idea pueda ser similar a un objeto físico es confundirla con una cosa física. Las ideas, pues, tan sólo pueden

asemejarse a otras ideas. Y como la experiencia que tenemos del mundo únicamente proviene de las ideas, cualquier sugerencia de que podamos siquiera llegar a comprender el concepto de «cosa física» está errada. Lo que entendemos en realidad son las entidades mentales. El mundo se compone exclusivamente de pensamientos, y aquello que no se percibe a sí mismo existe sólo como una de nuestras percepciones.

La causa de la percepción

Entonces, si las cosas que no pueden percibir únicamente existen en tanto que son percibidas, parecería que, si salgo del despacho, la mesa, los libros, el ordenador, etc., dejan de existir porque ya no son percibidos. Berkeley responde que no hay nada que no sea percibido, porque cuando salgo de mi despacho, Dios sigue percibiéndolo. Por consiguiente, su teoría no sólo depende de la existencia de un Dios, sino de la de un Dios muy concreto, cuya participación en el mundo es continua.

Para George Berkeley, la participación de Dios en el mundo es todavía más profunda. Tal y como hemos visto, afirma que no hay causas físicas, sino únicamente «voliciones», o

Las ilusiones ópticas no existen para Berkeley porque un objeto es siempre lo que parece ser. Así, una pajita sumergida en agua, por ejemplo, está doblada y un objeto bajo la lupa aumenta su tamaño.

actos de voluntad, por lo que únicamente un acto de voluntad es capaz de producir las ideas que poseemos sobre el mundo que nos rodea. Sin embargo, no podemos dominar nuestra experiencia del mundo, ni tampoco escoger qué experimentamos; el mundo se nos presenta tal y como es, nos complazca o no. Por lo tanto, las voliciones que causan mis ideas sobre el mundo no me pertenecen; son de Dios. Para Berkeley, por ende, Dios no solamente nos ha creado en tanto que entidades que perciben, sino que es la causa y el generador constante de todas nuestras percepciones. Esto plantea numerosas preguntas, y una de las más imperiosas es: ¿por qué en ocasiones percibimos las cosas incorrectamente?, ¿por qué Dios querría confundirnos?

Berkeley intenta responder diciendo que nuestras percepciones nunca son erróneas; nos equivocamos a la hora de emitir juicios sobre lo que hemos percibido. Por ejemplo, si cuando meto medio remo en el agua me parece que está doblado, la realidad es que lo está; me equivoco al pensar que sólo parece estar doblado.

Sin embargo, ¿qué ourre si meto la mano en el agua y toco el remo? Ciertamente, notaré que está recto.

> Todo lo que hay en el cielo y en la tierra; en una palabra, todos los cuerpos que componen el mundo, no pueden subsistir sin una mente.
> **George Berkeley**

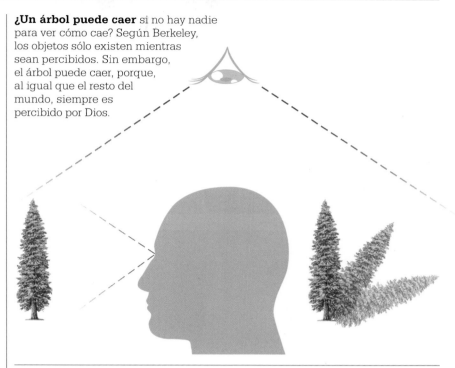

¿Un árbol puede caer si no hay nadie para ver cómo cae? Según Berkeley, los objetos sólo existen mientras sean percibidos. Sin embargo, el árbol puede caer, porque, al igual que el resto del mundo, siempre es percibido por Dios.

Como un remo no puede ser recto y estar doblado al mismo tiempo, tiene que haber dos remos: el que puedo ver y el que puedo tocar. Pero resulta aún más problemático que, para Berkeley, si dos personas ven el mismo remo, de hecho observan dos remos diferentes, puesto que no existe un remo «real» «ahí fuera» sobre el que las percepciones puedan converger.

El problema del solipsismo

Por lo tanto, un hecho inexorable en el sistema de George Berkeley parece ser que nunca podemos llegar a percibir lo mismo. Cada uno de nosotros está en su propio mundo, distinto al de los demás. El hecho de que Dios tenga una idea propia de remo no nos ayuda, pues esa es una tercera idea y, en consecuencia, un tercer remo. Dios ha causado tanto mi idea de remo como la de usted, pero, a no ser que usted, Dios y yo compartamos una misma mente, sigue habiendo tres ideas distintas, por lo que hay tres remos diferentes. Esto nos conduce al problema del solipsismo, la posibilidad de que lo único de cuya existencia puedo estar plenamente seguro (o lo único que quizás exista) soy yo mismo.

Una posible solución al solipsismo es la siguiente: dado que puedo promover cambios en el mundo (por ejemplo, levantar una mano), y como puedo percibir cambios similares en los cuerpos de otras personas, puedo inferir que a esos cuerpos también los modifica una «conciencia» interior. Sin embargo, el dilema para Berkeley es que no hay una mano «real» que alzar, todo lo más que podemos hacer es ser la causa de la idea de levantar la mano; y sólo de la idea propia, no de la del otro. En otras palabras, sigo dependiendo de Dios para que me conceda la idea de que otra persona levanta una mano. Así, lejos de proporcionarnos certezas empíricas, Berkeley deja en manos de la fe en un Dios que nunca nos engañaría, nuestro conocimiento del mundo y la existencia de otras mentes. ∎

LA ERA REVOLU
1750–1900

DE LA
CION

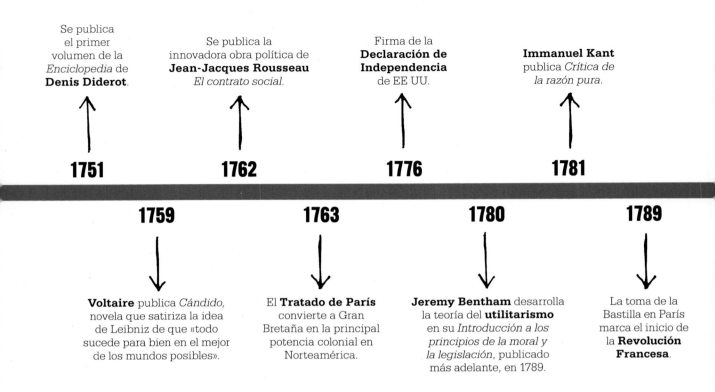

Se publica el primer volumen de la *Enciclopedia* de **Denis Diderot**.

1751

Se publica la innovadora obra política de **Jean-Jacques Rousseau** *El contrato social*.

1762

Firma de la **Declaración de Independencia** de EE UU.

1776

Immanuel Kant publica *Crítica de la razón pura*.

1781

1759

Voltaire publica *Cándido*, novela que satiriza la idea de Leibniz de que «todo sucede para bien en el mejor de los mundos posibles».

1763

El **Tratado de París** convierte a Gran Bretaña en la principal potencia colonial en Norteamérica.

1780

Jeremy Bentham desarrolla la teoría del **utilitarismo** en su *Introducción a los principios de la moral y la legislación*, publicado más adelante, en 1789.

1789

La toma de la Bastilla en París marca el inicio de la **Revolución Francesa**.

E uropa, durante el período del Renacimiento, pasó de ser un continente unificado bajo el control de la Iglesia a albergar una serie de estados-nación separados. A medida que los diversos países se hacían soberanos, se formaron culturas nacionales propias que se manifestaron principalmente a través de las artes y la literatura, pero también en las corrientes filosóficas surgidas a partir del siglo XVII.

En la llamada Edad de la Razón se dio una diferencia muy clara entre el racionalismo de la Europa continental y el empirismo de los filósofos británicos. En el siglo XVIII, con el desarrollo de la Ilustración, Francia y Gran Bretaña continuaron siendo las naciones más importantes para la filosofía. Los antiguos valores y sistemas feudales se desmoronaban, mientras que en las naciones dedicadas al comercio crecía una clase media urbana de una prosperidad sin precedentes. Los países más ricos, como Gran Bretaña, Francia, España, Portugal y los Países Bajos, fundaron colonias e imperios por todo el mundo.

Francia y Gran Bretaña

La filosofía comenzó a ocuparse cada vez más de las cuestiones sociopolíticas, también en clave nacional. En Gran Bretaña, donde tuvo lugar una revolución que ya quedó atrás, el empirismo alcanzó su cumbre gracias a la obra de David Hume, y dominó la filosofía política el nuevo utilitarismo, desarrollado a la par que la revolución industrial iniciada en la década de 1730 por pensadores como John Stuart Mill. Este refinó el utilitarismo de Jeremy Bentham y contribuyó al establecimiento tanto de la democracia liberal como de un marco para los derechos civiles modernos. En Francia la situación era menos estable. El racionalismo de René Descartes dejó paso a una generación de *philosophes*, filósofos políticos radicales que iban a difundir la nueva manera científica de pensar. Entre ellos se contaba el escritor satírico Voltaire y el enciclopedista Denis Diderot; pero el más revolucionario fue sin lugar a dudas Jean-Jacques Rousseau, cuya visión de una sociedad gobernada por los principios de libertad, igualdad y fraternidad dio su grito de guerra a la Revolución Francesa en 1789, y ha seguido inspirando a los pensadores radicales hasta nuestros días. Rousseau opinaba que la civilización corrompía a la gente, que por instinto era buena, y fue este el argumento de su pensamiento que iba a marcar las pautas del romanticismo, el movimiento siguiente.

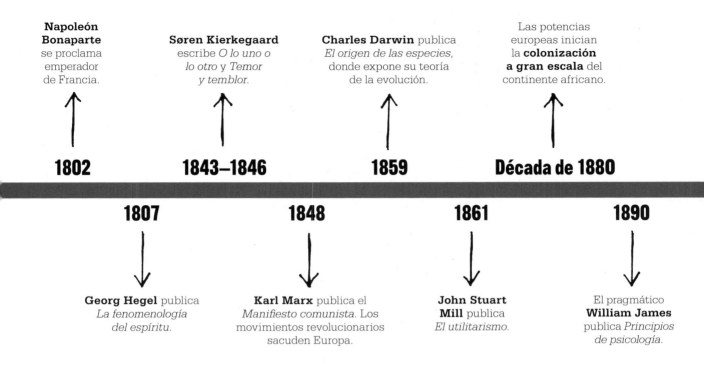

Napoleón Bonaparte se proclama emperador de Francia.

1802

Georg Hegel publica *La fenomenología del espíritu.*

1807

Søren Kierkegaard escribe *O lo uno o lo otro* y *Temor y temblor.*

1843–1846

Karl Marx publica el *Manifiesto comunista.* Los movimientos revolucionarios sacuden Europa.

1848

Charles Darwin publica *El origen de las especies,* donde expone su teoría de la evolución.

1859

John Stuart Mill publica *El utilitarismo.*

1861

Las potencias europeas inician la **colonización a gran escala** del continente africano.

Década de 1880

El pragmático **William James** publica *Principios de psicología.*

1890

Durante la época romántica, la literatura, la pintura y la música europeas expresaron una visión idealizada de la naturaleza, en un marcado contraste con la elegancia sofisticada y urbana de la Ilustración. Quizá la diferencia clave residió en que los románticos valoraron el sentimiento y la intuición por encima de la razón. Este movimiento arraigó con fuerza por toda Europa y se mantuvo hasta finales del siglo XIX.

El idealismo alemán

La filosofía alemana vino a dominar el siglo XIX, en gran parte gracias a la obra de Immanuel Kant. Su filosofía idealista, según la cual no podemos saber nada acerca de las cosas que existen más allá de nosotros mismos, cambió radicalmente el rumbo del pensamiento filosófico. Aunque apenas era unos años más joven que Hume y Rousseau, Kant pertenecía a la generación siguiente: sus principales obras filosóficas fueron escritas tras la muerte de aquellos, y su nueva explicación del universo y de nuestro conocimiento del mismo consiguió integrar los enfoques racionalista y empírico de forma mucho más adecuada tanto para la cultura alemana como para el romanticismo.

Entre los seguidores de las tesis de Kant se contaron Fichte, Schelling y Hegel, agrupados bajo la denominación de idealistas alemanes, pero también Arthur Schopenhauer, cuya idiosincrática interpretación de la filosofía de Kant incorporaba ideas de la filosofía oriental.

Entre los adeptos al rígido idealismo de Hegel estaba Karl Marx, quien supo combinar de manera brillante los métodos filosóficos alemanes, la filosofía política revolucionaria francesa y la teoría económica británica. Tras escribir junto a Friedrich Engels el *Manifiesto comunista,* publicó *El capital,* sin duda una de las obras filosóficas más influyentes de todos los tiempos. Pocas décadas después de su muerte, se habían proclamado estados revolucionarios basados en los principios que Marx planteó.

Mientras tanto, en EE UU, liberado de la dominación colonial británica como república basada en los valores de la Ilustración, comenzó a desarrollarse una cultura propia independiente de sus raíces europeas. Aunque romántica en un primer momento, a finales del siglo XIX engendró ya una nueva filosofía de cosecha propia, el pragmatismo, dirigida a indagar en la naturaleza de la verdad, en consonancia con las raíces democráticas del país y a tono con la cultura del nuevo siglo. ■

LA DUDA NO ES UNA CONDICION PLACENTERA, PERO LA CERTEZA ES ABSURDA
VOLTAIRE (1694–1778)

François-Marie Arouet, más conocido como Voltaire, fue un intelectual francés perteneciente a la era de la Ilustración, un período histórico que se caracterizó por su constante cuestionamiento del mundo y de cómo viven en él sus habitantes. Los filósofos y literatos europeos se ocuparon de la autoridad establecida –Estado e Iglesia– para discutir su validez y sus ideas, mientras buscaban perspectivas nuevas. Hasta el siglo XVII, por lo general en Europa se habían dado por válidas las explicaciones de la Iglesia acerca de lo existente y de cómo y por qué había llegado a existir, pero tanto los filósofos como los científicos habían comenzado a tantear distintas perspectivas que les permitieran hallar la verdad. En 1690, el filósofo John Locke afirmó que no había ideas innatas y que todas las ideas proceden solamente de la experiencia. Se vio respaldado por el científico Isaac Newton, cuyos experimentos aportaron modos nuevos de descubrir verdades acerca del mundo. Fue en este

Todos los datos y teorías han sido **revisados** en algún momento de la historia.

No nacemos con ideas y conceptos **ya formados en nuestras cabezas**.

Toda idea y teoría puede ser **cuestionada**.

La duda no es una condición placentera, pero la certeza es absurda.

Para Voltaire, los experimentos científicos de la era de la Ilustración parecían conducir hacia un mundo mejor, basado en pruebas empíricas y una curiosidad sin cortapisas.

contexto de rebelión contra las tradiciones aceptadas cuando Voltaire declaró que la certeza es absurda.

Son dos los caminos que toma a fin de refutar el concepto de certeza: en primer lugar, subraya que, aparte de unas pocas verdades necesarias en el mundo de las matemáticas y la lógica, todos los datos y teorías han sido revisados en algún momento de la historia. Así, lo que parecen «hechos» resultan ser poco más que hipótesis de trabajo. Segundo, Voltaire se muestra de acuerdo con Locke en que no hay ideas innatas y que las ideas que parecemos tener por ciertas desde que nacemos pueden estar mediadas por la cultura, pues varían de unos países a otros.

Duda revolucionaria

Voltaire no defiende que no existan verdades absolutas, pero no encuentra medio alguno de alcanzarlas. En

consecuencia, sostiene que la duda es la única postura lógica. Dado que el desacuerdo sin fin parece inevitable, Voltaire dice que es importante desarrollar un sistema, como la ciencia, para poder alcanzar acuerdos.

Cuando proclama que la certeza resulta más agradable que la duda, Voltaire alude a cuán fácil es limitarse a aceptar lo que afirme una autoridad, como la monarquía o la Iglesia, comparado con desafiarla y razonar

por uno mismo. Opina que se debe dudar de todos los «hechos» y desafiar a toda autoridad; mantiene que el gobierno debe ser limitado, que la expresión de opiniones e ideas debe estar libre de censura y que la ciencia y la educación conducen al progreso material y moral. Estos fueron ideales fundamentales tanto de la Ilustración como de la Revolución Francesa, que se inició once años después de la muerte de Voltaire. ▪

Voltaire

Voltaire fue el pseudónimo del escritor y pensador francés François Marie Arouet, nacido en una familia de clase media en París y el menor de tres hermanos. Estudió derecho en la universidad, pero prefirió siempre dedicarse a la literatura, en la que se hizo famoso gracias a su ingenio ya en 1715. Su obra satírica le acarreó frecuentes complicaciones: fue encarcelado varias veces por haber insultado a la nobleza, y desterrado de Francia en una ocasión. El resultado fue una estancia en Inglaterra, donde le influyeron la filosofía y la ciencia inglesas. Tras su regreso a Francia

se enriqueció por medio de la especulación, y en adelante pudo dedicarse por entero a escribir. Tuvo varios romances largos y escandalosos y viajó por toda Europa. Hacia el final de su vida, Voltaire hizo campaña a favor de reformas legales y en contra de la intolerancia religiosa en Francia y en otros países.

Obras principales

1733 *Cartas filosóficas.*
1734 *Tratado de metafísica.*
1759 *Cándido.*
1764 *Diccionario filosófico.*

LA COSTUMBRE
ES LA GRAN GUIA DE LA
VIDA

DAVID HUME (1711–1776)

EL HOMBRE NACIO LIBRE

PERO EN TODAS PARTES VIVE ENCADENADO

JEAN-JACQUES ROUSSEAU (1712–1778)

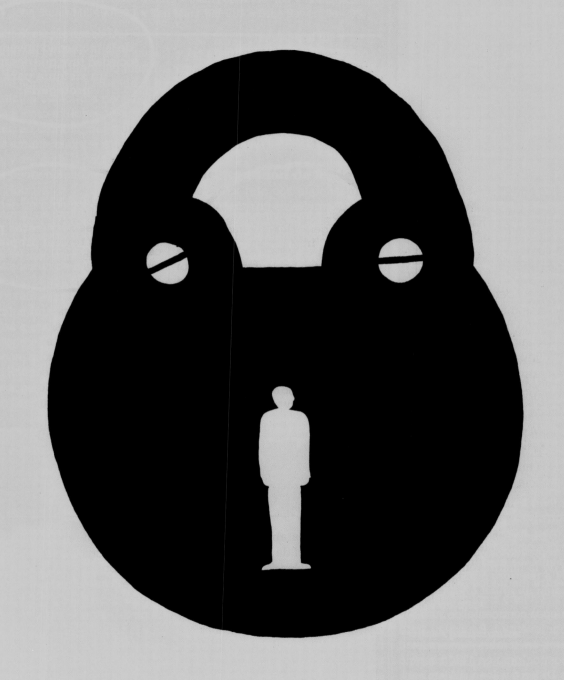

EL HOMBRE ES UN ANIMAL QUE NEGOCIA
ADAM SMITH (1723–1790)

EN CONTEXTO

RAMA
Filosofía política

ORIENTACIÓN
Economía clásica

ANTES
C. 350 a.C. Aristóteles señala la importancia de la economía («gobierno de la casa») y explica el papel del dinero.

Década de 1700 Bernard Mandeville afirma que el interés particular produce resultados socialmente deseables.

DESPUÉS
Década de 1850 El escritor británico John Ruskin afirma que las opiniones de Smith son demasiado materialistas y, por ello, anticristianas.

Década de 1940 en adelante La filosofía aplica la idea de los negocios a las ciencias sociales como modelo para explicar el comportamiento humano.

El autor escocés Adam Smith es con frecuencia considerado como el economista más importante que ha conocido el mundo. Los conceptos de negocio e interés propio que analizó, y la posibilidad de diversos tipos de acuerdo e intereses –tales como el «interés general»–, tienen un atractivo recurrente entre los filósofos. Sus escritos son notables también porque dan una forma más general y abstracta a la idea de la sociedad de comercio desarrollada por su amigo David Hume.

Al igual que su contemporáneo suizo Jean-Jacques Rousseau, Smith supone que las motivaciones de los seres humanos son en parte bienintencionadas y en parte interés propio,

Véase también: David Hume 148–153 ▪ Jean-Jacques Rousseau 154–159 ▪
Edmund Burke 172–173 ▪ Karl Marx 196–203 ▪ Noam Chomsky 304–305

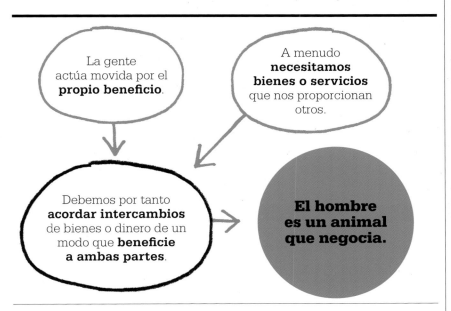

La gente actúa movida por el **propio beneficio**.

A menudo **necesitamos bienes o servicios** que nos proporcionan otros.

Debemos por tanto **acordar intercambios** de bienes o dinero de un modo que **beneficie a ambas partes**.

El hombre es un animal que negocia.

Adam Smith

Padre de la ciencia económica moderna, Adam Smith nació en Kirkcaldy (Fife, Escocia) en 1723. Este brillante académico, fue profesor de la Universidad de Edimburgo y la de Glasgow, donde obtuvo la cátedra en 1750. En la década de 1760 tuvo un lucrativo empleo como tutor personal de Henry Scott, un joven aristócrata escocés, junto a quien visitó Francia y Suiza. Ya trataba a David Hume y otros pensadores ilustrados escoceses, y no desperdició la ocasión de entrar en contacto con otras figuras destacadas de la ilustración europea.

A su regreso a Escocia pasó una década escribiendo *La riqueza de las naciones*, volviendo al funcionariado después como director de Aduanas, cargo desde el que asesoró al gobierno británico en varias políticas económicas. Finalmente, en 1787 volvió a la Universidad de Glasgow, donde pasó los últimos tres años de su vida como rector.

Obras principales

1759 *Teoría de los sentimientos morales.*
1776 *La riqueza de las naciones.*
1795 *Ensayos sobre temas filosóficos.*

pero piensa que este es el rasgo predominante, por lo que explica mejor la conducta humana. Smith sostiene que esto lo confirma la observación de la sociedad, por tanto su enfoque es, en términos generales, empírico. En uno de sus pasajes más famosos acerca de la psicología de los negocios, afirma que la táctica más frecuente en las negociaciones es que una parte diga a la otra que la mejor manera de que esta obtenga lo que desea es conceder lo que necesita la primera. Dicho de otro modo, «apelamos no a la humanidad del otro, sino a su egoísmo».

Smith pasa luego a afirmar que el intercambio de objetos útiles es una característica definitoria de lo humano, señalando para demostrarlo que nunca se ha visto a perros intercambiar huesos, y que cuando un animal desea obtener algo, la única manera que tiene de hacerlo es «ganarse el favor de aquellos de cuyo servicio precisa». Los seres humanos pueden depender también de tal atención «lisonjera o servil», pero no pueden recurrir a ella siempre que necesiten

ayuda, puesto que la vida requiere «la cooperación y asistencia de grandes multitudes». Por ejemplo, pasar cómodamente la noche en un hostal requiere el concurso de diversas personas, para preparar y servir la comida, encargarse de las habitaciones y así sucesivamente. Ninguno de tales servicios se puede obtener gracias a la mera buena voluntad. Por este motivo, «el hombre es un animal que negocia», y el acuerdo se alcanza proponiendo un trato que beneficie a las dos partes.

La división del trabajo

En su relato acerca del surgimiento de las economías de mercado, Adam Smith afirma que nuestra capacidad para negociar y comerciar puso fin a la necesidad antes universal de que todas las personas, o al menos todas las familias, fuesen económicamente autosuficientes. Gracias a eso fue posible concentrarse en la producción de bienes cada vez menos diversos, para finalmente dedicarse a producir uno solo, u ofrecer un único servicio, e intercambiarlo por todas » las demás cosas que necesitábamos. La invención del dinero revolucionó todo el proceso al acabar con la necesidad del trueque. A partir de entonces, según lo entiende de Smith, tan sólo aquellos que fuesen incapaces de trabajar dependerían de la caridad. Los demás podían acudir al mercado para cambiar su trabajo –o el dinero ganado por medio del mismo– por los frutos del trabajo de otros.

Esta eliminación de la necesidad de obtenerlo todo por nosotros mismos dio lugar a la aparición de habilidades particulares (como las del panadero o el carpintero), y luego, a lo que Smith llama «división del trabajo» entre los trabajadores. Así es como se refiere a la especialización, por la que un individuo no sólo se dedica a un único tipo de trabajo, sino que realiza una sola tarea de un trabajo compartido por varias personas.

El mercado es la clave para establecer una sociedad equitativa según Smith. La libertad que proporciona la compra y venta de bienes ofrece a los individuos una vida de «libertad natural».

> La mayor mejora en las fuerzas productivas del trabajo parece haber sido efecto de la división del trabajo.
> **Adam Smith**

> La sociedad civilizada requiere en todo momento la cooperación y asistencia de una gran multitud.
> **Adam Smith**

Smith ilustra la importancia de la especialización al comienzo de su obra maestra, *La riqueza de las naciones*, al mostrar cómo la fabricación de un sencillo alfiler mejora radicalmente al adoptar el sistema fabril. Si un hombre trabajando solo difícilmente podría producir veinte alfileres perfectos al día, un grupo de diez hombres ocupados en tareas distintas –desde tirar del alambre, enderezarlo, cortarlo, darle punta y limarlo hasta unirlo a la cabeza– era capaz, en la época de Smith, de fabricar al día más de 48.000 alfileres.

A Smith le impresionaron las importantes mejoras en la productividad del trabajo que trajo consigo la revolución industrial, que dotó a los trabajadores de mejores máquinas, y que en muchos casos llegó a reemplazarlos por ellas.

El hombre «multioficios» no podía sobrevivir en un sistema semejante,

e incluso los filósofos comenzaron a especializarse en las diversas ramas de su campo, como la lógica, la ética, la epistemología y la metafísica.

El mercado libre

Dado que la mencionada división del trabajo incrementa la productividad y hace posible que todos podamos optar a algún empleo (al vernos liberados de la formación en un oficio), Smith argumenta que puede conducir a la riqueza universal en una sociedad bien organizada. Aún es más, afirma que en condiciones de perfecta libertad el mercado puede llevar a un estado de igualdad perfecta, en el que todos sean libres de cultivar sus propios intereses a su manera, siempre que sea conforme a la justicia. Al hablar de igualdad, Smith no se refiere a una igualdad de oportunidades sino de condición. En otras palabras, su meta no es la creación de una sociedad dividida por la competitividad sino vinculada por acuerdos sobre la base del interés mutuo.

Adam Smith no defiende que el ser humano tenga que ser libre simplemente porque se lo merezca, sino porque la sociedad en su conjunto se beneficia de que los individuos busquen un beneficio propio. La «mano invisible» del mercado, con sus leyes de la oferta y la demanda, regula la cantidad de los bienes disponibles y les pone precio de modo mucho más eficaz de lo que podría hacer gobierno alguno. Dicho de forma sencilla, la búsqueda del propio interés, lejos de ser incompatible con una sociedad equitativa, es, al entender de Smith, la única manera de garantizarla.

En una sociedad tal, el gobierno puede limitarse a desempeñar unas cuantas funciones esenciales, como la defensa, la justicia penal y la educación, con lo que en consecuencia los impuestos y aranceles se pueden reducir. Y al igual que los negocios pueden florecer dentro de las fronteras nacionales, pueden hacerlo también más allá de las mismas, con el resultado de un comercio internacional –que en la época de Smith estaba en plena expansión.

Adam Smith reconocía que había problemas con la noción de mercado libre, en particular con las cada vez más frecuentes negociaciones de salarios por tiempo de trabajo. También reconocía que, aun suponiendo grandes beneficios económicos, el trabajo repetitivo derivado de la división del trabajo, además de ser aburrido para el trabajador, podía llegar a destruir a un ser humano, por lo que recomendó que los gobiernos restringieran el grado en que se recurre a la producción en cadena. Sin embargo, al publicarse por primera vez *La riqueza de las naciones*, su doctrina de mercado libre y sin restricciones se consideró revolucionaria, tanto por atacar privilegios y monopolios comerciales y agrícolas establecidos, como por argumentar que la riqueza de una nación no depende de sus reservas de oro sino del trabajo, una postura contraria a todo el pensamiento económico europeo de su tiempo.

La reputación de Smith como revolucionario se consolidó durante el largo debate acerca de la naturaleza de la sociedad que siguió a la Revolución Francesa de 1789, moviendo al historiador victoriano H.T. Buckle a describir *La riqueza de las naciones* como «probablemente el libro más importante que se ha escrito nunca».

El legado de Smith

Los críticos de Smith han sostenido que se equivocó al suponer que el interés general y el de los consumidores eran lo mismo, y que el mercado libre beneficia a todos. Es cierto que aunque Smith simpatizó con las víctimas de la pobreza, nunca logró equilibrar los intereses de productores y consumidores en su modelo social, ni integrar en el mismo al trabajo doméstico,

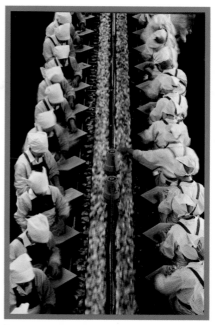

La producción en cadena es una increíble máquina de hacer dinero, pero Smith advierte sobre sus efectos deshumanizadores en los trabajadores si se aplica sin regulación.

realizado fundamentalmente por mujeres y que contribuía al buen funcionamiento de la sociedad.

Por todo ello, y con el ascenso del socialismo en el siglo XIX, la reputación de Smith quedó menoscabada. Sin embargo, un interés renovado por el mercado libre a finales del siglo pasado traería consigo una reactualización de sus ideas. Sólo hoy podemos apreciar con plenitud su afirmación más visionaria, la de que el mercado es más que un lugar. El mercado es un concepto, y como tal puede existir en cualquier parte, no solamente en un lugar designado, como la plaza de una ciudad. Con ello, Adam Smith anunciaba el tipo de mercado virtual que sólo ha sido posible desde el desarrollo de la tecnología de las comunicaciones. Los mercados financieros actuales y el comercio *online* son testigos del carácter visionario de las ideas planteadas por Smith. ∎

HAY DOS MUNDOS: NUESTROS CUERPOS Y EL MUNDO EXTERIOR

IMMANUEL KANT (1724–1804)

Immanuel Kant consideraba «escandaloso» que nadie, en más de dos mil años de pensamiento filosófico, hubiera sido capaz de desarrollar un argumento que probase que realmente había un mundo externo a nosotros. En particular, Kant pensaba en las teorías de René Descartes y George Berkeley, que implicaban dudas acerca de la existencia de un mundo externo.

Al principio de sus *Meditaciones*, René Descartes sostenía que tenemos que dudar de todo conocimiento, excepto de que existimos como seres pensantes, incluyendo el conocimiento del mundo exterior. Luego contradecía este punto de vista escéptico con un argumento que intentaba probar la existencia de Dios y, en consecuencia, de un mundo exterior. Sin embargo, muchos filósofos (incluido Kant) no consideraban válido el razonamiento de Descartes para probar la existencia de Dios.

Por su parte, George Berkeley defendía que el conocimiento es posible, pero que proviene de experiencias que percibe nuestra conciencia, así que no está justificado creer que dichas experiencias existen fuera de nuestras propias mentes.

El tiempo y la conciencia

Kant quiere demostrar que existe un mundo exterior, material, y que no se puede dudar de que existe. Su tesis empieza diciendo: para que algo exista, hay que poder determinarlo en el tiempo, es decir, tiene que poderse decir cuándo existe y durante cuánto tiempo. Pero, ¿cómo se aplica esto en el caso de mi propia conciencia?

Aunque parece que la conciencia esté cambiando constantemente, en un flujo de sensaciones y de pensamientos, podemos utilizar el término «ahora» para referirnos a lo que ocurre en nuestra conciencia en un momento dado. Sin embargo, «ahora» no es un instante o una fecha determinados. Cada vez que digo «ahora», mi conciencia es diferente.

Ahí es donde reside el problema: ¿qué es lo que permite especificar el «cuándo» de mi propia existencia? No podemos experimentar el tiempo en sí mismo, directamente, sino a través de las cosas que se mueven, cambian o permanecen. Pensemos en las manecillas de un reloj que giran constantemente: en sí mismas, son inútiles para determinar la hora; necesitan un fondo contra el que moverse, como los números en la esfera del reloj. Cualquier cosa que me sirva para determinar mi «ahora», siempre cambiante, la encuentro en objetos materiales ex-

Según Kant, únicamente podemos experimentar el tiempo a través de cosas del mundo que se mueven o cambian, como las manecillas de un reloj. Así, sólo experimentamos el tiempo de modo indirecto.

ternos a mí en el espacio (incluyendo mi propio cuerpo). Decir que yo existo exige un instante determinado en el tiempo que, a su vez, exige un mundo exterior que existe y en el que ocurre el tiempo. Así pues, mi grado de certeza sobre la existencia del mundo exterior es exactamente el mismo que mi grado de certeza sobre la existencia de la conciencia, que Descartes tenía por una certeza absoluta.

El problema de la ciencia

Kant también quiso examinar cómo la ciencia concebía el mundo exterior. Admiraba los extraordinarios progresos de las ciencias naturales durante los dos siglos anteriores comparados con su relativo estancamiento desde la antigüedad hasta entonces. Kant, junto con otros filósofos, se preguntaba qué era lo que, súbitamente, había pasado a hacerse bien en la investigación científica.

La respuesta para muchos pensadores de la época fue que había sido el empirismo. Los empiristas, como Locke o Hume, manifestaban que no hay otro conocimiento que el que nos llega a través de nuestra experiencia del mundo. Se oponían así a los filósofos racionalistas, como Descartes o Leibniz, que afirmaban que para el conocimiento la capacidad mental de razonar y manejar conceptos es más importante que la experiencia.

Los empiristas proclamaban que los recientes éxitos de la ciencia se debían a que los científicos estaban siendo mucho más cuidadosos que antes en sus observaciones del mundo, y a que realizaban menos suposiciones injustificadas basadas sólo en la razón. Kant contesta que, pese a que no cabe ninguna duda de que esto es cierto en parte, no es una respuesta completa, pues no es verdad que no hubiese observación cuidadosa y empírica antes del siglo XVI.

Para Kant la verdadera cuestión era que había aparecido un nuevo método científico que había dado relevancia a la observación científica. Dicho método implicaba dos elementos: primero, aseguraba que algunos conceptos como fuerza o movimiento podían describirse perfectamente en términos matemáticos; y segundo, ponía a prueba sus propias concepciones del mundo mediante preguntas específicas acerca de la naturaleza y observando las respuestas. Por ejemplo, cuando el físico Galileo Galilei quiso comprobar la hipótesis »

La filosofía existe precisamente en cuanto que conoce sus límites.
Immanuel Kant

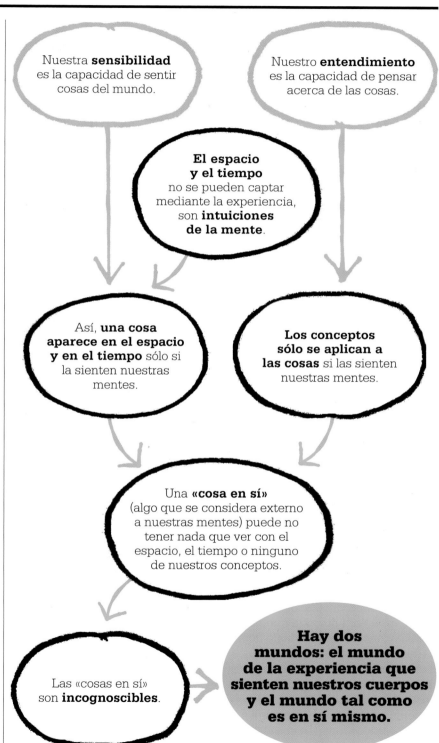

Nuestra **sensibilidad** es la capacidad de sentir cosas del mundo.

Nuestro **entendimiento** es la capacidad de pensar acerca de las cosas.

El espacio y el tiempo no se pueden captar mediante la experiencia, son **intuiciones de la mente**.

Así, **una cosa aparece en el espacio y en el tiempo** sólo si la sienten nuestras mentes.

Los conceptos sólo se aplican a las cosas si las sienten nuestras mentes.

Una **«cosa en sí»** (algo que se considera externo a nuestras mentes) puede no tener nada que ver con el espacio, el tiempo o ninguno de nuestros conceptos.

Las «cosas en sí» son **incognoscibles**.

Hay dos mundos: el mundo de la experiencia que sienten nuestros cuerpos y el mundo tal como es en sí mismo.

> Las intuiciones, sin conceptos, son ciegas; los conceptos, sin intuiciones, son vacíos; sólo de su conjunción surge el conocimiento.
> **Immanuel Kant**

de que dos cosas con distintos pesos caerían por el aire a la misma velocidad, diseñó un experimento concebido de manera que la única explicación posible del resultado observado determinase la verdad o falsedad de la hipótesis.

Kant reconoció la naturaleza e importancia del método científico. Creía que ese método había puesto a la física y a otros saberes en la «vía segura de la ciencia». Sin embargo, sus investigaciones no se limitaron a eso. Su siguiente problema fue: «¿Por qué nuestra experiencia del mundo es tal que permite que funcione el método científico?». Dicho de otro modo, ¿por qué nuestra experiencia del mundo es siempre de índole matemática, y cómo es posible que la razón humana pueda siempre plantearle cuestiones a la naturaleza?

Intuiciones y conceptos

En su obra más famosa, *Crítica de la razón pura*, Kant propone que nuestra experiencia sobre el mundo implica dos elementos. El primero es lo que llama «sensibilidad»: nuestra capacidad de estar en contacto directo con cosas particulares en el espacio y en el tiempo, tal como el libro que está usted leyendo ahora; a estos contactos directos los denomina «intuicio-

nes». El segundo es lo que llama «entendimiento»: nuestra capacidad de disponer de conceptos y de usarlos. Para Kant, un concepto es un contacto indirecto con las cosas concebidas como ejemplos de un tipo de cosa, como sería el concepto de «libro» en general. Sin conceptos, no podríamos saber que nuestra intuición es la de un libro; y, sin intuiciones, ni siquiera podríamos saber que hay libros.

Cada uno de estos elementos posee, a su vez, dos caras. Respecto a la sensibilidad, está mi intuición de una cosa en particular en el espacio y en el tiempo (el libro) y mi intuición del espacio y del tiempo como tales (mi reconocimiento de lo que son el espacio y el tiempo en general). En lo concerniente al entendimiento, está mi co-

nocimiento de algún tipo de cosa (los libros) y mi concepto de una «cosa» en cuanto tal (la sustancia). Un concepto como el de sustancia define lo que significa ser algo, en general, en lugar de definir algún tipo de cosa, como un libro. Mi intuición de un libro y el concepto de libro son empíricos, ya que ¿cómo podría saber nada acerca de los libros si no hubiera tenido experiencia de ellos en el mundo? Pero mi intuición del espacio y del tiempo, del mismo modo que el concepto de sustancia, existen a priori, lo cual significa que los conozco independientemente de toda experiencia.

Un verdadero empirista objetaría en contra de Kant que todo conocimiento procede de la experiencia, en otras palabras, que nada es a priori.

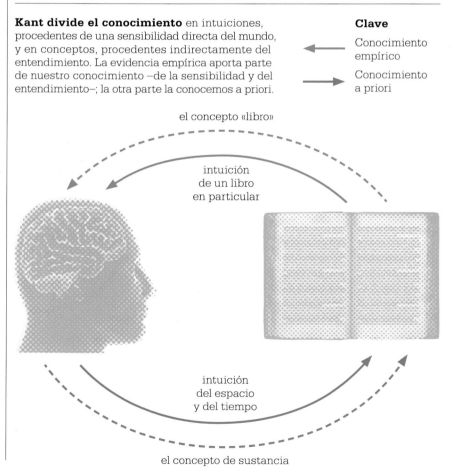

Kant divide el conocimiento en intuiciones, procedentes de una sensibilidad directa del mundo, y en conceptos, procedentes indirectamente del entendimiento. La evidencia empírica aporta parte de nuestro conocimiento –de la sensibilidad y del entendimiento–; la otra parte la conocemos a priori.

Clave

→ Conocimiento empírico

→ Conocimiento a priori

el concepto «libro»

intuición de un libro en particular

intuición del espacio y del tiempo

el concepto de sustancia

Según Kant, nuestra comprensión de que entes como los árboles sufran cambios presupone un conocimiento a priori del concepto «sustancia». Ese tipo de conceptos son la condición previa de nuestra experiencia.

Podría aducir que aprendemos lo que es el espacio al observar las cosas en el espacio, y que aprendemos lo que es la sustancia al observar que las características de las cosas cambian sin que la cosa que les subyace cambie en sí misma. Por ejemplo, aunque las hojas de un árbol pasen de ser verdes a ser marrones, y se le acaben cayendo, el árbol sigue siendo el mismo.

Espacio y sustancia

En cambio, los argumentos de Kant muestran que el espacio es una intuición a priori. Para poder conocer las cosas que están fuera de mí, tendría que saber que están fuera de mí. Pero esto deja ver que, de esta manera, es imposible saber lo que es el espacio: ¿cómo podría situar algo fuera de mí sin saber ya lo que significa «fuera de mí»? Parte del conocimiento del espacio debe presuponerse antes de que se pueda estudiar el espacio de forma empírica: tenemos que estar familiarizados a priori con el espacio.

De dicho argumento se desprende una consecuencia extraordinaria: dado que el espacio en sí es a priori, no pertenece a las cosas en el mundo. Sin embargo, nuestra experiencia de

que las cosas están en el espacio es una característica de la sensibilidad humana; así pues, una «cosa en sí», el término kantiano para algo que se concibe como ajeno a la sensibilidad y, por tanto, exterior a nuestra mente, puede no tener ninguna relación con el espacio. Kant utiliza un argumento semejante para demostrar lo mismo acerca del tiempo.

A continuación, Kant trata de probar la existencia de conceptos a priori, como el de sustancia. Empieza por pedirnos que distingamos entre dos tipos de alteración: variación y cambio. La variación afecta a las propiedades que tienen las cosas: por ejemplo, las hojas de un árbol pueden ser verdes o marrones. El cambio es lo que ocurre al árbol: en el mismo árbol, las hojas pasan del verde al marrón. Efectuar esta distinción presupone la noción de sustancia: el árbol (como sustancia) cambia, pero las hojas (como propiedades de la sustancia) varían. Si no aceptamos esta distinción, no podemos aceptar la validez del concepto de sustancia: estaríamos afirmando que cada vez que se produce una alteración algo empieza a existir o deja de hacerlo; el árbol con hojas verdes desaparecería al mismo tiempo que el árbol de hojas marrones comienza a existir a partir de la nada.

Kant se ve obligado a probar que dicha perspectiva es imposible, y la clave está en la determinación temporal: el tiempo no puede experimentarse directamente (ya que no es una cosa); en cambio, experimentamos el tiempo a través de las cosas que se alteran o no, como ya había mostrado. Si experimentásemos el tiempo a través del árbol de las hojas verdes y a través del árbol de las hojas marrones sin que hubiese conexión alguna entre ambos, estaríamos experimentando dos tiempos diferentes. Como esto es absurdo, Kant cree haber demostrado que el concepto de sustancia es absolutamente esencial para que po-

damos tener algún tipo de experiencia del mundo. Y, como nuestro conocimiento empírico sólo puede darse a través de la experiencia, el concepto de sustancia no puede serlo, sino que tiene que existir a priori.

Los límites del conocimiento

A una posición filosófica que defiende que algún estado o actividad de la mente tiene que preceder a las cosas que experimentamos, o que son más básicos que estas, se la conoce como idealismo; Kant llama a su propia posición «idealismo trascendental». Insiste en que el espacio, el tiempo y algunos conceptos son características del mundo que experimentamos (es lo que Kant denomina «mundo fenoménico»), en lugar de características del mundo en sí mismo, considerado como exterior a la experiencia (lo que Kant llama «mundo nouménico»).

La afirmación, en Kant, de un conocimiento a priori, tiene consecuencias tanto positivas como negativas. La consecuencia más positiva es que la naturaleza a priori del espacio, del tiempo y de algunos conceptos es lo que hace que nuestra experiencia del mundo sea posible y fiable. El espacio y el tiempo hacen que nuestra experiencia sea de naturaleza matemática y que podamos medirla respecto a valores conocidos. Los conceptos »

Sólo se puede hablar del espacio desde un punto de vista humano.
Immanuel Kant

a priori, como el de sustancia, hacen posible plantearse cuestiones acerca de la naturaleza, tales como «¿es eso una sustancia?» o «¿qué propiedades nos muestra y de acuerdo con qué leyes?». En otras palabras, el idealismo trascendental de Kant es lo que hace que nuestra experiencia pueda considerarse útil para la ciencia.

El aspecto negativo es que existen algunos tipos de pensamiento que se autodenominan ciencia, y hasta se parecen a la ciencia, pero fracasan sin remedio. Esto sucede porque aplican a las «cosas en sí» intuiciones sobre el espacio y el tiempo, o conceptos como el de sustancia que, según Kant, son válidos para la experiencia pero no tienen validez respecto a las «cosas en sí». Como se parecen a la ciencia, estos tipos de pensamiento nos tientan continuamente y son una trampa en la que muchos caen sin saberlo. Por ejemplo, podríamos querer afirmar que Dios es la causa del mundo; ahora bien, al igual que el de sustan-

> La razón humana se preocupa por problemas a los que no puede renunciar, pero tampoco responder.
> **Immanuel Kant**

> La razón sólo puede penetrar en aquello que produce según pautas que le son propias.
> **Immanuel Kant**

cia, causa y efecto también son conceptos a priori que Kant juzga perfectamente válidos para el mundo que experimentamos, pero no respecto a las «cosas en sí». Por tanto, la existencia de Dios (si se lo considera, como habitualmente, un ser independiente del mundo que experimentamos) no es algo cognoscible. De este modo, la

consecuencia negativa de la filosofía de Kant es que restringe enormemente los límites del conocimiento.

El idealismo trascendental ofrece un modo mucho más radical de establecer la distinción entre nosotros y el mundo exterior. Lo externo a mí no se interpreta tan sólo como externo a mí en el espacio, sino externo respecto al espacio en sí mismo (y respecto al tiempo y a todos los conceptos a priori que hacen posible mi experiencia del mundo). Hay, pues, dos mundos: el «mundo» de la experiencia, que incluye tanto mis pensamientos como mis sentimientos y la experiencia de las cosas materiales, como mi cuerpo o los libros; y el «mundo» de las «cosas en sí» que, estrictamente, no se puede experimentar ni, en consecuencia, conocer, y contra el cual tenemos que luchar continuamente a fin de evitar engañarnos.

En este asunto, nuestros cuerpos tienen un papel curioso: por un lado, mi cuerpo, en cuanto cosa material, es parte del mundo exterior; por otro,

En el grabado Flammarion, un hombre observa fuera del espacio y del tiempo. Para Kant, lo que nos es externo lo es también al espacio y al tiempo, y nunca se puede conocer como «algo en sí mismo».

Racionalismo

Los racionalistas creían que el uso de la razón, y no la experiencia, llevaba al conocimiento de los objetos del mundo.

Empirismo

Los empiristas pensaban que el conocimiento viene de nuestra experiencia de los objetos del mundo, y no de la razón.

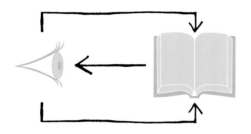

Idealismo trascendental

La teoría kantiana del idealismo trascendental afirmaba que tanto la razón como la experiencia eran necesarias para comprender el mundo.

Immanuel Kant

Immanuel Kant nació en 1724 en una familia de artesanos con dificultades económicas. Vivió y trabajó toda su vida en el cosmopolita puerto báltico de Konigsberg, por entonces parte de Prusia. Aunque nunca salió de su provincia natal, fue un filósofo internacionalmente famoso estando aún vivo.

Kant estudió filosofía, física y matemáticas en la Universidad de Konigsberg, y enseñó en la misma institución durante los 27 años siguientes. En 1792, Federico Guillermo II le prohibió la docencia debido a sus ideas poco ortodoxas, pero volvió a la misma cinco años más tarde, tras la muerte del rey. Aunque Kant publicó a lo largo de toda su carrera, es más conocido por las obras revolucionarias que desarrolló en las décadas de 1750 y 1760. Pese a poseer una personalidad sociable e ingeniosa, nunca llegó a casarse, y murió a la edad de 80 años.

Obras principales

1781 *Crítica de la razón pura.*
1785 *Fundamentación de la metafísica de las costumbres.*
1788 *Crítica de la razón práctica.*
1790 *Crítica del juicio.*

el cuerpo forma parte de nosotros, y, aún más, es el medio a través del cual nos topamos con otras cosas (usando nuestra piel, nervios, ojos, oídos, etc.). Esto nos proporciona una manera de entender la distinción entre los cuerpos y el mundo exterior: el cuerpo, en cuanto medio de mis sensaciones, es diferente de otras cosas exteriores y materiales.

Influencia posterior

Se puede afirmar que *Crítica de la razón pura* es la obra más importante de la historia de la filosofía moderna. De hecho, muchos pensadores actuales dividen el pensamiento filosófico entre el anterior y el posterior a Kant.

Antes de Kant, empiristas como John Locke hacían hincapié en lo que Kant dio en llamar sensibilidad, mientras que los racionalistas como Descartes tendían a hacerlo en el entendimiento. Kant defiende que nuestra experiencia del mundo siempre implica ambas cosas, de forma que es frecuente oír que Kant combinó el racionalismo y el empirismo.

Después de Kant, la filosofía alemana en particular progresó rápidamente. Los idealistas Johann Fichte, Friedrich Schelling y Georg Hegel desarrollaron los argumentos kantianos en nuevas direcciones, influyendo a su vez en el pensamiento del siglo XIX, desde el romanticismo hasta el marxismo. La sofisticada crítica kantiana del pensamiento metafísico también resultó importante para el positivismo, que mantenía que cualquier afirmación justificable tiene que poder verificarse científica o lógicamente.

El hecho de que Kant concibiese lo a priori incluso en nuestras intuiciones sobre el mundo, tendría una gran importancia en la fenomenología del siglo XX, como en el caso de Edmund Husserl o Martin Heidegger, que trataron de examinar los objetos de la experiencia independientemente de cualquier presupuesto que pudiésemos tener acerca de ellos. La obra de Kant sigue siendo una referencia básica para los filósofos actuales, especialmente en las ramas de la metafísica y de la epistemología. ∎

LA SOCIEDAD ES, CIERTAMENTE, UN CONTRATO

EDMUND BURKE (1729–1797)

Con frecuencia los desafectos se lamentan al son de «no es culpa mía… la culpa la tiene la sociedad». Pero el significado del término «sociedad» no está del todo claro, y ha ido variando con el tiempo. Durante el siglo XVIII, cuando escribía el filósofo y estadista irlandés Edmund Burke, Europa vivía un auge del comercio, y la idea de que la sociedad era un acuerdo mutuo entre sus miembros –al modo de una empresa comercial– era generalmente aceptada. Sin embargo, esto implica que solamente las cosas materiales son importantes en la vida. Burke intenta reequilibrar la balanza recordando que las personas también enriquecen su vida con la virtud, el arte y la ciencia, y que si bien la sociedad

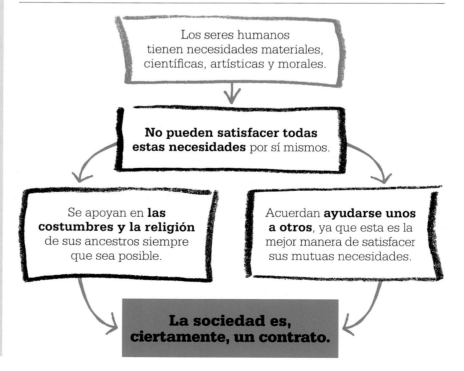

Los seres humanos tienen necesidades materiales, científicas, artísticas y morales.

No pueden satisfacer todas estas necesidades por sí mismos.

Se apoyan en **las costumbres y la religión** de sus ancestros siempre que sea posible.

Acuerdan **ayudarse unos a otros**, ya que esta es la mejor manera de satisfacer sus mutuas necesidades.

La sociedad es, ciertamente, un contrato.

Véase también: John Locke 130–133 ▪ David Hume 148–153 ▪ Jean-Jacques Rousseau 154–159 ▪ Adam Smith 160–163 ▪ John Rawls 294–295

es desde luego un contrato o acuerdo, no se trata de mera economía, o, según sus palabras, de «simple existencia animal». La sociedad encarna el bien común (el acuerdo sobre costumbres, normas y valores), pero para Burke «sociedad» significa algo más que la gente que vive en un momento dado, pues incluye a los antepasados y descendientes. Más aún, dado que toda constitución política forma parte del «gran contrato primigenio de la sociedad eterna», el propio Dios es el garante último de la sociedad.

En el centro de la concepción de Burke está la doctrina del pecado original (la idea de que nacemos pecadores), y por lo tanto siente escasa simpatía por quien culpe a la sociedad de su propia conducta. Además, rechaza la idea de John Locke de que la educación nos pueda hacer mejores, como si naciéramos inocentes y sólo fuera preciso recibir las influencias adecuadas. Según Burke, la falibilidad del juicio individual es lo que hace necesaria la tradición, que nos da los fundamentos morales necesarios, lo que recuerda a David Hume cuando afirmaba que el hábito es el gran guía de la vida humana.

Tradición y cambio

Al ser la sociedad una estructura orgánica que hunde raíces profundas en el pasado, Burke opinaba que su organización política debía desarrollarse de modo natural a lo largo del tiempo. Rechazaba los cambios políticos radicales o abruptos que pudieran interrumpir dicho proceso, por lo que se opuso a la Revolución Francesa de 1789, de la que predijo los peligros mucho antes de la ejecución del rey y del período conocido como el Terror. Debido a ello también criticó en varias ocasiones a Jean-Jacques Rousseau, en cuya obra *El contrato*

social afirmaba que el contrato entre los ciudadanos y el Estado se puede romper en todo momento en función de la voluntad del pueblo. Otra diana habitual para los dardos de Edmund Burke fue Joseph Priestley, científico y filósofo inglés, quien aplaudió la Revolución Francesa y ridiculizó la noción de pecado original.

A pesar de su escepticismo ante el materialismo de la sociedad moderna, Burke era un gran defensor de la propiedad privada, y contemplaba el mercado libre con optimismo. Por eso acostumbra a ser aclamado como padre del conservadurismo moderno, filosofía que valora tanto la libertad económica como la tradición. Incluso en la actualidad, muchos socialistas se mostrarían de acuerdo con Burke en que la propiedad privada es una institución fundamental, pero no en qué valor tiene. Asimismo, los filósofos preocupados por la ecología comparten su visión sobre los deberes de una generación para con las siguientes, pero con el nuevo programa de crear una «sociedad sostenible». ▪

Burke condenó la Revolución Francesa debido a su rechazo indiscriminado del pasado. Creía que el cambio debía ser gradual, una idea que sería fundamental para el conservadurismo moderno.

Edmund Burke

El político angloirlandés Edmund Burke nació y se formó en Dublín. Desde joven estuvo convencido de que la filosofía era una preparación útil para la política, y durante la década de 1750 escribió varios notables ensayos sobre estética y sobre los orígenes de la sociedad. Fue miembro del parlamento inglés entre 1766 y 1794, así como miembro destacado del partido *whig*, el más liberal de los dos partidos aristocráticos de la época.

Burke simpatizó con la causa de la independencia de las colonias norteamericanas, que, bajo su punto de vista, dio lugar a una revolución del todo justificada. Más tarde participó en el proceso judicial de Warren Hastings, gobernador general de India. A lo largo de toda su vida Burke fue muy crítico con los abusos coloniales, lo que le hizo ganar la reputación de ser la conciencia del Imperio británico.

Obras principales

1756 *Vindicación de la sociedad natural.*
1770 *Pensamientos sobre las causas del actual descontento.*
1790 *Reflexiones sobre la revolución en Francia.*

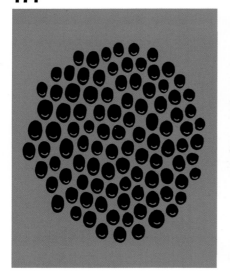

LA MAYOR FELICIDAD PARA EL MAYOR NUMERO
JEREMY BENTHAM (1748–1832)

Jeremy Bentham, filósofo y reformador legal, estaba plenamente convencido de que toda actividad humana tan sólo responde a dos fuerzas motivadoras: la evitación del dolor y la búsqueda del placer. En su obra *Los principios de la moral y la legislación* (1789), sostuvo que todas las decisiones sociales y políticas tienen que tener como finalidad proporcionar la mayor felicidad al mayor número posible de personas. Bentham creía que el valor moral de dichas decisiones guarda una relación directa con su utilidad, o eficacia, para generar felicidad o placer. En una sociedad basada en tal enfoque utilitario, enuncia, los conflictos de interés entre individuos pueden ser resueltos por legisladores que se guíen por el principio de contentar a cuantos sea posible. Si es posible contentar a todos, tanto mejor, pero si fuera necesario elegir, siempre es preferible favorecer a los más antes que a los menos.

Una de las grandes ventajas del sistema propuesto, dice Bentham, es su simplicidad. Al adoptar sus ideas se evitan las confusiones y malas interpretaciones de sistemas políticos más complejos, con sus consiguientes injusticias y agravios.

El cálculo del placer

Mucho más polémica resultó la propuesta de Bentham sobre un «cálculo felicífico» capaz de expresar matemáticamente el grado de felicidad que experimenta cada uno de los individuos. Este método preciso, afirmaba, proporcionaría una base objetiva para resolver conflictos éticos, al tomarse las decisiones a favor de la opción para la que se haya calculado un mayor grado de placer.

Bentham insiste también en que todas las fuentes de placer tienen un valor igual, por tanto la felicidad obtenida gracias a una buena comida o a una amistad estrecha es del mismo tipo que la de una actividad que puede requerir esfuerzo o formación, tal como tomar parte en un debate filosófico o leer poesía. En consecuencia, Bentham supone que todos los seres humanos son iguales, y que la felicidad completa es algo accesible a todos, sea cual sea su clase social o sus capacidades. ∎

Véase también: Epicuro 64–65 ▪ Thomas Hobbes 112–115 ▪ David Hume 148–153 ▪ John Stuart Mill 190–193 ▪ Henry Sidgwick 336

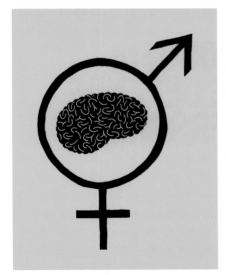

LA MENTE NO TIENE GENERO

MARY WOLLSTONECRAFT (1759–1797)

EN CONTEXTO

RAMA
Filosofía política

ORIENTACIÓN
Feminismo

ANTES
Siglo IV A.C. Platón aconseja que la educación de las niñas sea similar a la de los niños.

Siglo IV D.C. En Alejandría (Egipto), la destacada filósofa y matemática Hipatia practica la docencia.

1790 En *Letters on Education*, la historiadora británica Catherine Macaulay afirma que la aparente inferioridad de las mujeres se debe a una educación errónea.

DESPUÉS
1869 John Stuart Mill defiende la igualdad de los sexos en *El sometimiento de la mujer*.

Finales del siglo XX Una ola de activismo feminista empieza a lograr cambios en muchas de las desigualdades sociopolíticas entre los sexos en Occidente.

D urante la mayor parte de la historia, la mujer ha vivido subordinada al hombre. Sin embargo, durante el siglo XVIII tal estado de cosas comenzó a ser puesto en entredicho, y entre las voces más destacadas que denunciaron esta injusticia estuvo la de la radical inglesa Mary Wollstonecraft.

Un importante número de eruditos anteriores habían justificado en la diferencia física entre los sexos la desigualdad social entre hombres y mujeres. Sin embargo, a la luz de las nuevas ideas surgidas en el siglo XVII, como la de John Locke en el sentido de que prácticamente todo el conocimiento procedía de la experiencia y la educación, la validez de dicha postura se empezó a cuestionar.

Una educación igualitaria

Wollstonecraft defiende que si hombres y mujeres reciben la misma educación, adquirirán el mismo buen carácter y enfoque racional ante la vida, ya que sus mentes y cerebro son en lo fundamental similares. Su libro *Vindicación de los derechos de la mujer*, publicado en 1792, era en parte una respuesta a *Emilio*, de Jean-Jacques Rousseau (1762), donde recomienda una educación distinta para niños y niñas, y que estas aprendan a tratar a los primeros con deferencia.

La reclamación de Wollstonecraft de que las mujeres fueran tratadas como ciudadanas iguales a los hombres –con los mismos derechos legales, sociales y políticos– siguió siendo vista generalmente con desprecio a finales del siglo XVIII, pero sembró la semilla de los movimientos sufragistas y feministas que surgieron con fuerza en los siglos XIX y XX. ∎

Que la mujer comparta los derechos del hombre y emulará sus virtudes.
Mary Wollstonecraft

Véase también: Platón 50–55 ▪ Hipatia de Alejandría 331 ▪ John Stuart Mill 190–193 ▪ Simone de Beauvoir 276–277 ▪ Luce Irigaray 320 ▪ Hélène Cixous 322

EL TIPO DE FILOSOFIA QUE UNO ELIGE DEPENDE DEL TIPO DE PERSONA QUE UNO ES
JOHANN GOTTLIEB FICHTE (1762–1814)

Johann Gottlieb Fichte fue un filósofo alemán del siglo XVIII, discípulo de Kant. Se interesó en cómo nos es posible existir como seres éticos con libre albedrío si vivimos en un mundo que parece estar determinado de un modo causal, es decir, en un mundo donde todo acontecimiento sigue necesariamente a acontecimientos y condiciones previos, de acuerdo con las inmutables leyes de la naturaleza.

La idea de que existe un mundo como este «ahí afuera», más allá de nuestras conciencias e independiente de nosotros, se denomina «dogmatismo». Dicha idea fue ganando terreno durante la época de la Ilustración, pero Fichte cree que no deja lugar a las elecciones ni a los valores morales. ¿Cómo puede considerarse, se pregunta, que la gente tiene libre albedrío si todo está determinado por algo que existe fuera de nosotros?

Fichte defiende, en cambio, una versión del idealismo similar a la de Kant, en la cual nuestra mente crea lo que creemos que es la realidad. En ese mundo idealista, la conciencia es una entidad o esencia activa que exis-te más allá de los influjos causales y que es capaz de pensar y elegir libre, independiente y espontáneamente.

Fichte considera que el idealismo y el dogmatismo son dos puntos de partida absolutamente diferentes que, sostiene, nunca podrían «combinarse» en un sistema filosófico. Ni hay manera de probar filosóficamente cuál es correcto, ni se puede usar uno para refutar el otro, lo que hace que uno no pueda «elegir» en qué filosofía cree por razones objetivas o racionales sino exclusivamente por «el tipo de persona que uno es». ∎

Piensa
el «yo» y observa
qué implica hacerlo.
Johann Gottlieb Fichte

NO HAY TEMA SOBRE EL QUE SE FILOSOFE MENOS QUE SOBRE LA FILOSOFÍA
FRIEDRICH SCHLEGEL (1772-1829)

EN CONTEXTO

RAMA
Metafilosofía

ORIENTACIÓN
Reflexividad

ANTES
C. 450 A.C. Protágoras defiende que no hay primeros principios o verdades absolutas: «El hombre es la medida de todas las cosas».

1641 René Descartes afirma haber encontrado un primer principio sobre el que basar las creencias sobre la existencia: «Pienso, luego existo».

DESPUÉS
1830 Georg Hegel piensa que «la filosofía en su totalidad se parece a un círculo de círculos».

Década de 1920 Martin Heidegger dice que la filosofía es cuestión de nuestra relación con nuestra propia existencia.

1967 Jacques Derrida defiende que el análisis filosófico sólo se puede llevar a cabo en el plano del lenguaje y del texto.

Se suele considerar que el historiador y poeta alemán Friedrich Schlegel introdujo el uso de aforismos (dichos breves y ambiguos) en la filosofía moderna. En 1798 observó que se filosofaba muy poco acerca de la filosofía (metafilosofía), por lo que deberíamos poner en duda tanto el modo de funcionar de la filosofía occidental como su suposición de que el mejor enfoque sea la argumentación lineal.

Friedrich Schlegel no estaba de acuerdo con los enfoques de Aristóteles y de Descartes. Aseguraba que se equivocaron al suponer que existían unos «primeros principios» sólidos que podían servir como punto de partida. Tampoco creía en las respuestas definitivas, pues toda conclusión de una argumentación se podía perfeccionar infinitamente. Al describir su propio enfoque, Schlegel dice que la filosofía siempre «debe empezar por el medio… que es un todo, y que el camino al reconocimiento no es una línea recta sino un círculo».

La concepción holística de Schlegel (ver la filosofía como un todo) se integra en el contexto de sus teorías románticas sobre el arte y la vida, en las que da más valor a la emoción individual que a la reflexión racional, en contra de la mayoría del pensamiento ilustrado. Aunque su ataque contra la filosofía anterior no era necesariamente correcto, su contemporáneo Georg Hegel adoptó la causa de la reflexividad, que es el término actual para la aplicación de métodos filosóficos a la propia filosofía. ■

La filosofía es el arte de pensar, y Schlegel señala que sus métodos afectan a las respuestas que puede ofrecer. Las filosofías occidental y oriental usan enfoques muy diferentes.

Véase también: Protágoras 42–43 ▪ Aristóteles 56–63 ▪ René Descartes 116–123 ▪ Georg Hegel 178–185 ▪ Martin Heidegger 252–255 ▪ Jacques Derrida 308–313

LA REALIDAD ES UN PROCESO HISTORICO

GEORG WILHELM FRIEDRICH HEGEL (1770–1831)

Después de haber completado su primera obra filosófica, la exhaustiva *Un sistema de la lógica* en seis volúmenes, Mill dirigió su atención a la filosofía moral, en particular hacia las teorías utilitarias de Bentham. Le había impactado la elegante simplicidad del principio «la mayor felicidad para el mayor número», de cuya utilidad estaba firmemente convencido. Mill describe su interpretación de cómo se podría aplicar el utilitarismo como algo similar a la regla de oro de Jesús de Nazaret: haz por los otros lo que quieras que hagan por ti, y ama a tu vecino como a ti mismo. Para él esto constituye «la perfección ideal de la moral utilitaria».

Legislar para la libertad

Mill apoya el principio de la felicidad de Bentham, pero lo encuentra poco práctico. Según Jeremy Bentham, la idea dependía de un abstracto «cálculo felicífico» (un algoritmo que permitiera calcular la felicidad), pero lo que Mill desea es saber de qué modo se podía aplicar al mundo real. Le interesan las implicaciones sociales y políticas del principio, y no tanto su mera utilidad a la hora de tomar decisiones de tipo moral. ¿Cómo podría afectar al individuo una legislación tendente a «la mayor felicidad para el mayor número»? ¿Podrían tales leyes, al imponer el criterio de la mayoría, impedir de hecho a algunos alcanzar la felicidad?

Mill defiende que la solución consiste en que la educación y la opinión pública trabajen conjuntamente en el establecimiento de una «asociación indisoluble» entre la felicidad del individuo y el bien de la sociedad en su conjunto. El resultado sería que la gente estaría siempre motivada para

actuar no tan sólo en beneficio propio, sino en el de todos. Mill concluye que por tanto la sociedad debe permitir a todos los individuos la libertad de buscar la felicidad a través de metas personales, y que tal derecho debe ser protegido con leyes por el gobierno. Hay, sin embargo, una situación en la que dicha libertad debe ser limitada: cuando la acción de uno perjudica la felicidad de otro. Esto se conoce como «principio del daño», y Mill lo subraya diciendo que en tales casos el propio bien de una persona, ya sea físico o moral, no es un aval suficiente.

Cuantificar la felicidad

A continuación, Mill dirige su atención a la mejor manera para medir la felicidad. Bentham había considerado la duración y la intensidad de los placeres para su cálculo felicífico, pero Mill considera también importante la calidad del placer. Con ello se refiere a las diferencias entre una mera satisfacción de los deseos y placeres sensuales, y la felicidad

La parábola del buen samaritano que ayuda a su enemigo ejemplifica la regla de oro de Mill: trata a los demás como quisieras que te trataran a ti. Con ello creía que la sociedad en su conjunto sería más feliz.

obtenida por empeños intelectuales y culturales. En su «ecuación de la felicidad», Mill concede mayor peso a los placeres más elevados e intelectuales que a los viles y físicos.

De acuerdo a su formación empírica, Mill trata luego de establecer la esencia de la felicidad. Se pregunta qué es lo que se esfuerza por conseguir cada individuo y qué provoca la felicidad, para finalmente decidir que «la única prueba que es posible encontrar de que una cosa es deseable, es que la gente de hecho la desea». Esta parece una explicación más bien insatisfactoria, pero luego pasa a distinguir entre dos tipos de deseos: los inmotivados (aquellas cosas que deseamos y que nos darán placer) y las acciones conscientes (las cosas que hacemos por un sentido del deber o por caridad, a menudo en contra de nuestras propias inclinaciones, y que en último término nos causan placer). En el primer caso, deseamos algo como parte de nuestra felicidad, pero en el segundo lo deseamos como medio hacia la misma, la cual se siente sólo cuando el acto alcanza su fin virtuoso.

Utilitarismo práctico

Mill nunca fue un filósofo puramente académico, sino que pensaba que sus teorías debían ser llevadas a la práctica. Por esa razón consideró lo que ello podría suponer en términos de gobierno y legislación. Consideraba tiranía toda restricción a la libertad del individuo para buscar la felicidad, ya fuese la tiranía colectiva de la mayoría (por medio de elecciones democráticas) o el gobierno personal de un déspota. Por lo tanto, propuso medidas prácticas para restringir el poder de la sociedad sobre el individuo y proteger los derechos de este a la libertad de expresión.

Mientras fue miembro del parlamento, Stuart Mill propuso numerosas reformas que no fueron aplicadas

La Sociedad Nacional por el Sufragio Femenino se constituyó en Gran Bretaña en 1868, un año después de que John Stuart Mill abogara por el derecho al voto femenino con una enmienda a la ley de reforma de 1867.

hasta mucho más tarde, pero sus discursos consiguieron atraer la atención de un cuantioso público hacia las aplicaciones liberales de su filosofía utilitaria. Como filósofo y político, Mill fue un defensor decidido de la libertad de expresión, los derechos humanos básicos y de abolir la esclavitud, todo ello aplicaciones prácticas de su utilitarismo. Muy influido por su esposa Harriet Taylor-Mill, fue el primer parlamentario británico que propuso conceder el voto a la mujer como parte de sus reformas de gobierno. Su filosofía liberal abarcaba también lo económico, y, contrariamente a las teorías económicas de su padre, defendió siempre una economía de mercado libre con una mínima intervención estatal.

Una revolución más blanda

John Stuart Mill sitúa al individuo, en lugar de a la sociedad, en el epicentro de su filosofía utilitaria. Lo importante es que los individuos sean libres para pensar y actuar como deseen, sin interferencias, incluso cuando lo que hagan les sea perjudicial. Todo individuo, sostiene Mill en su ensayo *Sobre la libertad*, «es soberano sobre

su propio cuerpo y mente». Sus teorías vinieron a encarnar el liberalismo victoriano, suavizando las ideas radicales que habían desembocado en las revoluciones de Europa y América, y combinándolas con la premisa de liberarse de la injerencia de la autoridad. Esta es para Mill la base del gobierno justo y el medio hacia el progreso social, ideal victoriano importante. Mill opinaba que si la sociedad permite a los individuos vivir de un modo que los haga felices, les permite alcanzar su potencial. Esto, a su vez, beneficia a la sociedad, ya que los logros del talento individual contribuyen al bien común.

En vida Mill fue tenido por un filósofo importante, y actualmente es considerado como el arquitecto del liberalismo victoriano. Su filosofía de inspiración utilitaria ejerció una influencia directa sobre el pensamiento social, político, filosófico y económico hasta bien entrado el siglo XX. Diversas interpretaciones en torno a su aplicación del utilitarismo al mercado libre han dado forma a la ciencia económica moderna, en particular la del economista británico John Maynard Keynes. Dentro del campo de la ética, filósofos como Bertrand Russell, Karl Popper, William James y John Rawls tomaron a Mill como punto de partida. ∎

Una persona con una convicción es una fuerza social igual a 99 que tengan sólo intereses.
John Stuart Mill

LA ANGUSTIA ES EL VERTIGO DE LA LIBERTAD

SØREN KIERKEGAARD (1813–1855)

Cuando tomamos decisiones, tenemos una **absoluta libertad** de elección.

Nos damos cuenta de que podemos elegir no hacer **nada** o hacer **cualquier cosa**.

Ante el pensamiento de la libertad absoluta, nuestras mentes **se tambalean**.

Un sentimiento de espanto o de **angustia** acompaña a ese pensamiento.

La angustia es el vértigo de la libertad.

La filosofía de Kierkegaard se desarrolló como una reacción al idealismo alemán, especialmente el de Georg Hegel, que dominó la Europa continental a mediados del siglo XIX. Kierkegaard quería refutar la idea hegeliana de un sistema filosófico absoluto que definía la humanidad como parte de un desarrollo histórico ineluctable, por lo que defendía un enfoque más subjetivo. Quería analizar «lo que significa ser un hombre», no como parte de un sistema filosófico grandioso sino en cuanto individuo autodeterminado.

Para Kierkegaard, nuestras vidas se hallan determinadas por nuestras acciones, que, a su vez, lo están por nuestras elecciones, de modo que cómo llevamos a cabo dichas elecciones es decisivo para nuestras vidas. Como Hegel, ve las decisiones morales como una elección entre lo hedonista (autogratificante) y lo ético; pero, mientras Hegel creía que esa elección estaba determinada en gran parte por las condiciones históricas y el entorno de cada época, Kierkegaard opina que las elecciones morales son absolutamente libres y, ante todo, subjetivas: es únicamente nuestra voluntad la que determina nuestro juicio. Sin embargo, en lugar de ser una razón para la felicidad, esta absoluta libertad de elección nos produce un sentimiento de ansiedad o espanto.

Kierkegaard explica en *El concepto de la angustia* dicho sentimiento. Como ejemplo, nos propone imaginar un hombre en lo alto de un precipicio o un edificio alto. Si este se inclina sobre el borde, experimenta dos tipos de miedo: el miedo a caerse y el miedo producido por su impulso a tirarse. Este segundo tipo de miedo, o angustia, surge de la conciencia de que tiene absoluta libertad de elegir si quiere tirarse o no, y ese miedo es tan vertiginoso como el vértigo. Kierkegaard sugiere que percibimos esa misma angustia ante todas nuestras elecciones morales, cuando nos hacemos conscientes de que somos libres de tomar hasta las decisiones más terribles. Describe esta angustia como «el vértigo de la libertad» y sostiene que, aunque produce desesperación, también puede alertarnos de una reacción precipitada al hacernos más conscientes de las opciones posibles. En este sentido, aumenta nuestra conciencia de nosotros mismos y nuestro sentido de responsabilidad personal.

El padre del existencialismo

Las ideas de Kierkegaard toparon con el rechazo de sus coetáneos, pero tuvieron mucha influencia en las generaciones posteriores. Su insistencia en la importancia y libertad de nuestras elecciones, así como en la busca continua de sentido y propósito, proporcionaría el marco para el existencialismo. Esta filosofía, desarrollada por Friedrich Nietzsche y Martin Heidegger, y posteriormente definida por Jean-Paul Sartre, explora las formas en que cobra sentido vivir en un universo sin dios, en el que cada acto

Hamlet se ve atrapado ante una terrible elección: matar a su tío o dejar sin vengar la muerte de su padre. El drama de Shakespeare muestra la angustia de la verdadera libertad de elección.

es una elección, excepto el de nuestro propio nacimiento. A diferencia de estos pensadores posteriores, Kierkegaard no abandonó su fe en Dios, pero fue el primero en dar relevancia a la conciencia de uno mismo y al «vértigo» o miedo de la libertad absoluta. ∎

Søren Kierkegaard

Søren Kierkegaard nació en Copenhague en 1813, durante lo que se conoció como Edad Dorada de la cultura danesa. Su padre, un rico comerciante, era de carácter piadoso y melancólico, dos rasgos que heredó su hijo y que tuvieron una enorme influencia sobre su filosofía. Estudió teología en la Universidad de Copenhague, aunque también asistió a clases de filosofía. Después de heredar una fortuna considerable, decidió consagrar su vida a la filosofía. En 1837 se enamoró de Regine Olsen, con la que se comprometió tres años más tarde, pero al año siguiente rompió el compromiso alegando que su melancolía lo hacía inadecuado para la vida matrimonial. Aunque nunca llegó a perder su fe en Dios, criticaba continuamente a la Iglesia Nacional Danesa por su hipocresía. En 1855 cayó inconsciente en la calle y murió un mes más tarde.

Obras principales

1843 *Temor y temblor.*
1843 *O lo uno o lo otro.*
1844 *El concepto de la angustia.*
1847 *Las obras del amor.*

LA HISTORIA DE TODAS LAS SOCIEDADES QUE HA HABIDO HASTA EL PRESENTE ES LA HISTORIA DE LA LUCHA DE CLASES

KARL MARX (1818–1883)

Esta sería la sociedad utópica y libre de conflictos que marcaría el final de la dialéctica. Marx opinaba que esa sociedad perfecta no necesitaría un gobierno, sino tan sólo una administración que pondrían en marcha los líderes de la revolución: el «partido» comunista (con lo que se refería más a quienes se adhiriesen a la causa que a ninguna organización específica). En este nuevo tipo de Estado (que Marx llamó «dictadura del proletariado»), la gente disfrutaría de una democracia genuina y de una propiedad socializada de la riqueza. Marx pensaba que, poco después de este último cambio en el modo de producción hacia una sociedad perfecta, desaparecería el poder político tal como se había entendido hasta entonces, ya que no habría ninguna razón para la disensión política o el crimen.

El poder político

Marx predijo que el resultado de las intensas luchas de clases en Europa entre la burguesía y la clase traba-jadora asalariada se haría evidente tan sólo cuando la gran mayoría de la gente careciese de propiedad y se viese obligada a vender su fuerza de trabajo a cambio de un salario. Creía que la desproporción entre la pobreza y la gran riqueza de unos pocos se iría haciendo cada vez más obvia y el comunismo se iría volviendo cada vez más atractivo.

Sin embargo, Marx no esperaba que los opositores del comunismo cediesen fácilmente sus privilegios. En cada período histórico, la clase opresora siempre ha gozado de la ventaja de controlar tanto el gobierno como la justicia para reforzar su dominio económico. Así, el Estado moderno era, en palabras del propio Marx, «un comité para la gestión de los asuntos de la clase burguesa», y las luchas de grupos excluidos para que se tuvieran en cuenta sus propios intereses –como la batalla para extender el derecho al voto– no eran sino maneras en las que se expresaba a corto plazo el conflicto económico subyacente.

Marx veía los partidos y los intereses políticos como meros vehículos de las ambiciones económicas de las clases opresoras, que estaban obligadas a aparentar que actuaban en nombre del interés general para alcanzar el poder o mantenerlo.

El camino a la revolución

La originalidad de Marx radica más en su combinación de ideas preexistentes que en la creación de nuevas ideas. Su sistema reúne visiones de los idealistas alemanes, sobre todo de Georg Hegel y de Ludwig Feuerbach; de teóricos políticos franceses, como Jean-Jacques Rousseau; y de los economistas políticos británicos, en particular Adam Smith. Durante la primera mitad del siglo XIX, el socialismo se había convertido en una doctrina política reconocida, y de ahí derivó Marx perspectivas acerca de la propiedad, las clases, la explotación y las crisis comerciales.

Cuando Karl Marx publicó el *Manifiesto comunista*, el conflicto entre clases era evidente. Lo escribió justo antes de que una serie de revolucio-

Un espectro se cierne sobre Europa: el espectro del comunismo.
Karl Marx

nes en contra de las monarquías de muchos países europeos estallasen en 1848 y 1849. Durante las décadas anteriores, un enorme número de personas había emigrado del campo a las ciudades en busca de trabajo, aun cuando la Europa continental todavía no había sufrido el desarrollo industrial que había tenido lugar en Gran Bretaña. Una ola de descontento por parte de las clases pobres contra el statu quo se vio explotada por diversos políticos liberales o nacionalistas, con lo que por toda Europa afloraron revoluciones, aunque, en último término, dichos levantamientos fueron aplastados y produjeron pocos cambios permanentes.

Pese a esto, durante el siglo XX el *Manifiesto* se convirtió en un símbolo, inspirando revoluciones en Rusia, China y muchos otros países. Sin embargo, la brillantez de las teorías de Marx se vio ensombrecida en la práctica: la fuerte represión en la Rusia estalinista, en la China maoísta o en la Camboya de Pol Pot ha desacreditado profundamente sus teorías políticas e históricas.

La crítica del marxismo

Aunque Marx no pudo prever que el comunismo se implantaría de forma tan brutal en esas sociedades, fundamentalmente agrícolas, sus ideas

Los estados marxistas del siglo XX se sirvieron de una propaganda utópica, produciendo gran cantidad de pinturas y estatuas que glorificaban los logros de sus felices ciudadanos recién liberados.

no dejan de merecer una variedad de críticas. En primer lugar, Karl Marx sostuvo siempre que la revolución era inevitable, una parte esencial de su dialéctica que resulta, evidentemente, muy simplista, dado que la creatividad humana siempre es capaz de producir múltiples soluciones, mientras que la dialéctica no admite la posibilidad de mejoras a través de reformas graduales.

En segundo lugar, Marx tendía a adjudicarle al proletariado atributos sólo positivos y a sugerir que una sociedad comunista daría lugar, de alguna manera, a un nuevo tipo de ser humano, pero nunca esclareció cómo la dictadura de este proletariado perfecto podría ser diferente de las anteriores formas brutales de dictadura, ni de qué modo podría evitar los efectos corruptores del poder.

Por último, Marx apenas discutió que después de una revolución triunfante podrían surgir nuevas amenazas para la libertad: dio por sentado que la pobreza era la única causa de la criminalidad. Sus críticos han alegado también que nunca llegó a entender bien las fuerzas del nacionalismo y que, además, nunca tuvo en cuenta el papel del liderazgo individual en el mundo de la política. De hecho, el movimiento comunista del siglo XX acabaría produciendo «cultos a la persona» inmensamente poderosos en casi todos los países gobernados por los comunistas.

Influencia posterior

Las ideas de Marx han sido enormemente influyentes a pesar de las críticas y las crisis provocadas por sus teorías. Como crítico del capitalismo de mercado y como teórico de la economía y el socialismo, Marx es aún relevante en la política y la economía de hoy. Muchos estarían de acuerdo con el filósofo ruso-británico Isaiah Berlin en que el *Manifiesto comunista* es «la obra de un genio». ∎

Karl Marx

El pensador revolucionario más famoso del siglo XIX nació en la ciudad alemana de Trier. Hijo de un abogado judío convertido al cristianismo, Marx estudió derecho en la Universidad de Bonn, donde conoció Jenny von Westphalen, su futura esposa. Posteriormente estudió en la Universidad de Berlín, antes de trabajar como periodista. Sus escritos fueron censurados por la monarquía prusiana al ser favorables a la democracia, y se vio obligado a exiliarse en Francia y Bélgica. Fue durante esta época cuando Karl Marx elaboró una teoría única sobre el comunismo en colaboración con su compatriota Friedrich Engels.

Durante las revoluciones de 1848 y 1849 volvió a Alemania, pero tras las derrotas vivió el resto de su vida exiliado en Londres junto a su esposa y en una pobreza extrema. Marx murió, sin patrimonio alguno, a los 64 años, y tan sólo once personas asistieron al funeral.

Obras principales

1846 *La ideología alemana*.
1847 *La miseria de la filosofía*.
1848 *Manifiesto comunista*.
1867 *El capital*. Tomo I.

¿DEBE ALGUNA VEZ EL CIUDADANO SOMETER SU CONCIENCIA AL LEGISLADOR?
HENRY DAVID THOREAU (1817–1862)

EN CONTEXTO

RAMA
Filosofía política

ORIENTACIÓN
Inconformismo

ANTES
C. 340 A.C. Aristóteles afirma que la ciudad-estado está por encima del individuo.

1651 Thomas Hobbes sostiene que una sociedad sin gobierno fuerte revierte en la anarquía.

1762 Jean-Jacques Rousseau propone, en *El contrato social*, el gobierno por la voluntad popular.

DESPUÉS
1907 Mahatma Gandhi cita a Thoreau como influencia en su campaña de resistencia no violenta en Sudáfrica.

1964 Martin Luther King recibe el premio Nobel de la paz por su campaña para acabar con la discriminación racial a través la desobediencia civil y la no cooperación.

Casi un siglo después de que Jean-Jacques Rousseau defendiera el carácter esencialmente benigno de la naturaleza, el filósofo estadounidense Henry Thoreau amplió esta idea al afirmar que «todo lo bueno es libre y salvaje», y que las leyes del hombre suprimen, más que protegen, las libertades civiles. Thoreau veía a los partidos políticos como inevitablemente parciales, y sus políticas a menudo como inmorales. Por ello creía que era deber del ciudadano protestar contra las leyes injustas, y que permitir su aplicación pasivamente les facilitaba una justificación de hecho. «Cualquier necio puede inventar una norma, y cualquier necio la cumplirá», dijo hablando de la gramática inglesa, pero el principio también recorre su filosofía política.

En su ensayo *Desobediencia civil*, escrito en 1849, Thoreau propone el derecho de los ciudadanos a la objeción de conciencia por medio de la no cooperación y la resistencia no violenta, lo cual puso en práctica al negarse a pagar impuestos destinados a sufragar la guerra contra México y perpetuar la esclavitud. Las ideas de Thoreau presentan un marcado contraste con las de su contemporáneo Karl Marx y el espíritu revolucionario de la Europa de la época, favorables a la acción violenta, pero más adelante fueron adoptadas por numerosos líderes de movimientos de resistencia, como Mahatma Gandhi y Martin Luther King. ■

La campaña de desobediencia civil de Mahatma Gandhi contra el poder británico en India incluyó la Marcha de la sal de 1930, realizada en protesta por las leyes injustas de la producción de sal.

Véase también: Jean-Jacques Rousseau 154–159 ▪ Adam Smith 160–163 ▪ Edmund Burke 172–173 ▪ Karl Marx 196–203 ▪ Isaiah Berlin 280–281 ▪ John Rawls 294–295

TEN EN CUENTA QUE EFECTOS TIENEN LAS COSAS
CHARLES SANDERS PEIRCE (1839–1914)

EN CONTEXTO

RAMA
Epistemología

ORIENTACIÓN
Pragmatismo

ANTES
Siglo XVII John Locke se enfrenta al racionalismo al remitir el origen de las ideas a las impresiones de los sentidos.

Siglo XVIII Immanuel Kant expone que la especulación sobre lo que está más allá de la experiencia no tiene sentido.

DESPUÉS
Década de 1890 William James y John Dewey adoptan la filosofía pragmática.

Década de 1920 En Viena, los positivistas lógicos formulan la teoría de la verificación: el significado de un enunciado es el método para verificarlo.

Década de 1980 La versión del pragmatismo de Richard Rorty afirma que se puede prescindir de la noción de verdad.

Charles Sanders Peirce fue el científico, lógico y filósofo de la ciencia que encabezó el movimiento filosófico conocido como pragmatismo. Muy escéptico ante las ideas metafísicas, como la de que hay un mundo «real» más allá del que experimentamos, en una ocasión pidió a sus lectores que considerasen qué había de erróneo en la teoría siguiente: en realidad, un diamante es blando, y sólo se vuelve duro al tocarlo.

Peirce afirma que en esa manera de pensar «no hay falsedad», ya que no se puede probar que es falsa. Al mismo tiempo, sostiene que el significado de un concepto (como «diamante» o «duro») se deriva del objeto o la cualidad con la que este se relaciona y de los efectos que tiene en nuestros sentidos. Así pues, es irrelevante que pensemos que, antes de experimentarlo, el diamante es «blando hasta que se lo toca» o «siempre duro». Con ambas teorías, la sensación producida por el diamante es igual y su uso es exactamente el mismo. Sin embargo, es mucho más difícil operar con la primera teoría, por lo que para nosotros tiene menos valor.

Dicha idea, la de que el significado de un concepto es el efecto sensorial de su objeto, se conoce como la máxima pragmática, y fue el principio fundador del pragmatismo: la creencia de que la «verdad» es la versión de la realidad que mejor funciona para nosotros.

Entre los principales objetivos de Peirce estaba el de mostrar que muchas discusiones científicas, filosóficas o teológicas carecían de sentido; eran discusiones acerca de palabras, no de la realidad, ya que eran debates en los que no se podía determinar ningún efecto sobre los sentidos. ∎

Nada es vital para la ciencia. Nada puede serlo.
Charles Sanders Peirce

Véase también: John Locke 130–133 ▪ Immanuel Kant 164–171 ▪ William James 206–209 ▪ John Dewey 228–231 ▪ Richard Rorty 314–319

ACTUA COMO SI TUS ACTOS HICIERAN LA DIFERENCIA

WILLIAM JAMES (1842–1910)

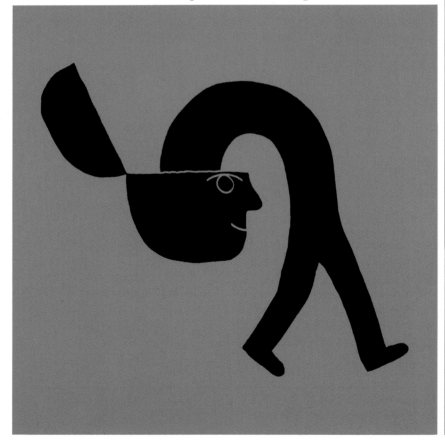

A lo largo del siglo XIX, a medida que EE UU iba encontrando su lugar como nación independiente, algunos filósofos de Nueva Inglaterra como Henry David Thoreau y Ralph Waldo Emerson dieron un sesgo reconociblemente norteamericano a las ideas románticas europeas. Sin embargo, fue la generación siguiente de filósofos, casi un siglo después de la Declaración de Independencia del país, la que aportó algo verdaderamente original.

El primero de ellos, Charles Sanders Peirce, formuló una teoría del conocimiento a la que llamó pragmatismo, pero su obra pasó desapercibida en su época. Fue su amigo de toda la vida, William James, ahijado de Ralph

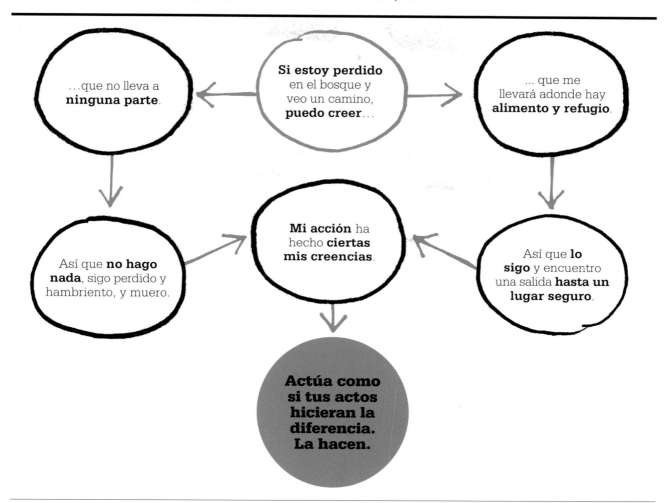

Emerson, quien defendió y desarrolló las ideas de Peirce.

Verdad y utilidad

En el pragmatismo de Peirce era fundamental la teoría de que no adquirimos conocimiento por la mera observación sino por la acción, y que nos servimos de ese conocimiento sólo en tanto que nos es útil, en el sentido de que nos explica las cosas de la manera adecuada. Cuando deja de cumplir esta función, o una explicación mejor lo hace superfluo, sustituimos dicho conocimiento. Por ejemplo, volviendo la mirada a la historia, observamos cómo nuestras ideas sobre el mundo han cambiado sin cesar: de creer que la Tierra era plana, a saber que es redonda; de pensar que es el centro del universo, a darnos cuenta de que es un planeta más en el vasto cosmos. Los supuestos antiguos fueron explicaciones perfectamente adecuadas en su tiempo, pero no son ciertos, y el universo mismo no ha cambiado. Lo que esto demuestra es que el conocimiento como herramienta explicativa es algo distinto de los hechos. Peirce analizó de este modo la naturaleza del conocimiento, pero James aplicaría el razonamiento a la noción de verdad. »

Toda manera de clasificar algo no es más que una forma de manejarlo con un fin determinado.
William James

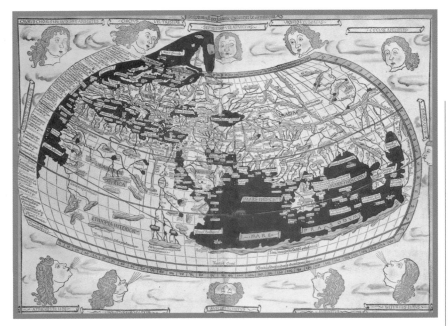

La idea de la Tierra plana sirvió como «verdad» útil durante varios miles de años, pese al hecho de que la Tierra es una esfera. Para James, es la utilidad de las ideas lo que determina su veracidad.

Para James, la verdad de una idea depende de su utilidad, es decir, de que sea apta o no para lo que de ella se espera. Cuando una idea no contradice los hechos conocidos –como las leyes de la ciencia– y ofrece un medio para predecir las cosas con precisión suficiente para nuestros objetivos, no hay razón para no considerarla cierta, del mismo modo que Peirce veía el conocimiento como herramienta útil, con independencia de los hechos.

Esta concepción de la verdad no sólo la distingue de los hechos, además movió a James a afirmar que «la verdad de una idea no es una propiedad inherente y estancada de la idea. La verdad es algo que les ocurre a las ideas, que se tornan ciertas, a las que los acontecimientos hacen ciertas. Su verdad es en realidad un acontecimiento, un proceso». Cualquier idea, si se actúa en función de ella, resulta ser cierta en virtud de nuestra acción: llevarla a la práctica es el proceso mediante el cual se vuelve cierta.

James considera también que la creencia en una idea es un factor importante al escoger actuar en función de ella; así la creencia forma parte del proceso que hace ciertas las ideas. Si me enfrento a una decisión difícil, mi creencia en una idea determinada me encaminará hacia una acción determinada, contribuyendo así al éxito de esta. Este es el razonamiento que lleva a James a definir las «creencias auténticas» como aquellas que resultan útiles a quien las tiene. De nuevo, distingue con sumo cuidado estas de los hechos, de los que dice que «no son ciertos. Simplemente son. La verdad es la función de las creencias que comienzan y terminan entre ellos».

El derecho a creer

Sería útil que cada vez que quisiéramos asentar una nueva creencia contáramos con todas las pruebas disponibles y el tiempo suficiente para tomar una decisión ponderada, pero,

William James

Nacido en Nueva York, James se crió en una acomodada familia, dedicada a actividades de tipo intelectual. Su padre fue un teólogo célebre por su excentricidad, y su hermano Henry se convirtió en un renombrado escritor. Junto a su familia, pasó varios años de su infancia en Europa, donde cultivó su afición a la pintura, pero a los 19 años de edad la abandonó para estudiar ciencias. Sus estudios en la Escuela Médica de Harvard se vieron truncados por mala salud y depresión, las cuales le impedirían la práctica de la medicina; aun así logró licenciarse, y en 1872 ocupó un puesto docente en fisiología en la Universidad de Harvard. Su creciente interés por los temas psicológicos y filosóficos acabó fructificando en publicaciones aclamadas, y en 1880 la misma universidad le otorgó una cátedra de filosofía. Allí enseñaría hasta su jubilación en 1907.

Obras principales

1890 *Principios de psicología.*
1896 *La voluntad de creer.*
1902 *Las variedades de la experiencia religiosa.*
1907 *El pragmatismo.*

por lo general, la vida nos niega ese lujo. O no hay tiempo suficiente para examinar los datos conocidos, o bien no tenemos bastantes pruebas, y nos vemos en la obligación de tomar una decisión. Debemos basarnos en nuestras creencias para guiar nuestras acciones; James dice que en tales casos tenemos el «derecho a creer».

James ilustra esto con el ejemplo de un hombre perdido y hambriento en el bosque: cuando vea un camino, es importante que crea que le permitirá salir de allí y llegar a un lugar habitado, pues si no lo cree no lo tomará, y seguirá perdido y hambriento. Si lo toma, en cambio, se salvará. Al actuar de acuerdo con la idea de que el camino le llevará a un lugar seguro, la idea se vuelve cierta. Así, nuestros actos y decisiones hacen que nuestra creencia en una idea se torne cierta, y este es el sentido de su frase «actúa como si tus actos hicieran la diferencia», a la que añadía la concisa y característica coletilla: «la hacen».

La creencia religiosa puede producir cambios extraordinarios en la vida de las personas, tales como la sanación en lugares de peregrinaje. Esto ocurre con independencia de que exista o no un dios.

Debemos, sin embargo, considerar dicha idea con cautela: una interpretación superficial de lo que James sostiene podría dar la impresión de que cualquier creencia, por estrafalaria que resulte, puede hacerse cierta si se actúa partiendo de ella, y no es eso lo que James afirma. Hay ciertas condiciones que debe cumplir una idea antes de que pueda tenerse por una creencia justificable: las pruebas disponibles deben estar a su favor y la idea debe poder resistir la crítica. En el proceso de actuar partiendo de una creencia determinada, esta debe justificarse continuamente por medio de su utilidad a la hora de incrementar nuestro conocimiento o predecir resultados, y aún así, sólo en retrospectiva podremos afirmar con seguridad que la creencia se ha hecho verdadera por actuar basándose en ella.

La realidad como proceso

James, además de filósofo, era psicólogo, y contemplaba las implicaciones de sus ideas en términos de psicología humana tanto como de teoría del conocimiento. Reconocía por ello la necesidad de tener determinadas creencias, en particular las religiosas. Aunque opinara que la creencia en un dios no es justificable como hecho, sí resulta útil para el creyente si le permite vivir una vida más plena o superar el miedo a la muerte. Una vida más plena o el no temer a la muerte, se vuelven cosas ciertas como resultado de una creencia y de las decisiones y actos basados en la misma.

Junto con su noción pragmática de la verdad, y en estrecha relación con ella, William James propone un tipo de metafísica al que llama «empirismo radical». Este enfoque toma la realidad por un proceso dinámico y activo, al igual que la verdad. Como los empiristas tradicionales precedentes, James rechaza la idea racionalista de que el mundo cambiante sea de alguna manera irreal, pero va

> El método pragmático supone apartar la mirada de los principios y dirigirla hacia las consecuencias.
> **William James**

más allá al afirmar que «para el pragmatismo [la realidad] está aún haciéndose», así como a la verdad se la hace ocurrir continuamente. Tampoco esta «corriente» de realidad es susceptible para James de análisis empírico, tanto porque está en un fluir constante como porque el acto de observarla afecta al análisis. En el empirismo radical de James, la sustancia última de la realidad es la experiencia pura, y a partir de ella se forman tanto la mente como la materia.

Influencia posterior

El pragmatismo, propuesto por Peirce y desarrollado luego por James, hizo de EE UU un centro importante del pensamiento filosófico en el siglo XX. La interpretación pragmática de la verdad de James influyó en la filosofía de John Dewey y engendró una escuela «neopragmática» de pensamiento en EE UU, con filósofos como Richard Rorty. En Europa, la metafísica de James influyó en Bertrand Russell y Ludwig Wittgenstein; su trabajo en psicología, a menudo íntimamente ligado a su filosofía, fue asimismo muy influyente, sobre todo por lo que se refiere al concepto del fluir de la conciencia, importante en la obra de escritores como Virginia Woolf y James Joyce. ∎

EL MUND
MODERN
1900–1950

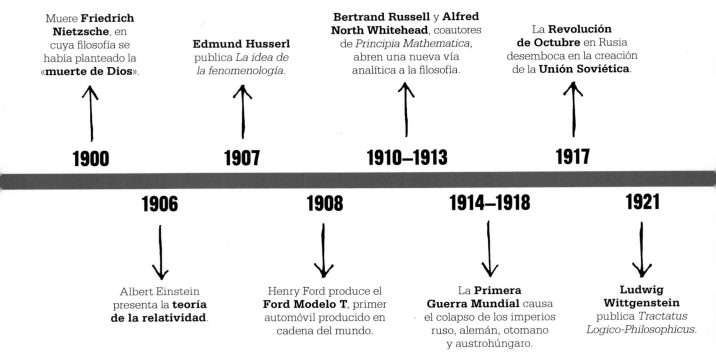

Muere **Friedrich Nietzsche**, en cuya filosofía se había planteado la «**muerte de Dios**».

Edmund Husserl publica *La idea de la fenomenología*.

Bertrand Russell y **Alfred North Whitehead**, coautores de *Principia Mathematica*, abren una nueva vía analítica a la filosofía.

La **Revolución de Octubre** en Rusia desemboca en la creación de la **Unión Soviética**.

1900   **1907**   **1910–1913**   **1917**

1906   **1908**   **1914–1918**   **1921**

Albert Einstein presenta la **teoría de la relatividad**.

Henry Ford produce el **Ford Modelo T**, primer automóvil producido en cadena del mundo.

La **Primera Guerra Mundial** causa el colapso de los imperios ruso, alemán, otomano y austrohúngaro.

Ludwig Wittgenstein publica *Tractatus Logico-Philosophicus*.

Hacia finales del siglo XIX, el pensamiento filosófico tomó un nuevo rumbo. La ciencia, y en particular la teoría de la evolución de Charles Darwin (1859), puso en entredicho la idea de un universo creado por Dios, con el hombre como máxima expresión de su genio creador. La filosofía política y moral se centró por completo en lo humano, y Karl Marx dijo de la religión que era el «opio del pueblo». Siguiendo los pasos de Arthur Schopenhauer, Friedrich Nietzsche mantuvo que la filosofía occidental, con sus raíces en las tradiciones griega y judeocristiana, estaba mal equipada para explicar tal visión moderna del mundo, y propuso un nuevo enfoque radical para buscar el significado de la vida basado en descartar los antiguos valores y tradiciones. Con ello marcó la pauta de gran parte de la filosofía del siglo XX.

Una nueva tradición analítica

En alguna medida, a principios del siglo XX la ciencia había respondido ya a distintas cuestiones filosóficas tradicionales tales como la pregunta de qué existe. Las teorías elaboradas por Albert Einstein ofrecían una explicación mucho más detallada acerca de la naturaleza del universo, y las teorías psicoanalíticas de Sigmund Freud aportaron una perspectiva radicalmente nueva sobre los procesos mentales.

Como resultado, los filósofos empezaron a ocuparse de cuestiones de filosofía política y moral, o bien a tareas más abstractas del análisis lógico y lingüístico, puesto que la filosofía se había convertido en un terreno para académicos profesionales. A la vanguardia de dicho movimiento de análisis lógico –que recibiría el nombre de filosofía analítica– destacó la obra de Gottlob Frege, quien vinculó el proceso filosófico de la lógica con las matemáticas.

Las ideas de Gottlob Frege fueron recibidas con gran entusiasmo por el filósofo y matemático británico Bertrand Russell, quien aplicó los principios de la lógica descritos por Frege a un análisis pormenorizado de la matemática en su obra *Principia Mathematica*, escrito junto a Alfred North Whitehead. Posteriormente, daría un paso que revolucionó el pensamiento filosófico, al aplicar estos mismos principios al lenguaje. El proceso de análisis lingüístico se convertiría en el tema dominante de la filosofía británica del siglo XX.

Ludwig Wittgenstein, uno de los alumnos de Russell, desarrolló el trabajo sobre lógica y lenguaje iniciado por su maestro, e hizo aportaciones

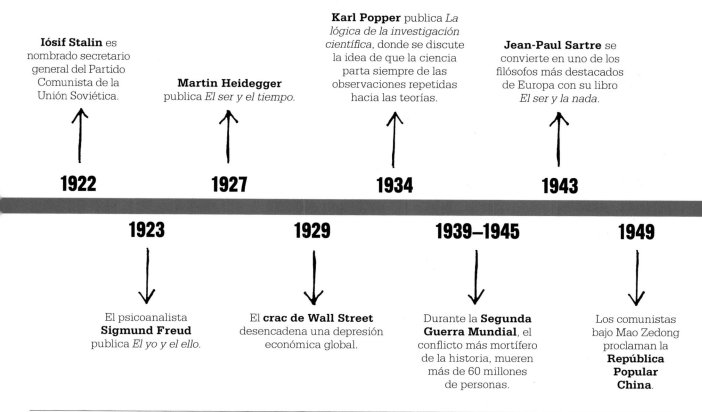

Iósif Stalin es nombrado secretario general del Partido Comunista de la Unión Soviética.

Martin Heidegger publica *El ser y el tiempo*.

Karl Popper publica *La lógica de la investigación científica*, donde se discute la idea de que la ciencia parta siempre de las observaciones repetidas hacia las teorías.

Jean-Paul Sartre se convierte en uno de los filósofos más destacados de Europa con su libro *El ser y la nada*.

1922   **1927**   **1934**   **1943**

1923   **1929**   **1939–1945**   **1949**

El psicoanalista **Sigmund Freud** publica *El yo y el ello*.

El **crac de Wall Street** desencadena una depresión económica global.

Durante la **Segunda Guerra Mundial**, el conflicto más mortífero de la historia, mueren más de 60 millones de personas.

Los comunistas bajo Mao Zedong proclaman la **República Popular China**.

clave en áreas tan diversas como la percepción, la ética y la estética, y se convirtió en uno de los pensadores más importantes de todo el siglo xx. Otro filósofo vienés algo más joven, Karl Popper, partió de Einstein para reforzar el vínculo entre pensamiento científico y filosofía.

Mientras tanto, en Alemania, los filósofos asumieron el reto planteado por las ideas de Friedrich Nietzsche con una filosofía que se basaba en la experiencia individual dentro de un universo sin dios: el existencialismo. La fenomenología (estudio de la experiencia) de Edmund Husserl puso los cimientos sobre los que construyó Martin Heidegger, también muy influido por el danés Søren Kierkegaard. El trabajo de Heidegger, de las décadas de 1920 y 1930, fue rechazado a mediados de siglo, en gran medida como consecuencia de sus relaciones con el partido nazi durante la Segunda Guerra Mundial, pero fue clave para el desarrollo del existencialismo e importante para la cultura de finales del siglo xx.

Guerras y revoluciones

Del mismo modo que cualquier otro ámbito cultural, el campo de la filosofía se vio afectado por las convulsiones políticas del siglo xx, pero a la vez realizó aportaciones a las ideologías que dieron forma al mundo de ese momento. La revolución de la que nació la Unión Soviética en la década de 1920 hundía sus raíces en el marxismo, filosofía política del siglo anterior que alcanzó una preponderancia mayor a la de cualquier otra religión, dominó las políticas del Partido Comunista de China hasta más o menos 1982 y sustituyó a las filosofías tradicionales por toda Asia.

Cuando la democracia liberal en Europa fue amenazada por el fascismo durante la década de 1930, muchos pensadores se vieron obligados a buscar asilo en Gran Bretaña y en EE UU, y la filosofía se inclinó hacia posturas liberales o de izquierda en respuesta a la opresión sufrida bajo los regímenes totalitarios. La Segunda Guerra Mundial y la Guerra Fría definieron la filosofía moral de la segunda mitad del siglo.

Finalmente, en Francia, los novelistas Simone de Beauvoir, Jean-Paul Sartre y Albert Camus pusieron de moda el existencialismo, tendencia que armonizaba con la perspectiva francesa de la filosofía como parte de una cultura esencialmente literaria, así como fundamental para la dirección que iba a tomar la filosofía continental en las últimas décadas del siglo xx. ∎

EL HOMBRE ES ALGO QUE DEBE SER SUPERADO

FRIEDRICH NIETZSCHE (1844–1900)

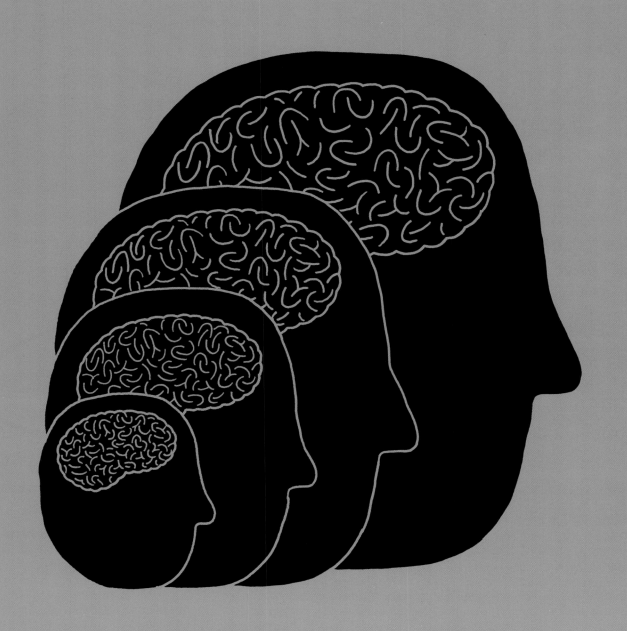

EN CONTEXTO

RAMA
Ética

ORIENTACIÓN
Existencialismo

ANTES
380 A.C. Platón estudia la distinción entre realidad y apariencia en su obra titulada *República*.

Siglo I D.C. El «Sermón de la montaña», del Evangelio según Mateo, insta a apartarse de este mundo en favor del mundo superior que está por venir.

1781 Kant, en su *Crítica de la razón pura*, expone que no podemos conocer cómo es el «mundo en sí».

DESPUÉS
Década de 1930 La obra de Nietzsche es objeto de una tergiversación para construir una mitología del nazismo.

1966 Michel Foucault examina la superación del «hombre» en *El orden de las cosas*.

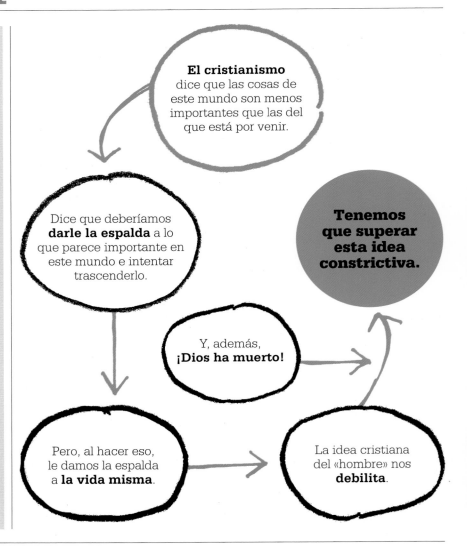

El cristianismo dice que las cosas de este mundo son menos importantes que las del que está por venir.

Dice que deberíamos **darle la espalda** a lo que parece importante en este mundo e intentar trascenderlo.

Tenemos que superar esta idea constrictiva.

Y, además, **¡Dios ha muerto!**

Pero, al hacer eso, le damos la espalda a **la vida misma**.

La idea cristiana del «hombre» nos **debilita**.

La idea nietzscheana de que el hombre es algo que tiene que ser superado aparece reflejada en su obra posiblemente más conocida, *Así habló Zaratustra*, la cual escribió en tres partes entre 1883 y 1884, con una cuarta parte añadida en 1885. El filósofo alemán lanza en ella un ataque sin cuartel contra la historia del pensamiento occidental. En particular, se fija en tres ideas interrelacionadas: primero, la que tenemos sobre el «hombre» o la naturaleza humana; segundo, la que tenemos de Dios; y, por último, las que tenemos acerca de la moral.

En otro libro, Nietzsche habla de filosofar «con el martillo» y, sin duda, en *Así habló Zaratustra* intenta hacer añicos las concepciones más comúnmente aceptadas de la tradición filosófica occidental, en especial las tres ideas citadas. Lo hace mediante un estilo extraordinariamente impetuoso y enfebrecido, por lo que, en ocasiones, el libro parece más cercano a la profecía que a la filosofía. Nietzsche escribió esta obra rápidamente: la primera parte apenas le llevó unos días. Aunque no tiene el tono calmado y analítico que suele suponerse en las obras filosóficas, el libro consigue exponer una concepción sumamente coherente y muy provocadora.

El descenso de Zaratustra
Zaratustra, nombre dado al protagonista de Nietzsche, es un nombre alternativo al del antiguo profeta persa Zoroastro. El libro comienza por contarnos que a los treinta años Zaratustra se fue a vivir a las montañas. Durante diez años goza de su soledad, pero un amanecer se levanta hastiado de la sabiduría que ha acumulado solo en la montaña y decide bajar a la plaza pública para compartirla con el resto de los hombres.

Véase también: Platón 50–55 ▪ Immanuel Kant 164–171 ▪ Søren Kierkegaard 194–195 ▪ Albert Camus 284–285 ▪ Michel Foucault 302–303 ▪ Jacques Derrida 308–313

En su camino hacia la ciudad, al pie de las montañas, se encuentra a un eremita que había conocido diez años atrás, antes de subir. El eremita se da cuenta de que Zaratustra se ha transformado durante ese tiempo; le dice que, cuando subió a la montaña, llevaba ceniza y que, ahora, baja con fuego.

El eremita le pregunta a Zaratustra por qué se molesta en compartir su sabiduría, y le recomienda que se quede en las montañas, advirtiéndole de que nadie entenderá su mensaje. Zaratustra pregunta a su vez qué es lo que hace el eremita en el bosque, y este responde que canta, llora, ríe y gruñe, y así alaba a Dios. Al oír esto, Zaratustra ríe, saluda al eremita y continúa su camino. Al quedarse solo, se dice: «¡Será posible! Este viejo eremita todavía no ha oído que Dios ha muerto!».

Contemplad al superhombre

La de la muerte de Dios es, probablemente, una de las ideas más famosas de Nietzsche, y está íntimamente relacionada con la de que el hombre es algo que tiene que ser superado y con su particular comprensión de la moral. La relación entre estos temas se va aclarando según avanza la historia de Zaratustra.

Cuando llega a la ciudad, Zaratustra encuentra una muchedumbre reunida para ver a un funámbulo y decide unirse a ella. Antes de que el acróbata suba a la cuerda floja, Zaratustra habla al pueblo: «¡Contemplad! ¡Os enseño al superhombre!». Y continúa diciéndole a la multitud lo que en realidad le interesa: «El hombre es algo que debe ser superado…». Esto viene acompañado por un largo discurso, pero, cuando llega a su fin, la gente se ríe, creyendo que el profeta es otro acróbata o, quizá, un anunciador del funámbulo.

Al comenzar su libro de una manera tan inusual, Nietzsche parece dejar entrever sus dudas acerca del recibimiento reservado a su propia filosofía, como si temiese ser recibido como un bufón filosófico que, en realidad, no tiene nada que decir. Si queremos evitar incurrir en el mismo error que la multitud que rodea a Zaratustra y comprender de verdad lo »

El profeta Zoroastro (c. 628–551 a.C.), también llamado Zaratustra, fundó una religión basada en la lucha entre el bien y el mal. El Zaratustra de Nietzsche se sitúa «más allá del bien y del mal».

Friedrich Nietzsche

Nietzsche nació en 1844 en el seno de una piadosa familia prusiana: su padre, tío y abuelos fueron todos pastores luteranos. Su padre y su hermano menor murieron cuando él era todavía un niño, y fue educado por su madre, su abuela y dos tías. A los 24 años ya era profesor en la Universidad de Basilea, donde conoció al compositor Richard Wagner, quien ejerció una gran influencia sobre él, hasta que el antisemitismo de Wagner llevó a Nietzsche a poner fin a aquella amistad. En el año 1870 cayó enfermo de difteria y disentería, a partir de lo cual no volvió a gozar de buena salud. En 1879 se vio obligado a abandonar la docencia y, durante diez años, viajó por Europa. En 1889 se desplomó en la calle mientras intentaba impedir que azotasen a un caballo y sufrió una crisis mental de la que nunca llegó a recuperarse. Murió en 1900.

Obras principales

1872 *El nacimiento de la tragedia.*
1883–1885 *Así habló Zaratustra.*
1886 *Más allá del bien y del mal.*
1888 *Crepúsculo de los ídolos.*

que afirma Nietzsche, tenemos que estudiar algunos de sus pensamientos fundamentales.

La inversión de los antiguos valores

Friedrich Nietzsche parte de la perspectiva de que ciertos conceptos se han entremezclado inextricablemente: la humanidad, la moral y Dios. De manera que cuando Zaratustra dice que Dios ha muerto, no sólo arremete contra la religión, sino que hace algo mucho más audaz: con «Dios» no se refiere únicamente a aquel sobre el que discuten los filósofos o al que le rezan los piadosos, se trata de la suma de todos los valores superiores que mantenemos. La muerte de Dios no es, por lo tanto, tan sólo la muerte de una deidad, se trata también de la muerte de los llamados «valores superiores» que hemos heredado.

Uno de los propósitos fundamentales de la filosofía de Nietzsche es lo que él denomina «transvaloración de todos los valores», un intento de cuestionar todas las formas en las que estamos acostumbrados a pensar sobre temas éticos o sobre el propósito y el sentido de la vida. Nietzsche insiste una y otra vez en que, de esa forma, está construyendo una filosofía de la alegría que, a pesar de invertir todo lo que se ha pensado hasta el momento sobre el bien y el mal, busca la afirmación de la vida. Así, sostiene que muchas de las cosas que consideramos «buenas» son, en realidad, formas de limitar la vida, de darle la espalda.

Podemos creer que no es «bueno» hacer el tonto en público y, por eso, reprimir nuestras ganas de bailar alegremente por las calles. O que el deseo carnal es pecaminoso y castigarnos cuando nos asalta. Podemos permanecer en empleos que nos atontan, no ya porque los necesitemos sino porque pensamos que es nuestro deber. Nietzsche quisiera terminar con todas esas concepciones negadoras de la vida, de modo que los hombres pudieran verse de otra manera.

Blasfemar contra la vida

Después de haber proclamado el advenimiento del superhombre, Zaratustra pasa rápidamente a condenar la religión: en el pasado, la mayor de las blasfemias era aquella dicha contra Dios; ahora, en cambio, lo es blasfemar en contra de la vida. Este es el error que cree haber cometido estando en las montañas: al apartarse del mundo y alabar a un Dios que no existe, estaba pecando contra la vida.

La historia de la muerte de Dios, o de la pérdida de la fe en los valores superiores, aparece detallada en un ensayo titulado «Cómo el "mundo verdadero" acabó convirtiéndose en una fábula», publicado dentro de la obra *Crepúsculo de los ídolos* con el subtítulo «Historia de un error». Se trata de una historia de la filosofía occidental condensada en una sola página. Para Nietzsche, esa historia empieza con el filósofo griego Platón.

El mundo real

Platón estableció una división del mundo entre uno «aparente» que se presenta a nuestros sentidos y uno «real» que podemos llegar a conocer por medio del intelecto. Para Platón, el mundo que captan nuestros sentidos no es «real», puesto que cambia

El hombre es una cuerda tendida entre el animal y el superhombre, una cuerda sobre un abismo.
Friedrich Nietzsche

Según Nietzsche, entre el animal y el superhombre, la vida humana es «un peligroso deambular, un peligroso mirar atrás, un peligroso estremecerse y detenerse».

y está sujeto a la corrupción. Junto a este, Platón defiende la existencia de un «mundo real» inmutable y permanente que podemos alcanzar con la ayuda del intelecto. Esta idea provenía de sus investigaciones matemáticas: por ejemplo, la forma o la idea de un triángulo es eterna y, además, es posibe alcanzarla intelectualmente, ya que se sabe que un triángulo es una figura bidimensional de tres lados cuyos ángulos suman 180°, y esto es verídico con independencia de que uno esté pensando acerca de ello o no, o de la cantidad de triángulos que puedan existir en el mundo; por otro lado, todas las cosas triangulares que se encuentran en el mundo (como sándwiches, pirámides o figuras triangulares dibujadas en una pizarra) únicamente lo son en la medida en que son reflejos de la idea o la forma del triángulo.

Influido así por las matemáticas, Platón expuso que el intelecto es capaz de alcanzar todo un mundo de formas ideales, que es permanente e inmutable, mientras que los sentidos solamente captan el mundo de las apariencias, de manera que, por ejemplo, si quisiésemos saber acerca de lo bueno, para ello necesitaríamos un conocimiento intelectual de la forma «bondad», de la cual los diversos ejemplos en el mundo en que vivimos son sólo reflejos suyos. Esta idea ha tenido efectos de largo alcance en nuestra concepción del mundo, en gran medida porque, tal y como señala Nietzsche, esta manera de dividirlo hace que, al ser el «mundo verdadero» del intelecto el lugar donde reside todo lo valioso, por contraste, el «mundo aparente» de los sentidos pase a no tener importancia.

Los valores cristianos

Nietzsche rastrea la evolución de dicha tendencia a dividir el mundo en dos y encuentra la misma idea dentro del pensamiento cristiano. En el

Algunas religiones y filosofías insisten en que hay un «mundo real», más importante, en otra parte. Nietzsche ve en ello un mito desafortunado que nos impide vivir plenamente el ahora, en este mundo.

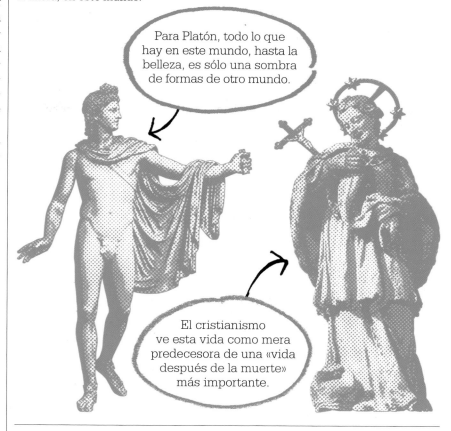

Para Platón, todo lo que hay en este mundo, hasta la belleza, es sólo una sombra de formas de otro mundo.

El cristianismo ve esta vida como mera predecesora de una «vida después de la muerte» más importante.

lugar del «mundo real» de las formas platónicas, el cristianismo sitúa otro «mundo real»: el futuro mundo celestial prometido a los virtuosos. Nietzsche ve que la concepción del cristianismo sobre el mundo que nos rodea es algo menos real que la del cielo, pero en esta versión de los «dos mundos», el «mundo real» puede alcanzarse, aunque sea tras la muerte y con la condición de haber seguido los mandamientos cristianos durante nuestras vidas. Como en el caso de Platón, el mundo presente es devaluado, excepto en la medida en que sirve de escalón hacia el más allá. Nietzsche recrimina al cristianismo su petición de que reneguemos de la vida presente en favor de una vida por venir.

Tanto la versión platónica como la cristiana de que el mundo se encuentra dividido en uno «real» y otro «aparente» han afectado profundamente nuestras concepciones sobre nosotros mismos. La implicación de que todo aquello que tiene valor en el mundo está, en alguna medida, «más allá» de este mundo lleva a una forma de pensar que es fundamentalmente negadora de la vida. Como resultado de esta herencia platónica y cristiana, hemos acabado por ver el mundo en el que vivimos como algo ofensivo y que merece ser despreciado, algo de lo que nos debemos apartar, que hay que trascender y no disfrutar. Ahora bien, al hacer esto, nos hemos apartado de la vida misma »

El superhombre está dotado de una enorme fuerza e independencia de mente y cuerpo. Nietzsche niega que haya habido ninguno, pero nombra a Napoleón, Shakespeare y Sócrates como modelos.

a cambio de una fábula, de un «mundo real» imaginario que siempre se halla en otra parte. Nietzsche llama a los sacerdotes de todas las religiones «predicadores de la muerte», porque con sus enseñanzas nos empujan a alejarnos del mundo y de la vida, para acercanos a la muerte. Pero, ¿Qué es lo que mueve a Nietzsche a insistir en que Dios ha muerto? Para responder a esto, tenemos que examinar la obra del filósofo alemán del siglo XVIII Immanuel Kant, cuyas ideas resultan imprescindibles a la hora de entender la filosofía nietzscheana.

Un mundo más allá de nuestro alcance

Kant estaba muy interesado por los límites del conocimiento. En su obra más famosa, *Crítica de la razón pura*, había establecido que no podemos conocer el mundo tal y como es «en sí». No podemos alcanzarlo por medio del intelecto, como defendió Platón, ni es una promesa tras la muerte, como creen los cristianos. Existe (se supone), pero se encuentra fuera de nuestro alcance para siempre. Los razones por las que Kant llega hasta esta conclusión son complejas, pero lo que es importante desde el punto de vista de Nietzsche es que, si se confirma que el mundo es absolutamente inalcanzable, incluso para el sabio o el virtuoso, en este mundo o en el que está por venir, entonces «se vuelve una idea inútil, superflua», es decir, que se convierte en una idea que tenemos que eliminar. Si Dios ha muerto, quizá fuera Nietzsche quien encontró el cadáver, pero sin lugar a dudas, son las huellas dactilares de Immanuel Kant las que aparecen en el arma del crimen.

El error más duradero de la filosofía

Una vez que nos hemos librado del «mundo real», la antigua distinción entre un «mundo real» y un «mundo aparente» se comienza a difuminar. Nietzsche continúa su argumentación en el ensayo «Cómo el "mundo verdadero" acabó convirtiéndose en una fábula», donde afirma: «Hemos eliminado el mundo verdadero: ¿qué mundo ha quedado?, ¿acaso el aparente?... ¡No! ¡Al eliminar el mundo real hemos eliminado también el aparente!». Nietzsche vislumbra en ese momento el comienzo del fin del «error más duradero» de la filosofía: su obsesión con la distinción entre «apariencia» y «realidad» y la idea de que existen dos mundos. Nietzsche considera que acabar con el citado error es el cénit de la humanidad, su punto álgido. En este ensayo, escrito seis años después de *Así habló Zaratustra*, Nietzsche escribe «Comienza Zaratustra».

Este es un momento clave para el razonamiento de Nietzsche, ya que cuando nos percatamos de que únicamente hay un mundo, de inmediato vemos el error cometido al situar más allá de este todos los valores, lo que nos obliga a reconsiderarlo todo, incluso lo que significa ser humano. Una vez que hayamos abandonado estas ilusiones filosóficas, la antigua idea del «hombre» podrá ser superada. El superhombre es la concepción nietzscheana de una forma de ser fundamentalmente afirmadora de la vida que puede convertirse en portadora de sentido no en un más allá, sino aquí: el superhombre «es el sentido de la tierra».

Crearnos a nosotros mismos

Los escritos de Nietzsche no consiguieron una gran audiencia durante su vida hasta el punto de que se vio obligado a pagar de su propio bolsillo la publicación de la última parte del *Zaratustra*; sin embargo, treinta años después de su fallecimiento, la idea del superhombre fue incorporada a la retórica nazi debido a la interpretación que Hitler hizo de su obra. Las nociones de Nietzsche acerca del superhombre y, en particular, su propuesta de erradicación de la moral judeocristiana que dominaba en toda Europa, pudieron resultar atractivas para Hitler, e incluso útiles, a la hora de avalar sus propios objetivos; pero ahí donde Nietzsche parece abogar por una vuelta a los valores más rústicos y afirmadores de la vida de la Europa pagana, Hitler utiliza su obra como excusa para ejercer el crimen y

la violencia a gran escala. Todos los expertos están de acuerdo en que a Nietzsche le hubiera horrorizado una perspectiva semejante: en una época de expansión colonial, nacionalismo y patriotismo exacerbados, fue uno de los pocos pensadores en enfrentarse a tales concepciones. En un pasaje de *Así habló Zaratustra*, Nietzsche deja claro que considera el nacionalismo una forma de alienación o de fracaso: «Sólo donde acaba el Estado empieza el ser humano que no es superfluo», nos dice Zaratustra.

La idea general de Nietzsche sobre las posibilidades del hombre fue importante para un gran número de filósofos después de la Segunda Guerra Mundial. Sus juicios acerca de la religión y de la importancia de la autoevaluación se pueden rastrear especialmente en las obras de existencialistas como el francés Jean-Paul Sartre, quien del mismo modo que el superhombre nietzscheano, defiende que cada uno debe decidir el sentido de su propia existencia.

Por otro lado, las críticas de Nietzsche que condenan la tradición filo-

El grado de introspección que consiguió Nietzsche nunca lo ha conseguido nadie más.
Sigmund Freud

sófica occidental no solamente han tenido un enorme impacto dentro de la filosofía, sino también en la cultura europea y en la universal, influyendo en el trabajo de incontables artistas y escritores del siglo XX. ∎

La hermana de Nietzsche, Elizabeth, que era antisemita y se hizo cargo del archivo de su hermano cuando este se volvió loco, editó y censuró sus escritos, lo que permitió a los nazis tergiversarlos a su gusto.

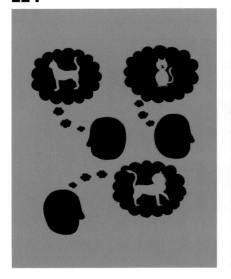

LA EXPERIENCIA, POR SI MISMA, NO ES CIENCIA

EDMUND HUSSERL (1859–1938)

EN CONTEXTO

RAMA
Ontología

ORIENTACIÓN
Fenomenología

ANTES
Siglo V a.C. Sócrates usa la argumentación para intentar responder con certeza a las preguntas filosóficas.

Siglo XVII René Descartes utiliza la duda como punto de partida de su método filosófico.

1874 Franz Brentano, profesor de Husserl, reclama para la filosofía un nuevo método científico.

DESPUÉS
A partir de 1920 Martin Heidegger, alumno de Husserl, desarrolla la fenomenología de este, dando lugar al nacimiento del existencialismo.

A partir de 1930 Llega a Francia la fenomenología de Husserl e influye en pensadores como Emmanuel Lévinas y Maurice Merleau-Ponty.

La ciencia aspira a la **verdad** sobre el mundo.

Pero la ciencia es empírica: depende de la **experiencia**.

La experiencia está sujeta a **presupuestos y puntos de vista**.

De modo que la experiencia, por sí misma, no es ciencia.

Edmund Husserl fue un filósofo obsesionado por un sueño que, ya desde el antiguo filósofo griego Sócrates, ha preocupado a los pensadores a lo largo de la historia: el sueño de la certeza. Para Sócrates el problema era que, aunque nos ponemos fácilmente de acuerdo respecto a cosas que podemos medir (por ejemplo, «¿cuántas aceitunas hay en este recipiente?»), al pasar a las preguntas filosóficas como «¿qué es la justicia?» o «¿qué es la belleza?», parece que no hay una manera clara de alcanzar un acuerdo. Y si no podemos saber lo que es verdaderamente la justicia, ¿como podríamos decir nada sobre ella?

El problema de la verdad
Husserl empezó su carrera como matemático. Creía que problemas como el de qué es la justicia se podrían resolver con el mismo grado de certeza con el que resolvemos problemas matemáticos como el de cuántas aceitunas hay en un recipiente. En otras palabras, esperaba poder establecer un fundamento absolutamente sólido para todas las ciencias, que, para él, implicaban todas las ramas del conocimiento y la actividad humanas, desde las matemáticas, la química y la física, hasta la ética y la política.

Aunque las teorías científicas se basan en la experiencia, Husserl opinaba que la experiencia sola no llegaba a ser ciencia, porque, como cualquier científico sabe, la experiencia está llena de todo tipo de presupuestos, puntos de vista y concepciones erróneas. Husserl quería librarse de todas estas falsedades para proporcionar a la ciencia una base absolutamente verdadera.

Para lograrlo recurrió a la filosofía del pensador del siglo XVII René Descartes. Como Husserl, Descartes quiso librar a la filosofía de todos los presupuestos, puntos de vista y dudas. Descartes afirmó que, pese a que se puede dudar de prácticamente todo, él no podía dudar de que dudaba.

La fenomenología

Husserl adopta un enfoque semejante al de Descartes, pero lo aplica de un modo diferente: sugiere que, si se adopta una actitud científica frente a la experiencia que abandone absolutamente todo presupuesto que se tenga (incluyendo el de que existe un mundo exterior fuera de nosotros), se

Para llegar a sus conclusiones, las matemáticas no dependen de la evidencia empírica, repleta de presupuestos. Husserl quiso un fundamento similar para toda la ciencia y todo el conocimiento.

Carecemos del todo de una ciencia racional del hombre y la comunidad humana.
Edmund Husserl

puede empezar a filosofar desde cero, libre de todo supuesto. A dicho enfoque, Husserl lo llama fenomenología: una investigación filosófica de los fenómenos de la experiencia. Consiste en observar la experiencia con una actitud científica, dejando a un lado (o, como él dice, «poniendo entre paréntesis») todos nuestros presupuestos, de forma que si observamos con suficiente atención y paciencia, podemos construir un fundamento sólido del conocimiento, el cual podría ayudarnos a afrontar los problemas filosóficos que nos han acompañado desde los orígenes de la filosofía.

No obstante, los diversos filósofos que han aplicado el método propuesto por Husserl han llegado a resultados diferentes y discrepado respecto a cuál era de hecho el método o cómo ponerlo en práctica. Hacia el final de su carrera, Husserl afirmó que el sueño de fundamentar firmemente todas las ciencias se había acabado. Pese a que la fenomenología de Husserl no consiguió proporcionar a los filósofos un enfoque científico de la experiencia o resolver los problemas más duraderos de la filosofía, engendró una de las corrientes de pensamiento más fructíferas del siglo XX. ▪

Edmund Husserl

Edmund Husserl nació en 1859 en Moravia, por entonces parte del Imperio austriaco. Aunque empezó su carrera dedicándose al estudio de las matemáticas y la astronomía, tras terminar su doctorado en matemáticas, decidió dedicarse por completo a la filosofía.

En 1887 contrajo matrimonio con Malvine Steinschneider, y tuvo con ella tres hijos. Obtuvo un trabajo como *Privatdozent* (profesor no titular) en Halle, donde permaneció hasta 1901, cuando aceptó una plaza en la Universidad de Göttingen como profesor asociado. En 1916 pasó a ser profesor de filosofía en la Universidad de Friburgo, donde Martin Heidegger fue uno de sus alumnos. En 1933, Husserl fue expulsado de la universidad a causa de su ascendencia judía, una decisión en la que estuvo implicado Heidegger. Husserl continuó escribiendo hasta su muerte en 1938.

Obras principales

1901 *Investigaciones lógicas.*
1907 *La idea de la fenomenología.*
1911 *La filosofía como ciencia estricta.*
1913 *Ideas relativas a una fenomenología pura.*

LA INTUICION VA EN LA DIRECCION DE LA VIDA

HENRI BERGSON (1859–1941)

EN CONTEXTO

RAMA
Epistemología

ORIENTACIÓN
Vitalismo

ANTES
Siglo XIII John Duns Escoto distingue entre el pensamiento intuitivo y el abstracto, y afirma que el intuitivo es previo.

1781 En su obra *Crítica de la razón pura*, Immanuel Kant sostiene que el conocimiento absoluto es imposible.

DESPUÉS
Década de 1890 William James empieza a investigar la filosofía de la experiencia diaria, popularizando el pragmatismo.

1927 El británico Alfred North Whitehead escribe *Proceso y realidad*, obra en la que sugiere que la existencia del mundo natural debería entenderse en términos de proceso y cambio, no de cosas o estabilidad fijas.

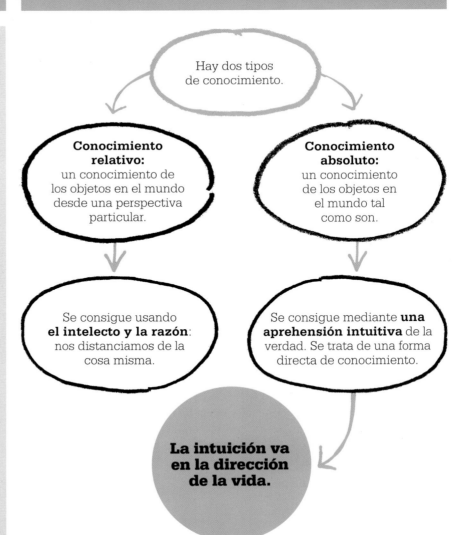

Hay dos tipos de conocimiento.

Conocimiento relativo: un conocimiento de los objetos en el mundo desde una perspectiva particular.

Conocimiento absoluto: un conocimiento de los objetos en el mundo tal como son.

Se consigue usando **el intelecto y la razón**: nos distanciamos de la cosa misma.

Se consigue mediante **una aprehensión intuitiva** de la verdad. Se trata de una forma directa de conocimiento.

La intuición va en la dirección de la vida.

Véase también: John Duns Escoto 333 ▪ Immanuel Kant 164–171 ▪ William James 206–209 ▪ Alfred North Whitehead 336 ▪ Gilles Deleuze 338

Bajo el título *La evolución creadora* (1910), este libro de Bergson plantea su teoría sobre la vida, o vitalismo, con la que intentaba descubrir si es posible conocer realmente algo: no sólo saber sobre ello, sino conocerlo como de hecho es.

Desde que Immanuel Kant publicó la *Crítica de la razón pura* en 1781, muchos filósofos han defendido la imposibilidad de conocer las cosas como en realidad son. Kant demostró que podemos conocer cómo son las cosas para nosotros, teniendo en cuenta cómo es nuestra mente; pero que no podemos salir de nosotros mismos para conseguir una visión absoluta de las «cosas en sí» del mundo.

Dos formas de conocimiento

Sin embargo, Henri Bergson no está de acuerdo con Kant, y dice que hay dos tipos diferentes de conocimiento: uno relativo, que implica conocer algo desde nuestra perspectiva particular; y uno absoluto, que es conocer las cosas tal y como son. Bergson cree que se llega a ellos de maneras diferentes: al primero por medio del análisis o el intelecto, y al segundo a través de la intuición. Según él, el error de Kant es no reconocer toda la importancia de nuestra facultad de intuir, que nos permite aprehender la singularidad de una cosa a través de una conexión directa. Nuestra intuición está ligada a lo que Bergson llama *élan vital*, un impulso vital (vitalismo) que interpreta el flujo de la experiencia en términos de tiempo y no de espacio.

Supongamos que viajamos a una ciudad para conocerla. Podríamos recopilar un extenso archivo de esta sacando fotografías de cada lugar desde todas las perspectivas posibles antes de montar las imágenes para obtener una idea de la ciudad como un todo, pero así estaríamos captándola de forma distanciada, no como una ciudad viva. Por otra parte, si tan sólo paseásemos por las calles, prestando atención del modo adecuado, adquiriríamos un conocimiento de la ciudad misma: un conocimiento directo de la ciudad tal y como es. Para Henri Bergson, este conocimiento directo es el de la esencia de la ciudad.

Ahora bien, ¿de qué modo practicamos la intuición? Esencialmente, se trata de ver el mundo en términos de nuestra sensación de cómo se despliega el tiempo: mientras paseamos por la ciudad, sentimos nuestro propio tiempo interior, y también tenemos una sensación interior de los varios tiempos en que se despliega la ciudad por la que caminamos. Cuando estos tiempos se solapan, Bergson piensa que podemos establecer una conexión directa con la esencia de la vida misma. ▪

Captar la esencia de una ciudad, de una persona o de un objeto tan sólo es posible mediante un conocimiento directo a través de la intuición, no del análisis. Henri Bergson defiende que subestimamos el valor de la intuición.

Henri Bergson

Henri Bergson fue uno de los filósofos franceses más célebres e influyentes de su época. Nació en Francia en 1859, hijo de madre inglesa y padre polaco. Su primer interés intelectual recayó sobre las matemáticas, en las que se mostró sobresaliente. A pesar de esto, inició una carrera filosófica que comenzó impartiendo clases en los colegios. En 1896, con la publicación de su obra *Materia y memoria*, fue nombrado profesor en el Collège de France y pasó a ser profesor universitario. También tuvo una carrera política de éxito, llegando a representar, entre 1922 y 1925, al gobierno francés en la Sociedad de Naciones. La obra de Bergson fue muy traducida e influyó en un gran número de filósofos y psicólogos, incluido William James. Se le concedió el Premio Nobel de Literatura en 1927, y murió en 1941, a la edad de 81 años.

Obras principales

1896 *Materia y memoria.*
1903 *Introducción a la metafísica.*
1907 *La evolución creadora.*
1932 *Las dos fuentes de la moral y la religión.*

SOLO PENSAMOS CUANDO NOS ENFRENTAMOS A LOS PROBLEMAS

JOHN DEWEY (1859–1952)

EN CONTEXTO

RAMA
Epistemología

ORIENTACIÓN
Pragmatismo

ANTES
1859 *El origen de las especies* de Charles Darwin pone a los seres humanos en una nueva perspectiva naturalista.

1878 El ensayo escrito por Charles Sanders Peirce, *Cómo esclarecer nuestras ideas,* pone los cimientos del pragmatismo.

1907 William James publica *Pragmatismo: Un nuevo nombre para viejas formas de pensar,* que difunde el término filosófico «pragmatismo».

DESPUÉS
A partir de 1970 Jürgen Habermas aplica los principios pragmáticos a la teoría social.

1979 Richard Rorty combina el pragmatismo con la filosofía analítica en *La filosofía y el espejo de la naturaleza.*

John Dewey pertenece a la escuela filosófica conocida como pragmatismo, surgida a finales del siglo XIX en EE UU. Se suele considerar como su fundador al filósofo Charles Sanders Peirce, autor de un innovador e influyente ensayo escrito en 1878 y titulado *Cómo esclarecer nuestras ideas.*

El pragmatismo parte de la premisa de que el propósito de la filosofía, o el pensamiento, no es proporcionarnos una imagen verdadera del mundo, sino ayudarnos a actuar con mayor eficacia en él mismo. Al adoptar una perspectiva pragmática, la pregunta que nos debemos hacer no es

Los problemas surgen cuando tratamos de comprender cabalmente…

… los desafíos de vivir en un **mundo cambiante**.

Sólo pensamos cuando nos enfrentamos a los problemas.

…las tradiciones que hemos **heredado**.

La filosofía no consiste en obtener una representación veraz del mundo, sino en **resolver problemas prácticos**.

John Dewey

John Dewey nació en Vermont (EEUU) en 1859. Estudió en la Universidad de Vermont y luego fue maestro de escuela durante tres años antes de volver para ampliar sus estudios de filosofía y psicología. Ejerció la docencia en diversas universidades de renombre a lo largo de su vida y escribió sobre una amplia serie de temas, desde la educación hasta la democracia, el arte y la psicología. Además de su labor académica, fundó la Escuela Laboratorio de la Universidad de Chicago, institución donde llevó a la práctica su filosofía educativa basada en «aprender haciendo» y que actualmente sigue en funcionamiento. La diversidad de los asuntos que interesaron a Dewey, junto a su enorme capacidad como comunicador, difundieron su influencia sobre la vida pública estadounidense mucho más allá de la Escuela Laboratorio. Escribió sobre temas filosóficos y sociales hasta su muerte en 1952, a los 92 años.

Obras principales

1910 *Cómo pensamos.*
1925 *La experiencia y la naturaleza.*
1929 *La búsqueda de la certeza.*
1934 *El arte como experiencia.*

«¿es así como son las cosas?», sino más bien «¿qué implicaciones prácticas tiene adoptar esta perspectiva?»

Según Dewey, los problemas de la filosofía no son cuestiones abstractas separadas de la vida de las personas; son problemas que se dan porque las personas son seres vivos que tratan de comprender su mundo y se esfuerzan por decidir sobre la mejor manera de actuar en él. La filosofía surge de nuestras esperanzas y querencias cotidianas, así como de los conflictos que surgen en el transcurso de nuestras vidas. Siendo esto así, Dewey cree que la filosofía debe ser también una manera de encontrar respuestas prácticas a tales problemas, y que filosofar no consiste en ser un espectador que contempla el mundo desde un lugar apartado, sino en implicarse en los problemas de la vida.

Seres en evolución

Dewey se vio muy influido por el pensamiento evolutivo del naturalista Charles Darwin, cuya obra *El origen de las especies* se publicó en 1859. Darwin retrata a los seres humanos como una parte integrante del mundo natural y como seres que han evolucionado en respuesta a unos medios cambiantes, de la misma forma que lo han hecho los demás animales. »

Para Dewey, una de las implicaciones del pensamiento de Darwin es que no debemos concebir a los seres humanos como esencias fijas creadas por Dios, sino como entes naturales. No somos almas pertenecientes a algún mundo no material: somos organismos producto de la evolución que nos esforzamos por sobrevivir en un mundo del que irremediablemente formamos parte.

Todo cambia

Dewey toma también de Darwin la idea de que la naturaleza en su conjunto es un sistema que se halla en constante cambio, idea que a su vez es eco del pensamiento del antiguo filósofo griego Heráclito. Al considerar qué son y cómo aparecen los problemas filosóficos, Dewey toma esta idea como punto de partida.

Bajo el título *Kant and Philosophic Method* (1884), Dewey defiende en este ensayo que únicamente pensamos cuando nos enfrentamos a los problemas. Somos, afirma, organismos que se ven obligados a responder a un mundo sujeto a un cambio y fluir constantes. La existencia es un riesgo, una apuesta, y el mundo es fundamentalmente inestable. Dependemos del medio para sobrevivir y prosperar, pero los variados medios en los que nos desenvolvemos

> Los problemas filosóficos no se resuelven, se superan.
> **John Dewey**

están siempre cambiando, lo cual sucede además de un modo impredecible. Puede haber, por ejemplo, buenas cosechas de trigo durante varios años seguidos hasta que, de repente, llega un mal año. Un barco puede zarpar con tiempo favorable y topar con una tormenta inesperada. Gozamos de buena salud durante años, pero la enfermedad nos sacude cuando menos lo esperábamos.

Ante esta incertidumbre, Dewey nos dice que existen dos estrategias que se pueden adoptar: una, apelar a los seres superiores y fuerzas ocultas en busca de socorro, o bien tratar de comprender el mundo a fin de lograr controlar nuestro medio.

Aplacar a los dioses

La primera de las estrategias mencionadas consiste en tratar de influir sobre el mundo mediante ritos, ceremonias y sacrificios mágicos. Al entender de Dewey, dicho enfoque ante la incertidumbre del mundo constituye la base tanto de la religión como de la ética.

En el relato de John Dewey, nuestros antepasados veneraban a los espíritus y a los dioses como un medio para aliarse con «los poderes dispensadores de la fortuna», lo que se manifiesta en relatos de todo el mundo, en mitos y leyendas como las de los desgraciados navegantes que rezan y se encomiendan a dioses o santos para que hagan amainar la tormenta y así poder sobrevivir. De la misma manera, piensa Dewey, la ética surge de los intentos de nuestros ancestros por apaciguar las fuerzas ocultas de la vida. Ellos hacían sacrificios, y nosotros tratos con la divinidad, prometiendo ser buenos a cambio de que nos libren del mal.

La respuesta alternativa a las incertidumbres que se dan en nuestro mundo cambiante consiste en desarrollar técnicas diversas a fin de dominarlo y así poder vivir en él de una

Ya no recurrimos al sacrificio como forma de pedir ayuda a los dioses, pero muchas personas prometen en silencio buen comportamiento a cambio de la ayuda de algún ser superior.

manera más sencilla, cómoda y tranquila. Podemos aprender las artes de predecir el tiempo, de construir casas para que nos protejan de sus inclemencias, y así sucesivamente. En lugar de tratar de aliarnos con los poderes ocultos del universo, esta estrategia implica hallar maneras de revelar cómo funciona el medio para luego encontrar la forma de transformarlo en nuestro beneficio.

Dewey señala la importancia de llegar a comprender que nunca podremos controlar el medio por completo ni transformarlo hasta el punto de eliminar toda incertidumbre. En el mejor de los casos, podemos modificar el carácter arriesgado e incierto del mundo en que nos encontramos, pero el riesgo mismo es algo inevitable.

Una filosofía luminosa

Durante una gran parte de la historia de la humanidad, escribe Dewey, estos dos modos de enfrentarse al riesgo de vivir han existido en tensión el uno con el otro, dando lugar a dos tipos distintos de conocimien-

Los experimentos científicos, como el de Benjamin Franklin con la electricidad en la década de 1740, aumentan nuestro control sobre el mundo. Dewey pensaba que la filosofía debía ser igualmente útil.

tra muy crítico con cualquier enfoque filosófico que haga más desconcertante nuestra experiencia, o más misterioso el mundo.

En segundo lugar, debemos juzgar una teoría filosófica preguntándonos hasta qué punto ayuda a enfrentar los problemas que nos plantea la vida. ¿Resulta útil para la vida cotidiana?, ¿nos «enriquece y aumenta nuestro poder», por ejemplo, de la manera que hemos llegado a esperar de las nuevas teorías científicas?

Influencia práctica

Algunos filósofos, como es el caso de Bertrand Russell, criticaron el pragmatismo alegando que simplemente había abandonado la histórica búsqueda filosófica de la verdad. Sin embargo, la filosofía de Dewey ha sido enormemente influyente en EE UU, y debido a que prestaba una atención predominante a la respuesta de los problemas prácticos de la vida, no resulta sorprendente que gran parte de dicha influencia se haya producido en ámbitos prácticos como la educación y la política. ∎

La educación no es cuestión de contar y que te cuenten, sino un proceso activo y constructivo.
John Dewey

to: por una parte, el de la ética y la religión, y por otra, el de las artes y la tecnología; o dicho más sencillamente, el de la tradición y el de la ciencia. Según Dewey, la filosofía es el proceso por medio del cual tratamos de resolver las contradicciones entre las dos clases de respuesta a los problemas de la vida. Estas contradicciones no son exclusivamente teóricas, sino también prácticas. Por ejemplo, puedo haber heredado innumerables creencias tradicionales acerca de la ética, el significado y lo que constituye una vida recta, pero tales creencias pueden encontrarse en tensión con los conocimientos y la comprensión adquiridos al estu-

diar las ciencias. En este contexto, la filosofía puede verse como el arte de encontrar respuestas tanto teóricas como prácticas a tales problemas y contradicciones.

Existen dos maneras de juzgar si una forma determinada de filosofía tiene éxito: en primer lugar, hay que preguntarse si ha hecho más inteligible el mundo. ¿Hace una determinada teoría filosófica más «luminosa» o más «opaca» nuestra experiencia?, pregunta Dewey, quien en este punto coincide con Charles Sanders Peirce en que el propósito de la filosofía es esclarecer nuestras ideas y facilitar la comprensión de nuestras experiencias cotidianas. Dewey se mues-

QUIENES NO PUEDEN RECORDAR EL PASADO ESTAN CONDENADOS A REPETIRLO
GEORGE SANTAYANA (1863–1952)

EN CONTEXTO

RAMA
Filosofía de la historia

ORIENTACIÓN
Naturalismo

ANTES
55 A.C. Lucrecio, poeta romano, estudia los orígenes de las sociedades y civilizaciones.

Década de 1730 El filósofo italiano Giovanni Vico afirma que todas las civilizaciones pasan por tres edades debidas a un orden ininterrumpido de causas y efectos: la de los dioses, la de los aristócratas y héroes, y la de la democracia.

1807–1822 Georg Hegel escribe sobre la historia como progreso continuo de mente y espíritu.

DESPUÉS
2004 En su libro *La memoria, la historia, el olvido*, el filósofo francés Paul Ricoeur explora la necesidad, no solamente de recordar, sino también de olvidar el pasado.

En *La vida de la razón* (1905), George Santayana proclamó que aquellos que no pueden recordar el pasado están condenados a repetirlo. El enfoque naturalista de este filósofo hispanoestadounidense implica una concepción del conocimiento y la creencia como surgidos no del razonar sino de la interacción entre nuestras mentes y el medio material. Con frecuencia se le cita mal, atribuyéndole que quienes «no recuerdan» el pasado están condenados a repetirlo, lo cual se entiende como que es necesario hacer el esfuerzo de recordar las atrocidades del pasado. En realidad, es de progreso de lo que habla Santayana: para que el progreso sea posible, hay que recordar las experiencias pasadas, ser capaces de aprender de ellas y saber apreciar maneras distintas de hacer las cosas. La psique estructura nuevas creencias a través de las experiencias, y así es como evitamos repetir los errores.

El verdadero progreso, cree Santayana, no es tanto cuestión de revolución como de adaptación, de tomar aquello que hemos aprendido del pasado y usarlo para construir el futuro. La civilización es algo acumulativo, construido siempre sobre lo anterior; como una sinfonía que, nota a nota, acaba formando un todo. ∎

El progreso sólo es posible si se comprende el pasado y se perciben también las alternativas posibles. El edificio de AT&T en Nueva York usa diseños arquitectónicos antiguos de un modo nuevo.

Véase también: Georg Hegel 178–185 ▪ Karl Marx 196–203 ▪ William James 206–209 ▪ Bertrand Russell 236–239

SOLO SUFRIENDO SE ES PERSONA
MIGUEL DE UNAMUNO (1864–1936)

EN CONTEXTO

RAMA
Ontología

ORIENTACIÓN
Existencialismo

ANTES
***C.* 500 A.C.** Buda afirma que toda la vida está marcada por el sufrimiento, y propone el Óctuple Sendero como vía para liberarse de sus causas.

***C.* 400 D.C.** San Agustín se pregunta por qué hay dolor en un mundo creado por un Dios bueno y todopoderoso.

DESPUÉS
1940 El escritor y estudioso irlandés C.S. Lewis explora la cuestión del sufrimiento en su obra *El problema del dolor*.

Siglo XX La filosofía del sufrimiento de Unamuno influye a otros escritores españoles como Federico García Lorca y Juan Ramón Jiménez, así como al autor británico Graham Greene.

Miguel de Unamuno, poeta, filósofo y novelista español, posiblemente sea conocido sobre todo por el tratado *Del sentimiento trágico de la vida* (1913). En su obra, Unamuno defiende que toda conciencia es conciencia de la muerte (somos dolorosamente conscientes de no ser inmortales) y del sufrimiento. Lo que nos hace humanos es el hecho de sufrir.

A primera vista, esta puede parecer una idea próxima a la de Siddharta Gautama, Buda, quien mantuvo también que el sufrimiento es una parte ineludible de toda existencia humana. La respuesta de Unamuno al sufrimiento, sin embargo, es muy diferente, puesto que no lo considera como un problema a superar por medio del desapego. En lugar de esto, sostiene que el sufrimiento constituye una parte esencial de lo que significa existir como ser humano y que es una experiencia vital.

Si toda conciencia es en definitiva conciencia de la mortalidad y del sufrimiento, y si la conciencia es lo que nos caracteriza como humanos, entonces la única manera de aportar sustancia a nuestras vidas es abrazar el sufrimiento. Si decidimos rehuirlo, no solamente nos apartamos de aquello que nos hace humanos, sino que nos apartamos también de la propia conciencia.

Amor o felicidad

Las ideas de Unamuno acerca de la cuestión del sufrimiento tienen además una dimensión ética, pues sostiene que es fundamental reconocer nuestro dolor: solamente cuando nos enfrentamos al hecho de nuestro propio sufrimiento nos volvemos capaces de amar verdaderamente a otros seres sufrientes. Ello nos plantea la dura elección de, por un lado, elegir la felicidad y hacer lo posible por eludir el sufrimiento o, por otro, optar por el sufrimiento y el amor.

La primera opción bien puede resultar más sencilla, aunque en último término nos limita; de hecho, amputa una parte esencial de nosotros mismos. La segunda opción es más difícil, no obstante es la que despeja el camino y nos conduce hacia una experiencia de vida más profunda y significativa. ■

Véase también: Siddharta Gautama 30–33 ■ San Agustín de Hipona 72–73 ■ Martin Heidegger 252–255 ■ Albert Camus 284–285 ■ Jean-Paul Sartre 268–271

CREE EN LA VIDA
WILLIAM DU BOIS (1868–1963)

EN CONTEXTO

RAMA
Ética

ORIENTACIÓN
Pragmatismo

ANTES
Siglo IV A.C. Aristóteles
estudia el antiguo concepto
ético griego de *eudaimonia*
o «plenitud de ser».

1845 La publicación de *Vida
de un esclavo americano* de
Frederick Douglass refuerza
el apoyo a la abolición de la
esclavitud en EE UU.

**Finales del siglo XIX
y principios del XX** Charles
Sanders Peirce, William James
y otros pragmáticos mantienen
que el valor de las ideas debe
juzgarse según su utilidad.

DESPUÉS
Décadas de 1950 y 1960
Martin Luther King, líder de los
derechos de los afroamericanos,
adopta una estrategia de acción
directa no violenta con el fin de
combatir la segregación racial.

En 1957, hacia el final de su larga vida, el académico, político radical y activista por los derechos civiles William Du Bois escribió el que sería su último mensaje al mundo. Sabedor de que le quedaba poco tiempo de vida, preparó un texto breve para que fuera leído en su funeral, cuyas palabras manifestaban su deseo de que, si algún bien había hecho, este perdurase lo suficiente para justificar su vida, y que lo que hubiese dejado inacabado o hiciera mal fuese completado o mejorado por otros.

«Los seres humanos», escribe William Du Bois, «siempre vivirán y progresarán hacia una vida mejor, más rica y más plena». Esta es más una afirmación de fe que la constatación de un hecho, y lo que aquí Du Bois parece decir es que debemos creer en la posibilidad de lograr una vida más plena, o en la posibilidad del progreso, para que el progreso se pueda dar. Esta idea muestra la influencia del movimiento filosófico estadounidense conocido como pragmatismo, según el cual lo importante son no sólo nuestros pensamientos y creencias, sino también las implicaciones prácticas que dichos pensamientos y creencias tienen.

Aspiramos a una vida más rica y **más plena**.

Para lograrlo es necesario que **creamos** en la posibilidad del **progreso**.

Si perdemos dicha creencia, **sufrimos** una especie de muerte: la existencia **sin crecimiento**.

Por tanto, **debemos**...

...creer en la vida.

Véase también: Aristóteles 56–63 ▪ Charles Sanders Peirce 205 ▪ William James 206–209 ▪ John Dewey 228–231

> El problema del
> siglo XX es el problema
> de la línea de color.
> **William Du Bois**

A continuación, Du Bois sostiene que la «única muerte posible» consiste en perder toda confianza en las perspectivas del progreso humano, visión que también insinúa unas raíces filosóficas más profundas que se remontan a la antigua idea griega de *eudaimonia* o «plenitud de ser». Para Aristóteles, esta consistía en saber vivir una vida de excelencia cimentada en la virtud y la razón.

Activismo político

Para Du Bois el racismo y la desigualdad social son dos de los mayores obstáculos para una vida de excelen-

cia. Rechazó el racismo científico (la idea de que la raza negra es genéticamente inferior a la blanca) predominante a lo largo de la mayor parte de su vida. Como la desigualdad racial carece de base en la biología, Du Bois la considera como un problema puramente social, cuya superación sólo puede darse a través del activismo sociopolítico y el compromiso.

William du Bois se mostró, además, incansable en su búsqueda de posibles soluciones a las desigualdades sociales de toda clase: manifestó que eran una de las principales causas de la delincuencia, y que la falta

Martin Luther King citó los escritos de Du Bois como influencia clave tras su decisión de implicarse activamente en la batalla por establecer la igualdad social y terminar con la segregación racial en EE UU.

de educación y empleo tienen correlación con índices elevados de criminalidad. Su mensaje final al mundo, nos recuerda que la tarea de construir una sociedad más justa sigue sin completar, y que concierne a las generaciones futuras creer en la vida para que podamos contribuir a alcanzar la «plenitud de ser». ▪

William Du Bois

Desde una edad temprana, Du Bois fue un alumno excepcionalmente prometedor. Obtuvo una beca para la Universidad Fisk y pasó dos años en Berlín antes de asistir a Harvard, donde firmó una disertación sobre el tráfico de esclavos. Fue el primer estudiante afroamericano que logró obtener el doctorado en Harvard.

Además de su activa carrera profesional como escritor y docente universitario, Du Bois participó en el movimiento por los derechos civiles y en el ámbito político radical. En ocasiones su juicio político ha sido cuestionado, principalmente por haber escrito un encendido elogio

de la figura de Iósif Stalin a la muerte de este. Sin embargo, no ha dejado de ser una figura clave en la lucha por la igualdad racial, gracias a lo que Martin Luther King llamó su «divina insatisfacción con toda forma de injusticia».

Obras principales

1903 *Las almas del pueblo negro.*
1915 *The Negro.*
1924 *The Gift of Black Folk.*
1940 *Dusk of Dawn: An Essay Toward an Autobiography of a Race Concept.*

EL CAMINO A LA FELICIDAD RESIDE EN UNA DISMINUCIÓN ORGANIZADA DEL TRABAJO

BERTRAND RUSSELL (1872–1970)

EN CONTEXTO

RAMA
Ética

ORIENTACIÓN
Filosofía analítica

ANTES
1867 Karl Marx publica el primer volumen de *El capital*.

1905 En *La ética protestante y el espíritu del capitalismo*, el sociólogo alemán Max Weber sostiene que la ética protestante explica en parte el desarrollo del capitalismo.

DESPUÉS
Década de 1990 Crece la tendencia a la reducción de la jornada laboral.

2005 Tom Hodgkinson, editor de la revista británica *The Idler*, publica su libro *Elogio de la pereza*.

2009 El filósofo británico Alain de Botton estudia nuestra vida en relación con el trabajo en *Los placeres y los pesares del trabajo*.

E l filósofo británico Bertrand Russell no fue en absoluto ajeno al trabajo duro: su obra completa abarca incontables volúmenes, y fue responsable de algunos de los desarrollos más importantes de la filosofía del siglo XX, entre ellos la fundación de la escuela analítica de filosofía. Además, durante toda su larga vida –murió a los 97 años– fue un activista social incansable. ¿Cómo, entonces, propone un pensador tan activo que trabajemos menos?

El ensayo de Russell *Elogio de la ociosidad* se publicó en 1932, en plena Gran Depresión, un período de crisis económica que siguió al Crac del 29 y en el que en algunas partes del mundo el desempleo afectaba a un tercio de la población activa. Podría parecer un momento inoportuno para difundir las virtudes del ocio, pero para Russell el caos económico de la época era el resultado de unas actitudes ante el trabajo muy arraigadas y erróneas. Muchas de nuestras ideas al respecto son poco más que supersticiones, según Russell, y deberían ser barridas por un pensamiento riguroso.

¿Qué es el trabajo?

Russell comienza por definir el trabajo, del que dice hay dos tipos: el primero consiste en un trabajo cuyo fin es «alterar la posición de la materia de o cerca de la superficie terrestre en relación con otra materia tal». Esto es trabajo en el sentido más fundamental del término, el del trabajo manual. El segundo tipo de trabajo consiste en «decirle a otra gente que altere la posición de la materia en relación con otra materia tal». Este tipo de trabajo, dice Russell, puede extenderse indefinidamente, pues no sólo se puede emplear gente para supervisar a los que mueven materia, sino además a otros que supervisen a los supervisores, o que asesoren sobre cómo dar empleo a otras personas, pudiéndose emplear a otros más para dirigir a los que asesoran sobre cómo emplear a más gente, y así sucesivamente. El trabajo del primer tipo tiende a ser desagradable y mal pagado, y el del segundo, más agradable y mejor pagado. Estos dos tipos de trabajo definen a los dos tipos de trabajadores —el obrero y el supervisor–, a su vez vinculados a dos clases sociales, la clase trabajadora y la clase media. A estas clases Russell añade una ter-

cera, que según él tiene mucho de lo que responder: la del terrateniente desocupado que evita el trabajo de cualquier clase, y que depende de los otros para sufragar su ocio.

Según Russell, la historia rebosa de ejemplos de personas que trabajan duro toda su vida y a las que se permite obtener lo justo para sobrevivir ellos y sus familias, mientras que todo el excedente que producen se lo apropian guerreros, sacerdotes y las clases dominantes ociosas. Y es siempre a estos beneficiarios del sistema a quienes se oye alabar las virtudes del «trabajo honrado», para dar así un lustre moral a un sistema »

La Gran Depresión fue la crisis económica más grave del siglo XX. Para Russell, subrayó la necesidad de articular la crítica al capitalismo y de reevaluar la ética del trabajo.

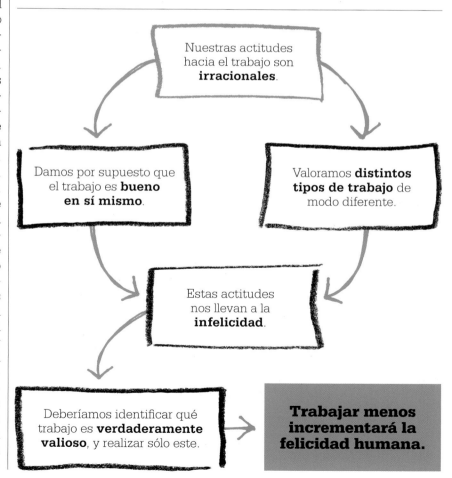

Nuestras actitudes hacia el trabajo son **irracionales**.

Damos por supuesto que el trabajo es **bueno en sí mismo**.

Valoramos **distintos tipos de trabajo** de modo diferente.

Estas actitudes nos llevan a la **infelicidad**.

Deberíamos identificar qué trabajo es **verdaderamente valioso**, y realizar sólo este.

Trabajar menos incrementará la felicidad humana.

EL AMOR ES UN PUENTE DE UN CONOCIMIENTO MENOR HACIA OTRO MAYOR
MAX SCHELER (1874–1928)

EN CONTEXTO

RAMA
Ética

ORIENTACIÓN
Fenomenología

ANTES
C. 380 A.C. Platón escribe
el *Banquete*, diálogo filosófico
sobre la naturaleza del amor
y el conocimiento.

Siglo XVII Blaise Pascal
escribe sobre la lógica del
corazón.

Principios del siglo XX
Edmund Husserl desarrolla su
nuevo método fenomenológico
para estudiar la experiencia
de la mente humana.

DESPUÉS
1953 El filósofo polaco Karol
Wojtyła (luego conocido como
papa Juan Pablo II) redacta
su tesis doctoral sobre Scheler,
donde reconoce su influencia
sobre el catolicismo romano.

El filósofo alemán Max Scheler se inscribe dentro del movimiento filosófico conocido como fenomenología, que se centra en investigar todos los fenómenos de nuestra experiencia interior, es decir, la conciencia y sus estructuras.

Scheler mantiene que la fenomenología se ha centrado excesivamente en el intelecto al examinar las estructuras de la conciencia, pasando por alto una noción fundamental: la experiencia del amor, o del corazón humano. Introdujo la idea de que el amor constituye un puente de un conocimiento menor hacia otro mayor en un ensayo titulado *Amor y conocimiento* (1923).

El punto de partida para Scheler, cimentado en la filosofía del erudito francés del siglo XVII Blaise Pascal, es que el corazón humano está dotado de una lógica específica, que difiere de la del intelecto.

Una comadrona espiritual
Para Scheler, es el amor lo que hace manifiestas las cosas a nuestra experiencia permitiéndonos así llegar hasta el conocimiento. El amor es, en sus palabras, «una especie de comadrona espiritual» capaz de llevarnos hacia el conocimiento, tanto de nosotros mismos como del mundo. Se trata del «determinante primario» de la ética, las posibilidades y el destino de las personas.

En lo fundamental, según la tesis de Max Scheler, ser humano no consiste en ser una «cosa pensante», tal y como afirmó el filósofo francés René Descartes en el siglo XVII, sino un ser que ama. ∎

La filosofía es un movimiento determinado por el amor hacia la participación en la realidad esencial de todos los posibles.
Max Scheler

Véase también: Platón 50–55 ▪ Blaise Pascal 124–125 ▪ Edmund Husserl 224–225

SOLO COMO INDIVIDUO PUEDE EL HOMBRE CONVERTIRSE EN FILOSOFO
KARL JASPERS (1883–1969)

Para algunos, la filosofía es el medio para descubrir verdades objetivas sobre el mundo; en cambio, para el filósofo y psiquiatra alemán Karl Jaspers se trata de una lucha personal. Muy influido por los filósofos Kierkegaard y Nietzsche, Jaspers es un existencialista que sugiere que la filosofía guarda relación con nuestro intento por comprender la verdad. En su libro de 1941, *Sobre mi filosofía*, dice que dado que la filosofía es una lucha individual, sólo po-

demos filosofar como individuos; no podemos volvernos hacia nadie más para que nos diga la verdad, sino que debemos descubrirla nosotros mismos, con nuestro propio esfuerzo.

Comunidad de individuos
Aunque, en este sentido, la verdad es algo a lo que llegamos solos, es en comunicación con otros como nos percatamos de los frutos de nuestro esfuerzo y logramos que la conciencia trascienda sus límites. Jaspers considera su propia filosofía «verdadera» sólo en tanto que ayuda a comunicarse con otros, y aunque los demás no nos pueden proporcionar una verdad «a medida», la filosofía sigue siendo una empresa colectiva. Para Jaspers, la búsqueda de la verdad por parte de cada individuo se lleva a cabo en comunidad con los «compañeros en el pensamiento» que han pasado por la misma lucha personal. ∎

El filósofo vive en el mundo invisible del espíritu, luchando por comprender la verdad. Los pensamientos de los otros, compañeros, filósofos, sirven como señales hacia posibles vías de entendimiento.

Véase también: Søren Kierkegaard 194–195 ▪ Friedrich Nietzsche 214–221 ▪ Martin Heidegger 252–255 ▪ Hans-Georg Gadamer 260–261 ▪ Hannah Arendt 272

LA VIDA ES UNA SERIE DE COLISIONES CON EL FUTURO
JOSÉ ORTEGA Y GASSET (1883–1955)

L a filosofía del madrileño José Ortega y Gasset es una filosofía de la vida. No le interesa analizar el mundo de una forma fría y desapegada, sino que trata de explorar cómo la filosofía puede interactuar con la vida de una manera creativa. La razón, en el pensamiento de Ortega, no es algo pasivo sino activo, algo que permite al ser humano lidiar con las circunstancias en las que nos encontramos y cambiar nuestras vidas para mejor.

En sus *Meditaciones del Quijote*, publicado en 1914, Ortega proclamó «yo soy yo y mi circunstancia». Descartes dijo que era posible imaginarnos a nosotros mismos como seres pensantes y aun así dudar de la existencia del mundo exterior, incluidos nuestros cuerpos, pero para Ortega no tiene sentido vernos como algo separado del mundo. Si queremos pensar en serio sobre nosotros mismos, debemos ver que estamos siempre inmersos en circunstancias particu-

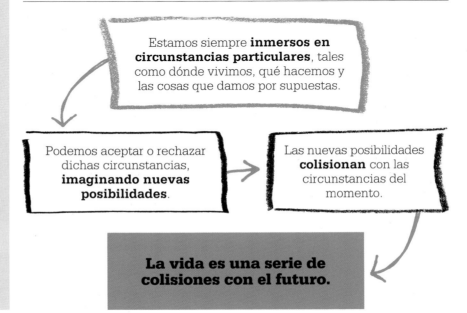

Estamos siempre **inmersos en circunstancias particulares**, tales como dónde vivimos, qué hacemos y las cosas que damos por supuestas.

Podemos aceptar o rechazar dichas circunstancias, **imaginando nuevas posibilidades**.

Las nuevas posibilidades **colisionan** con las circunstancias del momento.

La vida es una serie de colisiones con el futuro.

Véase también: René Descartes 116–123 ▪ Immanuel Kant 164–171 ▪ Edmund Husserl 224–225 ▪ Martin Heidegger 252–255 ▪ Jean-Paul Sartre 268–271

lares, circunstancias que a menudo nos oprimen y limitan. Dichas limitaciones no son tan sólo las del entorno físico, sino también las de nuestros pensamientos, entre los que hay prejuicios, y las de nuestro comportamiento, al que da forma el hábito.

Mientras que hay muchas personas que viven sin reflexionar sobre la naturaleza de sus circunstancias, Ortega afirma que los filósofos se deben esforzar tanto por comprenderlas como por tratar activamente de cambiarlas. Más aún, mantiene que es el deber del filósofo desenmascarar los supuestos sobre los que se asientan nuestras creencias.

La energía vital

Para lograr transformar el mundo e implicarnos creativamente en nuestra propia existencia, Ortega declara que hay que ver la vida con nuevos ojos. Esto implica no sólo una nueva mirada sobre nuestras circunstancias externas, sino también una mirada introspectiva para reconsiderar nuestras creencias y prejuicios. Sólo una vez hayamos hecho esto podremos comprometernos a crear nuevas posibilidades.

Todo acto de esperanza, como celebrar la Navidad en un frente durante la Primera Guerra Mundial, delata nuestra capacidad para superar las circunstancias. Para Ortega, esto es «razón vital» en acción.

Yo soy yo y mi circunstancia.
José Ortega y Gasset

Sin embargo, la medida en la que somos capaces de cambiar el mundo tiene un límite. Nuestra forma habitual de pensar está muy arraigada, y aun cuando nos liberemos lo suficiente como para imaginar nuevas posibilidades y futuros, las circunstancias externas pueden impedir su realización. Los futuros que imaginamos chocarán siempre con la realidad de las circunstancias en las que nos hallamos, y esta es la razón por la que Ortega concibe la vida como una serie de colisiones con el futuro.

La idea de Ortega plantea varios desafíos tanto a nivel personal como político; nos recuerda que tenemos el deber de tratar de cambiar nuestras circunstancias aunque podamos topar con dificultades al hacerlo, e incluso aunque nuestros intentos no siempre tengan éxito. En *La rebelión de las masas*, advierte de que la democracia conlleva la amenaza de la tiranía de la mayoría, y que vivir al dictado de una mayoría –vivir «como los demás»– es vivir sin visión personal ni código moral. A no ser que nos impliquemos creativamente en nuestras vidas, apenas se puede decir que vivamos, y por esto para Ortega la razón es vital, pues contiene la energía de la vida misma. ▪

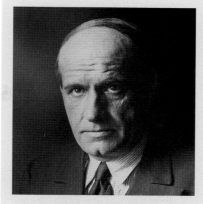

José Ortega y Gasset

José Ortega y Gasset nació en Madrid en 1883. Allí estudió filosofía, continuando luego en varias universidades alemanas –donde recibiría la influencia de la filosofía de Immanuel Kant–. Posteriormente volvió a España, donde trabajó como profesor universitario.

A lo largo de su vida, Ortega y Gasset se ganó la vida como filósofo, pero también lo hizo como periodista y ensayista. Hizo parte activa de la política española durante las décadas de 1920 y 1930, pero tuvo que poner fin a su participación en 1936, al estallar la Guerra Civil. Totalmente desilusionado de la política, Ortega marchó al exilio en Argentina, donde vivió hasta 1945. Tras una estancia de tres años en Portugal, regresó a Madrid en 1948, fundando allí el Instituto de Humanidades. El resto de su vida continuó dedicándose a la filosofía y al periodismo.

Obras principales

1914 *Meditaciones del Quijote.*
1925 *La deshumanización del arte.*
1930 *La rebelión de las masas.*
1935 *Historia como sistema.*
1957 *¿Qué es la filosofía?*

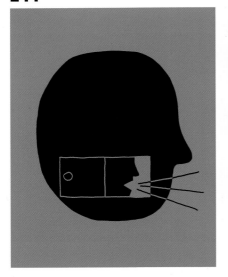

PARA FILOSOFAR PRIMERO HAY QUE CONFESAR
HAJIME TANABE (1885–1962)

A ntes de seguir con esta lectura, ¡confiesa! Aunque puede que esta idea nos resulte chocante, el filósofo japonés Hajime Tanabe quiere que nos la tomemos en serio. Si pretendemos filosofar, según Tanabe, no podemos hacerlo sin una confesión previa. Pero, ¿qué es lo que tenemos que confesar y por qué?

Para contestar a estas preguntas tenemos que ver las raíces de la filosofía de Tanabe en la tradición filosófica tanto europea como japonesa. En relación con la primera de ellas, Tanabe hace remontar su pensamiento al filósofo griego Sócrates, que vivió en el siglo v a.C. Para Tanabe, Sócrates es importante por la franqueza

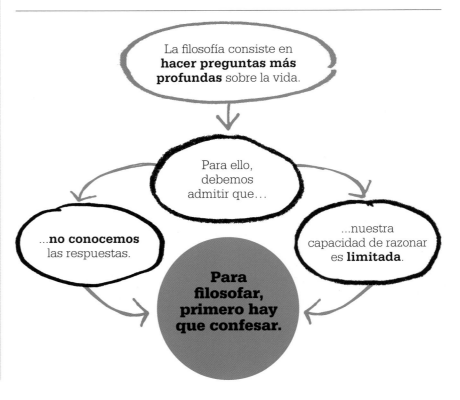

La filosofía consiste en **hacer preguntas más profundas** sobre la vida.

Para ello, debemos admitir que…

…**no conocemos** las respuestas.

…nuestra capacidad de razonar es **limitada**.

Para filosofar, primero hay que confesar.

El Buda Amitabha, acompañado de Kannon (Compasión) y de Seishi (Sabiduría), es el buda principal de la escuela budista de la Tierra Pura, a la que perteneció Shinran.

con la que supo reconocer que no sabía nada. Según cuenta el relato, el oráculo de Delfos dijo que Sócrates era el hombre más sabio de Atenas; Sócrates, que estaba convencido de su propia ignorancia, se propuso demostrar que se equivocaba. Tras innumerables conversaciones con otros atenienses, Sócrates llegó a la conclusión de que al fin y al cabo el oráculo estaba en lo cierto, pues él era el único que estaba dispuesto a admitir que no sabía nada.

Por otra parte, las raíces japonesas de la idea de Tanabe se encuentran en el pensamiento del monje budista Shinran, perteneciente a lo que se conoce como escuela budista de la Tierra Pura. La novedad de Shinran fue la afirmación de que la iluminación es imposible si contamos solo con nuestras propias fuerzas. Debemos por tanto confesar nuestra propia ignorancia y limitaciones, con el fin de estar abiertos a lo que tanto Shinran como Tanabe llaman *tariki*, u «otro poder». En el contexto del budismo de la Tierra Pura, este otro poder es el del Buddha Amitabha. En el contexto de la filosofía de Tanabe, la confesión nos conduce a un reconocimiento de la «nada absoluta» y, en último término, al despertar y a la sabiduría.

La renuncia a uno mismo

Para Tanabe, pues, la filosofía no es discutir o debatir sobre lógica ni sobre cuestión alguna. De hecho, no se trata de una disciplina «intelectual», sino de algo mucho más fundamental: un proceso de relación, en el sentido más profundo posible, con nuestro propio ser, una idea formada en parte gracias a la lectura de Martin

Para que un problema concierna a la filosofía, debe tener algo de inconcebible.
Hajime Tanabe

Heidegger. Únicamente mediante la confesión, defiende Tanabe, seremos capaces de redescubrir nuestro verdadero ser, un proceso que describe en términos directamente religiosos como una forma de muerte y de resurrección. Dicha muerte y resurrección es el renacimiento de la mente a través de «otro poder» y su paso de la perspectiva limitada del yo a la de la iluminación. Sin embargo, tal cambio no es una mera preparación para la filosofía, sino que, por el contrario, es obra de la filosofía misma, enraizada en el escepticismo y «la renuncia a nosotros mismos por la gracia de otro poder». Es decir, la filosofía no es una actividad a la que nos dedicamos, sino algo que nos ocurre cuando logramos acceder a nuestro verdadero ser renunciando al yo, en un fenómeno que Tanabe llama «acción sin sujeto actuante».

La confesión continua, manifiesta Hajime Tanabe, es la «conclusión última» a la que conduce reconocer nuestras limitaciones. Dicho de otra manera, Tanabe no nos pide que encontremos nuevas respuestas a las viejas cuestiones filosóficas, sino que reevaluemos la naturaleza misma de la filosofía. ∎

Hajime Tanabe

Hajime Tanabe nació en Tokio (Japón) en 1885. Estudió en la Universidad de Tokio, donde obtuvo un trabajo como profesor adjunto de filosofía; también fue miembro activo y destacado de la que más tarde se conocería como escuela filosófica de Kioto. En la década de 1920, Tanabe pasó un tiempo en Alemania, donde estudió junto a Edmund Husserl y a Martin Heidegger, y cuando regresó a Japón fue nombrado catedrático. Quedó hondamente afectado por la Segunda Guerra Mundial, tras la cual dejó de enseñar filosofía. La obra de Tanabe *La filosofía como metanoética* fue publicada sólo un año más tarde, en 1946. Después de jubilarse, Tanabe dedicó el resto de su vida a la meditación y a escribir.

Obras principales

1946 *La filosofía como metanoética*.

LOS LIMITES DE MI LENGUAJE SON LOS LIMITES DE MI MUNDO

LUDWIG WITTGENSTEIN (1889–1951)

EN CONTEXTO

RAMA
Filosofía del lenguaje

ORIENTACIÓN
Lógica

ANTES
Siglo IV A.C. Aristóteles sienta los fundamentos de la lógica.

Finales del siglo XIX
Gottlob Frege desarrolla las bases de la lógica moderna.

Principios del siglo XX
Bertrand Russell desarrolla una notación que permite transliterar el lenguaje natural en proposiciones lógicas.

DESPUÉS
Década de 1920 Miembros del Círculo de Viena como Moritz Schlick o Rudolph Carnap usan algunas ideas del *Tractatus* para desarrollar el positivismo lógico.

A partir de 1930 Wittgenstein reniega del *Tractatus* y empieza a estudiar modos muy distintos de concebir el lenguaje.

El **lenguaje** está compuesto de **proposiciones**: asertos acerca de las cosas, que pueden ser verdaderos o falsos.

El **mundo** está compuesto de **hechos**: las cosas son de una manera determinada.

Las proposiciones son «**figuras**» de los hechos, de la misma forma en que los **mapas** son figuras del **mundo**.

Cualquier proposición que **no figure** hechos **carece de sentido**. Por ejemplo, «matar es malo».

En consecuencia, mi lenguaje **se limita** a **afirmaciones** de hechos sobre el mundo.

Los límites de mi lenguaje son los límites de mi mundo.

El *Tractatus Logico-Philosophicus* de Wittgenstein es quizá uno de los textos más estrictos de la filosofía del siglo xx. El libro, de unas ochenta páginas, se compone de una serie de comentarios breves numerados técnicamente.

Para apreciar toda su importancia, es importante situar el *Tractatus* en su contexto filosófico. El hecho de que Wittgenstein hable de los «límites» del lenguaje y del mundo, lo incluye en la tradición que deriva del filósofo alemán del siglo XVIII Immanuel Kant, quien, en su *Crítica de la razón pura*, se propuso investigar los lími-

tes del conocimiento planteándose preguntas como «¿qué puedo conocer?» o «¿qué quedará siempre fuera del entendimiento humano?». Una de las razones por las que Kant se planteó esos problemas fue porque creyó que muchos de los problemas de la filosofía se derivaban de nuestra incapacidad para percibir los límites del entendimiento humano. Volviendo nuestra atención hacia nosotros mismos y preguntándonos acerca de los límites necesarios de nuestro conocimiento, podríamos resolver, o incluso eliminar, casi todos los problemas filosóficos del pasado.

El *Tractatus* se enfrenta a la misma tarea que Immanuel Kant, pero de una manera mucho más radical. Ludwig Wittgenstein afirma que se propone dejar claro qué se puede decir con sentido: de un modo semejante a como Kant intentó establecer los límites de la razón, Wittgenstein desea establecer los del lenguaje y, en consecuencia, los del pensamiento. Y lo hace porque sospecha que una gran parte de las discusiones y los desacuerdos filosóficos provienen de una serie de errores básicos acerca de cómo pensamos o hablamos acerca del mundo.

Véase también: Aristóteles 56–63 ▪ Immanuel Kant 164–171 ▪ Gottlob Frege 336 ▪ Bertrand Russell 236–239 ▪ Rudolf Carnap 257

> La solución del problema de la vida está en la desaparición de este problema.
> **Ludwig Wittgenstein**

La estructura lógica

Por muy complejas que puedan parecer, las ideas centrales del *Tractatus* están basadas en un principio bastante sencillo: que tanto el lenguaje como el mundo están estructurados formalmente y que dichas estructuras se pueden descomponer en sus elementos constituyentes. Wittgenstein intenta analizar tanto la estructura del lenguaje como la del mundo para, a continuación, mostrar de qué modo se relacionan entre sí. Una vez hecho esto, intenta extraer del citado hallazgo un amplio espectro de conclusiones filosóficas.

Si queremos entender lo que quiere decir Wittgenstein cuando afirma que los límites de mi lenguaje significan los límites de mi mundo, tenemos que plantearnos lo que quiere decir con los términos «mundo» y «lenguaje», ya que no utiliza dichos términos en su sentido más habitual. Cuando Wittgenstein habla del lenguaje, se ve claramente la deuda con

Los antiguos egipcios disponían de símbolos e imágenes estilizadas de los objetos del mundo en secuencias estructuradas lógicamente para crear una forma de lenguaje escrito: los jeroglíficos.

el filósofo británico Bertrand Russell, una figura eminente en el desarrollo de la lógica filosófica y para quien el lenguaje natural resultaba inadecuado a la hora de hablar de manera clara y precisa acerca del mundo. Russell defendía la idea de que la lógica era un «lenguaje perfecto» que evitaba toda ambigüedad, por lo que desarrolló una forma de transliterar el lenguaje natural en lo que él llamaba «forma lógica».

La lógica trata de lo que en filosofía se denomina «proposiciones». Las proposiciones pueden definirse como asertos de los que podemos juzgar si son verdaderos o falsos. Por ejemplo, este enunciado: «El elefante está muy enfadado», es una proposición, pero la palabra «elefante» no lo es. Según el *Tractatus* de Wittgenstein, el lenguaje con sentido sólo puede consistir en proposiciones: «La totalidad de las proposiciones es el lenguaje».

Una vez que ya sabemos un poco acerca de lo que Wittgenstein quiere decir con «lenguaje», podemos pasar

a lo que pretende decir con «mundo». El *Tractatus* comienza diciendo «el mundo es todo lo que acaece». Esto puede parecer una evidencia clara y sólida, pero si lo tomamos de una manera aislada, no está tan claro lo que Wittgenstein quiere decir con ello. A continuación, dice que «el mundo es la totalidad de los hechos, no de las cosas», lo que deja ver un paralelismo entre la forma en que considera el lenguaje y la forma en que considera el mundo. Por ejemplo, que el elefante esté enfadado o que haya un elefante en la habitación, pueden ser hechos, pero un elefante en sí mismo nunca es un hecho.

A partir de aquí, empieza a quedar claro cómo pueden estar en relación la estructura del lenguaje y la del mundo. Según Wittgenstein, el lenguaje «es una figura» del mundo. Dicha idea se le ocurrió durante la Primera Guerra Mundial, tras haber leído una noticia acerca de un juicio celebrado en París. En el transcurso de la causa, que guardaba relación »

La lógica no
es una doctrina,
sino un reflejo
del mundo.
Ludwig Wittgenstein

Una imagen digital no es el mismo tipo de objeto que representa, pero sí tiene su «forma lógica». Así, para Wittgenstein, las palabras sólo representan la realidad si ambas tienen la misma forma lógica.

con un accidente de tráfico, se llevó a cabo una reconstrucción de los acontecimientos para los presentes en el tribunal mediante maquetas de coches y peatones que representaban a los coches y a los peatones reales. Que las maquetas de coches y peatones pudieran representar a sus correlatos, se debía a que las relaciones que tenían entre sí eran exactamente las mismas que las que habían tenido los coches y los peatones reales en el accidente. De igual modo, todos los elementos representados en un mapa están relacionados entre ellos exactamente de la misma manera en que lo están en el territorio representado por el mapa. Wittgenstein afirma que la forma lógica es lo que la figura comparte con aquello que está representando.

Llegados a este punto, es importante recordar que estamos tratando con figuras lógicas y no visuales. Wittgenstein da un ejemplo útil para explicarlo: las ondas sonoras generadas por la interpretación de una sinfonía, la partitura de la sinfonía y el relieve inscrito en los surcos de un vinilo de esa sinfonía comparten la

misma forma lógica. Tal y como sostiene Wittgenstein, «[una figura] es como una escala aplicada a la realidad»; esa es la razón por la puede describir el mundo.

Desde luego, nuestra figura puede ser incorrecta. Es posible que no sea acorde con la realidad: por ejemplo si nos deja ver que el elefante no está enfadado cuando, en realidad, sí que lo está. A este respecto, en opinión de Wittgenstein no hay un término medio: dado que parte de que las proposiciones pueden ser, por su naturaleza, o bien verdaderas o bien falsas, las figuras también son verdaderas o falsas.

Así pues, tanto el lenguaje como el mundo poseen una forma lógica, y el lenguaje puede hablar del mundo figurándolo, lo que es posible de una manera acorde con la realidad. Es en este momento cuando la idea de Wittgenstein se vuelve realmente interesante y queda claro que en lo que está interesado es en los límites del lenguaje.

Examinemos ahora el siguiente concepto: «Deberías dar la mitad de tu salario a la beneficencia». Esta no

es una figura de nada que se halle en el mundo según la concepción de Wittgenstein. Lo que puede decirse, lo que Wittgenstein denomina «la totalidad de las proposiciones verdaderas», es solamente la suma de todo lo que acaece, «las proposiciones de las ciencias naturales».

Para Ludwig Wittgenstein, el debate sobre valores religiosos o morales carece estrictamente de sentido, ya que aquello acerca de lo que intentamos hablar al debatir esas materias está más allá de los límites del mundo y, también, de los del lenguaje. En palabras del propio Wittgenstein: «Está claro que la ética no se puede expresar».

Más allá de las palabras

Como consecuencia de estos razonamientos filosóficos, algunos lectores de Wittgenstein han considerado que es un defensor de las ciencias que trata de eliminar los conceptos vagos usados en la ética, la religión, etc.; pero lo que ocurre es más complejo: Wittgenstein no considera que los «problemas de la vida» carezcan de sentido, sino, más bien al contra-

> ## De lo que no se puede hablar, mejor es callar.
> ### Ludwig Wittgenstein

rio, que son los más importantes de todos. Lo que sucede es que no se los puede enunciar, por lo que no pueden formar parte de la filosofía. Por ese motivo escribe que «hay lo inexpresable», que, de todas formas, «se muestra a sí mismo», a lo que añade que «esto es lo místico».

Estas afirmaciones tienen importantes repercusiones para las proposiciones que contiene el *Tractatus*, dado que, al fin y al cabo, no son proposiciones que figuren el mundo. Ni siquiera la lógica, una de las herramientas más importantes dentro del razonamiento de Wittgenstein, menciona nada acerca del mundo. Entonces, ¿carece de sentido el *Tractatus*? Wittgenstein no se arredró a la hora de sacar esa conclusión, y reconoció que la respuesta a dicha pregunta tenía que ser que sí. Según él, quien quiera que comprenda correctamente el *Tractatus* tiene que acabar por ver que las proposiciones que contiene también carecen de sentido: son como los peldaños de una escalera filosófica que nos permite ir más allá de los problemas de la filosofía y de la cual nos podemos librar una vez hemos subido.

Cambio de dirección

Tras acabar el *Tractatus*, Wittgenstein pensó que ya no quedaban problemas filosóficos por resolver, por lo que abandonó la materia. Sin embargo, durante los años veinte y treinta, empezó a cuestionar sus concepciones previas, volviéndose uno de sus críticos más acérrimos. En particular, descartó la idea, que previamente había defendido, de que el lenguaje consista tan sólo en proposiciones, pues ese punto de vista ignora gran parte de lo que hacemos cuando hablamos: desde contar chistes, hasta adular, pasando por reñir.

Aun así, pese a sus problemas, el *Tractatus* continúa siendo una de las obras más estimulantes y cautivadoras de la filosofía occidental, y en última instancia, también una de las más misteriosas. ∎

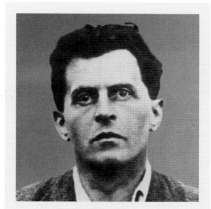

Ludwig Wittgenstein

Wittgenstein nació en 1889 en el seno de una familia vienesa económicamente privilegiada. Estudió ingeniería y en 1908 se trasladó a Manchester para continuar sus estudios, pero pronto se interesó por la lógica y, en 1911, fue a Cambridge para estudiar con el filósofo Bertrand Russell.

Durante la Primera Guerra Mundial, Wittgenstein sirvió en el frente ruso y en Italia, donde fue hecho prisionero. Por esa época comenzó el *Tractatus Logico-Philosophicus*, que publicó en 1921.

Convencido de que su *Tractatus* había resuelto todos los problemas de la filosofía, se embarcó en varias actividades inconexas: maestro de escuela, jardinero o arquitecto. En 1929, después de volverse crítico con sus ideas anteriores, volvió a trabajar en Cambridge, donde llegó a ser catedrático en 1939. Murió en 1951.

Obras principales

1921 *Tractatus Logico-Philosophicus.*
1953 *Investigaciones filosóficas.*
1958 *Los cuadernos azul y marrón.*
1977 *Observaciones sobre los colores.*

La filosofía exige un lenguaje lógico y no ambiguo, de lo que Wittgenstein concluye que solamente puede estar formado de proposiciones, descripciones de hechos, tales como «el gato está en la alfombra», que pueden descomponerse en sus elementos constituyentes.

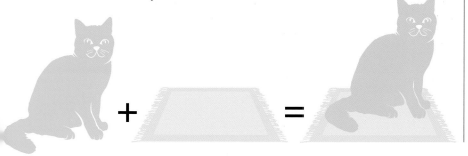

NOSOTROS MISMOS SOMOS LOS ENTES QUE HAN DE SER ANALIZADOS
MARTIN HEIDEGGER (1889–1976)

EN CONTEXTO

RAMA
Ontología

ORIENTACIÓN
Fenomenología

ANTES
***C.* 350 A.C.** Diógenes de Sínope usa un pollo desplumado para parodiar la afirmación de los platónicos de que «el hombre es un bípedo implume».

1900–1913 El alemán Edmund Husserl propone la teoría y el método fenomenológicos en las *Investigaciones lógicas* y en *Ideas I*.

DESPUÉS
1943 Jean-Paul Sartre publica *El ser y la nada*, que examina la relación entre «ser» y libertad humana.

1960 Inspirado por Heidegger, Hans-Georg Gadamer investiga la naturaleza del entendimiento humano en *Verdad y método*.

S e dice que en la antigua Atenas, estando un día reunidos los discípulos de Platón, decidieron plantearse al dilema de qué es un hombre. Después de mucho cavilar, propusieron una respuesta: «el hombre es un bípedo implume». Todos parecieron contentarse con esta respuesta hasta que Diógenes el Cínico se presentó en la Academia con un pollo desplumado entre las manos y gritando: «¡Mirad! Os presento un hombre». Una vez pasada la conmoción, los filósofos volvieron a reunirse y refinaron su definición diciendo que un hombre es un bípedo implume con uñas planas.

Esta anécdota de la historia de la filosofía antigua demuestra la clase

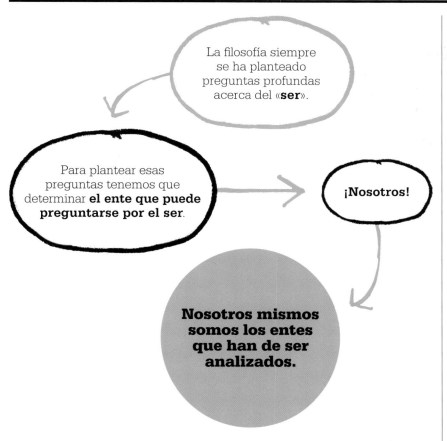

La filosofía siempre se ha planteado preguntas profundas acerca del «**ser**».

Para plantear esas preguntas tenemos que determinar **el ente que puede preguntarse por el ser**.

¡Nosotros!

Nosotros mismos somos los entes que han de ser analizados.

La pregunta por el ser no puede plantearse salvo a través del ser mismo.
Martin Heidegger

ta «¿qué es un ser humano?», sino de «¿cómo es ser humano?».

La existencia humana

Dentro del pensamiento de Heidegger, esta es una pregunta fundamental de la filosofía. Su principal interés filosófico era la ontología (del término griego *ontos*, ser), que se preocupa por el ser o la existencia. Algunos ejemplos clásicos de preguntas ontológicas serían «¿qué sentido tiene decir que algo existe?» o «¿cuáles son los tipos de cosas que existen?». En cambio, Heidegger quiere partir de la pregunta «¿cómo es ser humano?» para poder determinar la existencia del hombre y, a partir de ahí, responder a la cuestión sobre el ser.

En su libro *El ser y el tiempo*, Heidegger dice que cuando otros filósofos se han planteado preguntas ontológicas, lo han hecho desde enfoques excesivamente abstractos y vacíos, y que, si verdaderamente queremos saber lo que significa decir que algo existe, tenemos que comenzar por plantear la pregunta desde la perspectiva de los entes para los cuales es posible preguntarse qué es ser. Damos por sentado que aunque los gatos, los perros y los sapos son entes, **»**

de dificultades a las que se han tenido que enfrentar a menudo los filósofos cuando han intentado ofrecer definiciones abstractas y generales, acerca de lo que es ser humano. Incluso sin la oportuna intervención de Diógenes, parece evidente que describirnos como unos bípedos implumes no guarda mucha relación con lo que significa ser un hombre.

Una perspectiva interior

Es esta pregunta –cómo podríamos hacer para analizar qué es ser hombre– la que preocupaba al filósofo alemán Martin Heidegger. Cuando se la planteó, lo hizo de una manera radicalmente diferente a la de sus predecesores: en lugar de intentar ofrecer una definición abstracta que definiese la vida humana desde fuera, intentó realizar un análisis más concreto del «ser» desde lo que se podría llamar una perspectiva interior. Afirma Heidegger que, puesto que somos un «ser en el mundo», en la cotidianidad de la vida, si queremos entender lo que es ser hombre tenemos que hacerlo desde una perspectiva interior a la vida humana.

Heidegger había sido alumno de Husserl, y empleaba su método fenomenológico, que observa los fenómenos –la forma en que se nos aparecen las cosas– a través del examen de nuestra experiencia de ellos. Por ejemplo, la fenomenología no se preocuparía directamente de la pregun-

Hay que plantear de nuevo la pregunta por el sentido del ser.
Martin Heidegger

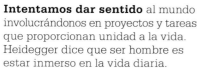

Intentamos dar sentido al mundo involucrándonos en proyectos y tareas que proporcionan unidad a la vida. Heidegger dice que ser hombre es estar inmerso en la vida diaria.

no se cuestionan acerca de su ser; es decir, no se plantean preguntas ontológicas, no se preguntan «¿qué sentido tiene decir que algo existe?». Pero Heidegger subraya que hay un ente que se pregunta eso: el ser humano. Al afirmar que nosotros somos los entes que han de ser analizados, lo que quiere decir es que si queremos investigar la pregunta por el ser, tenemos que comenzar por nosotros, por

determinar lo que es «ser» para nosotros mismos.

El ser y el tiempo
Cuando Heidegger se plantea la pregunta por el sentido del ser, no está buscando conceptos abstractos, sino algo muy directo e inmediato. En las páginas que abren su libro, afirma que el sentido del ser únicamente se puede interpretar a partir del tiempo: somos, en esencia, seres temporales. Cuando nacemos, nos encontramos en el mundo como si nos hubiesen arrojado en una trayectoria que nosotros no hemos elegido; tan sólo vemos que hemos venido a la existencia en

un mundo que estaba en marcha antes de nosotros, de forma que, al nacer, nos encontramos en un entorno histórico, material y espiritual ya determinado. Intentamos darle sentido al mundo involucrándonos en distintas actividades: aprender latín, buscar el amor verdadero o construirnos una casa. A través de estos proyectos que nos permiten pasar el tiempo nos proyectamos hacia diversos futuros posibles. En otras palabras, definimos nuestra existencia. Sin embargo, a veces nos damos cuenta de que existe un límite definitivo para nuestros proyectos, un punto en el que cualquier proyecto llega a su fin, acabado o inacabado: ese punto es nuestra muerte. Heidegger considera que la muerte es el horizonte último de nuestro ser: todo lo que somos capaces de hacer, ver o pensar tiene lugar dentro de dicho horizonte, y no podemos ver más allá.

La conocida y comentada dificultad de entender el vocabulario técnico que Heidegger emplea, se debe, en gran medida, a que intenta explorar problemas filosóficos complejos de una manera concreta, no abstracta, que quiere relacionar con nuestra experiencia de hecho. Decir que «el horizonte máximo de nuestro ser es la muerte» es decir algo sobre qué es vivir una vida humana, y expresa una idea de lo que somos que pasan por alto numerosas definiciones filosóficas: por ejemplo, «bípedo implume» o «animal político».

Vivir de manera auténtica

Le debemos a la obra de Martin Heidegger la distinción filosófica entre existencia auténtica y existencia inauténtica. Durante la mayor parte de nuestras vidas estamos inmersos en diferentes proyectos y olvidamos la muerte; pero, al ver la vida solamente en términos de los proyectos que tenemos, estamos pasando por alto una dimensión más fundamental de nuestra propia existencia y, en la misma medida, según Heidegger, existimos de manera inauténtica. Cuando nos hacemos conscientes de la muerte como límite máximo de nuestras posibilidades, empezamos a alcanzar una comprensión más profunda de lo que significa existir.

Por ejemplo, cuando nos enfrentamos a la muerte de un ser querido, puede que observemos nuestra propia vida y nos demos cuenta de que los proyectos que absorben nuestro día a día parecen carecer de sentido, y que existe una dimensión más profunda de la vida que nos falta, de

Todo ser es un «ser hacia la muerte», y sólo los seres humanos son conscientes de ello. Nuestras vidas son temporales, y sólo si lo asumimos viviremos una vida auténtica y con sentido.

> Morir no es un acontecimiento; es un fenómeno a comprender existencialmente.
> **Martin Heidegger**

forma que podríamos cambiar nuestras prioridades y proyectarnos hacia futuros diferentes.

Un lenguaje más profundo

La filosofía posterior de Heidegger siguió ocupándose de preguntas sobre el ser, pero se alejó de la precisión de su enfoque anterior para adoptar una visión más poética de la misma clase de problemas. Empezó a sospechar que la filosofía no era capaz de reflexionar tan profundamente acerca de nuestro ser, de forma que, para preguntarnos sobre la existencia humana, debemos recurrir al lenguaje de la poesía, más rico, más profundo, y que nos toca de una forma que va más allá del simple intercambio de información.

Martin Heidegger fue uno de los filósofos más influyentes del siglo XX. Su análisis inicial acerca del sentido de ser hombre y de cómo es posible vivir una vida auténtica sirvió de inspiración a numerosos filósofos como Sartre, Lévinas y Gadamer, y contribuyó al nacimiento del movimiento filosófico existencialista. Su obra posterior, más poética, también ha tenido gran influencia sobre los filósofos ecologistas, quienes consideran que ofrece una forma de pensar acerca del sentido de ser hombre dentro de un mundo amenazado por la destrucción medioambiental. ∎

Martin Heidegger

Heidegger, nacido en 1889 en Messkirch (Alemania), es considerado uno de los filósofos más importantes del siglo XX. Inicialmente tuvo la aspiración de ordenarse sacerdote, pero tras leer a Husserl se dedicó a la filosofía. Pronto se ganó la fama de ser un extraordinario profesor y el sobrenombre de «el mago de Messkirch». En los años treinta, se convirtió en rector de la Universidad de Friburgo y miembro del partido nazi. Tanto la naturaleza como el alcance de su compromiso con el nazismo son cuestiones debatidas, como también lo es la de hasta qué punto su filosofía está implicada en la ideología nacionalsocialista.

Heidegger pasó los últimos treinta años de su vida viajando y escribiendo, intercambiando ideas con sus amigos como el físico Werner Heisenberg o la filósofa Hannah Arendt. Murió en Friburgo en 1976.

Obras principales

1927 *El ser y el tiempo.*
1936–1953 *Superación de la metafísica.*
1955–1956 *El principio de razón.*
1955–1957 *Identidad y diferencia.*

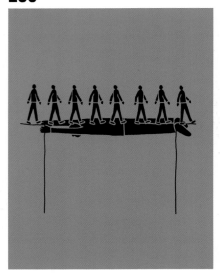

LA UNICA OPCION MORAL VALIDA PARA EL INDIVIDUO ES EL SACRIFICIO POR LA COMUNIDAD
TETSURO WATSUJI (1889–1960)

Uno de los filósofos más destacados de Japón a principios del siglo XX, Tetsuro Watsuji escribió sobre filosofía tanto oriental como occidental. Se formó en Japón y Europa, y su obra, como la de muchos filósofos japoneses de su tiempo, contiene una síntesis creativa de tan distintas tradiciones.

El olvido de uno mismo

Los estudios de Watsuji de las perspectivas occidentales sobre la ética le convencieron de que los pensadores de Occidente tienden a adoptar un enfoque individualista de la naturaleza humana y de la propia ética. Para él, en cambio, los individuos sólo se pueden entender como expresiones de su época, relaciones y contexto social particulares, que combinados forman un «clima» o «ambiente». Watsuji explora la idea de naturaleza humana en términos de nuestras relaciones con la comunidad, que conforman el entramado en que vivimos, y al que llama con un término traducible como «relacionalidad». Para él, la ética no es cuestión de acción individual, sino de olvido o sacrificio de uno mismo para que el individuo beneficie al conjunto de la comunidad.

La ética nacionalista de Watsuji y su defensa de la superioridad racial de los japoneses le hizo caer en desgracia tras la Segunda Guerra Mundial, aunque más adelante se distanció de tales puntos de vista. ∎

Los guerreros samuráis a menudo sacrificaban su vida en la lucha para salvar al Estado, en un acto de extrema lealtad y entrega al que Watsuji llamó *kenshin*, o «autosacrificio absoluto».

Véase también: Søren Kierkegaard 194–195 ▪ Friedrich Nietzsche 214–221 ▪ Nishida Kitaro 336–337 ▪ Hajime Tanabe 244–245 ▪ Martin Heidegger 252–255

LA LOGICA ES EL ULTIMO INGREDIENTE CIENTIFICO DE LA FILOSOFIA
RUDOLF CARNAP (1891–1970)

Entre los problemas de la filosofía del siglo XX, se cuenta el de determinar cuál puede ser su papel frente al desarrollo de las ciencias naturales. El alemán Carnap se preocupa por dicha cuestión en el artículo «El lenguaje físico como lenguaje universal de la ciencia» (*La unidad de la ciencia*, 1934), donde sugiere que la función propia de la filosofía, y su principal contribución a la ciencia, es el análisis y la clarificación lógicos de los conceptos científicos.

Rudolf Carnap opina que muchos problemas filosóficos aparentemente profundos, como los metafísicos, carecen de sentido, pues la experiencia no puede confirmarlos ni refutarlos, y los considera, de hecho, pseudoproblemas causados por confusiones lógicas en el uso del lenguaje.

El lenguaje lógico

El positivismo lógico tan sólo acepta como verdaderos los enunciados estrictamente lógicos que se pueden verificar de forma empírica. Así, para Carnap, la verdadera tarea de la filosofía es el análisis lógico del lenguaje —a fin de descubrir y de eliminar los

En la lógica
no hay moral.
Rudolf Carnap

problemas que, al pie de la letra, carecen de sentido— y la búsqueda de nuevas formas de hablar claramente y sin ambigüedad sobre las ciencias.

Van Orman Quine y Popper, junto a otros filósofos, han objetado que los requisitos de Carnap acerca de lo que se puede decir con sentido resultan excesivos e implican una concepción del funcionamiento de la ciencia que, en la práctica, no se corrobora. Aun así, sigue siendo importante la advertencia de Carnap de que el lenguaje puede llevarnos a hallar problemas donde no los hay. ∎

Véase también: Gottlob Frege 336 ▪ Ludwig Wittgenstein 246–251 ▪ Karl Popper 262–265 ▪ Willard Van Orman Quine 278–279 ▪ Thomas Kuhn 293

LA UNICA FORMA DE CONOCER A UNA PERSONA ES AMARLA SIN ESPERANZA

WALTER BENJAMIN (1892–1940)

El filósofo alemán Walter Benjamin fue uno de los miembros de la Escuela de Frankfurt, un grupo de teóricos sociales neomarxistas que se preocupó por las consecuencias de la cultura y la comunicación de masas. Además, Benjamin estaba fascinado por las técnicas literarias y cinematográficas; su ensayo *Calle de sentido único* (1928) es un experimento de construcción literaria que recoge una serie de observaciones, intelectuales y empíricas, que le asaltan mientras recorre una calle de una ciudad imaginaria.

Comúnmente, la construcción de la vida está mucho más en manos de los hechos que en las de las convicciones.
Walter Benjamin

En este ensayo, Benjamin no trata de exponer una teoría profunda, sino que intenta sorprendernos con ideas de la misma manera que nos podría suceder con cualquier otra cosa que reclamase nuestra atención mientras estamos paseando. Hacia el final de la obra dice que «en mi obra, las citas son como atracadores que, blandiendo sus armas, asaltan al aletargado y lo despojan de sus certezas».

El amor iluminador

La noción de que la única manera de conocer a una persona es amarla sin esperanza aparece hacia la mitad del ensayo, en el epígrafe «Arco voltaico»: en el resplandor de una luz, Benjamin se detiene y piensa eso, nada más; el ensayo pasa de inmediato a otra sección. Nos vemos así obligados a suponer lo que quiere decir: ¿que el conocimiento nace del amor?, ¿que sólo cuando abandonamos la esperanza de un resultado podemos ver con claridad al amado? No podemos saberlo. Todo lo que podemos hacer es pasearnos por la calle junto a Benjamin y experimentar la iluminación de sus pensamientos pasajeros. ∎

Véase también: Platón 50–55 ▪ Karl Marx 196–203 ▪ Theodor Adorno 266–267 ▪ Roland Barthes 290–291

LO QUE ES NO PUEDE SER VERDADERO

HERBERT MARCUSE (1898–1979)

EN CONTEXTO

RAMA
Filosofía política

ORIENTACIÓN
Escuela de Frankfurt

ANTES
1821 Georg Hegel afirma en su *Filosofía del derecho* que todo lo real es racional y todo lo racional es real.

1867 Karl Marx publica el primer tomo de *El capital*, donde expresa su concepción de las «leyes del movimiento» de las sociedades capitalistas, y culpa al capitalismo de la explotación de los seres humanos.

Década de 1940 El filósofo Martin Heidegger empieza a interesarse por los problemas de la tecnología.

DESPUÉS
2000 Slavoj Žižek estudia las distintas relaciones entre tecnología, sociedad capitalista y totalitarismo.

A simple vista, nada parecería más irracional que la afirmación de Marcuse de que «lo que es» no puede ser verdadero, que aparece en su tratado *Razón y revolución* (1941). Si lo que es no puede ser verdadero, el lector estaría tentado a preguntarse: en ese caso, ¿qué puede serlo? Lo que intenta Marcuse es, en parte, darle la vuelta a la afirmación del filósofo alemán Hegel de que todo lo racional es real y de que todo lo real es racional.

Marcuse opina que dicha idea es peligrosa, puesto que nos llevaría a creer que lo que hay de hecho, como el sistema político actual, es necesariamente racional. También hace hincapié en que lo que consideramos razonable puede resultar bastante más irrazonable de lo que querríamos admitir, y defiende la necesidad de que adquiramos conciencia de la naturaleza irracional de muchas de las cosas que aceptamos sin más.

La razón subversiva

En particular, Marcuse se sentía muy a disgusto con las sociedades capitalistas y lo que llamaba «su terrorífica armonía de libertad y opresión, productividad y destrucción, crecimiento y regresión». Damos por hecho que las sociedades en las que vivimos se basan en la razón y la justicia, pero, si las examinamos, podemos ver que no son tan justas ni tan razonables como creemos.

Herbert Marcuse no desea rechazar la razón, sino que intenta señalar que esta es subversiva y la podemos usar para cuestionar la sociedad en que vivimos. Para él, la meta de la filosofía es una «teoría racionalista de la sociedad». ■

Los coches deportivos son el tipo de producto que, según Marcuse, usamos para reconocernos: encontramos «nuestra alma» en estos objetos, convirtiéndonos en meras extensiones de lo que creamos.

Véase también: Georg Hegel 178–185 ▪ Karl Marx 196–203 ▪ Martin Heidegger 252–255 ▪ Slavoj Žižek 326

LA HISTORIA NO NOS PERTENECE, SINO QUE NOSOTROS PERTENECEMOS A ELLA

HANS-GEORG GADAMER (1900–2002)

EN CONTEXTO

RAMA
Filosofía de la historia

ORIENTACIÓN
Hermenéutica

ANTES
Principios del siglo XIX
El filósofo alemán Friedrich Schleiermacher establece las bases de la hermenéutica.

Década de 1890 El filósofo alemán Wilhelm Dilthey afirma que la interpretación se da en el seno del «círculo hermenéutico».

1927 Martin Heidegger explora la interpretación del ser en su obra *El ser y el tiempo*.

DESPUÉS
1979 En *La filosofía y el espejo de la naturaleza*, Richard Rorty usa el enfoque hermenéutico.

1983–1985 El filósofo francés Paul Ricoeur escribe *Tiempo y narración*, donde examina la capacidad de la narrativa para representar nuestro sentimiento del tiempo.

La figura de Gadamer suele estar relacionada con el enfoque filosófico llamado «hermenéutica» (del griego *hermeneuo*, interpretar), que estudia la forma en que las personas interpretan el mundo.

Gadamer estudió filosofía junto a Martin Heidegger, quien consideraba que la tarea de la filosofía era la de interpretar nuestra existencia, lo cual se hace posible a través de una comprensión profunda, partiendo de aquello que ya conocemos. El proceso es semejante al de interpretar un poema: comenzamos por leerlo atentamente a la luz de nuestra comprensión inicial; si nos encontramos con un verso que sea extraño o llamativo, posiblemente necesitaremos pasar a un nivel de comprensión más profundo; según vayamos interpretando cada verso, nuestro sentimiento del poema en su conjunto se modificará; y, según vaya cambiando el citado sentimiento, también lo irá haciendo nuestra comprensión de cada verso. Dicho proceso es conocido como «círculo hermenéutico».

El enfoque filosófico de Heidegger se movía en esta forma circular, y es el enfoque que Gadamer adoptaría más tarde en su libro *Verdad y*

Comprendemos el mundo mediante la **interpretación**.

Esto siempre tiene lugar en una **época histórica determinada** que nos impone determinados **prejuicios y perspectivas**.

No podemos entender las cosas si nos salimos de esos prejuicios y perspectivas.

La historia no nos pertenece, sino que nosotros pertenecemos a ella.

Véase también: Immanuel Kant 164–171 ▪ Georg Hegel 178–185 ▪ Martin Heidegger 252–255 ▪ Jürgen Habermas 306–307 ▪ Jacques Derrida 308–313 ▪ Richard Rorty 314–319

Al observar objetos históricos no deberíamos ver el tiempo como un abismo que hay que atravesar, dice Gadamer, ya que esa distancia la salva la continuidad de la tradición, que ilumina nuestra comprensión.

método, donde defiende que nuestra comprensión sobre el mundo siempre depende del punto de vista de un momento histórico determinado: nuestros prejuicios y creencias, el tipo de cuestiones que creemos relevantes y el tipo de respuestas que nos satisfacen son siempre resultado de nuestra historia. No podemos sustraernos de la historia y la cultura, por lo que nunca podremos adoptar una perspectiva absolutamente objetiva.

Ahora bien, no hay por qué ver los prejuicios como algo negativo; al fin y al cabo, constituyen nuestro punto de partida: nuestra comprensión actual y nuestra concepción de lo que tiene sentido se basan en esos prejuicios y perspectivas. Si acaso fuera posible librarse de todos los prejuicios, tampoco podríamos apreciar las cosas con claridad, ya que sin la ayuda de un marco interpretativo, no podríamos ver nada en absoluto.

Conversar con la historia

Hans-Georg Gadamer contempla el proceso de comprender nuestras vidas y a nosotros mismos como una especie de «conversación con la historia». Al leer textos históricos que llevan ahí siglos, el darnos cuenta de que sus tradiciones y supuestos son diferentes nos hace ser conscientes de las normas y prejuicios de nuestra propia cultura, lo que nos lleva a ampliar la comprensión de nuestras vidas en el presente y a profundizar en ella. Por ejemplo, si leo con atención una obra de Platón, puede que además de profundizar en mi comprensión del autor, también me queden claros mis propios prejuicios y perspectivas, que quizá empiecen a cambiar en ese instante: no sólo yo leo a Platón, sino que Platón me lee a mí. A través de este diálogo, o lo que Gadamer da en llamar «fusión de horizontes», mi comprensión del mundo se profundiza, se enriquece. ■

Dado que una experiencia está en el seno de la vida, la totalidad de la vida está presente también en ella.
Hans-Georg Gadamer

Hans-Georg Gadamer

Gadamer nació en Marburgo en 1900, aunque se crió en Breslau (Alemania), la actual Wroclaw (Polonia). Estudió filosofía primero en Breslau y, posteriormente, en Marburgo, donde escribió una segunda tesis doctoral dirigida por Martin Heidegger, maestro que tuvo una enorme influencia sobre su obra. Como profesor asociado en Marburgo, inició una dilatada carrera académica en la que llegaría a ser sucesor de Karl Jaspers como profesor de filosofía en Heidelberg en 1949. La más importante de sus obras, titulada *Verdad y método*, se publicó cuando contaba 60 años.

En ella se oponía a la idea de que la ciencia supusiese la única vía hacia la verdad, y su publicación le reportó fama internacional. Persona de carácter sociable y animado, Gadamer siguió activo hasta su muerte, en Heidelberg, a los 102 años.

Obras principales

1960 *Verdad y método.*
1976 *Seminario: hermenéutica filosófica* (con Gottfried Böhm).
1980 *Diálogo y dialéctica.*
1981 *La razón en la época de la ciencia.*

PARA QUE UN ENUNCIADO CIENTIFICO HABLE DE LA REALIDAD, TIENE QUE SER FALSABLE

KARL POPPER (1902–1994)

EN CONTEXTO

RAMA
Filosofía de la ciencia

ORIENTACIÓN
Filosofía analítica

ANTES
Siglo IV a.C. Aristóteles subraya la importancia de la observación y la medida para comprender el mundo.

1620 Francis Bacon, en el *Novum Organum*, establece el método inductivo de la ciencia.

1748 En la *Investigación sobre el entendimiento humano*, David Hume plantea el problema de la inducción.

DESPUÉS
1962 Thomas Kuhn critica a Popper en *La estructura de las revoluciones científicas*.

1978 En *Contra el método*, Paul Feyerabend cuestiona la idea misma de método científico.

Con frecuencia pensamos que la ciencia funciona «probando» verdades sobre el mundo, y que una teoría científica correcta es aquella que permite comprobar que es verdadera. Sin embargo, el filósofo austríaco Karl Popper insistía en que esto no es así: para él, lo que hace que una teoría sea científica es que pueda ser falsada, que la experiencia pueda refutarla.

El interés de Popper recae en el método que sigue la ciencia para conocer el mundo. La ciencia depende de la experimentación y la experiencia, y si queremos actuar de manera científica, tenemos que fijarnos en lo que el filósofo David Hume llamaba «regularidades» de la naturaleza –el

Véase también: Sócrates 46–49 ▪ Aristóteles 56–63 ▪ Francis Bacon 110–111 ▪ David Hume 148–153 ▪ Rudolf Carnap 257 ▪ Thomas Kuhn 293 ▪ Paul Feyerabend 297

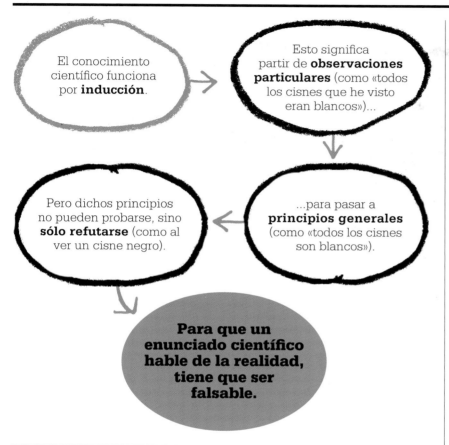

El conocimiento científico funciona por **inducción**.

Esto significa partir de **observaciones particulares** (como «todos los cisnes que he visto eran blancos»)...

...para pasar a **principios generales** (como «todos los cisnes son blancos»).

Pero dichos principios no pueden probarse, sino **sólo refutarse** (como al ver un cisne negro).

Para que un enunciado científico hable de la realidad, tiene que ser falsable.

Los europeos vieron cisnes negros por primera vez en el siglo XVII. Esto refutó la idea de que todos los cisnes son blancos, entonces considerada universalmente verdadera.

hecho de que, en el mundo, los acontecimientos se producen siguiendo unos patrones y secuencias determinados susceptibles de ser estudiados de manera sistemática. En otras palabras, la ciencia es empírica, está basada en la experiencia, y, para saber cómo opera, tenemos que averiguar cómo la experiencia en general lleva al conocimiento.

Reflexionemos sobre este enunciado: «Si sueltas una pelota de tenis desde la ventana de un segundo piso, caerá hasta el suelo». Dejando a un lado azares imprevistos (como que un águila atrape la bola), podemos estar bastante seguros de que la afirmación es razonable; únicamente a alguien muy raro se le ocurriría de-

cir: «Un momento, ¿estás absolutamente seguro de que caerá?». Ahora bien, ¿cómo sabemos que eso es lo que sucederá si soltamos la pelota? ¿Qué tipo de conocimiento es ese?

La respuesta inmediata es que lo sabemos porque eso es lo que ocurre siempre. Dejando de lado los azares imprevistos, nadie ha visto nunca que la pelota quede suspendida, o bien se eleve en el aire al soltarla. Sabemos que caerá al suelo gracias a que la experiencia nos ha demostrado que eso es lo que sucederá. Y, no sólo estamos seguros de que caerá hasta el suelo, sino que también sabemos cómo lo hará: por ejemplo, si conocemos el tiempo de caída y la constante gravitacional, seremos

capaces de calcular la velocidad a la que caerá la pelota. No parece haber mucho misterio en este hecho.

Aun así, se puede seguir con la pregunta: ¿podemos estar absolutamente seguros de que, la siguiente vez que la soltemos, la pelota caerá? Independientemente del número de veces que llevemos a cabo este experimento y de la confianza que tengamos en su resultado, no podremos probar nunca que su resultado vaya a ser el mismo en el futuro.

El razonamiento inductivo

La incapacidad de prever el futuro con absoluta seguridad es reflejo del problema de la inducción, que planteó David Hume por primera vez en el siglo XVIII. Pero, ¿qué es un razonamiento inductivo?

La inducción es la operación mediante la cual pasamos de un conjunto de hechos observados en el mundo a elaborar conclusiones generales acerca del mundo. Suponemos que si soltamos la pelota esta caerá porque, al menos según las tesis de Hume, » estamos generalizando a partir de innumerables experiencias del mismo género, en las que hemos visto que cosas como las pelotas caían al suelo cuando se las soltaba.

Razonamiento deductivo

Al razonamiento inductivo, los filósofos han contrapuesto frecuentemente el razonamiento deductivo: mientras la inducción pasa de los casos particulares a lo general, la deducción pasa del principio universal al caso particular. Un ejemplo de razonamiento deductivo puede partir de dos premisas como: «Si es una manzana es una fruta (puesto que todas las manzanas son frutas)» y «Esto es una manzana»; dada la forma de las premisas, el enunciado «Esto es una manzana» lleva indefectiblemente a la conclusión «es una fruta».

Los filósofos han tratado de simplificar los razonamientos deductivos representándolos mediante una notación, de modo que la forma general del razonamiento anterior sería «Si p, entonces q; dado que p, por tanto q». En nuestro ejemplo, «p» representa «Es una manzana», y «q», «Es una fruta». Dado que partimos de que «Si p, entonces q» y de que «p», entonces la conclusión «q» es una verdad necesaria, ineludible. Otro ejemplo: «Si llueve, el gato va a maullar (dado que todos los gatos maúllan cuando llueve); llueve, luego el gato va a maullar».

Los filósofos opinan que todos los razonamientos de este tipo son válidos, puesto que sus conclusiones se siguen indefectiblemente de sus premisas. Sin embargo, el hecho de que un razonamiento sea válido, no significa que sus conclusiones sean verdaderas. Por ejemplo, el razonamiento «Si esto es un gato, entonces huele a plátano; esto es un gato, luego huele a plátano» es válido, dado que su forma lo es, pero la mayor parte de la gente estará de acuerdo en que llega a una conclusión errónea. Un examen más atento nos deja ver que, desde el punto de vista empírico, la premisa «Si esto es un gato, entonces huele a plátano» es problemática, porque, al menos en nuestro mundo, los gatos

> Toda solución a un problema crea nuevos problemas por resolver.
> **Karl Popper**

no siempre huelen a plátano. En otras palabras: aunque el razonamiento es válido, como su premisa es falsa, su conclusión también lo es. Se pueden imaginar otros mundos en los que los gatos siempre huelan a plátano, por lo que se considera que el enunciado «Los gatos no siempre huelen a plátano» es una verdad contingente y no una verdad necesaria o lógica, la cual exigiría ser verdadera en todos los mundos posibles. Por esto, a los razonamientos válidos y con premi-

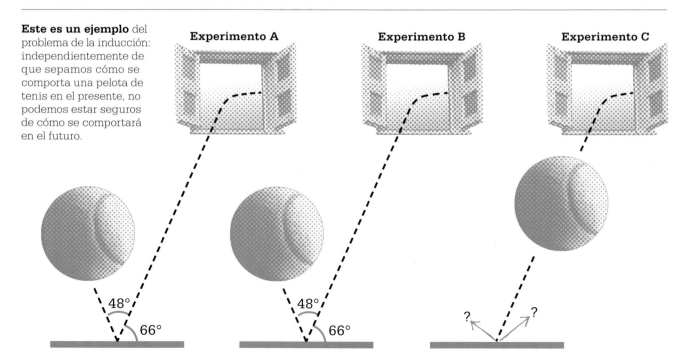

Este es un ejemplo del problema de la inducción: independientemente de que sepamos cómo se comporta una pelota de tenis en el presente, no podemos estar seguros de cómo se comportará en el futuro.

Experimento A

Experimento B

Experimento C

> La ciencia puede definirse como el arte de la supersimplificación sistemática.
> **Karl Popper**

sas verdaderas se los denomina «verificados». Como hemos observado, el razonamiento sobre el gato que huele a plátano es válido pero no verificado, mientras que el razonamiento sobre las manzanas y la fruta es tanto válido como verificado.

La falsabilidad

Se podría decir que los razonamientos deductivos son como los programas informáticos: sus resultados no pueden tener más valor que los datos que se les proporcionan. Pese a que el razonamiento deductivo cumple una función de primer orden en la ciencia, por sí mismo, no puede decir nada acerca del mundo, solamente:

«Si esto se da, entonces se da». Si se quiere usar para la ciencia, hay que seguir usando la inducción a la hora de establecer las premisas, por lo que la ciencia continúa lastrada a causa del problema de la inducción.

Por esta razón, según Popper, resulta imposible probar que una teoría es verdadera; es más, lo que hace que una teoría sea científica no tiene nada que ver con que se pueda probar, sino con que se pueda contrastar con la realidad y quede claro que podría ser falsa. En otras palabras, que una teoría sea falsable no quiere decir que sea falsa, sino que puede ser refutada por la observación.

Las teorías incontrastables (como por ejemplo que Dios creó el universo o que tenemos un guía espiritual invisible) no pertenecen a las ciencias naturales. Esto no significa que sean inútiles, sino que no son la clase de teorías con las que opera la ciencia.

La idea de falsabilidad no implica que esté injustificado aceptar las teorías que no pueden ser falsadas: se pueden considerar aceptables las teorías mientras se verifiquen una y otra vez al contrastarlas o resistan todos los esfuerzos por falsarlas; pero, para que las teorías sean sólidas, tienen que estar siempre abiertas a la

Los experimentos pueden revelar que ciertos fenómenos siguen a otros de modo fiable. Pero, según Popper, ningún experimento puede verificar una teoría, ni siquiera puede mostrar que es probable.

posibilidad de que un nuevo resultado pruebe que son falsas.

No le han faltado críticos a la obra de Popper; algunos científicos alegan que presenta una imagen idealizada de la forma en que realizan su trabajo y que la ciencia opera de un modo muy distinto al que describe Popper. Aun así, su principio de falsabilidad se sigue usando para distinguir entre enunciados científicos y acientíficos, y quizá haya sido el filósofo de la ciencia más relevante del siglo XX. ∎

Karl Popper

Karl Popper nació en 1902, en Viena (Austria). Estudió filosofía en la Universidad de Viena, tras lo cual pasó seis años como profesor de secundaria. Durante esa época publicó *La lógica de la investigación científica*, que lo convirtió en uno de los más destacados filósofos de la ciencia. En 1937 emigró a Nueva Zelanda, donde vivió hasta el fin de la Segunda Guerra Mundial y escribió su estudio acerca del totalitarismo, *La sociedad abierta y sus enemigos*. En 1946 viajó a Inglaterra para dar clases, primero en la London School of Economics y más tarde en la Universidad de

Londres. En 1965 fue nombrado caballero, y siguió en Inglaterra el resto de su vida. Aunque se retiró en 1969, Popper continuó escribiendo y publicando hasta su muerte, en 1994.

Obras principales

1934 *La lógica de la investigación científica.*
1945 *La sociedad abierta y sus enemigos.*
1957 *La miseria del historicismo.*
1963 *El desarrollo del conocimiento científico: Conjeturas y refutaciones.*

LA INTELIGENCIA ES UNA CATEGORIA MORAL

THEODOR ADORNO (1903–1969)

EN CONTEXTO

RAMA
Ética

ORIENTACIÓN
Escuela de Frankfurt

ANTES
Siglo I D.C. San Pablo escribe
y reflexiona sobre ser «necio
por Cristo».

500–1450 En la Europa
medieval se populariza la
visión alternativa del mundo
representada por la idea de
«locura santa» .

Siglo XX El auge global
de los diversos medios de
comunicación de masas
plantea nuevas cuestiones
éticas.

DESPUÉS
1994 El neurólogo portugués
Antonio Damasio publica *El
error de Descartes: la emoción,
la razón y el cerebro humano*.

Siglo XXI Slavoj Žižek estudia
la dimensión política, social y
ética de la cultura popular.

En Occidente la figura del loco santo goza de una larga tradición, pues se remonta hasta la epístola de san Pablo a los corintios en la que pide a sus seguidores que sean «necios por Cristo». A lo largo de la Edad Media esta idea acabó tomando la forma del santo insensato o carente de inteligencia, pero moralmente virtuoso o puro.

En su libro *Minima Moralia*, el filósofo alemán Theodor Adorno cuestiona esta antigua tradición, encuentra sospechoso todo afán de, según sus palabras, «absolver y beatificar al tonto», y quiere proponer que la bondad atañe a todo nuestro ser, tanto al sentimiento como al entendimiento.

El problema con la idea del necio o loco santo, según Adorno, es que nos divide en partes diferentes, y con ello nos vuelve incapaces de actuar con buen criterio, cuando, de hecho, el juicio se mide en función del grado en que logramos conciliar sentimiento y entendimiento. La perspectiva de Adorno implica que los actos malvados no son meros fracasos del sentimiento, sino también de la inteligencia y el entendimiento.

Adorno fue miembro de la Escuela de Frankfurt, un grupo de filósofos

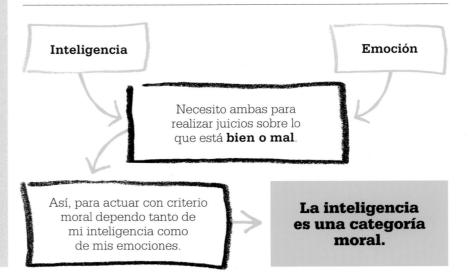

Inteligencia — Necesito ambas para realizar juicios sobre lo que está **bien o mal**. — Emoción

Así, para actuar con criterio moral dependo tanto de mi inteligencia como de mis emociones. → **La inteligencia es una categoría moral.**

Véase también: René Descartes 116–123 ▪ Georg Hegel 178–185 ▪ Karl Marx 196–203 ▪ Slavoj Žižek 326

interesados en el desarrollo del capitalismo. Por ello, condenó los medios de comunicación de masas como la televisión y la radio, sosteniendo que habían causado una erosión tanto de la inteligencia como del sentimiento, así como una pérdida de la capacidad de elegir y hacer juicios morales. Si optamos por apagar nuestros cerebros viendo los grandes éxitos de taquilla (en la medida en seamos capaces ya de optar, dadas las condiciones culturales en las que vivimos), para Adorno se trata de una opción moral. La cultura popular, en su opinión, no solamente nos vuelve estúpidos, sino también incapaces de actuar con un criterio moral.

Emociones esenciales

Adorno defiende que el error contrario a imaginar que puede existir tal cosa como un necio santo es imaginar que podemos realizar juicios sobre la sola base de la inteligencia, sin tener en cuenta la emoción. El caso puede darse en un tribunal, cuando los jueces piden al jurado que dejen a un lado toda emoción con el fin de alcanzar un veredicto ecuánime. Al entender de Adorno, sin embargo, tenemos las mismas posibilidades de

> La capacidad de juzgar se mide por la cohesión del yo.
> **Theodor Adorno**

El entretenimiento televisivo es, según Adorno, intrínsecamente peligroso porque distorsiona el mundo y nos imbuye de estereotipos y visiones sesgadas que vamos adoptando como propios.

tomar decisiones o emitir juicios correctos si prescindimos de las emociones que si prescindimos de la inteligencia. Cuando el último rastro de emoción ha sido eliminado de nuestro pensamiento, escribe, ya no queda nada en lo que pensar, y la idea de que la inteligencia pueda beneficiarse de la ausencia de emoción es simplemente errónea. En consecuencia, Adorno opina que la ciencia, que es un tipo de conocimiento que no hace referencia a las emociones, ha tenido sobre nosotros un efecto deshumanizador, al igual que la cultura popular.

De una forma inesperada, puede que sea la ciencia la que acabe demostrando el acierto de la postura de Adorno en relación con la separación entre inteligencia y emoción: desde la década de 1990, científicos como Antonio Damasio han estudiado las emociones y el cerebro, y han aportado pruebas crecientes de los numerosos mecanismos por medio de los cuales las emociones guían la toma de decisiones. En definitiva, a fin de juzgar acertadamente o sencillamente poder juzgar, debemos emplear la emoción y la inteligencia. ∎

Theodor Adorno

Nacido en Frankfurt en 1903, las dos pasiones de Theodor Adorno desde temprana edad fueron la filosofía y la música, a la que se dedicaron su madre y su tía. Ya en la universidad, Adorno estudió musicología y filosofía, licenciándose en 1924. Aunque tenía ambiciones como compositor, los reveses en su carrera musical le inclinaron cada vez más hacia la filosofía. Sus dos pasiones convergieron en el ámbito de la crítica a la industria que rodea a la cultura popular, manifiesta en *Über Jazz (Sobre el Jazz)*, conocido y polémico ensayo que Adorno publicó en 1936.

En 1938, en pleno auge del nazismo en Alemania, emigró a Nueva York, trasladándose luego a Los Ángeles, donde fue profesor de la Universidad de California. Regresó a Alemania una vez acabada la Segunda Guerra Mundial y ocupó una cátedra en Frankfurt. Adorno falleció a los 66 años durante unas vacaciones en Suiza.

Obras principales

1949 *Filosofía de la nueva música.*
1951 *Minima Moralia.*
1966 *Dialéctica negativa.*
1970 *Teoría estética.*

LA EXISTENCIA PRECEDE A LA ESENCIA

JEAN-PAUL SARTRE (1905–1980)

EN CONTEXTO

RAMA
Ética

ORIENTACIÓN
Existencialismo

ANTES
Siglo IV A.C. Aristóteles se pregunta cómo debería vivir el ser humano.

Década de 1840 Søren Kierkegaard escribe *O lo uno o lo otro*, obra en la que investiga el papel de la elección en la determinación de nuestra vida.

Década de 1920 Martin Heidegger defiende que lo importante es nuestra relación con nuestra existencia.

DESPUÉS
1949 La pareja de Sartre, Simone de Beauvoir, publica *El segundo sexo*, donde aplica las ideas sartrianas al problema de las relaciones entre hombres y mujeres.

Desde tiempos remotos, una de las principales preocupaciones de los filósofos ha sido qué significa ser humano y qué nos hace tan diferentes de los otros seres. Su enfoque del problema supone que hay una naturaleza propiamente humana, o una esencia del ser humano, y, además, tiende a implicar que dicha naturaleza humana es la misma sin importar el tiempo y el espacio. En otras palabras, presume que existe una esencia universal del ser humano y que dicha esencia se puede encontrar en cada uno de los humanos que ya haya existido o que vaya a existir. Según este punto de vista, todos los seres humanos, independientemente de sus circunstan-

Véase también: Aristóteles 56–63 ▪ Søren Kierkegaard 194–195 ▪ Martin Heidegger 252–255 ▪ Simone de Beauvoir 276–277 ▪ Albert Camus 284–285

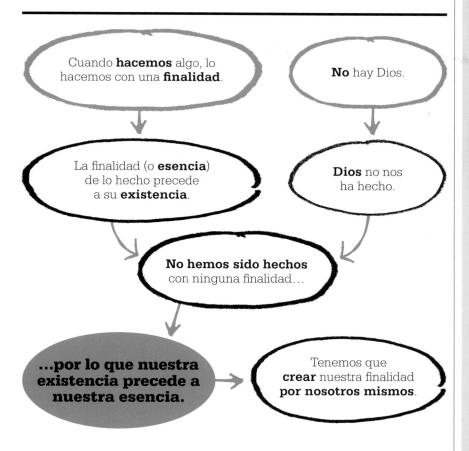

Cuando **hacemos** algo, lo hacemos con una **finalidad**.

No hay Dios.

La finalidad (o **esencia**) de lo hecho precede a su **existencia**.

Dios no nos ha hecho.

No hemos sido hechos con ninguna finalidad…

…por lo que nuestra existencia precede a nuestra esencia.

Tenemos que **crear** nuestra finalidad **por nosotros mismos**.

Jean-Paul Sartre

Sartre nació en París, y apenas tenía 15 meses cuando murió su padre. Criado por su madre y su abuelo, fue un estudiante sobresaliente, lo que le valió entrar en la prestigiosa École Normale Supérieure; fue allí donde conoció a la que sería su compañera toda la vida, la filósofa Simone de Beauvoir. Tras completar sus estudios fue profesor de secundaria y, a partir de 1931, profesor de filosofía en la Universidad de Le Havre.

Durante la Segunda Guerra Mundial, Sartre fue alistado en el ejército y pasó algún tiempo en prisión. A su liberación, en 1941, se unió a la Resistencia.

A partir de 1945, su obra se volvió más política, y fundó la revista literaria y política *Les Temps modernes*. En 1964 se le concedió el Premio Nobel de Literatura, que rechazó. Su fama e influencia fueron tales que más de 50.000 personas asistieron a su funeral, en 1980.

Obras principales

1938 *La náusea*.
1943 *El ser y la nada*.
1946 *El existencialismo es un humanismo*.
1960 *Crítica de la razón dialéctica*.

cias, poseen las mismas cualidades básicas y se guían por los mismos valores fundamentales. Sin embargo, Sartre afirma que semejante concepción de la naturaleza humana tiende a ignorar lo más importante, que es nuestra libertad.

Para aclarar lo que significa esto, Sartre propone un ejemplo. Nos pide que imaginemos un abrecartas hecho por un artesano que haya tenido la idea de crear dicho utensilio y que sepa perfectamente lo que exige producirlo: tiene que ser lo suficientemente afilado como para cortar papel, pero no tanto como para resultar peligroso; debe ser fácil de manejar; tiene que ser elaborado con un material apropiado (de metal, bambú o incluso madera; pero no con mantequilla, ceras o plumas); y ha de estar diseñado para funcionar eficazmente. Sartre argumenta que es inconcebible que exista un abrecartas cuyo productor ignore para qué será usado; en consecuencia, la esencia de un abrecartas, o de todo aquello que lo haga ser un abrecartas y no un cuchillo de cocina o un avión de papel, precede a la existencia de cualquier abrecartas.

Obviamente, los seres humanos no son abrecartas. En opinión de Sartre, no hay ningún plan preconcebido que nos haga ser lo que somos; no hemos sido hechos con ninguna finalidad determinada. Aunque existimos, no es a causa de nuestra finalidad **»** o de nuestra esencia, como en el caso de un abrecartas: nuestra existencia precede a nuestra esencia.

Definirse a sí mismo

Ahora se puede ver la relación entre la afirmación de Sartre «la existencia precede a la esencia» y su ateísmo. Sartre sostiene que, a menudo, las religiones han tratado el problema de la naturaleza del hombre por medio de una analogía con las creaciones humanas: la naturaleza humana estaría en la mente de Dios de forma análoga a como la naturaleza del abrecartas está en la mente del artesano que lo crea. Desde su perspectiva, incluso muchas teorías sobre la naturaleza humana que no son religiosas aún tienen sus raíces en concepciones de ese orden, ya que siguen insistiendo en que la esencia precede a la existencia o en que hemos sido creados con una finalidad determinada. Al afirmar que la existencia precede a la esencia, Sartre se sitúa en la perspectiva que considera más coherente con su ateísmo: según afirma, no hay una naturaleza humana universal, fija, ya que no hay ningún Dios que pueda diseñar dicha naturaleza.

La definición de naturaleza humana que utiliza aquí Sartre es muy particular, ya que identifica la naturaleza de algo con su finalidad; es decir, que rechaza la posibilidad de aplicar a la naturaleza humana el concepto denominado teleología por los filósofos, que es pensar algo desde el punto de vista de su finalidad. De todas formas, en un cierto sentido, Sartre expone una teoría sobre la naturaleza humana desde el momento en que sostiene que somos seres obligados a encontrarle una finalidad a nuestra vida: dado que no existe ningún poder divino que nos imponga una finalidad, somos nosotros mismos quienes debemos definirnos.

Sin embargo, definirnos nosotros mismos no sólo se reduce a ser capaces de decir qué somos en cuanto seres humanos, sino que implica irnos configurando como la clase de seres en que hemos escogido convertirnos. Esto es lo que nos hace radicalmente diferentes de todos los demás seres que hay en el mundo: podemos convertirnos en lo que elijamos. Una roca no es más que una roca, y una coliflor tan sólo es una coliflor, pero los seres humanos estamos capacitados para configurarnos a nosotros mismos de manera activa.

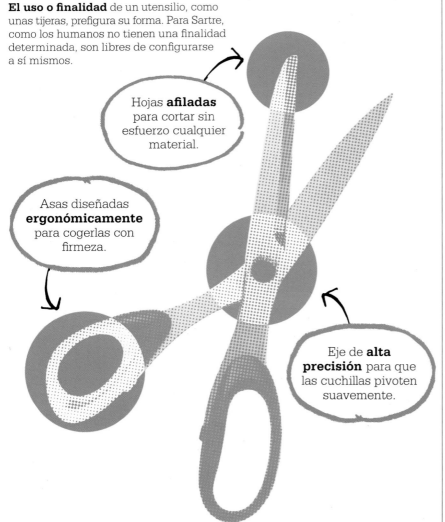

El uso o finalidad de un utensilio, como unas tijeras, prefigura su forma. Para Sartre, como los humanos no tienen una finalidad determinada, son libres de configurarse a sí mismos.

Hojas **afiladas** para cortar sin esfuerzo cualquier material.

Asas diseñadas **ergonómicamente** para cogerlas con firmeza.

Eje de **alta precisión** para que las cuchillas pivoten suavemente.

Antes de nada, el hombre existe, surge, aparece en escena; sólo después se define a sí mismo.
Jean-Paul Sartre

La idea sartriana de que somos libres de configurar nuestra vida influyó en los estudiantes que tomaron las calles de París en mayo de 1968 en protesta contra los excesos de las autoridades universitarias.

La de Sartre es una filosofía de la libertad, puesto que nos libera de las constricciones de una naturaleza humana preconcebida: somos libres de escoger cómo configurarnos, aunque debamos plegarnos a ciertas limitaciones –por mucho que me esfuerce en tener alas, por ejemplo, no voy a lograr que me crezcan–. Aun así, incluso limitándonos a decisiones realistas, solemos vernos constreñidos, de manera que tomamos decisiones basándonos en la costumbre o a causa del modo en el que nos hemos habituado a pensarnos.

Sartre nos invita a liberarnos de las formas habituales de pensar y nos incita a afrontar las consecuencias de vivir en un mundo donde no hay nada prefigurado. Cree que, para no ser arrastrados por pautas de comportamiento inconscientes, no podemos ignorar el elegir cómo actuar.

La libertad responsable

Elegir implica tener nociones acerca de lo que debería ser la vida humana: si decido hacerme filósofo, no sólo

De los hombres no es lo que son lo que me interesa, sino lo que pueden llegar a ser.
Jean-Paul Sartre

decido sobre mí, sino que también estoy implicando que filosofar es una actividad valiosa. Esto supone que la libertad es la mayor responsabilidad: somos responsables del impacto que nuestras decisiones puedan tener sobre nosotros mismos, así como también del que puedan tener sobre toda la humanidad. Y, puesto que no hay principios ni reglas ajenos que rijan nuestros actos, no tenemos excusas con las que poder justificar nuestras elecciones. Por eso, Sartre afirma que estamos «condenados a ser libres».

El hecho de que la filosofía de Sartre vincule la libertad con la responsabilidad ha llevado a que se la califique de pesimista, algo que él rechaza; es más, sostiene que es la más optimista de todas las filosofías, ya que, a pesar de que nos hace responsables de los efectos que nuestros actos tienen sobre los demás, nos ofrece la libertad de ejercer un control incondicionado sobre nuestras decisiones acerca de cómo configurar el mundo y a nosotros mismos.

Las ideas de Sartre tuvieron una influencia destacada en la obra de su pareja y colega Simone de Beauvoir, y causaron un enorme impacto en la vida cultural y cotidiana en Francia. En particular, los jóvenes se entusiasmaron con la invitación a usar su libertad para configurar su existencia. Los inspiró a que se enfrentaran a las actitudes tradicionalistas y autoritarias que imperaban en la Francia de los años cincuenta y sesenta, y se lo considera una de las principales influencias en las manifestaciones callejeras de París durante el período conocido como Mayo del 68, las cuales colaboraron en la caída del gobierno conservador y propiciaron un clima más liberal por toda Francia.

En la vida de Sartre tuvo gran importancia el compromiso con las causas políticas. Sus continuos cambios de afiliación, así como su movimiento perpetuo entre política, filosofía y literatura son quizá testimonios de una vida vivida con la convicción de que la existencia precede a la esencia. ■

LA BANALIDAD DEL MAL
HANNAH ARENDT (1906–1975)

EN CONTEXTO

RAMA
Ética

ORIENTACIÓN
Existencialismo

ANTES
***C*. 350** San Agustín de Hipona considera que la maldad no es una fuerza, sino que procede de una carencia de bondad.

Siglo XIII Santo Tomás de Aquino escribe *Cuestiones disputadas sobre el mal*, donde reflexiona sobre la idea del mal como carencia de algo, más que como algo en sí.

DESPUÉS
1971 El investigador y científico social estadounidense Philip George Zimbardo lleva a cabo el famoso Experimento de la Cárcel de Stanford, en el que se convenció a estudiantes normales para participar en una serie de actos «malvados» que, usualmente, resultarían inconcebibles tanto para ellos como para los demás.

En 1961, Hannah Arendt asistió al juicio de Adolph Eichmann, uno de los arquitectos del holocausto. En su libro *Eichmann en Jerusalén*, la filósofa hace referencia a la aparente «cotidianeidad» de Eichmann: la figura sentada frente a ella, en el banquillo, no se parecía, tal y como cabría imaginar, a un monstruo, sino que, de hecho, hubiera pasado totalmente desapercibido en un café o en la calle.

Un error de juicio
Tras asistir al juicio, Arendt llegó a la conclusión de que el mal no proviene de la malevolencia ni de un disfrute al hacer daño. Más bien, sugiere, la razón por la que la gente actúa de dicho modo proviene de equivocaciones en su reflexión o en su juicio. Los sistemas políticos opresivos se aprovechan de nuestra tendencia a cometer dichos errores, de manera que pueden conseguir que parezcan actos ordinarios que habitualmente se considerarían «inconcebibles».

La idea de que el mal es banal no intenta despojar de su horror a los actos malvados, sino que, al negarse a

Eichmann no perpetró atrocidades por odio a los judíos, sostiene Arendt, sino porque cumplió órdenes de un modo irreflexivo, desentendiéndose de sus efectos.

considerar como «monstruos» a quienes perpetran actos terribles, acerca dichos actos a nuestra vida cotidiana, obligándonos a plantearnos que cualquiera de nosotros es capaz de hacer el mal. Por esa razón, sostiene Arendt, deberíamos tratar de evitar las faltas de nuestros regímenes políticos y los posibles errores en nuestra reflexión o nuestro juicio. ∎

Véase también: San Agustín de Hipona 72–73 ∎ Santo Tomás de Aquino 88–95 ∎ Theodor Adorno 266–267

LA RAZON VIVE EN EL LENGUAJE

EMMANUEL LÉVINAS (1906–1995)

L as ideas de Emmanuel Lévinas se comprenden más fácilmente a través de un ejemplo: imaginemos que en una gélida noche de invierno vamos por la calle y vemos una mendiga acurrucada en un portal; puede que ni siquiera pida limosna, pero, de algún modo, no podemos evitar sentirnos obligados a reaccionar ante las necesidades de esta extraña. Podemos elegir ignorarla, pero, incluso así, ya se nos ha comunicado algo: el hecho de que esa es una persona que necesita nuestra ayuda.

La comunicación inevitable
Lévinas fue un judío lituano que sobrevivió al holocausto. En *Totalidad e infinito* (1961), dice que la razón vive en el lenguaje, el cual, explica, es la manera en que nos comunicamos con los demás, antes, incluso, de haber hablado. Cuando contemplamos el rostro de otra persona, se nos comunica de forma instantánea que se trata de otro ser humano y que tenemos una responsabilidad hacia él. Podemos darle la espalda a esa responsabilidad, pero no lograremos librarnos de ella. Es por esto que la razón surge de las relaciones cara a cara con los demás: las justificaciones que ofrecemos de nuestros actos surgen de enfrentarnos a las necesidades de otros seres humanos. Aunque no le demos limosna a esa mendiga, nos encontramos teniendo que justificar nuestra elección. ∎

Nada en nuestra vida nos altera tanto la conciencia como un encuentro con otra persona que, sólo con estar ahí, nos interpela y nos demanda que demos cuenta de nosotros mismos.

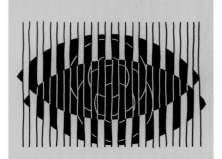

PARA PODER VER EL MUNDO ES PRECISO ROMPER NUESTRA FAMILIARIDAD CON EL
MAURICE MERLEAU-PONTY (1908–1961)

La idea de que la filosofía surge de la capacidad humana para asombrarse ante el mundo se remonta a la Grecia antigua. Normalmente, solemos dar por hecho nuestra vida cotidiana, pero Aristóteles defendía que, para llegar a conocer el mundo en profundidad, tenemos que dejar a un lado nuestra familiaridad con las cosas. Quizá en ningún terreno es más difícil hacer esto que en el de nuestra propia experiencia; al fin y al cabo, ¿de qué podríamos fiarnos más que de nuestra percepción directa?

El filósofo francés Merleau-Ponty sentía un enorme interés por examinar con mayor detenimiento nuestra experiencia del mundo y cuestionar nuestros presupuestos cotidianos. Dicha perspectiva lo sitúa en la tradición conocida como fenomenología,

Nuestra **experiencia** rebosa enigmas y **contradicciones**.

Nuestros **presupuestos** cotidianos nos **impiden ver** esos enigmas y contradicciones.

Tenemos que...

...dejar de lado nuestros **presupuestos** cotidianos.

...**reaprender** cómo observar nuestra **experiencia**.

Para poder ver el mundo, es preciso romper nuestra familiaridad con él.

Véase también: Aristóteles 56–63 ■ Edmund Husserl 224–225 ■ Ludwig Wittgenstein 246–251 ■ Martin Heidegger 252–255 ■ Jean-Paul Sartre 268–271

El hombre está en el mundo, y sólo en el mundo se conoce a sí mismo.
Maurice Merleau-Ponty

un enfoque filosófico que el filósofo Edmund Husserl inició a principios del siglo XX. Husserl quería estudiar de manera sistemática la experiencia en primera persona, dejando de lado cualquier presupuesto al respecto.

El cuerpo-sujeto

Merleau-Ponty adopta el enfoque de Husserl, aunque con una importante diferencia derivada de su preocupación porque aquel hubiese ignorado lo más importante de nuestra experiencia: el hecho de que esta no sólo es mental, sino también corporal. En su obra más importante, *Fenomenología de la percepción*, Merleau-Ponty desarrolla esa idea y llega a la conclusión de que la mente y el cuerpo no son dos entidades distintas, noción que se opone a una larga tradición filosófica representada por Descartes. Según Merleau-Ponty, tenemos que darnos cuenta de que el pensamiento y la percepción son «corpóreos» y de que el mundo, la conciencia y el cuerpo forman parte de un único sistema. La alternativa a la mente incorpórea propuesta por Descartes es lo que denomina el «cuerpo-sujeto». En otras palabras, rechaza la perspectiva dualista según la cual en el mundo existen dos entidades distintas: la mente y la materia.

La ciencia cognitiva

En su intento de ver el mundo «como si fuese nuevo», Merleau-Ponty empezó a interesarse por casos de experiencias anómalas. Por ejemplo, creía que el fenómeno del miembro fantasma (cuando un amputado «siente» el miembro que le falta) mostraba que el cuerpo no puede ser sólo una máquina, pues, si lo fuera, el cuerpo ya no podría reconocer el miembro amputado: si aún existe para el sujeto es porque el miembro siempre estuvo vinculado a su voluntad. Es decir, el cuerpo nunca es «tan solo» un cuerpo, es siempre un cuerpo «vivido».

La relevancia que Merleau-Ponty dio al papel del cuerpo en la experiencia y sus concepciones sobre la naturaleza principalmente corpórea de la mente han llevado a que su obra cobre de nuevo interés entre la ciencia cognitiva: muchos de los últimos desarrollos parecen apoyar su idea de que, tras librarnos de nuestra familiaridad con el mundo, la experiencia se vuelve realmente muy extraña. ■

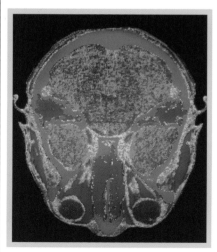

Las resonancias magnéticas del cerebro dan información que puede salvar vidas, pero, según Merleau-Ponty, no hay información física que pueda dar cuenta completa de nuestra experiencia.

Maurice Merleau-Ponty

El filósofo francés Maurice Merleau-Ponty nació en 1908 en Rochefort-sur-Mer. Estudió junto con Simone de Beauvoir y Jean-Paul Sartre en la École Normale Supérieure, y obtuvo su título de filosofía en 1930. Trabajó como profesor en varios institutos hasta que se alistó en el ejército durante la Segunda Guerra Mundial. Su obra más destacada, la *Fenomenología de la percepción*, fue publicada en 1945, tras lo cual comenzó a impartir clases de filosofía en la Universidad de Lyon.

Los intereses de Maurice Merleau-Ponty iban más allá de la filosofía, e incluían otras materias como la educación o la psicología infantil. También fue un colaborador asiduo de la revista *Les Temps modernes*, fundada por Sartre. En 1952 se convirtió en el catedrático de filosofía más joven del Collège de France, puesto en el que se mantuvo hasta su muerte, en 1961, a la edad de 53 años.

Obras principales

1942 *La estructura del comportamiento.*
1945 *Fenomenología de la percepción.*
1964 *Lo visible y lo invisible.*

AL HOMBRE SE LE DEFINE COMO SER HUMANO, Y A LA MUJER COMO HEMBRA
SIMONE DE BEAUVOIR (1908–1986)

En su libro *El segundo sexo*, la filósofa francesa Simone de Beauvoir escribe que a lo largo de la historia, la referencia para medir lo humano –tanto en la filosofía como en la sociedad en general– ha partido de una perspectiva exclusivamente masculina. Algunos filósofos, como Aristóteles, plantearon una correspondencia manifiesta entre la humanidad y la masculinidad. Otros no han ido tan lejos, pero sí han tomado la masculinidad como referencia para juzgar la humanidad. Por ello de Beauvoir mantiene que el «yo» del conocimiento filosófico es por defecto masculino, y que su pareja binaria –la hembra– es otra cosa, a la que llama «el otro». El «yo» es activo y conocedor, mientras que el otro es todo lo que el «yo» rechaza: la pasividad, la falta de voz y la impotencia.

De Beauvoir trata también la manera en que a las mujeres se las tiene por iguales tan sólo en la medida en que sean como los hombres. Incluso quienes han escrito en defensa de la igualdad de la mujer, dice, han ar-

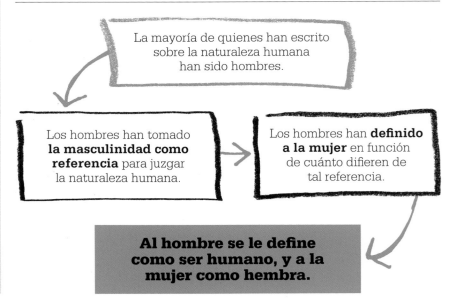

La mayoría de quienes han escrito sobre la naturaleza humana han sido hombres.

Los hombres han tomado **la masculinidad como referencia** para juzgar la naturaleza humana.

Los hombres han **definido a la mujer** en función de cuánto difieren de tal referencia.

Al hombre se le define como ser humano, y a la mujer como hembra.

Simone de Beauvoir

Simone de Beauvoir nació en París en 1908. Estudió filosofía en la Sorbona y más tarde en la École Normale Supérieure, donde conoció a Jean-Paul Sartre, con quien inició una relación que duraría toda la vida. Novelista además de filósofa, a menudo examinó temas filosóficos en sus obras de ficción como *La invitada* y *Los mandarines*. Su obra más célebre, *El segundo sexo*, aportó un enfoque existencialista a las ideas feministas. Pese a ser vilipendiado en un principio por políticos de derecha y de izquierda y ser incluido en el índice de libros prohibidos del Vaticano, el libro se convirtió en una de las obras feministas más importantes del siglo xx. Simone de Beauvoir fue una escritora prolífica, a lo largo de su vida escribió libros de viajes, una autobiografía en cuatro volúmenes y ensayos políticos. Murió a los 78 años de edad, y fue enterrada en el cementerio de Montparnasse.

Obras principales

1944 *Pirro y Cineas.*
1947 *Para una moral de la ambigüedad.*
1949 *El segundo sexo.*
1954 *Los mandarines.*

La representación del mundo ha sido obra de los hombres, que lo describen desde su punto de vista.
Simone de Beauvoir

gumentado que las mujeres son capaces de ser y de hacer lo mismo que los hombres. Esto es erróneo según de Beauvoir, pues ignora el hecho de que mujeres y hombres son distintos. La formación filosófica de Simone de Beauvoir se desarrolló dentro del ámbito de la fenomenología, el estudio de cómo se muestran las cosas ante nuestra experiencia. Tal perspectiva considera que cada uno construye el mundo en función del marco de la propia conciencia; constituimos cosas y significados a partir del fluir de nuestras experiencias. En consecuencia, De Beauvoir sostiene que nuestra relación con el propio cuerpo, con otros, con el mundo y con la propia filosofía está muy marcada por el hecho de ser hombre o mujer.

El feminismo existencial

De Beauvoir era también existencialista, creía que venimos al mundo sin ninguna finalidad y que tenemos que crearnos una existencia auténtica eligiendo lo que queremos ser. Al aplicar esta noción a la idea de «mujer», pide que separemos el ente biológico (la forma corporal en la que nacen las mujeres) de la feminidad, que es un constructo social. Dicho constructo, que como tal está abierto al cambio y a la interpretación, da a entender que

hay muchas maneras de «ser mujer», es decir, que hay lugar para la elección existencial. En la introducción a *El segundo sexo*, De Beauvoir señala cómo la sociedad no desconoce la citada fluidez: «Se nos exhorta a ser mujeres, a permanecer mujeres, convertirnos en mujeres. Parece, por tanto, que no todo ser humano femenino es necesariamente una mujer». Luego lo afirma de modo más explícito al decir que «no se nace mujer, sino que se convierte una en mujer».

Simone de Beauvoir dice que las mujeres deben liberarse tanto de la idea de que deben ser como los hombres, como de la pasividad que les ha sido inducida por la sociedad. Vivir una existencia realmente auténtica conlleva mayores riesgos que aceptar el papel adjudicado por la sociedad, pero es el único camino hacia la igualdad y la libertad. ■

Los muchos mitos de la mujer como madre, esposa, virgen, símbolo de la naturaleza y otros, atrapan a las mujeres en ideales imposibles, negando su propio yo y su situación individual.

EL LENGUAJE ES UN ARTE SOCIAL
WILLARD VAN ORMAN QUINE (1908–2000)

EN CONTEXTO

RAMA
Filosofía del lenguaje

ORIENTACIÓN
Filosofía analítica

ANTES
C. 400 a.C. Platón estudia la relación entre las palabras y las cosas en *Crátilo*.

Siglo XIX Søren Kierkegaard insiste en la importancia del estudio del lenguaje para la filosofía.

Década de 1950 Para Ludwig Wittgenstein, no puede haber tal cosa como un lenguaje privado.

DESPUÉS
Década de 1980 Richard Rorty propone que el conocimiento es más una «conversación» que una representación de la realidad.

Década de 1990 En la obra *La conciencia explicada*, Daniel Dennett, un antiguo alumno de Quine, afirma que el sentido y la experiencia interior sólo pueden entenderse como actos sociales.

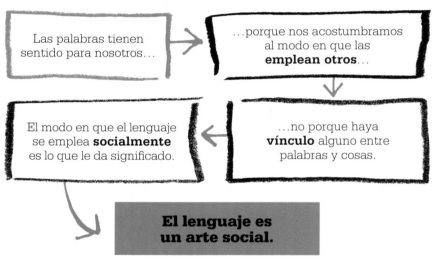

Las palabras tienen sentido para nosotros…

…porque nos acostumbramos al modo en que las **emplean otros**…

…no porque haya **vínculo** alguno entre palabras y cosas.

El modo en que el lenguaje se emplea **socialmente** es lo que le da significado.

El lenguaje es un arte social.

Según algunos filósofos, el lenguaje consiste en la relación entre las palabras y las cosas. Quine, en cambio, disiente de tal noción. En su opinión, el lenguaje no es cosa de la relación entre objetos y significantes verbales, sino de saber qué decir y cuándo decirlo, es decir, es un arte social, como afirma en su ensayo de 1968 titulado *La relatividad ontológica*.

Quine nos plantea el siguiente experimento de pensamiento: imaginemos que nos encontramos con un grupo de nativos procedentes de otro país con quienes no tenemos una lengua en común. Estando en su compañía, aparece un conejo y uno de ellos pronuncia el vocablo *gavagai*. Nos preguntamos si hay relación entre lo sucedido –la aparición del conejo– y el que el nativo haya pronunciado dicha palabra. A medida que pasa el tiempo, vemos que cada vez que hay un conejo alguien dice *gavagai*, de modo que concluimos que «conejo» debe ser la traducción fiable del término. Sin embargo, Quine insiste en que erramos, ya que *gavagai* podría significar cosas de todo tipo, tales como «mira, ¡ya tenemos cena!» o «¡qué pelo tan suave tiene ese animal!».

Véase también: Platón 50–55 ▪ Søren Kierkegaard 194–195 ▪ Ferdinand de Saussure 223 ▪ Ludwig Wittgenstein 246–251 ▪ Roland Barthes 290–291 ▪ Daniel Dennett 339

Si quisiésemos determinar cual es el verdadero significado del término *gavagai*, podríamos recurrir a otro sistema: señalar a otras criaturas que tengan un pelo suave o a cosas pertenecientes al menú de la cena para ver si al decir nosotros *gavagai* los nativos asienten o niegan. Pero ni aun estando en situación de decir «conejo» cada vez que se pronunciara la palabra *gavagai*, tendríamos la certeza de que fuese una traducción apropiada. *Gavagai* podría querer decir «conjunto de partes de un conejo», o «conejo de los bosques», o «conejo o liebre»; incluso podría ser una oración ritual breve que se debe pronunciar cada vez que se ve un conejo.

Lenguaje desestabilizado

Al tratar de determinar el significado preciso de ese misterioso vocablo, por tanto, podríamos también pensar que la solución sería aprender a conciencia el idioma de nuestros informantes, con lo que sabríamos con certeza absoluta los contextos en los que se pronuncia. Sin embargo, esto no haría más que multiplicar el problema, puesto que no podríamos es-

Ninguna palabra tiene un significado fijo, según Quine. Cuando se pronuncia la palabra «conejo», esta puede significar varias cosas distintas, en función del contexto en el que sea dicha.

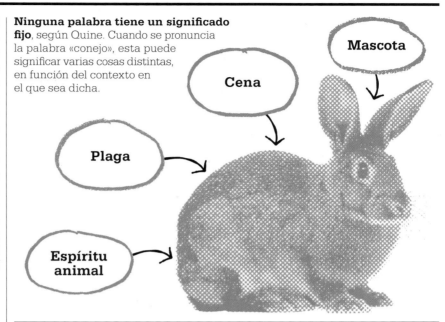

Mascota

Cena

Plaga

Espíritu animal

tar seguros de que las demás palabras que utilizamos para explicar el significado de *gavagai* son a su vez traducciones precisas.

Quine llama a este problema «indeterminación de la traducción», y tiene implicaciones desestabilizadoras por sugerir que en último término las palabras carecen de significado.

El sentido de que alguien diga *gavagai* (o, para el caso, «conejo»), y de que lo dicho tenga significado, no procede de ningún vínculo misterioso entre las palabras y las cosas, sino de nuestros patrones de comportamiento y del hecho de que hemos aprendido a participar en el lenguaje como un arte social. ▪

Willard Van Orman Quine

Nacido en 1908 en Ohio (EE UU), Quine estudió en Harvard junto a Alfred North Whitehead, filósofo lógico y matemático. Allí conoció también a Bertrand Russell, quien influyó profundamente en su obra y pensamiento. Tras doctorarse en 1932, Quine viajó por toda Europa y conoció a muchos de sus filósofos más eminentes, entre ellos a varios miembros del Círculo de Viena.

Tras regresar a la docencia en Harvard, la carrera filosófica de Quine se vio interrumpida por la Segunda Guerra Mundial, durante la cual pasó cuatro años descifrando mensajes para la inteligencia naval

de EE UU. Incansable viajero, de él se decía que se sentía aún más orgulloso de haber logrado visitar 118 países que de sus numerosos premios y títulos universitarios. Quine se convirtió en catedrático de Filosofía en Harvard en 1956, y allí enseñó hasta su muerte en 2000, a los 92 años.

Obras principales

1952 *Los métodos de la lógica.*
1953 *Desde un punto de vista lógico.*
1960 *Palabra y objeto.*
1990 *La búsqueda de la verdad.*

EL SENTIDO FUNDAMENTAL DE LA LIBERTAD ES ESTAR LIBRE DE CADENAS
ISAIAH BERLIN (1909–1997)

EN CONTEXTO

RAMA
Ética

ORIENTACIÓN
Filosofía analítica

ANTES
1651 En su obra *Leviatán*, Thomas Hobbes considera la relación entre la libertad y el poder del Estado.

1844 Søren Kierkegaard arguye que nuestra libertad de tomar decisiones morales es una causa principal de infelicidad.

1859 En su obra *Sobre la libertad*, John Stuart Mill distingue entre libertad con coerción y libertad de actuar.

1941 El psicoanalista Erich Fromm explora la libertad positiva y negativa en su libro *El miedo a la libertad*.

DESPUÉS
En la actualidad El desarrollo de las nuevas tecnologías de vigilancia plantea cuestiones relacionadas con la libertad.

La libertad es tanto positiva como negativa.

Positiva porque somos libres de controlar nuestro propio destino y escoger nuestras propias metas.

Negativa porque nos vemos libres de impedimentos externos y dominación, o «cadenas».

Pero nuestras metas individuales a veces entran en **conflicto** o resultan en la **dominación** sobre otros.

Cuando nuestra propia libertad positiva lleva a una **merma** de la libertad negativa de otros, se convierte en **opresión**.

El sentido fundamental de la libertad es estar libre de cadenas.

¿Qué significa ser libre? Esta es la cuestión analizada por el filósofo británico Isaiah Berlin en su reputado ensayo de 1958 *Dos conceptos de libertad*, donde distingue entre lo que denomina libertad positiva y negativa. Aunque no fue el primero en establecer esta distinción, lo hizo de manera muy original, y la empleó para poner de manifiesto las contradicciones aparentes de nuestra noción cotidiana de la libertad.

Para Berlin, la libertad negativa es lo que él llama nuestro «sentido fundamental» de la libertad, y consiste en estar libre de obstáculos exterio-

Véase también: Jean-Jacques Rousseau 154–159 ▪ John Stuart Mill 190–193 ▪
Søren Kierkegaard 194–195 ▪ Karl Marx 196–203 ▪ Jean-Paul Sartre 268–271

La propaganda soviética mostraba a los obreros liberados del capitalismo. Sin embargo, desde la perspectiva capitalista, tales imágenes celebran un triunfo de la libertad negativa sobre la positiva.

res: soy libre porque no estoy encadenado a una roca, o porque no estoy encarcelado, por ejemplo. Esto es libertad con respecto a algo que está fuera. Pero Berlin señala que cuando hablamos de libertad, normalmente nos referimos a algo más sutil: la libertad es también una cuestión de autodeterminación, de ser una persona con esperanzas, intenciones y metas propias. Tal libertad positiva tiene que ver con controlar el propio destino; después de todo, no soy libre sólo porque no hay cerrojos en las puertas de mi hogar. Además, la libertad positiva no es algo exclusivamente personal, ya que a la autodeterminación se puede aspirar a escala de grupo o de Estado.

Según Berlin, el problema es que, con frecuencia, estas dos formas de libertad se hallan en conflicto. Pensemos, por ejemplo, en la libertad que resulta de la disciplina de aprender a tocar la tuba. Como principiante soy capaz de poco más que forcejear con mi incapacidad de tocar, pero con el tiempo alcanzo una especie de liberación que me permite tocar con gusto. O consideremos el hecho de que la gente con frecuencia ejercita su libertad positiva votando por un partido dado, a sabiendas de que su libertad negativa será restringida cuando dicho partido ocupe el poder.

Las metas de la vida

Berlin subraya otro problema: ¿quién puede decir cuál es la meta apropiada para la libertad positiva? Los regímenes autoritarios o totalitarios tienen a menudo concepciones inflexibles sobre los fines de la vida humana, y por lo tanto restringen las libertades negativas en beneficio de su noción de la felicidad. De hecho, la opresión política nace con frecuencia de una idea abstracta de cómo debe ser la vida, seguida de la intervención estatal dirigida a hacer realidad dicha idea.

La respuesta que da Berlin a esto tiene dos aspectos: primero, es importante comprender que las distintas libertades que podemos desear estarán siempre en conflicto, ya que no hay ningún «propósito de la vida», sino sólo las metas y los fines de los individuos particulares. Esto queda ensombrecido, según Isaiah Berlin, por los filósofos que buscan un fundamento universal de la moral, pero confunden la acción virtuosa con el propósito de la vida misma. En segundo lugar, debemos mantener vivo el sentido fundamental de la libertad como ausencia de intimidación y dominación, de forma que nuestros ideales no se conviertan en cadenas para nosotros mismos y para los demás. ▪

Isaiah Berlin

Isaiah Berlin nació en 1909 en Riga (Letonia). Pasó la primera parte de su vida en Rusia, primero bajo el Imperio ruso y posteriomente bajo el régimen comunista. A causa del creciente antisemitismo en el país y a problemas con las autoridades soviéticas, su familia emigró a Gran Bretaña en 1921. Isaiah Berlin fue un estudiante sobresaliente en la Universidad de Oxford, centro en el que permanecería como docente. Fue un filósofo con amplios intereses, del arte y la literatura a la política. Su ensayo *Dos conceptos de la libertad*, que fue leído en 1958 en la Universidad de Oxford, es hoy considerado uno de los clásicos de la teoría política del siglo xx. Berlin es, además, reconocido como uno de los estudiosos más destacados del liberalismo.

Obras principales

1953 *El erizo y la zorra: Tolstoi y su visión de la historia.*
1958 *Dos conceptos de libertad.*
1990 *El fuste torcido de la humanidad: capítulos de historia de las ideas.*
2000 *El poder de las ideas.*
2006 *Ideas políticas en la era romántica.*

PIENSA COMO UNA MONTAÑA

ARNE NAESS (1912–2009)

El llamamiento a pensar como una montaña se ha asociado al término «ecología profunda», acuñado en 1973 por el filósofo noruego Arne Naess, promotor de diversas campañas medioambientales. Naess lo emplea para subrayar que si debemos evitar cualquier catástrofe medioambiental, antes tenemos que reconocer que somos parte de la naturaleza, no algo separado de ella. La noción de pensar como una montaña, sin embargo, se remonta a 1949, cuando la expresó el ecologista estadounidense Aldo Leopold en *Almanaque del condado arenoso.*

Mientras trabajaba como guarda forestal en el monte de Nuevo México, Aldo Leopold disparó a una loba. «Llegamos a tiempo de ver cómo moría una fiera luz verde en los ojos del viejo animal», escribió. «Comprendí, y desde entonces lo he sabido siempre, que había algo nuevo para mí en aquellos ojos, algo que sólo sabían la loba y la montaña». Fue después de esta experiencia cuando Leopold dio con la idea de que tenemos que pensar como una montaña, reconociendo no sólo nuestras propias necesidades o las de nuestros congéneres humanos, sino también las de todo el mun-

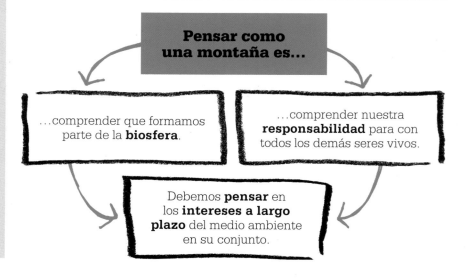

**Pensar como
una montaña es...**

...comprender que formamos parte de la **biosfera**.

...comprender nuestra **responsabilidad** para con todos los demás seres vivos.

Debemos **pensar** en los **intereses a largo plazo** del medio ambiente en su conjunto.

Véase también: Lao Tsé 24–25 ▪ Benedictus de Spinoza 126–129 ▪ Friedrich Schelling 335

El pensamiento para el futuro debe ser leal a la naturaleza.
Arne Naess

do natural. Lo que Leopold plantea es que solemos ignorar lo que implican en una perspectiva amplia nuestras acciones al no tener en cuenta más que los beneficios inmediatos para nosotros mismos. «Pensar como una montaña» es identificarse con el medio más amplio y ser consciente de su papel en nuestra vida.

Armonía con la naturaleza

Naess toma la idea de Leopold al proponer la ecología profunda, afirmando que sólo podemos proteger el medio ambiente si experimentamos la clase de transformación sobre la que escribió Leopold. Naess nos exhorta a vernos como parte de la biosfera en su conjunto. En lugar de ver el mundo con desapego, debemos hallar nuestro lugar en la naturaleza, reconociendo el valor intrínseco de todos los elementos del mundo que habitamos.

Arne Naess introduce la idea del «yo ecológico», una percepción del yo enraizada en la conciencia de nuestra relación con la comunidad mayor de todos los seres vivos, y sostiene que ampliar nuestra identificación con el mundo e incluir a lobos, ranas, arañas, y quizá incluso montañas, conduce a una vida de mayor significado y profundo disfrute.

La ecología profunda de Naess ha tenido una honda influencia sobre la filosofía del medio ambiente y el activismo ecológico. Para el urbanita, puede parecer difícil e incluso imposible acceder a un yo ecológico, pero, con todo, es posible. Como escribió el maestro zen Robert Aitken Roshi en 1984, «cuando uno piensa como una montaña, piensa también como el oso negro, de modo que la miel corre por su pelaje mientras sube al autobús para ir al trabajo». ▪

El mundo natural, según Naess, no es algo que debamos esforzarnos por controlar y manipular en beneficio propio. Vivir bien implica vivir como iguales con todos los elementos de nuestro medio.

Arne Naess

Ampliamente reconocido como el filósofo noruego más destacado del siglo xx, Arne Naess se convirtió a sus 27 años en el catedrático más joven de la Universidad de Oslo. Fue también un montañero renombrado, y dirigió con éxito una expedición a la cima del Tirich Mir, en el norte de Pakistán, en 1950.

Sólo después de jubilarse de su puesto docente en 1970, Naess desarrolló activamente su pensamiento acerca del mundo natural y comenzó a implicarse en la acción directa en cuestiones medioambientales. En 1970 se encadenó a las rocas de la cascada noruega de Mardalsfossen para protestar contra la construcción de una presa cercana. En 1988 Naess fue elegido presidente de Greenpeace Noruega y en 2005 fue nombrado caballero.

Obras principales

1968 *Scepticism.*
1974 *Ecology, Society and Lifestyle.*
1988 *Thinking Like a Mountain* (con John Seed, Pat Fleming y Joanna Macy).
2002 *Life's Philosophy: Reason and Feeling in a Deeper World.*

LA VIDA SE VIVIRA TANTO MEJOR SI NO TIENE SENTIDO
ALBERT CAMUS (1913–1960)

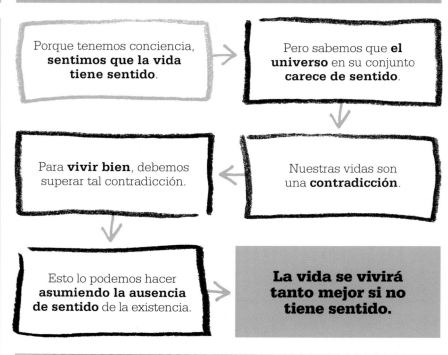

Porque tenemos conciencia, **sentimos que la vida tiene sentido**.

Pero sabemos que **el universo** en su conjunto **carece de sentido**.

Para **vivir bien**, debemos superar tal contradicción.

Nuestras vidas son una **contradicción**.

Esto lo podemos hacer **asumiendo la ausencia de sentido** de la existencia.

La vida se vivirá tanto mejor si no tiene sentido.

Algunos opinan que la tarea de la filosofía es dar con el sentido de la vida. El filósofo y novelista francés Albert Camus, en cambio, pensó que la filosofía debía reconocer que la vida carece por definición de sentido. Si bien a primera vista puede parecer una perspectiva deprimente, Camus cree que sólo asumiendo esta idea podremos vivir lo más plenamente posible.

La idea de Camus aparece reflejada en su ensayo *El mito de Sísifo*. Sísifo fue un rey griego caído en desgracia ante los dioses y condenado a un destino terrible en el inframundo. Su cometido era el de empujar una gigantesca piedra hasta la cima de una colina, desde donde invariablemente la veía bajar rodando de nuevo. Entonces debía comenzar otra vez, repitiendo el trabajo por toda la eter-

Véase también: Søren Kierkegaard 194–195 ■ Friedrich Nietzsche 214–221 ■ Martin Heidegger 252–255 ■ Jean-Paul Sartre 268–271

Sísifo estaba eternamente condenado a subir una gran roca a una colina, pero Camus pensó que hasta en tan deplorable situación podía encontrar la libertad si aceptaba el sinsentido de su tarea.

nidad. Camus sentía fascinación por este mito pues parecía contener algo del sinsentido y el absurdo de nuestras vidas, y porque él mismo veía la vida como una lucha por desempeñar una serie de cometidos fundamentalmente carentes de sentido.

Camus admite que gran parte de lo que hacemos tiene desde luego una apariencia de sentido, pero lo que propone es bastante sutil: por una parte, somos seres conscientes que no pueden evitar vivir como si sus vidas tuvieran sentido; por otra, el sentido no reside allá fuera en el universo, sino sólo dentro de nuestra mente. El universo en su conjunto carece de sentido y de propósito, sencillamente es. Sin embargo, y a diferencia del resto de seres vivos, poseemos conciencia, y somos la clase de seres que encuentran sentido y propósito en todo.

Reconocer el absurdo

El absurdo, según Camus, es el sentimiento que tenemos al reconocer que los sentidos que damos a la vida no existen más allá de nuestra propia conciencia. Es el resultado de una contradicción entre nuestra impresión del sentido de la vida y nuestro conocimiento de que, pese a ella, el universo en su conjunto carece de sentido.

Camus examina lo que podría suponer vivir a la luz de dicha paradoja, y afirma que, solamente después de haber aceptado el hecho de que la

El esfuerzo por alcanzar las alturas basta para llenar el corazón de un hombre.
Albert Camus

vida es absurda y carente de sentido, estaremos preparados para vivir con plenitud. Al asumir el absurdo, nuestras vidas se convierten en una rebelión permanente ante la falta de sentido del universo, y podemos vivir libremente.

Este concepto fue desarrollado por el filósofo Thomas Nagel, quien dijo que el absurdo de la vida reside en la naturaleza de la conciencia, pues por muy en serio que nos tomemos la vida, sabemos siempre que hay alguna perspectiva desde la que se puede cuestionar dicha seriedad. ■

Albert Camus

Camus nació en Argelia en 1913. Su padre murió al año siguiente en la Primera Guerra Mundial, y fue criado por su madre en una extrema pobreza. Estudió filosofía en la Universidad de Argel, donde sufrió el primer ataque de una tuberculosis que arrastraría de por vida. Con 25 años fue a vivir a Francia, y se implicó en política. Ingresó en el Partido Comunista Francés en 1935, aunque en 1937 fue expulsado. Durante la Segunda Guerra Mundial colaboró con la Resistencia francesa, publicando un periódico clandestino. En este período escribió muchas de sus

novelas más célebres, entre ellas *El extranjero*. Camus fue autor de numerosas novelas, ensayos y obras de teatro, y en 1957 recibió el premio Nobel de Literatura. Murió en un accidente de tráfico a los 46 años, tras desechar un billete de tren y aceptar la oferta de viajar a París con un amigo.

Obras principales

1942 *El mito de Sísifo.*
1942 *El extranjero.*
1947 *La peste.*
1951 *El hombre rebelde.*
1956 *La caída.*

FILOSOF
CONTEMP
1950—PRESENT

A
O RANEA
E

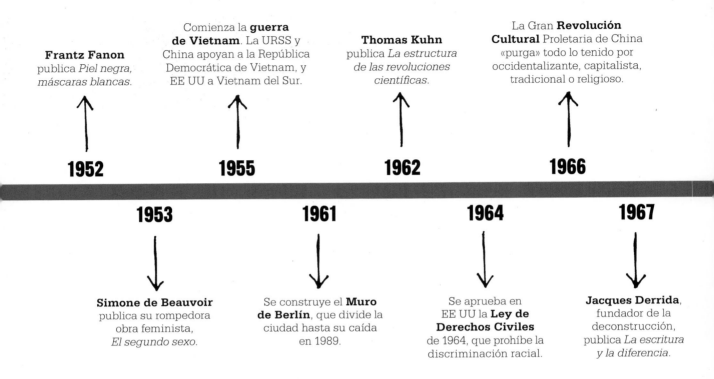

Frantz Fanon
publica *Piel negra,
máscaras blancas.*

Comienza la **guerra
de Vietnam**. La URSS y
China apoyan a la República
Democrática de Vietnam, y
EE UU a Vietnam del Sur.

Thomas Kuhn
publica *La estructura
de las revoluciones
científicas.*

La Gran **Revolución
Cultural** Proletaria de China
«purga» todo lo tenido por
occidentalizante, capitalista,
tradicional o religioso.

1952   **1955**   **1962**   **1966**

1953   **1961**   **1964**   **1967**

Simone de Beauvoir
publica su rompedora
obra feminista,
El segundo sexo.

Se construye el **Muro
de Berlín**, que divide la
ciudad hasta su caída
en 1989.

Se aprueba en
EE UU la **Ley de
Derechos Civiles**
de 1964, que prohíbe la
discriminación racial.

Jacques Derrida,
fundador de la
deconstrucción,
publica *La escritura
y la diferencia.*

Durante las últimas décadas del siglo XX se produjo una aceleración de los avances tecnológicos y la consiguiente mejora en las comunicaciones de todo tipo. El poder creciente de los medios de comunicación de masas, sobre todo la televisión, desde el final de la Segunda Guerra Mundial, alimentó un auge de la cultura popular y de las ideas contra lo establecido a ella asociadas, lo cual a su vez impulsó cambios políticos y sociales. A partir de la década de 1960, el viejo orden fue cuestionado en Europa y EE UU, mientras la disensión iba cobrando fuerza en Europa oriental.

En la década de 1980 hubo un deshielo en las relaciones entre el Este y el Oeste, y la Guerra Fría fue tocando a su fin. La caída del muro de Berlín en 1989 prometió esperanzas para la nueva década, pero lo que esta trajo fueron convulsiones étnicas y religiosas que habrían de culminar en la declaración de guerra contra el terrorismo por parte de EE UU al comenzar el nuevo milenio.

Filosofías elitistas

La cultura en Occidente sufrió varios cambios de importancia similar. La brecha entre cultura popular y «alta» creció tras la década de 1960, al optar la vanguardia intelectual por desdeñar los gustos del gran público. La filosofía también tomó un camino elitista, sobre todo tras la muerte de Jean-Paul Sartre, cuyo existencialismo marxista –tan en boga entre los intelectuales de los sesenta– fue perdiendo público.

La filosofía continental fue dominada en las décadas de 1970 y 1980 por el estructuralismo, un movimiento surgido de la filosofía francesa de base literaria. La noción de «deconstruir» los textos y revelar su inherente inestabilidad mediante múltiples significados contradictorios fue vital en dicho movimiento. Sus principales proponentes –los teóricos franceses Louis Althusser, Jacques Derrida y Michel Foucault– combinaban sus análisis textuales con posturas políticas de izquierda, mientras que el analista Jacques Lacan aportó al estructuralismo una perspectiva psicoanalítica. Las ideas que sugerían no tardaron en ser adoptadas por una generación de escritores y de artistas agrupados bajo la enseña del posmodernismo, que rechazaba toda posibilidad de una única verdad objetiva, punto de vista o narrativa.

La aportación del estructuralismo a la filosofía no fue recibida con entusiasmo por los filósofos del mundo de habla inglesa, quienes lo contem-

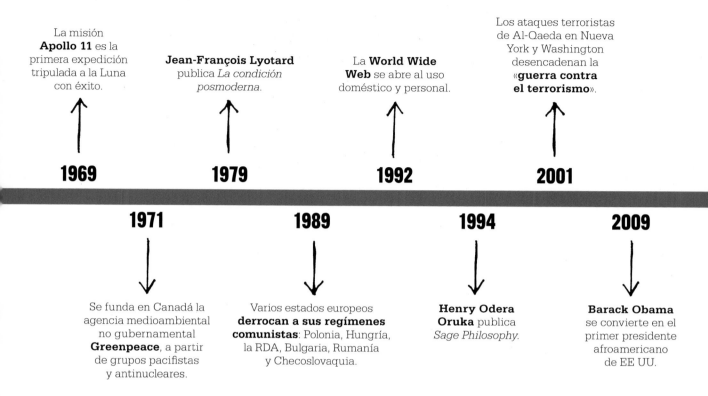

La misión **Apollo 11** es la primera expedición tripulada a la Luna con éxito.

1969

Se funda en Canadá la agencia medioambiental no gubernamental **Greenpeace**, a partir de grupos pacifistas y antinucleares.

1971

Jean-François Lyotard publica *La condición posmoderna*.

1979

Varios estados europeos **derrocan a sus regímenes comunistas**: Polonia, Hungría, la RDA, Bulgaria, Rumanía y Checoslovaquia.

1989

La **World Wide Web** se abre al uso doméstico y personal.

1992

Henry Odera Oruka publica *Sage Philosophy*.

1994

Los ataques terroristas de Al-Qaeda en Nueva York y Washington desencadenan la «**guerra contra el terrorismo**».

2001

Barack Obama se convierte en el primer presidente afroamericano de EE UU.

2009

plaron con suspicacia en el mejor de los casos, cuando no con displicencia. Desde una tradición filosófica de análisis lingüístico, el estructuralismo continental en definitiva parecía simplista, aunque estuviera en muchos casos redactado en una prosa impenetrable que ponía de manifiesto sus raíces literarias.

Las distintas trifulcas entre filósofos no inspiraron a la cultura popular de la época, quizá debido a que el posmodernismo era en gran medida incomprensible para el gran público. La experiencia más compartida fue la del arte posmoderno, de un marcado carácter conceptual y rodeado de referencias informadas de una élite intelectual. El posmodernismo parecía querer excluir deliberadamente cualquier posibilidad de apreciación por parte de las masas, y vino a ser considerado una filosofía abstracta para uso exclusivo de los académicos y artistas, sin contacto con el mundo en que vivía la mayoría de la gente. El público, y también las empresas y gobiernos, esperaban de la filosofía una orientación más pragmática.

Un enfoque más práctico

A pesar de que la filosofía posmoderna no se ganara el favor de la mayoría del gran público, algunos filósofos de la época decidieron centrarse en temas políticos, sociales y éticos más acuciantes y relevantes para la vida cotidiana del ser humano. Pensadores del África poscolonial, como Frantz Fanon, examinaron cuestiones de raza, identidad y los problemas inherentes a toda lucha de liberación. Otros posteriores, como Henry Odera Oruka, elaboraron una nueva historia de la filosofía africana, en la que se cuestionaron las normas que rigen la propia filosofía y lo que esta debía incluir.

Continuando la tradición de la filosofía existencial feminista de Simone de Beauvoir, filósofas francesas como Hélène Cixous y Luce Irigaray aportaron una perspectiva posmoderna a la corriente feminista; mientras que otros pensadores de ambas orillas del Atlántico dejaron completamente de lado el posmodernismo. Algunos, como el filósofo estadounidense John Rawls y el alemán Jürgen Habermas, volvieron a estudiar en profundidad conceptos cotidianos como la justicia y la comunicación.

Este enfoque más práctico de la filosofía en el siglo XXI ha despertado un interés renovado entre el público. No hay forma de predecir la dirección que tomará la filosofía, pero lo seguro es que seguirá ofreciendo al mundo ideas que darán pie a la reflexión. ■

EL LENGUAJE ES UNA PIEL

ROLAND BARTHES (1915–1980)

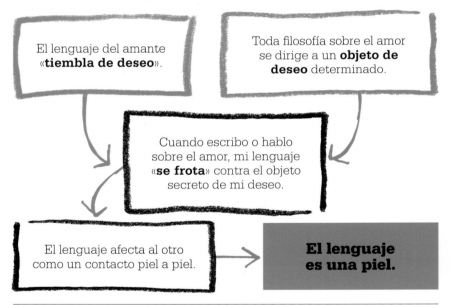

El lenguaje del amante «**tiembla de deseo**».

Toda filosofía sobre el amor se dirige a un **objeto de deseo** determinado.

Cuando escribo o hablo sobre el amor, mi lenguaje «**se frota**» contra el objeto secreto de mi deseo.

El lenguaje afecta al otro como un contacto piel a piel.

El lenguaje es una piel.

l libro más extraño, y a la vez el más famoso, del filósofo y crítico literario Roland Barthes es sin duda *Fragmentos de un discurso amoroso*. Como sugiere su título, está compuesto por fragmentos y aforismos, un poco a la manera del ensayo del filósofo alemán Walter Benjamin *Calle de sentido único*. *Fragmentos de un discurso amoroso* no es tanto un libro de filosofía como una historia de amor, pero se trata de una historia de amor sin historia real: no hay personajes ni nada que se parezca a una trama; únicamente las reflexiones de un amante en lo que Barthes califica de «una soledad extrema».

En el comienzo del libro, Barthes deja claro que no es posible que haya trama puesto que los pensamientos solitarios de un amante aparecen en arrebatos a menudo contradictorios y carentes de un orden claro. En cuanto amante, dice Barthes, uno puede incluso terminar conspirando contra uno mismo. Se podría describir afectuosamente al amante como alguien

Véase también: Platón 50–55 ▪ San Agustín de Hipona 72–73 ▪ Ferdinand de Saussure 223 ▪ Walter Benjamin 258 ▪ Jacques Derrida 308–313 ▪ Julia Kristeva 323

> Todo amante está loco.
> **Roland Barthes**

que «ha perdido el hilo de la trama». De modo que en lugar de una trama, de una historia, Barthes toma la decisión de componer su libro como si se tratase de una enciclopedia extraordinaria de arrebatos contradictorios y desordenados, cualquiera de los cuales podría llevar a que el lector exclame: «Eso es verdad. Reconozco esa escena…».

El lenguaje del amor

La afirmación de Roland Barthes «el lenguaje es una piel», tiene lugar en este contexto. El lenguaje, al menos el del amante, no habla simplemente del mundo de manera neutra, sino que, como dice Barthes, «tiembla de deseo». Así, escribe cómo «froto mi lenguaje contra el otro. Es como si tuviese palabras en lugar de dedos, o dedos en la punta de mis palabras». Según él, incluso aunque se escribiese una filosofía del amor calmada y distante, dentro de esa calma filosófica yacería enterrada una apelación secreta a una persona determinada, a un objeto de deseo, aun en el caso de que este fuera «un fantasma o una criatura aún por llegar».

Barthes ofrece un ejemplo de esta apelación secreta (aunque es fundamental dejar claro que no dentro del contexto de una discusión filosófica particularmente distanciada) tomado del diálogo platónico el *Banquete*, una discusión acerca del amor que tiene lugar en la casa del poeta Agatón: Alcibíades, un político, llega a la discusión tarde y borracho y se echa en un diván con Agatón y el filósofo Sócrates; entona un discurso ebrio y repleto de alabanzas hacia Sócrates, pero es a Agatón a quien desea. Por decirlo de alguna manera, el lenguaje de Alcibíades se frota entonces contra Agatón.

Pero, ¿qué ocurre con el lenguaje que utilizamos a la hora de hablar sobre otras cosas? El del amante, ¿es acaso el único lenguaje que tiembla de deseo oculto o se puede afirmar lo mismo de otros tipos de lenguaje? Barthes no responde a esta pregunta, y deja que sopesemos la idea nosotros mismos. ∎

El lenguaje del amante, dice Barthes, es como una piel habitada por el propio amante. Sus palabras son capaces de conmover al amado, y tan sólo a este, de manera prácticamente física o táctil.

Roland Barthes

Roland Barthes nació en Cherburgo (Francia) en 1915. Estudió en la Universidad de la Sorbona, en París, de 1935 a 1939, época en la que ya había contraído la tuberculosis que padecería el resto de su vida. Su enfermedad supuso una dificultad para conseguir títulos de docente, pero durante la Segunda Guerra Mundial lo libró del ejército. Tras la guerra, consiguió finalmente ser profesor, y dio clases en Francia, Rumanía y Egipto. Volvió a vivir en Francia de modo permanente en 1952, cuando empezó a escribir los artículos que, en 1957, se publicaron reunidos bajo el título *Mitologías*.

La reputación de Barthes creció enormemente durante los años sesenta tanto en Francia como en el resto del mundo, por lo que dio cursos en su país así como en el extranjero. Murió a los 64 años, atropellado por la camioneta de una lavandería después de un almuerzo con el presidente Miterrand.

Obras principales

1957 *Mitologías.*
1973 *El placer del texto.*
1977 *Fragmentos de un discurso amoroso.*

¿COMO VIVIRIAMOS SIN CULTURA?
MARY MIDGLEY (1919–2018)

EN CONTEXTO

RAMA
Filosofía de la ciencia

ORIENTACIÓN
Filosofía analítica

ANTES
Siglo IV A.C. Aristóteles define al hombre como un «animal político»: no sólo somos seres naturales, crear cultura forma parte de nuestra naturaleza.

Siglo I A.C. El poeta romano Tito Lucrecio Caro escribe *De Rerum Natura (De la naturaleza de las cosas)*, donde examina las raíces naturales de la cultura.

1859 El naturalista Charles Darwin publica *El origen de las especies*, donde expone cómo toda vida ha evolucionado por un proceso de selección natural.

DESPUÉS
Década de 1980 en adelante Richard Dawkins y Mary Midgley debaten sobre las implicaciones del darwinismo para nuestra concepción de la naturaleza humana.

En su libro *Bestia y hombre*, publicado en 1978, la filósofa británica Mary Midgley evaluó el impacto de las ciencias naturales sobre nuestra comprensión de la naturaleza humana. Con frecuencia se afirma que los descubrimientos científicos, en particular los de la paleontología y la biología evolutiva, minan nuestras nociones acerca de lo humano. Midgley trató de responder a dichos temores, y lo hizo centrándose tanto en lo que nos separa de los otros animales como en aquello que compartimos con el resto del reino animal.

Uno de los temas de los que Midgley se ocupó es la relación entre naturaleza y cultura en la vida humana, atendiendo al hecho de que muchas personas las entienden como contrapuestas, como si la cultura fuese algo no natural que se ha añadido a nuestra naturaleza animal.

Midgley estaba en desacuerdo con la idea de que la cultura sea algo de carácter enteramente distinto a lo natural, y quiso representarla como fenómeno natural. Dicho de otro modo, el ser humano ha evolucionado para ser una criatura dotada de cultura. Podría decirse que tejemos nuestra cultura de forma tan natural como las arañas tejen sus telarañas. Si esto es así, somos tan incapaces de prescindir de la cultura como lo son las arañas de prescindir de sus telarañas: nuestra necesidad de cultura es a la vez innata y natural. Así, Midgley pretendía dar cuenta de la singularidad humana, y también situarnos en el contexto más amplio de nuestro pasado evolutivo. ∎

Nos equivocamos al vernos como separados de los demás animales y no creer que tenemos una naturaleza animal.
Mary Midgley

Véase también: Platón 50–55 ▪ Aristóteles 56–63 ▪ Ludwig Wittgenstein 246–251

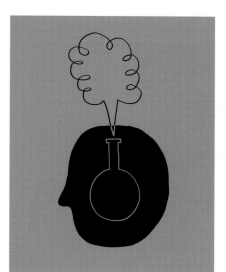

LA CIENCIA NORMAL NO TIENDE HACIA NOVEDADES FACTICAS O TEORICAS

THOMAS KUHN (1922–1996)

EN CONTEXTO

RAMA
Filosofía de la ciencia

ORIENTACIÓN
Historia de la ciencia

ANTES
1543 Copérnico publica *Sobre las revoluciones de las esferas celestes*, que supuso un cambio de paradigma en la concepción humana del sistema solar.

1934 Karl Popper, en *La lógica de la investigación científica*, establece la falsabilidad como criterio de lo que es ciencia.

DESPUÉS
1975 Paul Feyerabend, en *Contra el método,* defiende un «anarquismo epistemológico».

1976 En *Pruebas y refutaciones*, Imre Lakatos trata de conjugar la falsabilidad de Karl Popper y la obra de Thomas Kuhn.

En la actualidad Las visiones enfrentadas de los fenómenos cuánticos suponen paradigmas opuestos del mundo subatómico.

La obra más conocida del físico e historiador de la ciencia estadounidense Thomas Kuhn es *La estructura de las revoluciones científicas*, publicada en 1962. Es, a la vez, un examen de los puntos de inflexión en la historia de la ciencia y un intento de proponer una teoría acerca de cómo se producen las revoluciones en la ciencia.

Los cambios de paradigma

Según el propio Kuhn, en la historia de la ciencia se suceden períodos de «ciencia normal» y otros de «crisis». La ciencia normal es el proceso rutinario mediante el cual los científicos que trabajan dentro de un marco teórico (o «paradigma») determinado van acumulando resultados que no cuestionan los fundamentos teóricos de dicho marco. Obviamente, de vez en cuando, se producen resultados anómalos o desconocidos, pero se suelen achacar a errores de los científicos, lo que, según Kuhn es una prueba de que la ciencia normal no está interesada en las novedades. Sin embargo, al ir pasando el tiempo, la acumulación de resultados anómalos alcanza un umbral crítico; a partir de ahí, si se formula una nueva teoría, se produce un cambio de paradigma, y un nuevo marco teórico reemplaza el antiguo. Con el tiempo, el nuevo marco deja de cuestionarse, y la ciencia normal vuelve a ocupar su puesto… hasta que aparecen nuevas anomalías. Un ejemplo de este tipo de cambio fue el abandono de las concepciones clásicas del espacio y del tiempo a partir de la confirmación de las teorías de la relatividad de Einstein. ∎

La afirmación de Copérnico de que la Tierra gira en torno al Sol revolucionó el pensamiento científico, pues llevó a los científicos a abandonar la creencia de que nuestro planeta es el centro del universo.

Véase también: Francis Bacon 110–111 ▪ Rudolf Carnap 257 ▪ Karl Popper 262–265 ▪ Paul Feyerabend 297 ▪ Richard Rorty 314–319

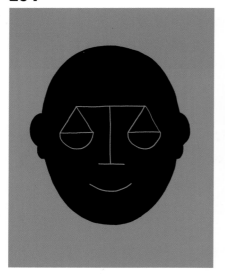

LOS PRINCIPIOS DE LA JUSTICIA SE ESCOGEN TRAS UN VELO DE IGNORANCIA

JOHN RAWLS (1921–2002)

EN CONTEXTO

RAMA
Filosofía política

ORIENTACIÓN
Teoría del contrato social

ANTES
***C*. 380 A.C.** Platón trata la justicia y la sociedad justa en la *República*.

1651 Thomas Hobbes expone una teoría del contrato social en su obra *Leviatán*.

1689 John Locke desarrolla la teoría de Hobbes en el *Segundo tratado sobre el gobierno civil*.

1762 Jean-Jacques Rousseau escribe *El contrato social*. Sus posturas serán adoptadas por los revolucionarios franceses.

DESPUÉS
1974 Robert Nozick critica la «posición original» de Rawls en su influyente obra *Anarquía, Estado y utopía*.

2001 Rawls defiende sus tesis en su último libro, *La justicia como equidad: una reformulación*.

Todos queremos **favorecer** nuestros propios **intereses**.

Para hacerlo, debemos **trabajar juntos**.

Esto exige normas.

Unas normas equitativas y justas deben **aplicarse a todos por igual**, al margen de la condición social.

Los principios de la justicia deben escogerse tras un velo de ignorancia.

En *Teoría de la justicia*, libro publicado por primera vez en 1971, el filósofo político John Rawls defiende un replanteamiento de la justicia en términos de lo que denomina «justicia como equidad». Su enfoque se encuadra dentro de la tradición conocida como teoría del contrato social, que considera el imperio de la ley como forma de contrato aceptado por los individuos porque sus beneficios superan lo que son capaces de obtener por sí mismos. La versión de Rawls de la teoría propone un experimento de pensamiento en el que la gente desconozca su lugar en la sociedad, o sea colocada en la

que él llama la «posición original» en la que se acuerda el contrato. A partir de aquí, Rawls establece unos principios de justicia con los que afirma que todo ser racional debería estar de acuerdo.

La posición original

Imagine un grupo de extraños abandonados en una isla desierta, quienes, tras perder toda esperanza de rescate, deciden formar una nueva sociedad. Cada superviviente desea favorecer sus propios intereses, pero todos comprenden que eso sólo será posible si cooperan; es decir, si acuerdan un contrato social. ¿Cómo harán

Véase también: Platón 50–55 ▪ Thomas Hobbes 112–115 ▪ John Locke 130–133 ▪ Jean-Jacques Rousseau 154–159 ▪ Noam Chomsky 304–305

para establecer los principios de la justicia?, ¿qué normas acordarán? Si desean una justicia verdaderamente racional e imparcial, hay innumerables normas que hay que descartar de plano. Por ejemplo, la norma «si te llamas Juan, comerás siempre el último» no es ni racional ni imparcial, aunque lo que se derivara del hecho de llamarse Juan fuera una ventaja.

En tal situación, dice Rawls, es necesario cubrir con un «velo de ignorancia» los datos y hechos de nuestras vidas, tales como quiénes somos o dónde nacimos, y preguntarnos qué normas serían las más convenientes. Rawls plantea que las únicas normas sobre las que todas las partes pueden ponerse racionalmente de acuerdo son aquellas que verdaderamente

hagan honor a la imparcialidad y que no tengan en cuenta la raza, la clase, el credo, el talento natural ni la discapacidad. En otras palabras, si no sé cuál será mi lugar en la sociedad, mi interés propio racional me moverá a votar por un mundo en el que a todos se les trate con equidad.

Racionalidad frente a caridad

Es importante puntualizar que, para Rawls, este no es un relato acerca de cómo surgió históricamente la justicia en el mundo, sino un rasero imparcial que nos permite poner a prueba nuestras teorías sobre la justicia. Si estas no dan la talla, según Rawls, no es sólo nuestro sentido de la caridad lo que ha fallado, sino nuestra razón. ▪

John Rawls

John Rawls nació en Maryland (EE UU) en 1921. Tras estudiar en Princeton, se alistó en el ejército y sirvió en el Pacífico durante la Segunda Guerra Mundial. Acabada la guerra visitó las ruinas de Hiroshima, abandonó el ejército y volvió a estudiar filosofía, doctorándose en Princeton en 1950.

Rawls amplió sus estudios en la Universidad de Oxford, donde conoció al filósofo Isaiah Berlin; luego regresó a EE UU para ejercer la docencia. Tras un período en Cornell y el MIT, se trasladó a Harvard, donde escribió su obra *Teoría de la justicia*. Durante su estancia en Harvard fue maestro de los filósofos emergentes Thomas Nagel y Martha Nussbaum.

En 1995 John Rawls sufrió el primero de varios ictus, pero continuó trabajando hasta su muerte, en 2002.

Obras principales

1971 *Teoría de la justicia.*
1993 *Debate sobre el liberalismo político.*
1999 *El derecho de gentes.*
2000 *Lecciones sobre la historia de la filosofía moral.*
2001 *La justicia como equidad: una reformulación.*

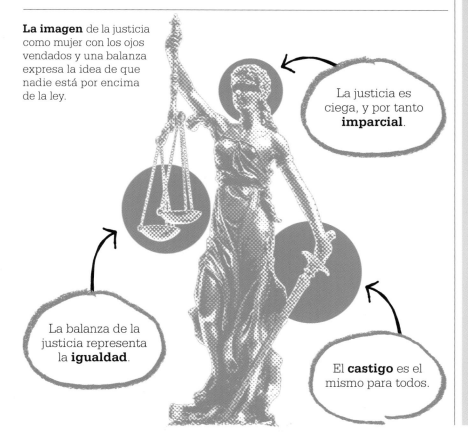

La imagen de la justicia como mujer con los ojos vendados y una balanza expresa la idea de que nadie está por encima de la ley.

La justicia es ciega, y por tanto **imparcial**.

La balanza de la justicia representa la **igualdad**.

El **castigo** es el mismo para todos.

EL ARTE ES UNA FORMA DE VIDA
RICHARD WOLLHEIM (1923–2003)

El británico y filósofo del arte Richard Wollheim opina que debemos resistirnos a la tendencia a ver el arte como un concepto abstracto que requiere análisis y explicación. Para comprender plenamente el arte, nos dice, debemos definirlo siempre en relación con su contexto social. Al describir el arte como «forma de vida» en *El arte y sus objetos* (1968), utiliza una expresión acuñada por el filósofo Ludwig Wittgenstein para describir la naturaleza del lenguaje. Según Wittgenstein, el lenguaje es una «forma de vida», pues el modo en que lo empleamos siempre refleja nuestras experiencias, hábitos y capacidades individuales. Con esta visión, trata de resistirse a la tendencia de la filosofía a las generalizaciones simplistas sobre el lenguaje; en lugar de estas, apunta a los muy diversos papeles que el lenguaje desempeña en nuestras vidas.

Medio social
Wollheim plantea lo mismo que Wittgenstein, pero en relación con el arte. Los artistas, sostiene, se hallan condicionados por su medio –sus creen-

Lo que tomamos por arte depende del contexto en el que se dé. *32 latas de sopa Campbell's*, de Andy Warhol, convierte en arte unas imágenes por lo general asociadas al comercio.

cias, historia, carácter, necesidades físicas, emociones y comunidades–, y el mundo que representan es un mundo en constante cambio. Según Wollheim, una de las implicaciones que esto tiene es que no puede haber un «impulso artístico» general o instinto para crear arte que sea totalmente independiente de las instituciones entre las cuales opera. ∎

Véase también: Platón 50–55 ▪ Ludwig Wittgenstein 246–251

TODO VALE
PAUL FEYERABEND (1924–1994)

EN CONTEXTO

RAMA
Filosofía de la ciencia

ORIENTACIÓN
Filosofía analítica

ANTES
1934 Karl Popper, en *La lógica de la investigación científica*, plantea la falsabilidad como criterio para tener por científica una teoría.

1962 Thomas Kuhn afirma que hay «cambios de paradigma» en la ciencia en *La estructura de las revoluciones científicas*.

Década de 1960 y principios de la de 1970 Paul Feyerabend desarrolla sus ideas en debates con su amigo el filósofo de la ciencia Imre Lakatos.

DESPUÉS
Década de 1980 en adelante Las ideas de Paul Feyerabend contribuyen a las teorías sobre la mente propuestas por los filósofos estadounidenses Patricia y Paul Churchland.

F eyerabend, nacido en Austria, fue alumno de Karl Popper en la London School of Economics, aunque terminó alejándose mucho del modelo racional de la ciencia que este defendía. Durante su estancia en la Universidad de California, en las décadas de 1960 y 1970, se hizo amigo del filósofo de origen alemán Thomas Kuhn, quien sostenía que el progreso científico no es gradual, sino que avanza por medio de «cambios de paradigma» o revoluciones que llevan a marcos teóricos completamente nuevos en el razonamiento científico. Feyerabend va aún más lejos, y afirma que, cuando esto sucede, todos los conceptos y todo el léxico científicos se ven alterados, de forma que no hay ningún marco semántico permanente.

La anarquía en la ciencia

La obra más famosa de Feyerabend, *Contra el método: esbozo de una teoría anarquista del conocimiento*, fue publicada en 1975. En ella formula su concepción de lo él que denomina «anarquismo epistemológico». La epistemología es la rama de la filoso-

fía que trata los problemas y teorías acerca del conocimiento, y el «anarquismo» de Paul Feyerabend hunde sus raíces en la idea de que todas las metodologías de la ciencia tienen un alcance limitado, de manera que no existe un único «método científico». Si nos fijamos en cómo se ha desarrollado y ha avanzado la ciencia en la práctica, el único «método» que se puede observar es que «todo vale». Feyerabend defiende que la ciencia nunca ha progresado siguiendo reglas estrictas, y que si la filosofía de la ciencia exige reglas, no hará sino limitar el progreso científico. ■

Ciencia y mito se
solapan de muchos modos.
Paul Feyerabend

Véase también: Karl Popper 262–265 ■ Thomas Kuhn 293

EL CONOCIMIENTO SE PRODUCE PARA SER VENDIDO
JEAN-FRANÇOIS LYOTARD (1924–1998)

La idea de que el conocimiento se produce para ser vendido aparece en el libro de Lyotard *La condición posmoderna: informe sobre el saber*, que escribió por encargo del Consejo de Universidades de Quebec, en Canadá. El empleo del término «posmoderno» en su título es significativo, pues aunque él no lo inventó –ya había sido usado por varios críticos de arte desde 1870–, su libro fue el responsable de ampliar su aplicación y de aumentar su popularidad. Suele decirse que su uso de la palabra en el título marca el inicio del pensamiento posmoderno.

Desde entonces, el término «posmodernismo» se ha utilizado con tantos sentidos que ahora se hace difícil saber exactamente qué significa, pero la definición de Lyotard es muy clara: el posmodernismo trata de la

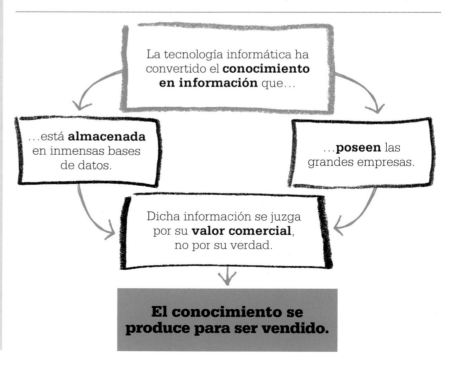

La tecnología informática ha convertido el **conocimiento en información** que…

…está **almacenada** en inmensas bases de datos.

…**poseen** las grandes empresas.

Dicha información se juzga por su **valor comercial**, no por su verdad.

El conocimiento se produce para ser vendido.

Al convertirse el conocimiento en datos, ya no es la materia indefinible de la mente, sino una mercancía que se puede transferir, almacenar, comprar o vender.

«incredulidad frente a los metarrelatos». Los metarrelatos son narraciones generalizadoras y simplificadas que tratan de abarcar la historia en su totalidad o reducir todo nuestro conocimiento a un único marco conceptual. El marxismo, en cuanto idea de que la historia puede entenderse como una serie de luchas entre clases sociales, es un ejemplo de metarrelato. Otro sería la idea de que la historia de la humanidad es la de un progreso hacia un conocimiento superior y hacia la justicia social, gracias a un mayor conocimiento científico.

Conocimiento externalizado

La incredulidad hacia los metarrelatos implica un nuevo escepticismo, que, según Lyotard, se debe al tipo de relación que mantenemos con el conocimiento desde la Segunda Guerra Mundial, así como al inmenso cambio producido en las tecnologías que empleamos para gestionarlo. Los ordenadores han transformado radicalmente nuestras actitudes, ya que el conocimiento se ha convertido en información que puede almacenarse en bases de datos y mover de un lugar a otro, aparte de poder ser comprada y vendida. A esto lo llama la «mercantilización» del conocimiento.

Todo esto comporta diversas consecuencias. Para empezar, el conocimiento se está externalizando: ya no es algo que nos ayuda a desarrollar nuestra mente, que sería susceptible de transformarnos. Además, el conocimiento se está desconectando de los problemas vinculados a la verdad: ya no se lo juzga en términos de verdad, sino de hasta qué punto puede ser útil para determinados intereses. Finalmente, al dejar de cuestionarnos acerca de si el conocimiento es verdad para empezar a preguntarnos cómo venderlo, el conocimiento pasa a ser mercancía, y a Lyotard le inquieta que, una vez que esto suceda, las empresas privadas puedan proponerse controlar el flujo del conocimiento y decidir quién, y en qué circunstancias, puede tener acceso a determinados tipos de conocimiento. ▪

Jean-François Lyotard

Jean-François Lyotard nació en Versalles (Francia) en 1924. Estudió filosofía y literatura en la Sorbona, donde se hizo amigo de Gilles Deleuze. Al acabar sus estudios, dio clases de filosofía en colegios de Francia y Argelia durante varios años.

Durante la década de 1950, Lyotard estuvo implicado en las políticas de la izquierda radical y fue un reconocido defensor de la independencia de Argelia. Sin embargo, su desarrollo filosófico acabó por desilusionarlo respecto a los metarrelatos del marxismo. En la década de 1970 comenzó para Lyotard un nuevo período en el que trabajó como profesor universitario, enseñando filosofía en la Sorbona y, más tarde, en muchos países, como EE UU, Canadá, Brasil y Francia. Se retiró como profesor emérito de la Universidad de París VIII y murió de leucemia en 1998.

Obras principales

1971 *Discurso, figura.*
1974 *Economía libidinal.*
1979 *La condición posmoderna: informe sobre el saber.*
1983 *La diferencia.*

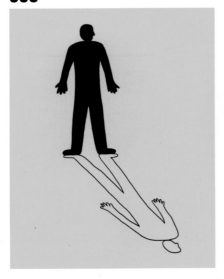

PARA EL HOMBRE NEGRO HAY UN SOLO DESTINO, Y ES BLANCO
FRANTZ FANON (1925–1961)

El filósofo y psiquiatra Frantz Fanon publicó en 1952 su estudio psicoanalítico sobre el colonialismo y el racismo *Piel negra, máscaras blancas*. En el libro, Fanon trata de examinar el legado psicológico y social que el racismo ha tenido entre las comunidades no blancas de todo el mundo.

Cuando dice que para el hombre negro existe un único destino, y es blanco, Fanon sostiene al menos dos cosas: primero, está afirmando que el hombre negro quiere ser como el blanco, es decir, que la cultura colonial dominante ha dado forma a las aspiraciones de muchos de los pueblos colonizados. Las culturas coloniales europeas tendían a identificar la «negritud» con la impureza, lo cual conformó la imagen de sí mismos de los sometidos al dominio colonial, quienes llegaron a percibir el color de su piel como un signo de inferioridad.

La única salida ante semejante situación parece ser la de aspirar a vivir como blancos, pero dicha salida está condenada al fracaso, puesto que el hecho de tener la piel oscura siempre impedirá que a alguien se le acepte como blanco. Para Fanon,

Las culturas coloniales blancas **identifican** «negritud» con **inferioridad**. → Los pueblos colonizados desean **escapar** de tal posición inferior. ↓ Los pueblos colonizados comienzan a asumir la **supuesta superioridad** de las culturas coloniales. ← La única vía es **rechazar la «negritud»**.

Para el hombre negro hay un solo destino, y es blanco.

Véase también: Aristóteles 56–63 ▪ Jean-Paul Sartre 268–271 ▪ Maurice Merleau-Ponty 274–275 ▪ Edward Said 321

> He aquí un hecho:
> los blancos se consideran
> superiores a los negros.
> **Frantz Fanon**

tal aspiración de obtener una «existencia blanca» no sólo fracasa como remedio frente al racismo y la desigualdad, sino que además enmascara y hasta condona dicho estado de cosas al implicar que una «existencia blanca» goza de algún tipo de superioridad indiscutible.

Al mismo tiempo, Fanon afirma aquí algo más complejo. Podría pensarse que, dada la tendencia a aspirar a una «existencia blanca», la solución reside en defender un punto de vista independiente sobre lo que supone ser negro. Esto, sin embargo, plantea problemas de todo tipo. En otras partes de su libro, Fanon escribe que «el alma del hombre negro es un producto fabricado por el hombre blanco». Dicho de otra manera, que la idea de lo que significa ser negro es una creación a partir de los patrones de un pensamiento europeo fundamentalmente racista.

Aquí Fanon responde, en parte, a lo que en Francia se dio en llamar «la negritud», movimiento de escritores negros franceses y francófonos de la década de 1930 que rechazaba tanto el racismo como el colonialismo de la corriente principal de la cultura francesa, y defendía una cultura negra independiente y compartida. Sin embargo, Fanon considera que el concepto de negritud no sirve para enfrentarse a los problemas del racismo que pretende superar, ya que la forma en que piensa lo negro no hace más que reproducir las fantasías de la cultura blanca dominante.

Derechos humanos

En cierto sentido, Fanon piensa que la solución sólo podrá llegar cuando logremos superar el pensamiento de tipo racial: mientras sigamos atrapados en la idea de raza, no seremos capaces de resolver estas injusticias. Hacia el final de la obra, escribe: «Me encuentro en el mundo y reconozco que tengo un solo derecho: el de exigir del otro un comportamiento humano». El pensamiento de Fanon ha sido de vital importancia para los movimientos anticoloniales y antirracistas, y ha influido en figuras como el activista antiapartheid Steve Biko y en estudiosos como Edward Said. ▪

La inferioridad asociada al ser negro llevó a muchos colonizados a adoptar las referencias culturales de la potencia dominante, según Fanon, y a aspirar a una «existencia blanca».

Frantz Fanon

Frantz Fanon nació en 1925 en Martinica, isla del Caribe que por entonces era una colonia francesa. Abandonó Martinica para luchar por la Francia Libre durante la Segunda Guerra Mundial, y luego estudió medicina y psiquiatría en Lyon. Asistió también a clases de literatura y filosofía, entre ellas las impartidas por el filósofo Merleau-Ponty. El joven Fanon venía considerándose a sí mismo francés, pero el racismo con el que se encontró al llegar a Francia le impactó, y tuvo un papel enorme en la conformación de su filosofía. Un año después de obtener el título de psiquiatra, en 1952, publicó su libro *Piel negra, máscaras blancas*.

En 1953 Fanon tomó la decisión de trasladarse a Argelia, donde trabajó en un hospital psiquiátrico. Después de dos años escuchando los relatos de sus pacientes sobre las torturas padecidas durante la guerra de independencia de Argelia (1954–1962), renunció a su puesto de funcionario, se marchó a Túnez y allí se implicó en el movimiento por la independencia argelina. A finales de la década de 1950 contrajo leucemia, enfermedad durante la cual escribió su último libro, *Los condenados de la tierra*, en defensa de un mundo distinto. Se publicó el año de su muerte con prefacio de Jean-Paul Sartre, amigo e influencia original de Fanon y, más adelante, influido a su vez por él.

Obras principales

1952 *Piel negra, máscaras blancas.*
1959 *A Dying Colonialism.*
1961 *Los condenados de la tierra.*
1969 *Por la revolución africana* (colección de obras breves).

EL HOMBRE ES UNA INVENCION RECIENTE

MICHEL FOUCAULT (1926–1984)

Concebimos la idea de «hombre» o de género humano como si fuera **natural** y **eterna**.

Pero una **arqueología de nuestro pensamiento** muestra que la idea de «hombre» surgió como objeto de estudio a principios del siglo XIX.

El hombre es una invención reciente.

El concepto de que el hombre es una invención de fecha reciente aparece en *Las palabras y las cosas. Una arqueología de las ciencias humanas*, obra del filósofo francés Michel Foucault. Para entender lo que el autor quiere decir con esto, tenemos que comprender lo que para él significa «arqueología» y por qué cree que deberíamos aplicarla a la historia del pensamiento.

A Foucault le interesa la manera en la que nuestro discurso, nuestra forma de hablar y de razonar sobre las cosas, se ve configurado por una serie de reglas, en gran medida inconscientes, que surgen de las con-

diciones históricas en las que nos encontramos; unas reglas y condiciones que, de hecho, configuran el fondo de «sentido común» que enmarca nuestra manera de pensar y hablar sobre el mundo. Dado que las reglas y condiciones cambian con el tiempo, también se modifica nuestro discurso, por lo que se necesita una «arqueología» para desenterrar tanto los límites como las condiciones de la manera en que la gente pensaba y hablaba del mundo en épocas anteriores. No se pueden tomar los conceptos que utilizamos en el contexto actual (por ejemplo, el de «naturaleza humana») y dar por sentado que valen eterna-

Véase también: Immanuel Kant 164–171 ▪ Friedrich Nietzsche 214–221 ▪ Martin Heidegger 252–255 ▪ Maurice Merleau-Ponty 274–275 ▪ Daniel Dennett 339

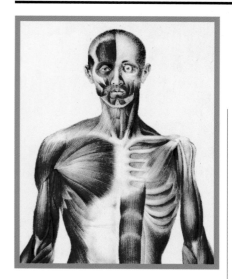

El siglo XIX vio una revolución en la anatomía, como muestra esta ilustración de un libro de texto médico. Foucault cree que nuestro concepto actual de «hombre» procede de esa época.

dio un giro a la filosofía cuando cambió la antigua pregunta «¿por qué es el mundo como es?» por «¿por qué vemos el mundo como lo vemos?». A pesar de que creemos que nuestra idea de lo que es ser humano es absoluta e inmutable, en realidad es una invención reciente. Foucault la sitúa a inicios del siglo XIX, época del nacimiento de las ciencias naturales, y la considera paradójica, pues nos vemos, por un lado, como objetos en el mundo (y, por lo tanto, objetos de estudio) y, por otro, como sujetos que experimentan y estudian el mundo… criaturas extrañas que miran en dos direcciones al mismo tiempo.

La imagen humana de uno mismo

Foucault no sólo considera que esta idea del «hombre» es una invención reciente, sino también que se trata de una invención que está acercán-

dose a su fin y que no tardará en verse borrada «como un rostro de arena al borde del mar».

¿Está en lo cierto? En una época de grandes avances en informática y en las interfaces hombre-máquina, y en la que filósofos especialistas en las ciencias cognitivas, como Daniel Dennett o Dan Wagner, están cuestionando la naturaleza de la subjetividad, es difícil no pensar que, aunque el rostro de arena no esté a punto de borrarse, la marea está subiendo alarmantemente a su alrededor. ■

El hombre no es el problema más antiguo ni el más constante que se haya planteado el saber humano.
Michel Foucault

mente, y que todo lo que se precisa es una «historia de las ideas» para trazar su genealogía. Para Foucault, creer que nuestras ideas actuales se pueden aplicar de forma fructífera a un período histórico anterior, es una noción equivocada: las maneras en las que usamos los términos «hombre», «género humano» o «naturaleza humana» son ejemplos de esto.

Dicha idea tiene sus raíces en el pensamiento de Immanuel Kant, que

Michel Foucault

Michel Foucault nació en 1926, en el seno de una familia de médicos de Poitiers (Francia). Después de la Segunda Guerra Mundial, entró en la École Normale Supérieure, donde fue alumno del reconocido filósofo Maurice Merleau-Ponty. En 1954, Foucault pasó un tiempo en Uppsala (Suecia) y más tarde vivió en Polonia y Alemania, antes de volver a Francia en 1960.

Consiguió el doctorado en 1961 gracias a su estudio *Historia de la locura en la época clásica*, donde Foucault expone que la distinción entre locura y cordura no es más que un constructo social. Tras las

huelgas estudiantiles ocurridas en el año 1968 en París, inició su activismo político, que, junto a su labor docente, continuó el resto de su vida.

Obras principales

1961 *Historia de la locura en la época clásica*.
1963 *El nacimiento de la clínica. Una arqueología de la mirada médica*.
1966 *Las palabras y las cosas. Una arqueología de las ciencias humanas*.
1975 *Vigilar y castigar*.

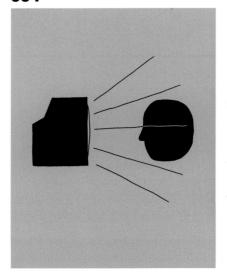

SI LO ELEGIMOS, PODEMOS VIVIR EN UN MUNDO DE ILUSION RECONFORTANTE

NOAM CHOMSKY (n. en 1928)

Aunque conocido en un principio por su trabajo en lingüística, hoy en día Noam Chomsky es más famoso gracias a sus análisis del poder político. Desde la publicación de su primer libro político, *El poder estadounidense y los nuevos mandarines*, en 1969, ha reiterado que, con frecuencia, la forma en que los estados ejercen el poder no coincide en absoluto con sus declaraciones retóricas y mantiene que

tales declaraciones por parte de los gobiernos son insuficientes para que nos enteremos de la verdad sobre el poder político. Puede que los gobiernos utilicen el lenguaje de los «hechos» como forma de justificar sus actos; pero, a menos que sus declaraciones se vean apoyadas por pruebas, se tratará sólo de ilusiones, y los actos que generen carecerán de justificación. Si queremos entender mejor cómo opera un Estado, tenemos que

Si damos por supuesto que nuestro propio gobierno es, por naturaleza, **más ético** que otros gobiernos...

...estamos eligiendo vivir en un mundo de ilusión reconfortante.

Para **librarnos** de esa ilusión, tenemos que...

...fijarnos en las pruebas de lo que **nuestro gobierno** hace de hecho.

...aplicarle a nuestro gobierno los mismos principios éticos que aplicamos a **los demás**.

Véase también: Platón 50–55 ■ David Hume 148–153 ■ Immanuel Kant 164–171 ■ John Dewey 228–231 ■ John Rawls 294–295

> Los estados no son agentes morales; la gente, sí.
> **Noam Chomsky**

ir más allá del enfrentamiento entre formas rivales de retórica; debemos fijarnos en las estructuras institucionales, en la historia, en los documentos sobre las políticas oficiales, etc.

Ética y universalidad

Los análisis éticos de Noam Chomsky están basados en lo que él denomina «principio de universalidad», que es en esencia relativamente simple: dice que, como mínimo, debemos aplicarnos el mismo rasero que aplicamos a los demás. Según Chomsky, este principio siempre ha estado en el núcleo de todo sistema ético responsable. La perspectiva psicológica fundamental en este caso es que estamos dispuestos a usar el lenguaje ético para protestar de los demás, sin que lo estemos tanto para juzgarnos a nosotros mismos; pero, si decimos que nos atenemos a alguna escala de valores éticos o morales y queremos ser coherentes, estamos obligados a aplicarles a los demás la escala que nos aplicamos a nosotros mismos. En lo que se refiere al gobierno, esto significa que debemos analizar con rigor nuestras acciones políticas en lugar de dejarnos cegar por la retórica.

Para Chomsky, este es un imperativo tanto moral como intelectual, dos aspectos íntimamente relacionados.

En su opinión, si alguien realiza una declaración moral que no respeta la universalidad, esta no puede ser tomada en serio y debe ser rechazada.

Si queremos ir más allá de la retórica y examinar la moral política de una manera rigurosa, parece que el punto de partida ineludible es la universalidad. Algunas de las opiniones concretas de Noam Chomsky acerca de la naturaleza del poder global han desencadenado notables controversias; sin embargo, esto no invalida su perspectiva fundamental, ya que, si queremos cuestionar esas opiniones, debemos hacerlo a la luz de la universalidad y de todas las pruebas disponibles. Si se demuestra que sus opiniones son erróneas, deberían ser rechazadas o modificadas; aunque, si resultan verdaderas, entonces habría que actuar al respecto. ■

El Tío Sam, personificación de EE UU, es uno de los innumerables artificios que usan los gobiernos para alimentar el apoyo popular. Chomsky advierte de que estos iconos pueden distraernos de la verdad.

Noam Chomsky

Chomsky nació en 1928 en Filadelfia (EE UU) y creció en una familia judía multilingüe. Estudió matemáticas, filosofía y lingüística en la Universidad de Pensilvania, donde presentó una tesis revolucionaria sobre lingüística filosófica. En 1957, su libro *Estructuras sintácticas* apuntaló su reputación como una de las más sobresalientes figuras de la lingüística, campo que revolucionó.

Aunque siguió enseñando lingüística y publicando sobre este tema, cada vez se implicó más en política: fue un notorio opositor a la guerra de Vietnam, lo que le condujo a publicar la obra *La responsabilidad de los intelectuales* (1967), una dura crítica de la cultura intelectual estadounidense. Hoy día, sigue escribiendo y enseñando sobre lingüística, filosofía, política y asuntos internacionales.

Obras principales

1967 *La responsabilidad de los intelectuales.*
1969 *El poder estadounidense y los nuevos mandarines.*
2001 *11/09/2001.*
2006 *Estados fallidos. El abuso de poder y el ataque a la democracia.*

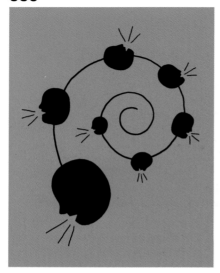

LA SOCIEDAD DEPENDE DE UNA CRITICA DE SUS PROPIAS TRADICIONES
JÜRGEN HABERMAS (n. en 1929)

EN CONTEXTO

RAMA
Filosofía política

ORIENTACIÓN
Teoría social

ANTES
1789 Comienza la Revolución Francesa, que marcará el fin de la estructura de poder «representativo» en Francia.

1791 Jeremy Bentham escribe *Of Publicity*, estudio temprano sobre la idea de lo «público».

1842 Karl Marx firma un ensayo acerca de la libertad de prensa.

DESPUÉS
1986 Edward Said critica la visión eurocéntrica, y el silencio respecto al imperialismo y las teorías racistas, de Habermas y de la Escuela de Frankfurt.

1999 *No logo*, ensayo de la autora canadiense Naomi Klein, estudia el porvenir de la esfera pública en una era dominada por la publicidad y los medios de comunicación de masas.

Según la creencia del filósofo alemán Jürgen Habermas, la sociedad moderna depende no sólo de los avances tecnológicos, sino también de nuestra capacidad de criticar y razonar colectivamente acerca de nuestras propias tradiciones. Habermas sostiene que la razón se encuentra en el núcleo de nuestras comunicaciones cotidianas. Alguien dice o hace algo y preguntamos «¿por qué has hecho eso?», o «¿por qué lo dices?». Continuamente pedimos justificaciones, por lo cual Jürgen Habermas habla de razón «comunicativa».

Los cafés fueron un foco de vida social y política en las ciudades de la Europa del siglo XVIII. A menudo fueron cerrados por su reputación como lugares de reunión de los desafectos al régimen imperante.

Para él, la razón no consiste en descubrir verdades abstractas, sino en la necesidad que tenemos de justificarnos ante los demás.

Crear una esfera pública
En las décadas de 1960 y 1970, Habermas concluyó que existe un vínculo entre la razón comunicativa y lo que llamó la esfera pública. Hasta el siglo XVIII, dice, la cultura europea era en gran medida «representativa» o «figurativa», es decir, que las clases dominantes procuraban «representarse» ante el pueblo llano por medio de alardes de poder que no requerían ningún tipo de justificación, tales como desfiles o proyectos arquitectónicos de gran envergadura. En el siglo XVIII, sin embargo, surgieron una serie de espacios públicos fuera del ámbito controlado por el poder estatal, como los salones literarios y los cafés. Estos eran lugares en los que se podía uno dedicar a conversar o a debatir de forma razonada. Tal crecimiento de la esfera pública dio pie a cuestionar la autoridad de la cultura del Estado «representativo». La esfera pública se convirtió en un tercer espacio, un coto entre el ámbito privado de la familia y las amistades próximas y el espacio ocupado por el control del Estado.

Véase también: Jeremy Bentham 174 ▪ Karl Marx 196–203 ▪ Theodor Adorno 266–267 ▪ Edgar Morin 338 ▪ Niklas Luhmann 339 ▪ Noam Chomsky 304–305 ▪ Edward Said 321

Con el establecimiento de una esfera pública, se da también la ocasión de constatar que compartimos distintos intereses con otras personas, intereses a los que quizás el Estado no atiende, hecho que puede llevar a que los actos de este sean cuestiondos. Jürgen Habermas opina que el desarrollo de la esfera pública contribuyó a desencadenar la Revolución Francesa en 1789.

La rápida expansión de la esfera pública a partir del siglo XVIII ha conllevado el desarrollo de instituciones democráticas, declaraciones de derechos y tribunales independientes. Sin embargo, Habermas afirma que tales frenos al poder arbitrario se encuentran actualmente amenazados. Los periódicos, por ejemplo, pueden dar pie a un diálogo razonado entre personas de ámbitos privados, pero si la prensa es controlada por grandes corporaciones, la ocasión para ello será menor. El debate informado sobre cuestiones de calado se sustituye por el cotilleo sobre famosos, y de agentes críticos y racionales pasamos a convertirnos en consumidores descerebrados. ▪

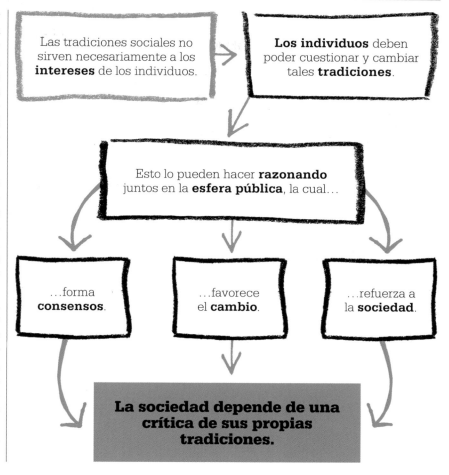

Las tradiciones sociales no sirven necesariamente a los **intereses** de los individuos.

Los individuos deben poder cuestionar y cambiar tales **tradiciones**.

Esto lo pueden hacer **razonando** juntos en la **esfera pública**, la cual…

…forma **consensos**.

…favorece el **cambio**.

…refuerza a la **sociedad**.

La sociedad depende de una crítica de sus propias tradiciones.

Jürgen Habermas

El filósofo Jürgen Habermas creció en Alemania durante el régimen nazi. Comprender, tras los juicios de Nuremberg (1945–1946), que «habíamos vivido bajo un sistema criminal» tuvo un efecto duradero sobre su filosofía.

Al completar el doctorado en 1954, estudió con miembros de la Escuela de Frankfurt, entre ellos Max Horkheimer y Theodor Adorno. En las décadas de 1960 y 1970 dio clase en las universidades de Bonn y Gottingen. En 1982 se convirtió en catedrático de filosofía de la Universidad de Frankfurt, donde enseñó hasta su jubilación en 1993.

Más recientemente, Habermas ha asumido un papel activo en la esfera pública, participando en debates sobre la negación del holocausto y el terrorismo global.

Obras principales

1962 *Historia y crítica de la opinión pública. La transformación estructural de la vida pública.*
1981 *Teoría de la acción comunicativa.*
1985 *El discurso filosófico de la modernidad.*
2005 *Entre naturalismo y religión.*

NO HAY NADA

FUERA DEL TEXTO

JACQUES DERRIDA (1930–2004)

Sólo pensamos en signos.
Jacques Derrida

del conjunto del sistema de la lengua; de manera que, cuando digo «gato», su significado no proviene de un vínculo misterioso entre la palabra y un gato que esté presente, sino de que ese término es diferente de otros que podrían ocupar su posición: «perro», «león» o «cebra».

Tomando en consideración estos dos sentidos de *différance*, adquirimos una nueva perspectiva sobre el lenguaje: por una parte, el significado de cualquier cosa que se diga se ve siempre diferido, ya que depende de lo que se diga a continuación, lo cual, a su vez, depende de lo que se diga después, etc.; por otra, el significado de cada término particular que utilicemos depende de sus diferencias con los términos que no hemos usado. Así, el significado no se contiene a sí mismo dentro del texto en sí, a la vez que, siendo todo texto, no hay nada fuera de él.

La palabra escrita

Différance, que en francés se pronuncia igual que *différence* pero se escribe con alteración en una vocal, es un aspecto del lenguaje del que sólo da cuenta la escritura. Desde la antigua Grecia, los filósofos han sospechado del lenguaje escrito: por ejemplo, en el diálogo platónico *Fedro*, Sócrates cuenta un mito acerca de la invención de la escritura y dice que esta sólo proporciona «apariencia de sabiduría», mas no una sabiduría ver-

dadera. Las pocas ocasiones en que los filósofos han reflexionado sobre la escritura, han tendido a considerarla un pálido reflejo de la palabra hablada, que se ha tomado como medio primordial de comunicación. Derrida se propone invertir este concepto: según él, la palabra escrita nos permite ver algo acerca del lenguaje que la palabra hablada nos oculta.

Platón, en su crítica de la escritura, contempla la idea de que, sin la presencia del autor, del padre del texto, este último no puede explicarse ni aclarar las aporías que pueda contener. Así, creemos que el sentido del texto depende de la presencia de su autor, que puede aclararlo; del mismo modo que suponemos que el significado de «gato» depende de la presencia de un gato. Sin embargo, Derrida nos recuerda que la definición habitual de signo es «lo que está en lugar de la cosa», de forma que, de algún modo, el signo representa la presencia de la cosa en ausencia de esta: ahí ya hay una *différance*, en el doble sentido de distancia temporal y de ser diferente. Pues bien, en opinión de Jacques Derrida, lo que se dice del signo se puede decir, aún con mayor razón, del texto.

Lo que nos permite liberarnos de la creencia ingenua en la necesidad de la presencia es, para Derrida, el texto escrito. Sin la necesidad de ninguna presencia ajena al texto mismo para significar, la escritura nos proporciona una nueva y compleja perspectiva sobre el lenguaje.

Cuestionar el significado

Cuando Derrida afirma que no hay nada fuera del texto, no quiere decir que sólo importe lo que está en los libros, que no importe el mundo «de carne y hueso», ni quiere minimizar la importancia de los problemas sociales que rodean al texto. ¿Qué es, pues, lo que intenta expresar?

Primero, que si admitimos que el significado depende de la *différance*, en sus dos sentidos, entonces tenemos que cuestionarnos el cómo pensamos sobre el mundo, ser conscientes de que el significado no es tan directo como parece y que este siempre es susceptible de ser desvelado por la deconstrucción.

En segundo lugar, que nuestras formas de pensar, de hablar o de escribir implican a su vez cuestiones políticas, históricas y éticas que no siempre reconocemos o admitimos.

La tesis de Derrida acerca de que no hay nada fuera del texto está abierta a ser analizada usando su propio método deconstructivo: incluso lo que explica en sus textos está sometido a la *différance*.

Derrida manifestó su oposición a la guerra de Vietnam durante una conferencia dictada en 1968 en EE UU, y mostró su compromiso con numerosos problemas y debates políticos en muchas de sus obras posteriores.

Por esta razón, algunos filósofos han sugerido que la deconstrucción es, ante todo, una práctica ética: al leer un texto de manera deconstructiva, nos cuestionamos sus afirmaciones y, a la vez, planteamos complicados problemas éticos que podían haber permanecido ocultos. Es cierto que, hacia el final de su vida, Derrida se dedicó a examinar problemas y contradicciones muy reales que surgen de ideas como las de «la hospitalidad» o «el perdón».

La crítica a Derrida

Dado que Derrida proclama que el sentido del texto siempre se le escapa al texto, no resulta sorprendente que sus libros sean a menudo difíciles de comprender. Michel Foucault, uno de sus contemporáneos, acusaba a la obra de Derrida de ser voluntariamente oscura, y se quejaba de que, con frecuencia, resultaba imposible saber con exactitud qué era lo

que este trataba de defender. Quizás Derrida hubiera respondido que la idea de defender una tesis está, a su vez, basada en la idea de «presencia» que él intentaba cuestionar. Podría parecer que esto es sólo soslayar el problema; pero, si tomamos en serio el razonamiento de Derrida, hay que admitir que la idea de que no hay nada fuera del texto no puede estar fuera del texto, por lo que se la puede tratar de un modo escéptico: se la puede deconstruir y se pueden examinar las aporías que, según el propio Jacques Derrida, hay agazapadas en dicha idea. ■

Nunca he cedido a la tentación de ser difícil sólo por ser difícil.
Jacques Derrida

Jacques Derrida

Derrida, de padres judíos, nació en Argelia, que por entonces era una colonia francesa. Ya a muy temprana edad mostró un gran interés por la filosofía, aunque también soñaba con ser futbolista profesional. Al final, la filosofía se impuso y, en 1951, ingresó en la École Normale Supérieure de París. Allí entabló amistad con Louis Althusser, también argelino y que, como él, acabaría siendo uno de los pensadores más prominentes de la época.

La publicación en 1967 de los títulos *De la gramatología*, *La escritura y la diferencia* y *La voz y el fenómeno* inició la reputación internacional de Derrida. Tras impartir clases como profesor visitante en un gran número de universidades europeas y estadounidenses, aceptó el puesto de profesor de humanidades en la Universidad de California en Irvine, en 1986. Sus últimas obras, en parte por la influencia de Emmanuel Lévinas, trataron temas éticos.

Obras principales

1967 *De la gramatología.*
1967 *La escritura y la diferencia.*
1967 *La voz y el fenómeno.*
1994 *Políticas de la amistad.*

NO HAY NADA
EN LO MAS PROFUNDO DE
NOSOTROS
QUE NO HAYAMOS PUESTO AHI
NOSOTROS MISMOS
RICHARD RORTY (1931–2007)

TODO DESEO GUARDA RELACION CON LA LOCURA
LUCE IRIGARAY (n. en 1932)

EN CONTEXTO

RAMA
Filosofía política

ORIENTACIÓN
Feminismo

ANTES
1792 La obra *Vindicación de los derechos de la mujer*, de Mary Wollstonecraft, abre un debate profundo sobre el lugar de la mujer en la sociedad.

Década de 1890 El psicólogo austriaco Sigmund Freud funda el método psicoanalítico, que tendrá una enorme influencia sobre la obra de Irigaray.

1949 *El segundo sexo*, de Simone de Beauvoir, analiza las diversas implicaciones de la diferencia entre los sexos.

DESPUÉS
1993 Luce Irigaray utiliza modalidades no occidentales de pensar sobre la diferencia sexual en su obra *Ética de la diferencia sexual*.

Luce Irigaray, filósofa y analista belga, está especialmente interesada en la idea de la diferencia sexual. Alumna de Jacques Lacan, psicoanalista célebre por haber explorado la estructura lingüística del inconsciente, Irigaray afirma que todo el lenguaje es de naturaleza esencialmente masculina.

En su libro titulado *Sexes et parentés* (1987), escribió: «En todas partes y en todo, el discurso de los hombres, su habla, sus valores, sueños y deseos son ley». El trabajo feminista de Irigaray se puede entender como una lucha por hallar formas genuinamente femeninas de hablar, soñar y desear que no estén centradas en lo masculino.

Saber y deseo
Para hacer frente a dicha problemática, Luce Irigaray propone que a todo pensamiento –incluida la filosofía más aparentemente cabal y objetiva, con todas sus referencias al saber, la certeza, la rectitud y la moderación–, subyace el deseo. Al no reconocer tal deseo subyacente, la filosofía tradicional centrada siempre en lo masculino ha sido también incapaz de reconocer que bajo su aparente racionalidad bullen impulsos irracionales de todo tipo.

Irigaray defiende la idea de que cada uno de los sexos mantiene una relación propia con el deseo y, en consecuencia, una relación propia con la locura. Con ello pone en tela de juicio la larga tradición que ha identificado masculinidad con racionalidad y feminidad con irracionalidad, y despeja asimismo el camino a la posibilidad de nuevas maneras de escribir y pensar la filosofía tanto para las mujeres como para los hombres. ∎

El rol femenino se debe asumir deliberadamente.
Luce Irigaray

Véase también: Mary Wollstonecraft 175 ▪ Ludwig Wittgenstein 246–251 ▪ Simone de Beauvoir 276–277 ▪ Hélène Cixous 322 ▪ Julia Kristeva 323

TODO IMPERIO SE DICE A SI MISMO Y AL MUNDO QUE ES DISTINTO DE LOS DEMAS IMPERIOS
EDWARD SAID (1935–2003)

EN CONTEXTO

RAMA
Filosofía política

ORIENTACIÓN
Poscolonialismo

ANTES
Siglo XIX Los intelectuales europeos estudian la historia de los pueblos colonizados por países de su continente.

1945 Después de la Segunda Guerra Mundial comienza la fragmentación y el colapso de los imperios coloniales europeos.

1952 Frantz Fanon escribe *Piel negra, máscaras blancas*, estudio pionero sobre el daño causado por el colonialismo.

DESPUÉS
1988 La filósofa india Gayatri Spivak publica su estudio del poscolonialismo, bajo el título *Can the Subaltern Speak?*

A partir de 2000 Estudiosos como Noam Chomsky analizan el poder global de EE UU con arreglo a un modelo imperial.

El palestino Edward Said fue uno de los críticos del imperialismo más destacados del siglo XX. En 1978 publicó *Orientalismo*, un estudio acerca de la estrecha relación entre los escritos de los eruditos europeos del siglo XIX sobre las sociedades islámicas y la ideología imperialista europea.

En su obra posterior, Said siguió siendo crítico con toda forma de imperialismo, pasado o actual, y señala que, aunque seamos críticos con los imperios del pasado, dichos imperios se veían a sí mismos como portadores de civilización para el mundo, noción no compartida por aquellos pueblos a los que presuntamente beneficiaban. Los imperios saquean y dominan, al tiempo que enmascaran sus abusos de poder tras una supuesta misión civilizadora. En tal caso, advierte Said, conviene desconfiar de las justificaciones esgrimidas por cualquier Estado que intervenga militarmente en otros países. ∎

El Imperio británico fue uno de los varios imperios del siglo XIX que enarboló la idea de que llevaba las ventajas de la civilización a los países colonizados, como India.

Véase también: Frantz Fanon 300–301 ▪ Michel Foucault 302–303 ▪ Noam Chomsky 304–305

EL PENSAMIENTO HA FUNCIONADO SIEMPRE POR OPOSICION

HÉLÈNE CIXOUS (n. en 1937)

EN CONTEXTO

RAMA
Epistemología

ORIENTACIÓN
Feminismo

ANTES
1949 En *El segundo sexo* Simone de Beauvoir estudia las implicaciones filosóficas de la diferencia entre los sexos.

1962 *El pensamiento salvaje*, del antropólogo Claude Lévi-Strauss estudia las oposiciones binarias en la cultura.

1967 El polémico filósofo francés Jacques Derrida publica *De la gramatología*, donde introduce el concepto de deconstrucción, aplicado por Cixous a su estudio del género.

DESPUÉS
Década de 1970 El movimiento literario francés de escritura femenina explora, inspirándose en Cixous, el empleo adecuado del lenguaje en el pensamiento feminista.

En 1975, la autora teatral, poeta, novelista y filósofa Hélène Cixous escribió *Sorties*, influyente estudio de las oposiciones que suelen definir la forma en que pensamos sobre el mundo. Para Cixous, uno de los hilos que recorre siglos de pensamiento es la tendencia a agrupar los elementos de nuestro mundo en pares opuestos, tales como cultura/naturaleza, cabeza/corazón o día/noche. Según Cixous dichos pares se hallan siempre, por implicación, en una disposición jerárquica, al subyacer la tendencia a considerar uno de los elementos como dominante o superior y asociado a lo masculino y a la actividad, mientras que el otro se ve como más débil y asociado a lo femenino y a la pasividad.

Hora de cambiar

Cixous sostiene que la autoridad de este patrón jerárquico de pensamiento está siendo puesta en duda por un nuevo florecimiento del pensamiento feminista. Cuestiona a su vez las posibles implicaciones de tal cambio, no sólo para nuestros sistemas filosóficos, sino también para nuestras

La mujer debe escribir ella misma y traer a la mujer a la literatura.
Hélène Cixous

instituciones sociales y políticas. La propia Cixous, sin embargo, se niega a prestarse al juego de erigir oposiciones binarias, de ganadores y perdedores, como marco estructural de pensamiento. En lugar de ello, propone la imagen de «millones de especies de topo aún no clasificadas» que excavan túneles bajo los edificios de nuestra concepción sobre el mundo. Y, ¿qué pasará cuando esos edificios empiecen a derrumbarse? Cixous no nos ofrece respuesta; es como si nos dijera que no podemos suponer nada, y que lo único que podemos hacer es esperar y ver. ■

Véase también: Mary Wollstonecraft 175 ▪ Simone de Beauvoir 276–277 ▪ Jacques Derrida 308–313 ▪ Julia Kristeva 323 ▪ Martha Nussbaum 339

¿QUIEN HACE DE DIOS EN EL FEMINISMO ACTUAL?
JULIA KRISTEVA (n. en 1941)

EN CONTEXTO

RAMA
Filosofía política

ORIENTACIÓN
Feminismo

ANTES
1792 *Vindicación de los derechos de la mujer*, obra de Mary Wollstonecraft, inaugura el debate serio sobre el origen del rol social que la mujer se ve obligada a representar.

1807 Georg Hegel examina la dialéctica entre «amo» y «esclavo» en *Fenomenología del espíritu*.

1949 Se publica *El segundo sexo*, de Simone de Beauvoir, que rápidamente pasa a ser el texto clave del movimiento feminista francés.

DESPUÉS
1997 Los profesores de física Alan Sokal y Jean Bricmont, en su obra *Imposturas intelectuales*, critican el mal uso del lenguaje científico por parte de Kristeva.

La filósofa y psicoanalista de origen búlgaro Julia Kristeva es considerada a menudo como una de las voces principales del feminismo francés. Aun así, la cuestión de si es una pensadora feminista, y en qué sentido, se ha visto sujeta a una gran controversia, en parte porque la propia Kristeva opina que la noción misma de feminismo resulta problemática. El feminismo surgió del conflicto que, a lo largo de la historia, las mujeres han tenido con las estructuras asociadas al dominio o al poder masculinos. A causa de esas raíces, advierte Kristeva, el feminismo tiende a arrastrar consigo algunos de los presupuestos masculinos que se supone trata de cuestionar.

Kristeva cree que si el movimiento feminista aspira a alcanzar plenamente sus objetivos, es indispensable que sea más autocrítico. Advierte que al intentar luchar contra lo que denomina «el principio de poder» de un mundo dominado por los varones, el feminismo corre el riesgo de adoptar una nueva forma de dicho principio. También está convencida de que para que algún movimiento consiga una verdadera emancipación, constantemente tiene que cuestionar su relación con el poder y con los sistemas sociales establecidos, y, en caso de que fuese necesario, «renunciar a la creencia en su propia identidad». Kristeva teme que si el movimiento feminista no consigue dar estos pasos, corra el peligro de no desarrollar otra cosa que una corriente más en el continuo juego por el poder. ■

Margaret Thatcher, como muchas mujeres que alcanzan cargos de poder, modificó su comportamiento en público para incorporar conceptos típicamente masculinos de fuerza y autoridad.

Véase también: Mary Wollstonecraft 175 ▪ Georg Hegel 178–185 ▪ Simone de Beauvoir 276–277 ▪ Hélène Cixous 322 ▪ Martha Nussbaum 339

LA FILOSOFIA NO ES SOLO UNA EMPRESA ESCRITA
HENRY ODERA ORUKA (1944–1995)

Henry Odera Oruka nació en Kenia en 1944 y se interesó por la metafilosofía, o el filosofar sobre la propia filosofía. En su obra *Sage Philosophy* (1994) examina las diferentes razones por las que se ha ignorado la filosofía subsahariana, concluyendo que se debe a su condición de tradición esencialmente oral, mientras que la filosofía en general tiende a basarse en textos escritos. Hay quien ha defendido que la filosofía debe estar necesariamente vinculada a los registros escritos, pero Oruka disiente de ello.

Para investigar la filosofía en las tradiciones orales africanas, Oruka propuso un enfoque al que denominó «sagacidad filosófica», para el cual tomó prestado el enfoque etnográfico de la antropología, que observa a los pueblos en su entorno cotidiano, así como registra sus pensamientos y actos en contexto. El propio Oruka viajó por las aldeas y grabó conversaciones con aquellos tenidos por sabios en su comunidad local, con el fin de averiguar si había concepciones sistemáticas subyacentes a las perspectivas que expresaban. Los sabios que habían examinado críticamente sus ideas sobre distintos temas filosóficos tradicionales, tales como Dios o la libertad, y hallado fundamentos racionales para las mismas, podían, en opinión de Oruka, ser considerados sabios filósofos. Tales concepciones sistemáticas merecen ser estudiadas a la luz de preguntas y temas filosóficos más amplios. ∎

Según Oruka, la filosofía ha decretado como más importante el pensamiento de unas razas que el de otras, pero debería abarcar lo que dicen los sabios africanos igual que lo dicho por los sabios griegos.

Véase también: Sócrates 46–49 ▪ Friedrich Schlegel 177 ▪ Jacques Derrida 308–313

EN EL SUFRIMIENTO, LOS ANIMALES SON NUESTROS IGUALES
PETER SINGER (n. en 1946)

EN CONTEXTO

RAMA
Ética

ORIENTACIÓN
Utilitarismo

ANTES
***C.* 560 A.C.** El sabio y líder jainista indio Mahavira llama al vegetarianismo estricto.

1789 Jeremy Bentham plantea la teoría del utilitarismo en su libro *Los principios de la moral y la legislación*, con el lema «que cada uno cuente como uno, y ninguno como más de uno».

1861 En su libro *El utilitarismo*, John Stuart Mill desarrolla el utilitarismo de Bentham desde el enfoque que considera los actos individuales hasta el que considera las normas morales.

DESPUÉS
1983 Tom Regan, filósofo estadounidense, publica *The Case for Animal Rights*.

En 1975, después de la publicación de su obra *Liberación animal*, el filósofo australiano Peter Singer se dio a conocer como uno de los defensores más activos de los derechos de los animales. Singer adopta un enfoque utilitario de la ética, dentro de la tradición desarrollada por el inglés Jeremy Bentham a finales del siglo XVIII.

El utilitarismo nos insta a juzgar el valor moral de los actos en función de sus resultados. Para Bentham, el modo de hacer esto consistía en calcular la suma de placer o de dolor que se desprende de nuestros actos como en una ecuación matemática.

Los animales son sensibles

El utilitarismo de Singer se basa en lo que denomina «una consideración igual de los intereses». El dolor, dice, es dolor, ya sea el tuyo, el mío o el de cualquier otro. La medida en que los animales no humanos puedan sentir dolor es la medida en que deberíamos tener en consideración sus intereses a la hora de tomar decisiones que afectan a sus vidas, y tendríamos que abstenernos de actividades que provoquen tal dolor. Sin embargo, al igual que todos los utilitarios, Singer aplica el principio de la mayor felicidad, según el cual nuestras decisiones deben encaminarse a procurar la mayor felicidad para el mayor número. Singer aclara que nunca ha dicho que ningún experimento realizado con animales esté justificado; más bien, lo que sostiene es que debemos juzgar todos los actos por sus consecuencias, y que «los intereses de los animales figuran entre tales consecuencias», es decir, son parte de la ecuación. ∎

El valor de la vida es una cuestión ética notoriamente difícil.
Peter Singer

Véase también: Jeremy Bentham 174 ∎ John Stuart Mill 190–193

LOS MEJORES ANALISIS MARXISTAS SON SIEMPRE ANALISIS DE FRACASOS
SLAVOJ ŽIŽEK (n. en 1949)

EN CONTEXTO

RAMA
Filosofía política

ORIENTACIÓN
Marxismo

ANTES
1807 Georg Hegel publica *La fenomenología del espíritu*, obra que pone los cimientos del pensamiento marxista.

1848 Karl Marx y Friedrich Engels publican el *Manifiesto comunista*.

1867 Marx publica el primer volumen de *El Capital*, un tratado de economía política.

1899 En *La interpretación de los sueños*, el psicoanalista Sigmund Freud afirma que una gran parte del comportamiento humano está motivado por fuerzas inconscientes.

1966 El teórico psicoanalítico Jacques Lacan, una de las mayores influencias de Žižek, revisa las ideas de Freud en su obra *Escritos*.

La idea de que los mejores análisis marxistas han sido siempre análisis de fracasos aparece en una entrevista realizada en 2008 al filósofo esloveno Slavoj Žižek. En ella se le preguntó a Žižek por lo ocurrido en 1968 en Checoslovaquia, cuando la Unión Soviética y sus aliados decidieron poner brutalmente fin a un período de reforma para descentralizar y democratizar el país.

Slavoj Žižek defiende la idea de que el aplastamiento de las reformas se debió a lo mismo que más tarde sostuvo un mito defendido por la izquierda política, concretamente, que de haber salido adelante todas aquellas reformas, el resultado habría sido alguna especie de paraíso social y político. Según Žižek, la izquierda es propensa a centrarse mucho en sus fracasos, ya que eso permite generar mitos sobre lo que habría sucedido de lograrse el éxito. Žižek, además, afirma que dichos fracasos permiten a las personas de izquierda mantener una «actitud moral segura», pues suponen que nunca alcancen el poder ni sean puestos realmente a prueba por la acción. También describe esta

En 1968, la invasión soviética de Checoslovaquia puso fin al breve período liberalizador de la Primavera de Praga. Toda iniciativa por la democracia quedó suprimida hasta 1989.

actitud como «una postura de resistencia cómoda», que permite evitar lidiar con aquellas cuestiones que son realmente importantes, como la de reevaluar la naturaleza de la revolución política. Según Žižek, marxista devoto, las cuestiones serias acerca de la naturaleza del poder político quedan oscurecidas por el afán incesante de justificar la dificultad de alcanzar la utopía. ∎

Véase también: Immanuel Kant 164–171 ▪ Georg Hegel 178–185 ▪ Karl Marx 196–203 ▪ Martin Heidegger 252–255

BIOGRAF

IAS

BIOGRAFIAS

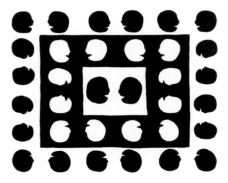

A unque las ideas ya presentadas en este libro muestran el amplio espectro del pensamiento filosófico expresado por algunas de las mejores mentes de la historia, muchos otros pensadores han contribuido a dar forma a la historia de la filosofía. Algunos de ellos –como Empédocles, Plotino o Guillermo de Ockham– han tenido ideas a partir de las cuales se iniciaron teorías más conocidas, y su influencia sobre los filósofos posteriores es indudable. Otros, como Friedrich Schelling o Gilles Deleuze, han dado un giro interesante a la obra de filósofos precedentes, arrojando nueva luz sobre sus ideas. Sea cual fuere la relación con la historia de la filosofía de cada una de las figuras reseñadas a continuación, todas han ayudado a ensanchar los límites del pensamiento filosófico.

ANAXIMANDRO
c. 610–546 A.C.

Nacido en Mileto, en lo que hoy es el sudoeste de Turquía, Anaximandro fue alumno de Tales, considerado el padre de la filosofía occidental. Al igual que Tales, creía que había una sola sustancia básica de la que había derivado todo lo demás, que consideró infinita y eterna y a la que llamó ápeiron («lo indefinido»). Anaximandro rechazó la idea de Tales de que la Tierra reposaba sobre un mar, argumentando que dicho mar tendría que ser sostenido por otra cosa. A falta de pruebas de un soporte semejante, declaró que la Tierra era un objeto suspendido en el espacio; además publicó lo que se cree es el primer mapa del mundo.
Véase también: Tales de Mileto 22–23

ANAXÍMENES DE MILETO
c. 585–528 A.C.

Como otros filósofos milesios, Anaxímenes buscó la materia fundamental de la que estaba hecho el universo.

En su caso optó por el aire, señalando que así como el aire da vida al cuerpo humano, un tipo de aire universal se la da al cosmos. Fue el primer pensador del que consta el empleo de pruebas observadas para respaldar sus ideas: al soplar con los labios fruncidos sale aire fresco; con los labios relajados, aire cálido; de esto dedujo que cuando algo se condensa, se enfría, y al expandirse, se calienta. Asimismo, al condensarse, el aire se vuelve visible, primero como vaho o neblina, luego como lluvia y en último término, a su entender, como roca, siendo así como se formó la Tierra.
Véase también: Tales de Mileto 22–23

ANAXÁGORAS
c. 500–428 A.C.

Nacido en Jonia, próxima a la costa meridional de la actual Turquía, Anaxágoras desempeñó un papel clave en hacer de Atenas el epicentro de la filosofía y la ciencia. En su pensamiento fueron fundamentales sus nociones sobre la cosmología y el mundo material, del que afirmó que todo lo que en él había estaba hecho de una pe-

queña parte de todo lo demás, pues de otro modo no podría haber llegado a ser. Condenado a muerte por impiedad al insistir en que el Sol era una piedra de fuego, huyó de Atenas y pasó sus últimos años en el exilio.
Véase también: Tales de Mileto 22–23

EMPÉDOCLES
c. 490–430 A.C.

Empédocles perteneció a una familia política eminente de la entonces colonia griega de Sicilia. Por su conocimiento del mundo natural se le llegaron a atribuir poderes sobrenaturales como curar enfermedades o controlar el tiempo. Respaldó la noción de Heráclito de que vivimos en un mundo en cambio perpetuo, opuesta a la teoría de Parménides según la cual todo es, en último término, una sola entidad fija. Creyó que cuatro elementos –fuego, agua, tierra y aire– se combinan, separan y recombinan continuamente en una serie de maneras finitas, idea vigente en el pensamiento occidental hasta el Renacimiento.
Véase también: Tales de Mileto 22–23 ▪ Heráclito 40 ▪ Parménides 41

ZENÓN DE ELEA
c. 490–430 A.C.

Poco se conoce de Zenón de Elea, aparte de sus paradojas del movimiento, mencionadas por Aristóteles y de las que se le atribuyen unas cuarenta, aunque nos han llegado sólo algunas. En las paradojas Zenón defendía lo mantenido por su maestro Parménides, en el sentido de que el mundo cambiante y variado que vemos a nuestro alrededor no es tal, sino que es inmóvil, uniforme y simple. El movimiento, según Zenón, es una ilusión de los sentidos. Cada una de sus paradojas parte del enunciado que va a refutar –que el movimiento y, por lo tanto, el cambio, es real–, para luego mostrar las consecuencias contradictorias que llevan a rechazar esta idea.

Véase también: Heráclito 40 ▪ Parménides 41 ▪ Aristóteles 56–63

PIRRÓN
c. 360–272 A.C.

Pirrón nació en la isla jonia de Elis. Entró en contacto con la cultura asiática sirviendo en las campañas militares de Alejandro Magno, y fue el primer filósofo de renombre en cuyo pensamiento la duda ocupó un lugar central. Pirrón consideraba la suspensión del juicio sobre las creencias como la única postura razonable dada la falibilidad de los sentidos y el hecho de que las posturas contrarias de un mismo debate pueden parecer igualmente válidas. Pirrón no dejó nada escrito, pero inspiró a la escuela filosófica escéptica de la antigua Grecia, que desarrolló la idea de que la suspensión del juicio conduce a una mente ponderada.

Véase también: Sócrates 46–49 ▪ Al-Ghazali 332

PLOTINO
c. 205–270

Originario de Egipto, Plotino estudió en Alejandría, considerada el mayor centro intelectual del mundo. Más tarde se trasladó a Roma, donde enseñó una variante propia del platonismo, el neoplatonismo. Plotino dividió el cosmos en niveles, con el «Uno» como fuente indefinible de todo en la parte superior, seguido por mente, alma, naturaleza y, por último, el mundo material. Creía en la reencarnación e inmortalidad del alma, y en que se podía escapar del ciclo de la reencarnación y lograr la unión mística con el Uno mediante la búsqueda de la iluminación. Sus ideas, presentadas en las *Enéadas*, fueron muy influyentes, sobre todo aquellas que apoyaban el cristianismo, que en la época estaba arraigando en el Imperio romano.

Véase también: Siddharta Gautama 30–33 ▪ Platón 50–55

WANG BI
226–249

En 220 d.C. el colapso de la dinastía china Han fue seguido de una época turbulenta. El filósofo Wang Bi contribuyó a poner orden en el caos reinante al reconciliar dos escuelas dominantes de pensamiento. Defendió que los textos taoístas no debían interpretarse de forma literal, sino como obras poéticas, haciéndolos así compatibles con los ideales confucianos eminentemente prácticos orientados a la sabiduría política y moral. Su reevaluación del taoísmo y el confucianismo garantizó la pervivencia de ambos, y despejó el camino a la implantación del budismo por toda China.

Véase también: Lao Tsé 24–25 ▪ Siddharta Gautama 30–33 ▪ Confucio 34–39

JÁMBLICO
c. 245–325

Se cuenta que Jámblico, filósofo neoplatónico sirio, nació en el seno de una familia aristocrática influyente. Fundó una escuela próxima a la actual Antioquía, donde como maestro enseñó principalmente contenidos basados en las ideas de Platón y Aristóteles, aunque se le conoce sobre todo por ampliar las teorías de Pitágoras, de lo cual dejó constancia en su *Colección de doctrinas pitagóricas*. Jámblico introdujo el concepto del alma encarnada en la materia, y consideraba ambas como divinas. Según el filósofo sirio, la salvación, o el retorno del alma a su forma pura inmortal, se lograba por medio de rituales religiosos específicos, y no por la mera contemplación de ideas abstractas.

Véase también: Pitágoras 26–29 ▪ Platón 50–55 ▪ Plotino 331

HIPATIA DE ALEJANDRÍA
c. 370–415

Hipatia fue maestra de matemáticas, astronomía y filosofía en el museo de Alejandría, al frente del cual sucedió a su padre. Pese a la estima de la que gozó como intelectual neoplatónica y primera mujer matemática notable, fue su martirio lo que le dio fama perdurable. Fue asesinada por una turba de cristianos, quienes la culpaban por la agitación religiosa resultante del conflicto entre el prefecto romano Orestes, amigo de Hipatia, y Cirilo, obispo de Alejandría. No se han conservado obras suyas, pero se le atribuye la invención de un hidrómetro de latón graduado y del astrolabio plano.

Véase también: Platón 50–55 ▪ Plotino 331

PROCLO
c. 412–485

Nacido en Constantinopla, Proclo sucedió a su maestro platónico Siriano al frente de la Academia de Atenas. Su *Comentario a los elementos de Euclides* es la principal fuente del primer desarrollo de la geometría griega, y su *Comentario al Timeo* de Platón se ha considerado como el más importante de los antiguos textos neoplatónicos. Científico, matemático, jurista y poeta, además de profundamente interesado en la religión, influyó en muchos pensadores de las escuelas filosóficas medievales tanto islámicas como cristianas.

Véase también: Platón 50–55 ▪ Boecio 74–75 ▪ Santo Tomás de Aquino 88–95

JUAN FILÓPONO
490–570

Casi nada se sabe sobre los inicios de Filópono, aparte de que estudió en Alejandría con el aristotélico Amonio de Hermia. Filósofo y estudioso de las ciencias naturales, las creencias cristianas dieron forma a sus métodos de investigación. Argumentar que el universo había tenido un principio absoluto causado por Dios hizo de él el primer crítico serio de Aristóteles, y abrió caminos de estudio que influirían en científicos posteriores, entre los que destaca el astrónomo italiano Galileo Galilei. Impopular entre sus colegas, acabó abandonando la filosofía para dedicarse a la teología, en la que también causó polémica por proponer que la Trinidad consistía no en uno sino en tres dioses separados.

Véase también: Aristóteles 56–63 ▪ Santo Tomás de Aquino 88–95

AL-KINDI
801–873

El polímata iraquí Al-Kindi fue uno de los primeros eruditos islámicos en introducir ideas de la antigua Grecia en el ámbito islámico. Trabajó en la Casa del Saber de Bagdad, donde supervisó la traducción de los grandes textos clásicos al árabe. Escribió mucho y sobre asuntos diversos, a destacar la psicología y la cosmología, combinando su propio enfoque neoplatónico con la autoridad de la argumentación aristotélica. Sintió un interés especial por la compatibilidad de la filosofía con la teología islámica, y muchas de sus obras se ocupan de la naturaleza de Dios y el alma humana, así como del conocimiento profético.

Véase también: Al-Farabi 332 ▪ Avicena 76–79 ▪ Averroes 82–83

JUAN ESCOTO ERIÚGENA
c. 815–877

El teólogo y filósofo Johannes Scotus Eriugena era irlandés, como aclaran sus apellidos (Scotus por *Scotia*, Irlanda en latín medieval; y *Eriugena* que significa «de Erin», Irlanda). Escoto defendía que no había conflicto entre el conocimiento derivado de la razón y el procedente de la revelación divina, y se propuso demostrar que la doctrina cristiana tenía de hecho un fundamento racional. Chocó por ello con la Iglesia, pues se consideró que sus teorías hacían innecesarias tanto la revelación como la fe. El filósofo irlandés se defendió de estas críticas afirmando que la razón es el juez de toda autoridad, y que en consecuencia es necesaria para interpretar la revelación.

Véase también: Platón 50–55 ▪ San Agustín de Hipona 72–73

AL-FARABI
c. 872–950

Se discute si Al-Farabi nació en lo que hoy es Irán o Kazajistán, pero no hay duda de que llegó a Bagdad en 901 y pasó allí gran parte de su vida. Aunque neoplatónico, se vio muy influido también por Aristóteles, sobre cuya obra escribió comentarios, al igual que hizo sobre otros temas, entre ellos la medicina, la ciencia y la música. Consideraba la filosofía como una vocación conferida por Alá y como el único camino hacia el saber verdadero. En esta vida, afirmó, los filósofos tienen el deber de guiar a la gente en las cuestiones de la vida cotidiana. Su libro *La ciudad ideal* describe una utopía platónica gobernada por profetas filósofos.

Véase también: Aristóteles 56–63 ▪ Avicena 76–79 ▪ Averroes 82–83

AL-GHAZALI
c. 1058–1111

Nacido en el actual Irán, Al-Ghazali estuvo al frente de la prestigiosa escuela Nizamiyyah de Bagdad de 1092 a 1096, tiempo en el que escribió *La destrucción de los filósofos*, donde explica las nociones neoplatónicas y aristotélicas de los eruditos islámicos. Sus lecciones le procuraron gran fama y riqueza, pero tras concluir que la verdad se alcanza por la fe y la práctica mística, y no por la filosofía, abandonó su puesto docente y sus posesiones para convertirse en predicador sufí itinerante. Llegó a creer que todos los vínculos causales entre acontecimientos sólo eran posibles por la voluntad de Dios.

Véase también: Aristóteles 56–63 ▪ Avicena 76–79 ▪ Averroes 82–83 ▪ Moisés Maimónides 84–85

PEDRO ABELARDO
1079–1142

Más recordado por su trágico romance con su pupila Eloísa que por su filosofía, Abelardo fue, no obstante, un pensador extraordinario. De alumno brillante de la escuela catedralicia de Nôtre Dame en París pasó a ser un maestro carismático, y con sólo 22 años fundó su propia escuela, llegando a dirigir la de Nôtre Dame en 1115. Renombrado por su habilidad para el debate, Abelardo se oponía a la creencia extendida en las formas universales, heredada de Platón, afirmando que términos como «roble» son meras palabras que no denotan nada real acerca de los muchos robles particulares que existen.
Véase también: Platón 50–55 ▪ Aristóteles 56–63 ▪ Boecio 74–75 ▪ Guillermo de Ockham 334

ROBERT GROSSETESTE
1175–1253

Hijo de una familia campesina inglesa pobre, fue el alcalde de Lincoln quien advirtió la inteligencia formidable de Grosseteste y quien dispuso los medios para que fuera educado. Consta que estudió en la Universidad de Oxford y en París, antes de ordenarse sacerdote y acabar como obispo de Lincoln. Crítico declarado de la Iglesia de su tiempo, Grosseteste destaca por su pensamiento científico. Fue uno de los primeros filósofos medievales en comprender el doble camino seguido por el razonamiento científico de Aristóteles, consistente en generalizar a partir de observaciones particulares para llegar a una ley de validez universal, y retroceder luego desde las leyes universales hasta la predicción de particulares.
Véase también: Aristóteles 56–63

AVEMPACE
c. 1095–1138

Consejero político, poeta, científico y filósofo, Ibn Bayya, más conocido en español como Avempace, fue uno de los grandes pensadores de al-Ándalus. Nacido en Zaragoza, en sus tratados usó ideas de Platón y Aristóteles, e influyó en Averroes. Avempace se propuso mostrar la compatibilidad entre razón y fe, defendiendo que el camino hacia el saber verdadero, y por tanto hacia la iluminación y la unión con lo divino, sólo podía residir en actuar y pensar de forma racional. Sin embargo, advertía, cada uno debe seguir su propio camino hacia la iluminación; si los iluminados tratan de comunicar directamente a otros su sabiduría, se arriesgan a ser contaminados por los ignorantes.
Véase también: Platón 50–55 ▪ Aristóteles 56–63 ▪ Averroes 82–83

RAMON LLULL
1232–1316

Llull, formado en la corte mallorquina, desarrolló una variante mística del neoplatonismo. Tras tener una visión de Cristo, ingresó en la orden franciscana y fue misionero en el norte de África. Convencido de poder convertir a musulmanes y judíos por medio de argumentos racionales, escribió *Ars Magna*, obra en la que con razonamientos complejos genera combinaciones distintas de los postulados básicos de todas las religiones monoteístas para demostrar la verdad del cristianismo. Llull creyó firmemente que si todo el mundo compartía una sola fe, el conocimiento humano se combinaría en un sistema único.
Véase también: Platón 50–55 ▪ San Anselmo 80–81 ▪ Maestro Eckhart 333

MAESTRO ECKHART
c. 1260–1327

Poco se sabe sobre los inicios del teólogo alemán Meister («maestro») Eckhart, salvo que estudió en París, ingresó en la orden dominica y detentó varios cargos administrativos y docentes por toda Europa. Seguidor de santo Tomás de Aquino, destaca por sus vívidos sermones sobre la presencia de Dios en el alma humana y por las imágenes místicas de su prosa. Acusado de herejía, durante el proceso admitió que el lenguaje florido y emotivo con el que inspiraba a los fieles pudo haberle desviado del camino de la ortodoxia. Se cree que murió antes de emitirse el veredicto.
Véase también: San Anselmo 80–81 ▪ Santo Tomás de Aquino 88–95 ▪ Ramon Llull 333 ▪ Nicolás de Cusa 96

JUAN DUNS ESCOTO
c. 1266–1308

Duns Escoto, fraile franciscano, fue uno de los filósofos más influyentes de la Edad Media. Nacido en Escocia, enseñó en la Universidad de Oxford y luego en la de París. Célebre por el rigor y la complejidad de sus argumentaciones, negó la idea de santo Tomás de Aquino de que los atributos, aplicados a Dios, conservan el mismo sentido al ser aplicados a objetos ordinarios. En la cuestión de los universales, mantuvo que podemos percibir los particulares de manera directa, sin ayuda de conceptos generales. También defendió que el conocimiento se puede alcanzar con un uso adecuado de los sentidos, sin necesidad de iluminación divina.
Véase también: Platón 50–55 ▪ Aristóteles 56–63 ▪ Santo Tomás de Aquino 88–95

GUILLERMO DE OCKHAM
c. 1285–1347

El teólogo y filósofo inglés Guillermo de Ockham estudió y enseñó en Oxford. Fue fraile franciscano, y fue excomulgado por afirmar que el papa carecía de autoridad para ejercer el poder temporal. Los alumnos de filosofía le conocen sobre todo por el principio que lleva su nombre, el de la Navaja de Ockham, según el cual la mejor explicación posible para cualquier cosa es siempre la más sencilla. Por mantener que los universales son abstracciones derivadas de la experiencia de los particulares, se le tiene por precursor del empirismo británico, movimiento iniciado en el siglo XVIII por John Locke.
Véase también: Platón 50–55 ▪ Aristóteles 56–63 ▪ Francis Bacon 110–111 ▪ John Locke 130–133

NICOLÁS DE AUTRECOURT
c. 1298–1369

Nacido cerca de Verdún (Francia), Nicolás de Autrecourt estudió teología en la Sorbona de París. Cosa inhabitual en un filósofo medieval, estudió la lógica del escepticismo, y concluyó que la verdad y la verdad de la contradicción de esta son lógicamente incompatibles, por lo que la verdad o conocimiento absoluto y los vínculos causales entre acontecimientos o reacciones no se pueden desvelar por la mera lógica. En 1346, el papa Clemente VI declaró heréticas sus ideas. Se le ordenó retractarse de sus afirmaciones y sus libros fueron quemados públicamente. A excepción de su *Tractatus Universalis* y algunas cartas, poco ha quedado de su obra.
Véase también: Pirrón 331 ▪ Al-Ghazali 332 ▪ David Hume 148–153

MOISÉS DE NARBONA
m. en *c.* 1362

Moisés de Narbona, también conocido como Moisés ben Joshua, fue un filósofo y médico judío. Nacido en Perpiñán, se trasladó más adelante a España. Consideraba el judaísmo como guía hacia el más alto grado de verdad, y sostuvo que la Torá (primera parte de la biblia hebrea y fundamento de la ley judía) tiene dos niveles de significado: el literal y el metafísico, siendo el segundo inaccesible al no iniciado.
Véase también: Averroes 82–83 ▪ Moisés Maimónides 84–85

GIOVANNI PICO DELLA MIRANDOLA
1463–1494

Pico della Mirandola fue miembro de la Academia Platónica de Florencia, y destaca por su *Discurso sobre la dignidad del hombre*, donde arguye que el potencial del individuo es ilimitado, y sus únicas restricciones, autoimpuestas. El texto fue escrito como introducción a sus novecientas tesis, compendio de logros del intelecto en el que trató de reconciliar el pensamiento platónico y aristotélico. Las objeciones papales a la inclusión de paganos como figuras meritorias le llevaron a prisión, tras lo cual se vio obligado a huir a Francia.
Véase también: Platón 50–55 ▪ Aristóteles 56–63 ▪ Erasmo de Rotterdam 97

FRANCISCO DE VITORIA
1480–1546

El fraile dominico Francisco de Vitoria fue seguidor de santo Tomás de Aquino y fundador de la escuela de Salamanca. Considerado como el padre del derecho internacional, se le conoce sobre todo por articular un código para las relaciones internacionales. Vivió en la época de la unión de los reinos de la monarquía hispánica y de la colonización de América. No fue contrario al imperio como tal, pero consideraba que el cristianismo no debía imponerse a los pueblos indígenas de América y que a estos debían concedérseles derechos a la propiedad y al autogobierno.
Véase también: Santo Tomás de Aquino 88–95

GIORDANO BRUNO
1548–1600

En el astrónomo y pensador italiano Giordano Bruno influyeron Nicolás de Cusa y el *Corpus Hermeticum* (una serie de tratados ocultos que en su tiempo se consideraban anteriores a la filosofía de la antigua Grecia). De Nicolás de Cusa tomó la idea de un universo infinito, en el que el sistema solar es sólo uno más habitado por vida inteligente. Dios, argumentaba Bruno, es parte, y no algo separado, de un universo constituido por mónadas, o átomos animados. Dichas ideas y su interés por la astrología y la magia le llevaron a ser condenado por hereje y quemado en la hoguera.
Véase también: Nicolás de Cusa 96 ▪ Gottfried Leibniz 134–135

FRANCISCO SUÁREZ
1548–1617

Nacido en Granada, el filósofo jesuita Francisco Suárez escribió sobre asuntos diversos, pero destaca por su obra metafísica. En la controversia sobre las formas universales que dominaba gran parte de la filosofía de la época, defendió que sólo exis-

tían los particulares. Suárez sostuvo asimismo que entre los dos tipos de conocimiento de Dios postulados por santo Tomás de Aquino –el conocimiento de lo que es de hecho y el de lo que es posible– hay un «conocimiento medio», el de lo que habría sido dadas unas condiciones distintas. Suárez creía que Dios tiene «conocimiento medio» de todos nuestros actos, sin que ello suponga que Dios los cause ni que sean inevitables.
Véase también: Platón 50–55 ▪ Aristóteles 56–63 ▪ Santo Tomás de Aquino 88–95

BERNARD MANDEVILLE
c. 1670–1733

Mandeville fue un filósofo, satírico y médico originario de los Países Bajos que pronto se afincó en Londres. Su obra más célebre, *La fábula de las abejas* (1729), habla de una colmena de abejas que, al volverse virtuosas, dejan de trabajar y se van a vivir apaciblemente a un árbol. El argumento central de la obra es que las sociedades sólo pueden progresar por medio del vicio, y que las virtudes son mentiras de la élite gobernante para someter a las clases inferiores. La prosperidad, según Mandeville, se nutre de la capacidad de los individuos para satisfacer su codicia. Sus ideas suelen tenerse por precedentes de las teorías de Adam Smith en el siglo XVIII.
Véase también: Adam Smith 160–163

JULIEN OFFRAY DE LA METTRIE
1709–1751

De la Mettrie nació en Bretaña, estudió medicina y sirvió como médico militar. El ateísmo que expuso en una tesis publicada en 1745, en la que describía las emociones como resultado de cambios físicos en el cuerpo, causó escándalo, y le obligó a abandonar Francia y huir a Holanda. En 1747 publicó *El hombre máquina*, donde amplía sus ideas materialistas y rechaza la noción de Descartes de que la mente y el cuerpo están separados. La recepción del libro le obligó a huir de nuevo, en esta ocasión a Berlín.
Véase también: Thomas Hobbes 112–115 ▪ René Descartes 116–123

NICOLAS DE CONDORCET
1743–1794

Nicolas, marqués de Condorcet, fue un exponente temprano de la tradición francesa de aproximarse a las cuestiones morales y políticas desde una perspectiva matemática. Su famosa fórmula, conocida como paradoja de Condorcet, llamaba la atención sobre una paradoja del sistema de votación mostrando que las preferencias de la mayoría se vuelven intransitivas cuando hay más de tres candidatos. Pensador liberal, defendió la igualdad de derechos y la educación gratuita para todos, incluidas las mujeres. Tuvo un papel clave en la Revolución Francesa, pero fue acusado de traición por oponerse a la ejecución de Luis XVI y murió en prisión.
Véase también: René Descartes 116–123 ▪ Voltaire 146–147 ▪ Jean-Jacques Rousseau 154–159

JOSEPH DE MAISTRE
1753–1821

Nacido en la región francesa de Saboya, Joseph de Maistre fue un jurista y filósofo político. Ejercía como senador cuando el ejército revolucionario francés invadió Saboya en 1792; tras verse obligado a huir se convirtió en un contrarrevolucionario acérrimo. Consideraba a la humanidad como débil y pecadora por naturaleza, y creía que el poder dual de la monarquía y de Dios era esencial para el orden social. En *Del papa* (1819), De Maistre defiende que el gobierno debe estar en manos de una autoridad única, idealmente vinculada a la religión, tal como el propio papa.
Véase también: Edmund Burke 172–73

FRIEDRICH SCHELLING
1775–1854

Schelling se inició como teólogo, pero inspirado por las ideas de Kant, se dedicó a la filosofía. Nacido en el sur de Alemania, fue alumno de Georg Hegel en Tubinga y profesor en las universidades de Jena, Munich y Berlín. Schelling acuñó la expresión «idealismo absoluto» para su concepto de la naturaleza como proceso evolutivo y continuo guiado por el espíritu, o *Geist*. Defendió que todo en la naturaleza, tanto mente como materia, está implicado en un solo proceso orgánico continuo, y que las representaciones puramente mecanicistas de la realidad son inadecuadas. La conciencia humana es la naturaleza que se vuelve consciente, por lo que en la forma del hombre la naturaleza ha alcanzado un estado de conciencia de sí.
Véase también: Benedictus de Spinoza 126–129 ▪ Immanuel Kant 164–171 ▪ Johann Gottlieb Fichte 176 ▪ Georg Hegel 178–185

AUGUSTE COMTE
1798–1857

El pensador francés Auguste Comte destaca por su teoría sobre la evolución social e intelectual, que divide el progreso humano en tres etapas clave: la primera de ellas, la teológica, representada por la Edad Media en Europa, se caracteriza por la creencia en lo sobrenatural; a esta siguió la etapa metafísica, en la que se desarrolló la especulación sobre la naturaleza de la realidad; por último, Comte consideraba que en la época en que escribía estaba emergiendo la etapa «positiva», caracterizada por una actitud genuinamente científica, basada sólo en regularidades observables. Comte creía que tal positivismo desembocaría en un nuevo orden social que resolvería el caos generado por la Revolución Francesa.

Véase también: John Stuart Mill 190–193 ▪ Karl Marx 196–203

RALPH WALDO EMERSON
1803–1882

El poeta estadounidense Ralph Waldo Emerson, nacido en Boston, fue también un filósofo renombrado. Inspirado por el movimiento romántico, creía en una unidad de la naturaleza en la que cada partícula de materia y cada mente individual serían un microcosmos del universo entero. Célebre por sus discursos, en los que llamaba a rechazar el conformismo social y la autoridad tradicional, fue un defensor de la integridad personal y la dependencia de uno mismo como únicos imperativos morales, haciendo hincapié en que todo ser humano puede determinar su propio destino.

Véase también: Henry David Thoreau 204 ▪ William James 206–209 ▪ Friedrich Nietzsche 214–221

HENRY SIDGWICK
1838–1900

El filósofo moral inglés Henry Sidgwick fue miembro del Trinity College de Cambridge. En su obra principal

The Methods of Ethics (Los métodos de la ética), de 1874, examinó los problemas del libre albedrío a la luz de los principios intuitivos de la conducta. La búsqueda del placer, afirmaba, no excluye el altruismo ni el procurar placer a otros, ya que dar placer a otros es en sí mismo un placer. Filántropo liberal y defensor del derecho de las mujeres a la educación, Sidgwick intervino decisivamente para organizar Newnham, la primera facultad femenina de Cambridge.

Véase también: Jeremy Bentham 174 ▪ John Stuart Mill 190–193

FRANZ BRENTANO
1838–1917

Nacido en Prusia, al filósofo Franz Brentano se le conoce sobre todo por establecer la psicología como disciplina por derecho propio. Sacerdote en un principio, fue incapaz de aceptar el dogma de la infalibilidad papal, por lo que abandonó la Iglesia en 1873. Brentano creía que los procesos mentales no son pasivos, sino que deben verse como actos intencionados. Su obra más estimada es *Psychologie vom empirischen Standpunk (Psicología desde el punto de vista empírico)*, cuya publicación en 1874 le valió el ofrecimiento de una cátedra en la Universidad de Viena, donde enseñó e inspiró a varios ilustres alumnos, entre ellos el fundador del psicoanálisis, Sigmund Freud.

Véase también: Edmund Husserl 224–225

GOTTLOB FREGE
1848–1925

Profesor de matemáticas en la Universidad de Jena, el filósofo alemán Gottlob Frege fue pionero de la tradición filosófica analítica. Su primera

obra importante, de 1879, *Begriffsschrift* («notación conceptual») y *Los fundamentos de la aritmética* (1884) desencadenaron una revolución de la lógica filosófica, disciplina a la que permitieron un rápido desarrollo. En su artículo *Sobre sentido y referencia* (1892), mostró que las oraciones tienen sentido por dos razones: por haber algo a lo que se refieren y por tener una modo único en el que se hace la referencia.

Véase también: Bertrand Russell 236–239 ▪ Ludwig Wittgenstein 246–251 ▪ Rudolf Carnap 257

ALFRED NORTH WHITEHEAD
1861–1947

El matemático inglés Alfred North Whitehead tuvo una influencia considerable sobre la ética, la metafísica y la filosofía de la ciencia. Junto con su ex alumno Bertrand Russell escribió la obra de referencia sobre lógica matemática *Principia Mathematica* (1910–1913). En 1924, a los 63 años, aceptó la cátedra de filosofía de Harvard (EE UU), donde desarrolló lo que se acabaría conociendo como filosofía del proceso. Esta se basaba en su convicción de que las categorías filosóficas tradicionales eran inadecuadas para tratar las interacciones entre materia, espacio y tiempo, y que «el órgano vivo o experiencia es el cuerpo vivo en su conjunto», y no solamente el cerebro.

Véase también: Bertrand Russell 236–239 ▪ Willard Van Orman Quine 278–279

NISHIDA KITARO
1870–1945

El filósofo japonés Nishida Kitaro estudió el taoísmo y el confucianismo en la escuela, y la filosofía occidental en la Universidad de Tokio. Como docente en la Universidad de Kioto, estableció la filosofía occidental como objeto de estudio serio en Japón. En su pensamiento es clave la «lógica de lugar», destinada a superar la tradicional oposición occidental entre sujeto y objeto por medio de la «experiencia pura» del budismo zen, en la que se pierden las distinciones entre el conocedor y lo conocido, entre el yo y el mundo.

Véase también: Lao Tsé 24–25 ▪ Siddharta Gautama 30–33 ▪ Confucio 34–39 ▪ Hajime Tanabe 244–245

ERNST CASSIRER
1874–1945

Nacido en Breslau (actual Wrocław, en Polonia), el filósofo alemán Ernst Cassirer enseñó en la Universidad de Berlín y luego en la de Hamburgo, donde tuvo acceso a la vasta colección de estudios sobre culturas y mitos tribales de la Biblioteca Warburg. Estos informaron su obra principal, *Filosofía de las formas simbólicas* (1923–1929), en la que integró el pensamiento mítico en un sistema filosófico similar al de Immanuel Kant. En 1933, Cassirer huyó de Europa ante el ascenso al poder del nazismo, continuando su trabajo en EE UU y luego en Suecia.

Véase también: Immanuel Kant 164–171 ▪ Martin Heidegger 252–255

GASTON BACHELARD
1884–1962

El filósofo francés Gaston Bachelard estudió física antes de cambiarse a la filosofía. Enseñó en la Universidad de Dijon, para luego convertirse en el primer profesor de historia y filosofía de las ciencias en la Sorbona de París. Su estudio del pensamiento abarca el simbolismo de los sueños y la fenomenología de la imaginación. Contrario a la postura de Auguste Comte según la cual el progreso científico es algo continuo, afirmó que la ciencia pasa a menudo por cambios de perspectiva histórica que permiten interpretar de forma nueva los conceptos precedentes.

Véase también: Auguste Comte 335 ▪ Thomas Kuhn 293 ▪ Michel Foucault 302–303

ERNST BLOCH
c. 1885–1977

El trabajo del filósofo marxista alemán Ernst Bloch se centra en la posibilidad de un mundo utópico humanista, libre de explotación y opresión. Durante la Primera Guerra Mundial se refugió en Suiza, y en 1933 huyó de los nazis, acabando por trasladarse a EE UU, donde comenzó a escribir su obra clave *El principio esperanza* (1947). Al terminar la Segunda Guerra Mundial, Bloch enseñó en Leipzig, pero tras la construcción del Muro de Berlín en 1961, buscó asilo en Alemania Occidental. Aunque ateo, Bloch consideraba alcanzable la visión mística religiosa del cielo en la tierra.

Véase también: Georg Hegel 178–185 ▪ Karl Marx 196–203

GILBERT RYLE
1900–1976

Nacido en Brighton, en la costa sur de Inglaterra, Gilbert Ryle estudió y enseñó en la Universidad de Oxford. Ryle pensaba que muchos problemas filosóficos surgen de abusos del lenguaje, y mostró que a menudo suponemos que expresiones que funcionan de un modo gramaticalmente análogo pertenecen a la misma categoría lógica. Para él, tales «errores categóricos» causan gran parte de la confusión en la filosofía, por lo que prestar especial atención a la función subyacente del lenguaje ordinario es la manera de resolver los problemas filosóficos.

Véase también: Thomas Hobbes 112–115 ▪ Ludwig Wittgenstein 246–251 ▪ Daniel Dennett 339

MICHAEL OAKESHOTT
1901–1990

Michael Oakeshott fue un teórico político y filósofo británico. Enseñó en Cambridge y Oxford antes de convertirse en profesor de ciencias políticas en la London School of Economics. Obras como *La actitud conservadora* (1956) y *El racionalismo en la política y otros ensayos* (1962) cimentaron su fama como teórico político. Tuvo una influencia importante sobre las políticas de partidos conservadores a finales del siglo xx; sin embargo, como revisaba a menudo sus posturas, su obra se resiste a la clasificación.

Véase también: Edmund Burke 172–173 ▪ Georg Hegel 178–185

AYN RAND
1905–1982

La escritora y filósofa Ayn Rand nació en Rusia, pero emigró a EE UU en 1926. Mientras trabajaba como guionista, su novela *El manantial* (1943), la historia de un hombre ideal, la hizo famosa. Es la fundadora del objetivismo, que rechaza la idea de que el individuo tenga como deber moral vivir por los demás. La realidad existe como un absoluto objetivo, y el razonamiento del individuo es su manera de percibirla.

Véase también: Aristóteles 56–63 ▪ Adam Smith 160–163

JOHN LANGSHAW AUSTIN
1911–1960

Formado en la Universidad de Oxford, de la que fue docente, el filósofo británico John Langshaw Austin fue una figura destacada de la filosofía del «lenguaje ordinario» o de «Oxford», en boga en la década de 1950. Austin defendía que el análisis riguroso de cómo opera el lenguaje en el uso cotidiano puede conducir al descubrimiento de las sutiles distinciones lingüísticas necesarias para resolver problemas filosóficos profundos. Se le conoce sobre todo por sus trabajos y clases publicados tras su muerte en *Cómo hacer cosas con palabras* (1962) y *Sentido y percepción* (1964).

Véase también: Bertrand Russell 236–239 ▪ Gilbert Ryle 337

DONALD DAVIDSON
1917–2003

El filósofo estadounidense Donald Davidson estudió en Harvard, y tuvo después una carrera distinguida en varias universidades de su país. Se implicó en áreas diversas de la filosofía, entre las que destaca la filosofía de la mente. Con una postura materialista, mantenía que cada acontecimiento mental simbólico era también un acontecimiento físico; sin embargo, no pensaba que lo mental se pudiera reducir a lo físico ni explicarse en sus términos. Davidson hizo asimismo aportaciones notables a la filosofía del lenguaje, al defender que un lenguaje debe tener un número finito de elementos y que su significado es producto de tales elementos y reglas combinatorias.

Véase también: Ludwig Wittgenstein 246–251 ▪ Willard Van Orman Quine 278–279

LOUIS ALTHUSSER
1918–1990

Nacido en Argelia, el estudioso marxista francés Althusser veía diferencias radicales entre los primeros escritos de Marx y el período «científico» de *El capital*. La obra temprana de Marx refleja su época, centrándose en conceptos hegelianos como el de alienación, mientras que en su obra más madura atribuye a la historia un impulso propio, independiente de intenciones y actos de los agentes humanos. Por tanto, la afirmación de Althusser de que las condiciones estructurales de la sociedad nos determinan, implica un controvertido rechazo de la autonomía humana, y niega a los individuos un papel en la historia.

Véase también: Georg Hegel 178–185 ▪ Karl Marx 196–203 ▪ Michel Foucault 302–303 ▪ Slavoj Žižek 326

EDGAR MORIN
n. en 1921

El filósofo francés Edgar Morin, hijo de emigrantes judíos procedentes de Grecia, nació en París. Su perspectiva optimista del progreso occidental queda atemperada por lo que entiende como efectos negativos de los avances técnicos y científicos. El progreso crea riqueza, pero también conlleva una disolución de la responsabilidad y la conciencia global. Morin desarrolló lo que se ha conocido como «pensamiento complejo», y acuñó la expresión «política de civilización». Su obra en seis volúmenes *El método* (1977–2004) es un compendio de su pensamiento e ideas que ofrece una perspectiva amplia sobre la naturaleza de la búsqueda del conocimiento.

Véase también: Theodor Adorno 266–267 ▪ Jürgen Habermas 306–307

RENÉ GIRARD
1923–2015

Los escritos del filósofo e historiador francés René Girard versan sobre una amplia serie de asuntos, de la economía a la crítica literaria. Fue conocido sobre todo por su teoría del deseo mimético. En *Mentira romántica y verdad novelesca* (1961), recurrió a la mitología antigua y a la narrativa moderna para mostrar cómo el deseo humano, distinto del apetito animal, despierta por el deseo de otro. Su estudio de los orígenes de la violencia, *La violencia y lo sagrado* (1972), va más allá al plantear que dicho deseo imitado conduce al conflicto y la violencia. La religión, afirma, surgió del proceso de victimización o sacrificio destinado a sofocar la violencia.

Véase también: Michel Foucault 302–303

GILLES DELEUZE
1925–1995

Gilles Deleuze nació en París y pasó allí casi toda su vida. Entendió la filosofía como un proceso creativo con el que construir conceptos, más que como un medio para descubrir y reflejar la realidad. Gran parte de su trabajo se desarrolló en el ámbito de la historia de la filosofía, pero sus lecturas no pretenden revelar al «verdadero» Nietzsche, por ejemplo. Más bien recrean los mecanismos conceptuales de los temas de un filósofo para formular ideas nuevas y abrir sendas de pensamiento novedosas. Son conocidas las colaboraciones de Deleuze con el psicoanalista Félix Guattari –*El anti-Edipo* (1972) y *¿Qué es la filosofía?* (1991)–, así como sus comentarios sobre literatura, cine y arte.

Véase también: Henri Bergson 226–227 ▪ Michel Foucault 302–303

NIKLAS LUHMANN
1927–1998

Nacido en Luneburgo (Alemania), Niklas Luhmann fue hecho prisionero a los 17 años por los estadounidenses durante la Segunda Guerra Mundial. Tras la guerra trabajó como abogado hasta 1962, cuando se tomó un año sabático para estudiar sociología en EE UU. A partir de ahí continuó sus investigaciones y se convirtió en uno de los teóricos más importantes y prolíficos del siglo xx. Luhmann desarrolló una gran teoría para explicar todos los elementos de la vida social, desde las sociedades complejas y bien asentadas hasta los intercambios más fugaces. En su obra más importante, *La sociedad de la sociedad* (1997), sostiene que la comunicación es el único fenómeno genuinamente social.

Véase también: Jürgen Habermas 306–307

MICHEL SERRES
1930–2019

El escritor y filósofo francés Michel Serres estudió matemáticas antes de decantarse por la filosofía. Fue profesor de la Universidad de Stanford, en California, y miembro de la prestigiosa Academia Francesa. Sus clases y libros, presentados en francés, hacían gala de una elegancia y fluidez difíciles de traducir. Sus estudios posthumanistas adoptaron la forma de «mapas» en los que el propio viaje tiene un papel principal. Se le ha descrito como un pensador para el que el viaje es invención, y que encuentra verdades en el caos, la discordia y el desorden revelados en los vínculos entre las ciencias, las artes y la cultura contemporánea.

Véase también: Roland Barthes 290–291 ▪ Jacques Derrida 308–313

DANIEL DENNETT
n. en 1942

Originario de Beirut, el filósofo estadounidense Daniel Dennett es un experto reconocido en la naturaleza de los sistemas cognitivos. Como profesor de filosofía en la Universidad de Tufts (Massachusetts), es célebre por sus extensos conocimientos sobre lingüística, inteligencia artificial, neurociencia y psicología. Usando etiquetas memorables y creativas, como «máquina joyceana» para el fluir de la conciencia, Dennett argumenta que la fuente del libre albedrío y la conciencia reside en los circuitos cerebrales, que nos engañan y hacen pensar que somos más inteligentes de lo que realmente somos.

Véase también: Gilbert Ryle 337 ▪ Willard Van Orman Quine 278–279 ▪ Michel Foucault 302–303

MARCEL GAUCHET
n. en 1946

El filósofo, historiador y sociólogo francés Marcel Gauchet ha escrito extensamente acerca de la democracia y del papel de la religión en el mundo actual. Es editor de la revista *Le Débat* y profesor de la École des Hautes Études en Sciences Sociales (EHESS) de París. Su obra clave, *El desencantamiento del mundo: una historia política de la religión* (1985), explora el culto moderno al individualismo en el contexto del pasado religioso del hombre. Con el declive de la fe religiosa en Occidente, afirma Gauchet, se han incorporado elementos de lo sagrado a las relaciones humanas y a otras actividades sociales.

Véase también: Maurice Merleau-Ponty 274–275 ▪ Michel Foucault 302–303

MARTHA NUSSBAUM
n. en 1947

Nacida en Nueva York, la filósofa estadounidense Nussbaum ocupa la cátedra Ernst Freund por Servicios Distinguidos de Derecho y Ética de la Universidad de Chicago. Ha publicado numerosos libros y trabajos, principalmente sobre ética y filosofía política, cuyo rigor en la investigación está siempre informado por un apasionado liberalismo. Su estudio de la ética griega antigua, *La fragilidad del bien* (1986), fue aclamado, y hoy es igualmente conocida por su postura liberal sobre el feminismo, expresada en *Sex and Social Justice* (1999), donde defiende un cambio radical en las relaciones familiares y entre los sexos.

Véase también: Platón 50–55 ▪ Aristóteles 56–63 ▪ John Rawls 294–295

ISABELLE STENGERS
n. en 1949

La belga Isabelle Stengers estudió química en la Universidad Libre de Bruselas, donde es hoy profesora de filosofía. Recibió el Gran premio de filosofía de la Academia Francesa en 1993. Pensadora eminente en el ámbito científico, Stengers ha escrito en profundidad sobre los procesos científicos modernos, centrándose en la ciencia aplicada a fines sociales y en su relación con el poder y la autoridad. Entre sus libros figuran *Les concepts scientifiques: invention et pouvoir* (1997), *L'invention des sciences modernes* (2000) y *Order Out of Chaos* (1984), en colaboración con la química galardonada con el Nobel Ilya Prigogine.

Véase también: Alfred North Whitehead 336 ▪ Edgar Morin 338

GLOSARIO

A posteriori Algo que solo puede darse por **válido** por medio de la experiencia.

A priori Algo que se sabe certero antes de (o sin necesidad de) la experiencia.

Absoluto Realidad última concebida como un principio único que todo lo abarca. Algunos han identificado este principio con Dios; otros han creído en el absoluto pero no en Dios, y otros en ninguno de los dos. El filósofo más estrechamente asociado a la idea es Georg Hegel.

Agente El yo que actúa, distinto del que conoce; el sujeto que decide, elige o actúa.

Análisis Investigación para llegar a la comprensión más profunda de un objeto por medio de su división en partes y el examen de cada una de ellas. El enfoque contrario es la **síntesis**.

Antropomorfismo Atribución de características humanas a algo no humano, como pueda ser un dios o el tiempo.

Argumento En **lógica**, proceso de razonamiento que trata de mostrar que la conclusión es cierta.

Categoría Clase o grupo más amplio en el que se pueden dividir las cosas. Tanto Aristóteles como Immanuel Kant trataron de ofrecer una lista completa de categorías.

Concepto Pensamiento o idea; significado de un término o expresión.

Condición necesaria y condición suficiente Para que X sea un marido, que X esté casado es una condición necesaria. Sin embargo, no es una condición suficiente; pues, ¿qué pasa si X es una mujer? Una condición suficiente para que X sea un marido es que sea varón y esté casado. Una de las formas más comunes de error es confundir una condición necesaria con una suficiente.

Conocimiento empírico Conocimiento del **mundo empírico**.

Contingente Que puede o puede no ser el caso, pudiendo ser este de una manera o de otra. Su opuesto es **necesario**.

Contradictorio Dos enunciados resultan contradictorios si uno debe ser cierto y el otro falso; ambos no pueden ser ciertos, ni ambos falsos.

Contrario Dos enunciados son contrarios si ambos no pueden ser ciertos, pero sí pueden ser ambos falsos.

Contrato social Un acuerdo implícito entre los miembros de una sociedad para cooperar en la consecución de objetivos que beneficien a todo el grupo, incluso a expensas de los individuos que lo forman.

Corroboración Prueba que defiende una conclusión, sin que necesariamente la demuestre.

Cosa en sí Otro término para **noúmeno**, del alemán *Ding-an-sich*.

Cosmología Estudio del universo entero, o cosmos.

Cualidades primarias y secundarias John Locke divide las **propiedades** de un objeto físico entre las que pertenecen al objeto independientemente de la experiencia, como su situación, sus dimensiones, su velocidad, su masa, etc. (que denomina «cualidades primarias») y las que implican una interacción con el observador que lo experimenta, como el color o el sabor (que denomina «cualidades secundarias»).

Deducción Razonamiento que va desde lo general hasta lo particular; por ejemplo: «Si todos los hombres son mortales, Sócrates, siendo hombre, debe ser mortal». Hay acuerdo general en que la deducción es **válida**. El procedimiento opuesto es la **inducción**.

Determinismo Perspectiva según la cual lo que ocurre o se da es lo único que puede ocurrir o darse, ya que todo acontecimiento es el resultado **necesario** de las causas que lo preceden, siendo estas mismas, a su vez, resultado de otras causas precedentes. Lo opuesto es el **indeterminismo**.

Dialéctica *I)* Habilidad para preguntar y argumentar. *II)* La idea de que toda afirmación, sea de palabra o acto, da lugar a oposición, reconciliándose ambas en una **síntesis** que incluye elementos de ambas.

Dualismo Perspectiva en la que las cosas consisten en dos partes **irreducibles**, como la idea de que el ser humano está compuesto de cuerpo y mente, siendo estos de una naturaleza radicalmente distinta.

Emotivo Que expresa emoción. En filosofía, con frecuencia este término tiene un sentido peyorativo, para enunciados que pretenden ser objetivos o imparciales pero que en realidad expresan actitudes emotivas; por ejemplo, una «definición emotiva».

Empirismo Concepción en la que el conocimiento de todo lo que existe debe derivarse de la experiencia.

Enunciado analítico Enunciado cuya verdad o falsedad puede establecerse por medio del **análisis** del enunciado mismo. Su opuesto es el **enunciado sintético**.

Enunciado empírico Enunciado sobre el **mundo empírico**, aquello que se experimenta o podría experimentarse.

Epistemología Rama de la filosofía que se ocupa de qué tipo de cosas, si las hubiera, podemos conocer; de cómo las conocemos, y de qué es el conocimiento. En la práctica, es la rama dominante de la filosofía.

Escepticismo La concepción según la cual es imposible que sepamos algo de manera absoluta.

Esencia La esencia de una cosa es aquello que la distingue y hace ser lo que es. Por ejemplo, la esencia de un unicornio consiste en ser un caballo con un único cuerno. Los unicornios no existen, claro, y por tanto esencia no implica existencia, distinción esta importante en filosofía.

Estética Rama de la filosofía que se ocupa de los principios del arte y la idea de la belleza.

Ética Rama de la filosofía que se ocupa de las cuestiones sobre cómo deberíamos vivir, y por lo tanto, de la naturaleza del bien y el mal, lo correcto y lo incorrecto, lo que se debe o no hacer, el deber y otros conceptos similares.

Existencialismo Filosofía que parte de la existencia **contingente** del ser humano individual, hecho tomado como enigma primario. Desde tal punto de partida se enfoca la búsqueda del conocimiento filosófico.

Falacia Argumento falso, o conclusión falsa derivada de tal argumento.

Falsabilidad Un enunciado o serie de enunciados es falsable si puede demostrarse falso por medio de una prueba empírica. Según Karl Popper, la falsabilidad es lo que distingue lo que es ciencia de lo que no lo es.

Fenómeno Una experiencia que se presenta de manera inmediata. Si miro un objeto, el fenómeno es el objeto tal como yo lo experimento. Immanuel Kant distinguía este de la cosa en sí, independiente de la experiencia: a esta la llamó **noúmeno**.

Fenomenología Un enfoque de la filosofía que estudia los objetos de la experiencia (llamados **fenómenos**) únicamente en la medida en que se manifiestan en nuestra conciencia, sin llevar a cabo suposiciones acerca de su naturaleza en tanto cosas independientes.

Filosofía Literalmente, «amor por la sabiduría». Este término se suele emplear para cualquier reflexión **racional** de largo alcance acerca de principios generales con la intención de conseguir un conocimiento más profundo. La filosofía supone una formación relativa al análisis y la clarificación de argumentaciones, teorías, métodos y expresiones de todo tipo, así como de los conceptos que impliquen. Tradicionalmente, su objetivo último ha sido el de lograr un mejor conocimiento del mundo, aunque en el siglo XX gran parte de la filosofía se ha dedicado a intentar conocer mejor sus propios procedimientos.

Filosofía analítica Concepción filosófica que tiene como último objetivo aclarar y descifrar enunciados, conceptos, métodos, argumentos y teorías descomponiéndolos meticulosamente en partes.

Filosofía de la ciencia La rama de la filosofía que se ocupa de la naturaleza del conocimiento científico y la práctica de la labor científica.

Filosofía de la religión La rama de la filosofía que estudia los sistemas de creencias humanos y los objetos reales o imaginarios, como pueden ser los dioses, que forman la base de dichas creencias.

Filosofía del lenguaje También conocida como análisis lingüístico. Escuela para la que los problemas relacionados con la filosofía surgen de un empleo confuso del lenguaje, y en la que la solución, o disolución, de dichos problemas reside en un **análisis** minucioso del lenguaje en que se expresan.

Filosofía política La rama de la filosofía que se ocupa de la naturaleza y los métodos del estado, así como de temas relacionados con la justicia, la ley, las jerarquías sociales, el poder político y las constituciones.

Hipótesis Teoría cuya veracidad se supone de modo provisional por ser un punto de partida útil para la investigación posterior, a pesar de lo limitado de las pruebas en apoyo de su **validez**.

Humanismo Enfoque filosófico basado en el supuesto de que la humanidad es lo más importante que existe, y en el de que no puede haber conocimiento de un mundo sobrenatural, si es que tal mundo existiera.

Idealismo Concepción según a la cual la realidad consiste en último término en algo inmaterial, ya sea la mente, sus contenidos, espíritus o un solo espíritu. El punto de vista opuesto es el **materialismo**.

Indeterminismo Perspectiva para la que no todos los sucesos son el resultado **necesario** de otros acontecimientos precedentes. La perspectiva opuesta es el determinismo.

Inducción Razonamiento desde lo particular a lo general. Un ejemplo sería: «Sócrates murió, Platón murió, Aristóteles murió, y todos los nacidos más de 130 años atrás han muerto, luego todos los hombres son mortales». La inducción no produce resultados necesariamente ciertos, por lo cual se discute si es o no un procedimiento propiamente lógico. El procedimiento opuesto es la **deducción**.

Intuición Conocimiento directo, ya sea por percepción sensible o intelectual; forma de conocimiento que prescinde del razonar.

Irreducible Que no puede expresarse de forma más simple o reducida.

Juicio sintético Un juicio que tiene que ser corroborado por hechos no contenidos en él para poder determinar su verdad o falsedad. Lo contrario es un **juicio analítico**.

Lógica Rama de la filosofía que estudia los **argumentos** racionales en sí mismos: sus términos, conceptos, reglas y métodos.

Materialismo La doctrina de que toda existencia real es, en último término, algo material. Es el punto de vista opuesto al **idealismo**.

Metafilosofía Rama de la filosofía que se ocupa de la naturaleza última de todo lo que existe. Cuestiona el mundo natural «desde fuera» y la ciencia no puede dar respuesta a sus preguntas.

Metodología Estudio tanto de los métodos de investigación como de **argumentación**.

Misticismo Conocimiento intuitivo que va más allá del mundo natural.

Monismo El punto de vista de que algo está formado por un único elemento; por ejemplo, que los seres humanos no consisten en una serie de elementos que se pueden separar, como el cuerpo y el alma, sino en una única sustancia.

Mundo empírico El mundo tal y como se nos revela por nuestras experiencias vividas o posibles.

Mundo Dentro de la filosofía, el término «mundo» recibe un significado especial: es el conjunto de la realidad empírica, por lo que también puede equivaler a la suma de la experiencia de hecho y de la experiencia posible. Los verdaderos empiristas opinan que el mundo es todo lo que hay, pero filósofos con diferentes concepciones creen que el mundo no abarca toda la realidad, sino que hay un «mundo trascendental» además del «mundo empírico» y que ambos son reales.

Naturalismo Concepción según la cual la realidad se puede explicar sin referirse a nada que esté fuera del mundo natural.

Necesario Que tiene que ser. Su opuesto es **contingente**. Hume opinaba que las conexiones necesarias solo existían en la **lógica**, no en el mundo real; algo que han mantenido muchos filósofos desde entonces.

No contradictorio Los enunciados se consideran no contradictorios si sus valores de verdad son independientes entre sí.

Noúmeno Realidad incognoscible que está más allá de lo que se presenta en la conciencia humana (esto último es el **fenómeno**). Se llama noúmeno a la cosa en sí, con independencia de su experiencia. «Lo nouménico» se ha convertido en un término referido a la naturaleza última de la realidad.

Ontología Rama de la filosofía que se pregunta por lo que existe de hecho en tanto es diferente del conocimiento que tengamos de ello, algo de lo que se ocupa, en cambio, la **epistemología**. El conjunto de ambas ramas constituye la tradición central de la filosofía.

Positivismo lógico Enfoque por el cual los únicos **enunciados empíricos** con sentido son aquellos que sean **verificables**.

Posmodernismo Punto de vista que suele desconfiar de las teorías, discursos e ideologías que tratan de situar todo el conocimiento en un único marco conceptual.

Pragmatismo Una teoría sobre la verdad. Mantiene que un enunciado es verdadero si cumple todas las tareas que se esperan de él: describir adecuadamente una situación, anticipar correctamente una experiencia, ser coherente con otros enunciados bien establecidos, etc.

Premisa Punto de partida de un **argumento lógico**. Cualquier argumento tiene que partir de, al menos, una premisa, por lo cual no puede probar sus propias premisas. Un argumento **válido** demuestra que sus conclusiones se siguen de sus premisas, aunque eso no significa que pruebe que sus conclusiones sean verdaderas, algo que no puede hacer ningún argumento.

Presuposición (presupuesto) Algo que se da por válido pero no se expresa. Cualquier expresión implica siempre algún presupuesto, sea consciente o inconsciente. Si un presupuesto es incorrecto, la expresión que se basa en él también lo puede ser, a pesar de que la incorrección puede no resultar evidente en la expresión. El estudio de la filosofía nos educa para ser más conscientes de nuestros presupuestos.

Propiedad En filosofía, se suele utilizar este término para referirse a una característica. Por ejemplo, el pelo es una propiedad que define a los mamíferos. *Véase también* **Cualidades primarias y secundarias**.

Proposición Contenido de un enunciado que afirme o niegue que algo ocurra de hecho, y que es capaz de ser verdadero o falso.

Racional Que está basado en los principios de la razón o de la **lógica**, o es acorde con ellos.

Racionalismo Concepción por la cual el conocimiento del mundo se alcanza mediante el uso de la razón, sin confiar en la percepción sensible. El punto de vista opuesto se conoce como **empirismo**.

Semántica Estudio del significado en las expresiones lingüísticas.

Semiótica o semiología Estudio de los signos y símbolos, y, en particular, de sus relaciones con aquello que pretenden representar.

Síntesis La búsqueda de una comprensión más profunda de algo retomando sus componentes. Su opuesto es el **análisis**.

Sobrenatural Algo que se percibe como misterioso y proveniente de más allá del mundo natural. No hay que confundirlo con lo nouménico.

Sofista Alguien cuyo objetivo, a la hora de argumentar, no es encontrar la verdad, sino salir vencedor en lo que se discute. En la Grecia antigua, los jóvenes que aspiraban a ocupar una posición política aprendían de los sofistas diversos métodos para imponerse en las discusiones.

Solipsismo Concepción según la cual únicamente se puede conocer la existencia del yo.

Teleología Estudio de las finalidades u objetivos. Una explicación teleológica es la que explica algo en términos de los fines que persigue.

Teología Investigación acerca de las cuestiones académicas e intelectuales relativas a la naturaleza de Dios. La filosofía, en cambio, no da por supuesta la existencia de Dios, aunque algunos filósofos han intentado probarla.

Trascendental Exterior al mundo de la experiencia sensible. Alguien que afirma que la **ética** es trascendental cree que esta tiene su fuente fuera del **mundo empírico**. Los empiristas estrictos no creen que exista nada trascendental, como tampoco Friedrich Nietzsche o los **existencialistas** humanistas.

Universal Concepto de aplicación general, como «rojo» o «mujer». Se ha discutido si los universales tienen existencia propia: ¿Existe la «rojez» o solo hay objetos rojos individuales? En la Edad Media, a aquellos filósofos que defendían la existencia de la «rojez» se los llamó «realistas», mientras que a los que mantenían que no era más que una palabra, se los llamó «nominalistas».

Universalismo Creencia de que deberíamos aplicarnos a nosotros mismos los mismos criterios y valores que aplicamos a los demás. No debe confundirse con **universal**.

Utilitarismo Teoría **ética** y política que juzga la moralidad de las acciones por sus consecuencias, que juzga que la consecuencia más deseable de cualquier acción es que produzca el mayor bien para el máximo de gente y que define «bien» en términos de placer y de ausencia de sufrimiento.

Validez Un **argumento lógico** es válido si su conclusión se sigue de sus premisas. Esto no significa que la conclusión sea verdadera: puede ser falsa si una de las premisas es falsa, pero el argumento continuaría siendo válido.

Valor de verdad Cualquiera de los dos valores, verdadero o falso, que un enunciado puede tener.

Verificabilidad Un enunciado o conjunto de enunciados se puede verificar si se puede probar que es verdadero contrastándolo con la evidencia empírica. Los **positivistas lógicos** pensaban que los únicos **enunciados empíricos** con sentido eran los verificables. Los filósofos Hume y Popper señalaron que las leyes científicas eran inverificables.

INDICE

Los números en **negrita** hacen referencia a las entradas principales; los números en *cursiva* se refieren a los pies de las imágenes.

D

E

G

R

S

T

U

V

W

YZ